经济管理类应用型基础课系列规划教材

U0673069

Marketing
市场营销学

主　编◎田　雨

ZHEJIANG UNIVERSITY PRESS
浙江大学出版社

图书在版编目（CIP）数据

市场营销学 / 田雨主编. —杭州：浙江大学出版
社，2017.9（2021.7 重印）
ISBN 978-7-308-17411-4

Ⅰ.①市… Ⅱ.①田… Ⅲ.①市场营销学－教材
Ⅳ.①F713.50

中国版本图书馆 CIP 数据核字（2017）第 224465 号

市场营销学

田　雨　主编

责任编辑	王元新
责任校对	杨利军　张培洁
封面设计	春天书装
出版发行	浙江大学出版社
	（杭州市天目山路 148 号　邮政编码 310007）
	（网址：http://www.zjupress.com）
排　　版	杭州青翊图文设计有限公司
印　　刷	浙江新华数码印务有限公司
开　　本	787mm×1092mm　1/16
印　　张	24.5
字　　数	612 千
版 印 次	2017 年 9 月第 1 版　2021 年 7 月第 4 次印刷
书　　号	ISBN 978-7-308-17411-4
定　　价	59.00 元

前　言

市场营销学是一门实践性很强的学科，其核心就是密切关注不可控因素（诸如经济环境、社会文化环境、政治法律环境、自然环境、技术环境等）的发展变化，适时调整企业的可控因素（产品策略、价格策略、分销策略、促销策略等），使可控因素与不可控因素相适应、相协调，从而帮助企业发现、满足顾客需求乃至创造需求，进而获得利润，获得长足发展。

本书具有以下特点：

1. 以应用性人才培养目标为基准，按照先进、精炼、够用的原则组织教材内容。既吸纳了部分最新研究成果，如在营销学发展中介绍当前最新的营销理念，又能更好地适应教师精讲、少讲，学生多参与、多训练的应用性人才培养的教学模式。

2. 编写体例形式丰富，有较强的可读性。本书各章内容含学习目标、知识结构、导入案例、相关理论内容、特别提示、营销案例（穿插在相关理论内容中）、知识链接、经典人物、名人名言、营销寓言故事、看图学营销、本章小结、复习思考题等，且较多地使用了图、表，基本做到了既有知识性，又有趣味性，同时便于教师采用启发式、探究式教学，案例教学等教学方法组织教学，便于学生对理论的理解与掌握。

3. 各章复习思考题题型丰富。包含名词解释、单项选择题、多项选择题、简答题、论述题、案例分析题等题型，便于读者学习后通过做题了解自己对所学知识的掌握程度。

4. 三分之一的教材内容拍成了授课视频。全书分为 108 个知识点，编者已经将其中 36 个拍成 5～15 分钟的授课视频，读者通过扫描书中对应的知识点旁边的二维码，就可以看到这些视频，便于读者利用碎片化的时间高效学习。

本书由浙江省精品课程"市场营销学"（2010 年）、浙江省首批精品在线开放课程"市场营销学"（2016 年）课题负责人田雨担任主编，参编者大多是该课题组的核心成员。全书共分十章，其中第一、五章由田雨编写，第二、四章由罗俊编写，第三、八章由王春晓编写，第六章由汤筱晓编写，第七章由娄盛编写，第九章由宋宁编写，第十章由孙捷编写。

本书在编写过程中，参阅了大量的文献资料和同行编写的教材，在此，谨向作者们表示衷心的感谢！由于编者水平有限，书中难免有不足和疏漏之处，敬请专家学者和广大读者予以批评指正。如有侵犯知识产权之处，敬请告知，微信号：lei20030311，邮箱：417685680@qq.com。本书编者在此先行致歉，并承诺在修订或再印时予以纠正，还望大家能予以谅解。

本书可作为市场营销专业、经济管理类专业本科生的教材,也可供高水平职业技术院校选用,同时适合对市场营销学基本理论有兴趣的读者学习使用。

此外,主编根据自己 20 多年的"市场营销学"教学经验,为教材精心制作了与本书配套的多媒体课件,主编本人在教学过程中使用的就是这个课件,教学效果很好。教师或读者若需要该课件,可以联系主编(免费提供),微信号:lei20030311。

编　者

2017 年 6 月

C ONTENTS 目录

第1章 导 论 / 1

1.1 市场营销的基本概念 / 2

1.2 市场营销学的产生与发展 / 14

1.3 市场营销观念 / 26

1.4 顾客导向与顾客满意 / 32

1.5 市场营销组合与营销管理 / 39

本章小结 / 47

复习思考题 / 47

第2章 市场营销环境 / 51

2.1 市场营销环境的含义及组成 / 53

2.2 宏观环境分析 / 54

2.3 微观环境分析 / 67

2.4 市场营销环境分析方法 / 69

2.5 企业面对环境影响的对策 / 73

本章小结 / 77

复习思考题 / 77

第3章 市场与购买行为分析 / 81

3.1 消费者市场与购买行为分析 / 83

3.2 组织市场与购买行为分析 / 100

本章小结 / 108

复习思考题 / 108

第4章 市场竞争战略 / 112

4.1 市场竞争者分析 / 113

4.2 市场地位与竞争战略 / 122

本章小结 / 132

复习思考题 / 133

第 5 章　目标市场营销/ 135

5.1　市场细分 / 137

5.2　目标市场策略 / 153

5.3　市场定位 / 159

本章小结 / 165

复习思考题 / 165

第 6 章　产品策略　/ 172

6.1　产品的整体概念与分类 / 173

6.2　产品组合 / 179

6.3　产品的生命周期 / 182

6.4　新产品开发 / 188

6.5　品牌与包装 / 194

本章小结 / 206

复习思考题 / 206

第 7 章　定价策略　/ 211

7.1　影响定价的主要因素 / 212

7.2　定价的一般方法 / 221

7.3　定价的基本策略 / 230

7.4　价格变动反应及价格调整 / 241

本章小结 / 247

复习思考题 / 248

第 8 章　分销策略　/ 252

8.1　分销渠道策略 / 254

8.2　分销渠道设计与管理 / 264

8.3　中间商 / 275

本章小结 / 283

复习思考题 / 284

第 9 章　促销策略　/ 287

9.1　促　销 / 290

9.2　促销组合 / 291

9.3　人员推销 / 293

9.4　广　告 / 300

9.5　销售促进 / 311

9.6　公共关系 / 320

本章小结 / 329

复习思考题 / 329

第 10 章　市场调研 / 331

10.1　市场调研概述 / 332

10.2　市场调研的组织和设计 / 346

10.3　市场调研方法与技术 / 352

10.4　市场调研报告的基本模式 / 378

本章小结 / 379

复习思考题 / 379

参考文献 / 382

第 1 章 导 论

学习目标

知识目标	技能目标
1.理解市场营销的核心观念	1.能正确区分交换与交易
2.理解需要、欲望和需求的内涵	2.能正确区分需要、欲望和需求
3.理解市场的内涵,了解市场的分类	3.能运用市场的构成要素正确分析各种现实市场
4.理解市场营销的内涵	4.能正确区分市场营销与推销
5.了解市场营销学的产生与发展	5.能理解不同营销观念的适用背景和核心思想
6.了解营销观念的发展	6.熟悉提高顾客让渡价值的途径
7.理解顾客满意理论、客户关系管理内涵	7.理解客户关系管理的核心思想
8.理解市场营销组合的扩充、演变	8.熟悉市场营销组合及扩充后的内涵,明确营销工作的一般思路,理解 4R 组合、4C 组合的内涵

知识结构

导论
- 市场营销的基本概念
  - 市场营销的相关核心概念
  - 市场营销的概念
- 市场营销学的产生与发展
  - 市场营销实践
  - 市场营销学的产生和发展简史
  - 市场营销学在中国大陆的传播
  - 市场营销学与相关学科
  - 市场营销学的研究方法
  - 市场营销学的性质与研究对策
- 市场营销观念
  - 以企业为中心的营销观念
  - 市场营销观念
  - 社会市场营销观念
- 顾客导向与顾客满意
  - 顾客导向的含义
  - 顾客满意的含义
  - 顾客让渡价值
  - 顾客忠诚
  - 客户关系管理
- 市场营销组合与营销管理
  - 市场营销组合的基本框架
  - 市场营销组合的扩充
  - 市场营销组合的演变
  - 市场营销管理
  - 市场营销管理的过程

导入案例

从布匹经营到日本零售业王者之路

日本三重县的三井高利立志要做一位布商,于是他赤手空拳前往东京闯天下,可是很长时间一直没有起色。正当他打算关店回故乡的时候,一天,他在澡堂里听到几个手艺人在高声谈论,准备穿一条新丁字裤(兜裆布)去参加庙会,可是却凑不齐人数合伙去买,为此烦恼不已。

凑齐人数合伙去买新的丁字裤,这是怎么回事?三井高利一边冲洗着一边在想。"啊,对了,原来是这样!"他拍了一下大腿。原来,在当时的商业习惯是凑齐几个人去买一匹漂白布,可是人数却不易凑齐。

用现在的话来说,当时布料只以匹为单位出售,是"不符合顾客需求的"。于是第二天,三井高利便在店门口贴上了这样一张纸条:"布匹不论多少都可以剪下来卖。"昨天在澡堂里遇到的手艺人看了这张纸条飞奔进来:"买够做一条新丁字裤的漂白布。"

在接近庙会的这段日子里,有相同需求的人一定非常多。许许多多的女孩子和附近的太太们都拥到店里来买零布头。三井高利的店门口连日来热闹非凡。

三井高利领悟到做生意倾听顾客心声的好处,乐不可支。他把吃饭的时间都节省下来站在店门口接待顾客,由此又获得很多启示。

布店主要的顾客是女性,但女性买东西买得最多的时候,是女儿出嫁时。可是,出嫁时所需要的东西,不仅仅是衣服,还要备齐放衣服的衣橱、包绸缎即和服的纸、梳子、簪子、鞋箱、餐具等东西。因此,新娘和她的母亲必须东一家西一家地去选购。但是,如果这些东西可以在一个地方一次买到,对顾客来说多方便呀!于是,三井高利马上将其付诸实施,很快诞生了日本的第一家百货公司——"三越"。

百货公司之所以能以压倒竞争对手的优势成为零售业的王者,乃是由于其苦心谋求方便顾客的方法。之后,有能力的布店很多都学"三越"的做法,扩充店面,引来了许多买东西的顾客。

(资料来源:徐亿军.市场营销学.北京:电子工业出版社,2010:28)

1.1 市场营销的基本概念

1.1.1 市场营销的相关核心概念

1. 需要、欲望、需求

(1)需要

需要是指没有得到某些基本满足的感受状态,是人类与生俱来的,如

▶需要、欲望
和需求

饿、冷、热。市场营销只可能唤起、激发需要，但不可能创造需要。

（2）欲望

欲望是指想得到满足需要的具体满足物的愿望。如为了满足"解渴"的需要而希望得到水、茶、饮料等具体解渴之物的愿望。

（3）需求

需求是指愿意购买且有能力购买某具体产品的欲望，即需求＝购买欲望＋购买力。

特别提示 1-1

购买能力可分为现实购买能力和潜在购买能力两种，相应的可将需求分为现实需求和潜在需求。这样分类的意义在于提醒专业的市场营销人员不仅要看到现实需求，更应看到潜在需求，这样才能占得市场先机。

营销案例 1-1

日本电视机成功进入中国市场

1978 年，中国实行改革开放初期，日本家电企业和欧美家电企业均来中国大陆进行考察，他们均看到当时的中国人很穷，根本没有几个人能买得起家电。欧美家电企业想等中国人富裕起来之后再来，而日本家电企业却没有这么做，凭着对中国文化的了解，他们断定：中国实行改革开放不只是权宜之计，中国人勤劳聪明一定能富裕起来；中国人好面子，喜欢攀比；中国人能吃苦，喜欢储蓄；中国人一定需要家电产品，虽然现在买得起的人很少，但潜在市场惊人。据此，他们通过由中国港澳国货公司和代理商、经销商进口以及进免税店、香港转售（含港澳同胞携带物品进入中国大陆）、办合资企业等多种办法，千方百计将家电产品卖进中国大陆。此外，他们对产品也进行了必要的改变，例如在电视机后面设计了一个 110/220V 电压选择开关，中国香港人买去用则可将电压开关拨到 110V，若是中国大陆人买回去用则将电压开关拨到 220V。在 20 世纪八九十年代，中国家庭购买的家电产品大多数是日本的，日本家电企业赚得盆满钵满。

（4）需要、欲望、需求三者之辨析

需要是强调人们在生理上、精神上或社会活动中所产生的一种无明确指向性的未满足状态（此时会产生想得到满足的欲望，但满足物不具体），例如，人饿了就想得到食物，但此时"食物"尚未明确指向米饭、面条或是别的；一旦"食物"明确指向米饭（也可以是面条或别的），则需要就变成了欲望。对企业而言，有购买能力的欲望才有意义，因为此时欲望变成了顾客对企业产品的需求（购买欲望＋购买力）。例如，有人开饭店，出售米饭、菜肴，是因为有人对米饭、菜肴有需求。

特别提示 1-2

在现代市场经济条件下，企业虽不能创造需要，但可以创造需求。

知识链接 1-1

企业创造需求的途径

(1)通过改变人们的生活方式来创造需求

日本著名企业家盛田昭夫在《索尼与我》一书中曾评价索尼公司的创新产品 Walkman：这一不起眼的小小产品改变了世界上几百万甚至几千万人的音乐欣赏方式。再比如，日本人开发的卡拉OK也因为改变了人们唱歌娱乐的方式而卖得十分火爆。

(2)通过设计全新的生活方式来创造需求

如洗衣机、电冰箱等新产品在尚未进入市场之前，消费者并未意识到自己对这种产品有需求，只是在这些产品开发出来以后，人们发现购买这样的产品，自己的生活方式会因此得到全新的、好的改变，因而产生了购买欲望，进而产生了需求，最终采取购买行动。

(3)通过科学营销来拓展市场空间

20世纪60年代，美国柯达公司发明了照相机和胶卷，并申请了专利。但宣称放弃照相机的专利保护，并将技术公开。此举引发很多人去生产照相机。这样，相机产销量的剧增，导致胶卷市场需求旺盛，柯达大量推出配套使用的胶卷，成功地拓展了全球胶卷市场。

2. 产品、效用、价值

(1)产品

产品是指能满足人的欲望的任何东西。产品可分为有形产品和无形产品。

特别提示 1-3

产品的价值不在于拥有它(或产品本身)，而在于它给人们带来的对欲望的满足！

(2)效用

效用是指商品满足人的欲望和需要的能力与程度。效用与欲望一样是一种心理感觉。某种物品效用的大小没有客观标准，完全取决于消费者在消费某种物品时的主观感受。因而同一物品给人带来的效用因人、因时、因地而异。

(3)价值

人们是否购买产品并不仅仅取决于产品的效用，同时也取决于人们获得这一效用的代价。人们在获得使其需要得以满足的产品效用的同时，必须支付相应的费用，这是市场交换的基本规律。市场交换能否顺利实现，往往取决于人们对效用和代价的比较。如果人们感觉产品的效用大于其支付的代价，就会认为购买该产品物有所值，再贵也愿意购买；相反，如果人们感觉代价大于效用，就会认为购买该产品物非所值，再便宜也不会购买，这就是人们在交换活动中的价值观，价值＝效用－代价。市场经济的客观规律告诉我们，人们只会去购买自己认为有价值的东西，并根据对效用和代价的比较来判断价值的高低。

3. 交换、交易、交易营销和关系营销

(1) 交换

交换是指从他人处取得所需之物,而以自己的某种东西作为回报的行为。交换是市场营销活动的核心。交换的发生必须具备五个条件:至少有交换双方;每一方都有对方需要的有价值的东西;每一方都有沟通和运送货品的能力;每一方都可以自由地接受或拒绝;每一方都认为与对方交易是合适的或称心的。

(2) 交易

在交换过程中,如果双方达成一项协议,就称之为发生了交易。一次交易除应遵守相关法律制度外,还应包括以下三个实质性内容:

① 至少有两个有价值的东西。

② 交易(买卖)各方所同意的条件。

③ 协议时间和地点。

从上述内容中可以看到,需要的产生才使交换成为有价值的活动,产品的产生才使交换成为可能,而价值的认同才能使交换最终实现。前面所讨论的几个市场营销相关概念的构成要素最终都是为交换服务的,因交换而有意义的。所以,交换是市场营销概念中的核心要素。如何通过克服市场交换障碍,顺利实现市场交换,进而达到实现企业和社会经济效益之目的,是市场营销学研究的核心内容。交换不仅是一种现象,更是一种过程,只有当交换双方克服了各种交换障碍,达成了交换协议,才能称其为形成了交易。交易是达成意向的交换,交易的最终实现需要双方对意向和承诺的完全履行。所以,如果仅就某一次交换活动而言,市场营销就是为了实现同交换对象之间的交易,这是营销的直接目的。

(3) 交易营销和关系营销

交易营销是一种短期概念,只注重与顾客的一次性交易,销售完成后互动关系即告终止。而关系营销则是一种长期概念,是指企业与有价值的顾客、供应商、分销商等营销关键成员建立和维持长期有效的关系,以保持长期的业务和绩效的活动。关系营销强调顾客忠诚度,强调保持老顾客比吸引新顾客更重要,一般会通过以合理的价格提供优质的产品、优良的服务来实现关系营销。两者的区别如表 1-1 所示。

表 1-1　交易营销与关系营销的区别

项目	交易营销	关系营销
营销理念	生产者导向	顾客导向,同时关注竞争者
营销方式	规模营销	差异化营销和整合营销
营销目标	获取新顾客并实现企业利润最大化	培养顾客忠诚度并实现利益相关者的利益最大化
营销工具	4P	4C
顾客沟通	单向沟通	双向或多向沟通

续表

项目	交易营销	关系营销
投资成本	短期低、长期高	短期高、长期低
商家与顾客的目标	不同	有相同之处

（资料来源：张红，万炜.市场营销学.上海：格致出版社、上海人民出版社，2011：13）

4.市场的概念和类型

（1）市场

菲利普·科特勒认为：市场就是某种产品的现实购买者与潜在购买者的需求的总和。

▶市场的概念

经典人物 1-1

菲利普·科特勒

菲利普·科特勒（Philip Kotler）是当代营销学权威之一，是美国西北大学凯洛格管理学院终身教授，是国际上杰出的营销学教授。他曾获得芝加哥大学经济学硕士学位和麻省理工学院经济学博士学位。科特勒教授出版了许多著作，主要有《营销学导论》《营销管理》《非营利机构营销学》《新竞争》《营销专业服务》《教育机构的战略营销》《社会市场营销学》《营销地点》《营销集合》《营销模型》《国家营销》《水平营销》等。此外，他还在一流刊物上发表了100多篇论文。

科特勒教授现任美国市场营销协会理事，并为多家著名公司做营销管理战略方面的顾问和咨询工作。由于为营销理论的发展做出了巨大的贡献，他因此被誉为"现代营销学之父"。

市场的构成要素是人口、购买欲望、购买力，即市场＝人口＋需求＝人口＋购买欲望＋购买力，如图1-1所示。

看图学营销 1-1

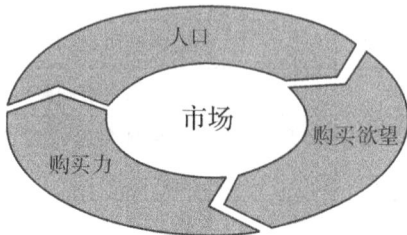

图1-1　市场构成三要素

特别提示 1-4

在此"人口"不是简单等同于地理学或社会学中所泛指的该地区的人口,而是特指在该地区具有某种需要或购买欲望的人。

(2)市场的类型

市场按不同的标志可以划分为各种不同的类型。划分市场类型,有利于对细分市场及其营销目标进行选择。

1)按竞争程度划分

市场按竞争程度划分,可分为完全垄断市场、寡头垄断市场与竞争市场。

①完全垄断市场。完全垄断市场是指在一定地理范围内某一行业只有一家公司供应产品或服务。由于缺乏替代产品,其产品价格多依据最高利润点决定(称为独占价格),少做或不做广告,并提供最低限度的服务。如果该行业内出现了替代品或紧急竞争危机,完全垄断者会通过改善产品和服务作为阻止新竞争者进入的障碍。

②寡头垄断市场。寡头垄断市场是指某一行业内少数几家大公司提供的产品或服务占据绝大部分市场并相互竞争,剩下的一小部分市场则由众多的小企业去竞争。在这种市场上,控制市场的几家大企业是相互依存、相互制约的,其中任何一家企业的营销策略的变化对其他几家都会产生重大影响,并引起相关的反应。由于存在着少数大企业的垄断,所以新企业要加入这个行业十分困难,主要是要冒投资大和投资回收期长的风险。

寡头垄断市场又可分为完全寡头垄断和不完全寡头垄断。完全寡头垄断也称无差别寡头垄断,是指某一行业内少数几家大公司提供的产品或服务占据绝大部分市场,且顾客认为各公司产品没有差别,对不同品牌无特殊偏好。不完全寡头垄断,也称差别寡头垄断,是指某一行业内少数几家大公司提供的产品或服务占据绝大部分市场,且顾客认为各公司的产品在质量、性能、款式或服务等方面存在差异,对某些品牌形成特殊偏好,其他品牌不能替代。

③竞争市场。竞争市场是指一个行业中有许多企业生产和销售同种产品,每个企业的产量或销量只占总需求量的一小部分。

竞争市场又可分为垄断竞争市场和完全竞争市场。垄断竞争市场是指某一行业内有许多卖主且相互之间的产品在质量、性能、款式和服务方面有差别,顾客对某些品牌有特殊偏好,不同的卖主以产品的差异性吸引顾客,开展竞争。企业竞争的焦点是扩大本企业品牌与竞争品牌的差异,突出特色,更好地满足目标市场需求以获得溢价。完全竞争市场是指某一行业内有许多卖主且相互之间的产品没有差别。完全竞争大多存在于均质产品市场,如大多数农产品。买卖双方都只能按照供求关系确定的现行市场价格来买卖商品,都是价格的"接受者"而不是"决定者"。企业竞争战略的焦点是降低成本,增加服务,并争取通过产品开发来扩大与竞争品牌的差别,或通过广告塑造产品形象,造成顾客的心理差别。

当然,行业竞争结构会随着时间的变化而变化。

总之,企业所面对的市场模式不外乎以上三种,每个企业都应当认清自己所处的市场属于哪一类,以便制订并实施适应市场环境的营销策略。

营销案例 1-2

市场竞争程度的演变

市场竞争程度会随着时间的推移而变化。比如,吉列公司发明了安全剃刀,由于掌握独有的生产技术并享有专利保护,独家供应市场,这时的市场结构是"完全垄断"。随着专利保护权限过期和生产技术的普及,其他公司受高额利润吸引,纷纷进入这一市场,生产同类安全剃刀与吉列公司竞争。不同品牌产品的功能大体相同,但是质量、样式、效果、价格等有些差别,形成"垄断竞争"的市场结构。当产品寿命周期进入成熟期,市场需求的增长速度减缓时,一些销售量小、产品成本高、未形成规模效益、品牌知名度低的企业被淘汰;销售量大、产品成本低、具有规模效益、品牌知名度高的少数大企业迅速占有大部分市场份额,并且力图突出特色。如吉列公司先后生产出蓝色刀片、带两个刀片的安全剃刀等,市场结构逐步形成"不完全寡头垄断"。随着生产技术的进一步提高,各垄断企业的产品在质量、性能和效果方面的差距缩小,乃至消失,顾客也把不同品牌的安全剃刀看作是同质产品,行业结构就变成"完全寡头垄断"。由于垄断企业之间的相互牵制,谁也不敢降低产品价格,谁也不能通过提高产品价格而获取超额利润。为了夺取竞争优势,各垄断企业又下大力气开发新产品。如吉列公司投入巨资研制、生产和销售传感剃刀,它带有安全传感元件,两个安在弹簧上的刀片可以根据脸形上下左右自由运动,并根据使用者用力大小自动调节与脸部的接触度,就像汽车安装了弹簧和减震装置,比传统剃刀刮须更彻底、使用更舒适。这种新剃刀使吉列与竞争品牌拉开了差距,并通过大量广告宣传为广大顾客所认识,扩大了市场份额,市场结构又循环到"不完全寡头垄断"。

(资料来源:吴健安.市场营销学(第二版).北京:高等教育出版社,2004:188)

2)按商品流通区域划分

市场按商品流通区域划分,可分为国内市场和国际市场。

①国内市场。国内市场是指在一国范围内可使商品和劳务发生转移的区域市场。国内市场的发展与繁荣,不仅促进本国经济的发展,而且为发展对外贸易、进入国际市场提供牢固的基础与条件。

②国际市场。国际市场是指跨出本国国境与其他国家进行贸易活动所形成的多国间的区域市场。

3)按产品形态划分

市场按产品形态划分,可分为有形产品市场与无形产品市场。

①有形产品市场。有形产品市场是指具有物质形态的商品市场。

②无形产品市场。无形产品市场是指不具有物质形态的商品市场,用以满足消费者

非物质消费需求的市场。如劳务市场、服务市场、信息市场等。

4）按产品用途划分

市场按产品用途划分，可分为消费者市场与组织市场。

①消费者市场。消费者市场是指个人或家庭为了生活消费而购买产品和服务所形成的市场。消费者市场又称为最终消费者市场、消费品市场或生活资料市场。消费者市场是市场体系的基础，是起决定作用的市场。

②组织市场。组织市场是指工商企业为从事生产、销售等业务活动以及政府部门和非营利组织为履行职责而购买产品和服务所构成的市场。简言之，组织市场是以某种组织为购买单位的购买者所构成的市场。组织市场可分为生产者市场、中间商市场、政府市场和非营利组织市场。

生产者市场是指由为了生产用于销售、租赁或供给他人的产品和服务，并从中获取利润而从事购买活动的企业所组成的市场。中间商市场又称转卖者市场、再卖者市场和转售市场，是由那些以获取利润为目的来购买商品进行转卖或出租的个人和机构组成的市场。中间商市场包括批发商与零售商。政府市场也称为政府采购市场，政府机构每年要采购大量的商品和服务，该市场是政府用于满足国防、教育，满足公共需求和公共利益等产生的购买需求所组成的市场。非营利组织市场主要是由那些除政府以外的非营利性组织为了生存、发展和履行某种承诺或职责而产生的购买需求所组成的市场。

特别提示 1-5

就卖主而言，消费者市场是个人市场，组织市场则是法人市场。

5）按生产要素划分

市场按产品生产过程中所需的基本生产要素划分，可分为物质产品市场、资金市场、劳动力市场、科技市场、信息市场、服务市场等。

总之，市场有各种不同的类型，认识与掌握不同的市场类型，有利于生产者准确地选择市场，进行行业与业务范围定位，进而进行产品定位，找到最有利的市场空间，进行科学的生产经营决策。市场与行业的关系如图 1-2 所示。

（3）市场容量

市场容量是指一段时间内具有相对稳定的需求或购买欲望，并具备购买能力的人口总数。市场容量不仅与时间有关，还与地域、收入水平、消费习惯等很多其他因素有密切关系。同一地区，不同时间段内的同类产品的市场容量是不断变化的，因为人们的收入水平、购买习惯、人口流动情况会不断发生变化，而这些都影响着该类产品在该地区的市场容量。

看图学营销 1-2

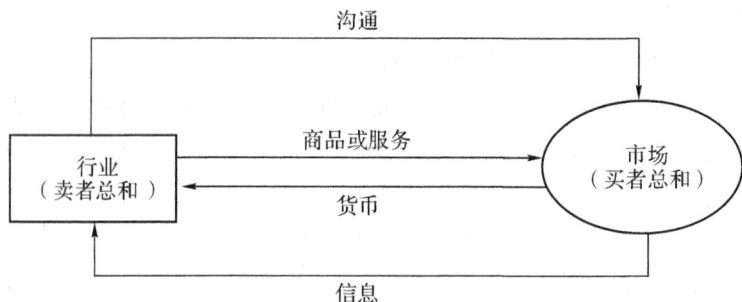

图 1-2　市场与行业的关系

1.1.2　市场营销的概念

1.市场营销的定义

目前理论界对市场营销的定义很多,许多学者从不同的角度对其进行了阐释。

美国市场营销协会(American Marketing Association,AMA)的定义(2004 年):市场营销既是一种组织职能,也是为了组织自身及利益相关者而创造、沟通、传递客户价值,管理客户关系的一系列过程。

菲利普·科特勒的定义:市场营销是个人和群体通过创造并同他人交换产品和价值以满足需求与欲望的一种社会和管理过程。

本书作者的看法:市场营销是指在以消费者需求为中心的思想指导下,在适当的时间与地点,以适当的价格,通过适当的促销手段,把适当的产品和服务提供给适当的消费者的一系列经营活动。

对市场营销概念的理解,需要注意以下五个方面:

(1)营销是一种满足顾客需求的行为

人类为了生存和发展,会产生各种物质和情感上的欲望,这些欲望在一定条件下强化为需求,而需求就是营销工作的激发点,营销活动就是为了满足这种需求。

(2)营销是一种自愿的交换行为

营销活动的主体和客体参与市场的行为是自主的选择,是一种互取所需的交换过程。交换是构成营销活动的基础。通过资源的交换,双方的利益需求得到满足。同时,这种交换又是双方自愿进行的,任何一方都有权选择和拒绝。交换是构成营销活动的基础。

(3)营销是一种创造性的行为

成功的企业赢得市场,伟大的企业创造市场。营销活动不仅仅是为了寻找并发现顾客已有的需求并予以满足,更重要的是要通过营销行为,影响顾客的需求,挖掘顾客的需求,创造顾客的需求。企业不仅要服务于市场,更要创造市场。创造性营销是营销的最

▶市场营销
的概念

高境界。

（4）营销是一个管理过程

营销是一个以市场需求为中心的管理过程，这一过程包括营销环境分析、消费者行为研究、市场调查与预测、市场细分、目标市场选择、产品开发、产品定价、产品储存和运输、产品销售、销售渠道选择与管理、产品促销、提供服务等一系列与市场有关的旨在满足和创造消费需求、实现企业目标的商务活动。

（5）营销是企业融入社会的桥梁和纽带

企业是社会宏观经济构成的组织细胞，社会经济的发展离不开企业的健康运转，企业的发展更加脱离不了社会的宏观环境。营销活动恰好是企业更好地融入社会、参与社会活动的桥梁和纽带。营销活动必须要注意和权衡三个方面的利益，即公司利益、顾客利益和社会利益。只有满足社会利益的企业才能长盛不衰，成就百年经典。因此，营销活动必须充分考虑社会环境。

2.市场营销与推销

推销通常是指销售人员用面谈的方式向现实的和潜在的顾客做口头宣传，以达到销售产品或劳务的目的，实现企业销售目标的商务活动。

知识链接 1-2

市场营销与推销的不同

（1）出发点不同：推销的出发点是企业，市场营销的出发点是顾客。

（2）目标不同：推销的目标是眼前利益，市场营销的目标是长远利益。

（3）手段不同：推销更多运用的是"推"的力量，市场营销更多的是靠"拉"的力量。

（4）理论内容不同：推销只是市场营销研究内容的组成部分之一。

（5）过程不同：推销只是市场营销的一个环节，市场营销是以市场为起点、终点的完整循环过程。

（6）结果不同：推销的结果是企业把产品卖出去了，市场营销的结果是产品被顾客"买"去了。

简言之，市场营销与推销的根本不同在于：市场营销是以消费者的需求为中心来开展活动从而吸引消费者接受企业的产品或服务，而产品推销则是以产品为中心通过各种高压的和强制的方法把产品硬推向消费者。

名人名言 1-1

可以设想，某些推销工作总是需要的。然而，市场营销的目的就是要使推销成为多余。市场营销的目的在于深刻地认识和了解顾客，从而使产品或服务完全适合顾客的需要而形成产品自我销售。因此，理想的市场营销应该是可以自动生成想要购买特定产品或服务的顾客，而剩下的工作就是如何使顾客方便得到这些产品或服务。

——管理大师彼得·F. 德鲁克（Peter F. Drucker）

经典人物 1-2

管理大师彼得·F.德鲁克

1909 年 11 月 19 日，彼得·F.德鲁克生于维也纳，1931 年德鲁克获法兰克福大学法学博士。1942 年受聘为通用汽车公司顾问；1946 年出版《公司的概念》，对成功的大企业有细腻而独到的分析；1954 年出版《管理实践》，奠定了其管理大师的地位，并标志着管理学的诞生；1966 年出版《卓有成效的管理者》，该书成为经典之作；1973 年出版巨著——《管理：任务、责任、实践》，该书被誉为"管理学"的"圣经"。他一生共出版了 30 余本书籍，在哈佛商业评论发表文章超过 30 篇，被誉为"现代管理之父"。2002 年 6 月 20 日，美国总统乔治·W.布什宣布彼得·F.德鲁克成为当年的"总统自由勋章"获得者，这是美国公民所能获得的最高荣誉。

名人名言 1-2

推销不是市场营销的最重要部分，推销只是市场营销冰山的尖端，推销是企业的市场营销人员的职能之一，但不是最重要的职能。

——菲利普·科特勒

3.市场营销的范围

（1）商品。在此指有形产品，在大多数国家，有形产品如住宅、汽车、电脑、家电、化妆品等都是生产和消费的主要对象，构成社会生产和市场营销总额的主要部分。

（2）服务。服务是我们购买并使用的非实体产品。随着社会经济的进步，在许多国家服务业生产总值占其国内生产总值的比重日益提高，在大部分工业化国家中，服务业贸易额都超过了国民生产总值的 60％，如美国接近 90％、日本 70％，而中国目前为 50％左右。

（3）经历或体验。人们可以把自己的一些经历作为商品进行营销，如美国卸任总统克林顿撰写自传《我的生活》，其稿酬逾千万美元。企业可以创造、展示和营销各种体验，如加拿大亿万富翁、太阳马戏团创办人盖·拉里伯特前不久在太空度过了一个特别的假期，其乘坐俄罗斯"联盟"号飞船，在国际空间站上度过了 11 天。他此行一共花费约 3500 万美元。而曾拍摄《星球大战》《阿凡达》的导演卡梅隆也想给自己来一次真正的太空旅行。据美国媒体报道，卡梅隆可能于 2018 年乘坐俄罗斯"联盟"号飞船登上太空。由于他将实现绕月观光飞行，他要支付的费用较拉里伯特高出许多，大约是 1.5 亿美元。此外，企业还可以通过让顾客先获得与拟销售的产品相关的一些体验，进而促进产品的销售。现有一种新的营销方法称为"体验营销"。

（4）事件。常被用来营销的事件有：世界杯、奥运会等大型体育赛事，大型贸易展览、艺术表演，专题社会公益活动，一些热点事件等。某些事件之所以能用作营销，主要是可以利用这些事件的影响力或魅力来为机构树立声誉或推介产品，即所谓"借势""造势"，提高企业或产品的知名度、美誉度，从而树立其良好的品牌形象。例如，蒙牛通过赞助"神六"升空直播而成为中国航天员专用牛奶，极大地扩大了知名度，树立了企业品牌。

营销案例 1-3

统一润滑油成功的事件营销

北京统一润滑油公司在 2003 年 3 月 20 日伊拉克战争爆发当天，紧跟中央电视台《伊拉克战争报道》之后，播放了一则 5 秒钟的"多一点润滑，少一点摩擦"的广告片，连续播出 10 天。这则广告既表达了世界人民要和平、不要战争的诉求，又准确传播了能"多一点润滑、少一点摩擦"的产品功效。广告播出后，由于广告和当时的这一热点事件紧密联系，加之其创意独特，双关语使用恰当，一下子就吸引了媒体和大众的注意，并使他们记住了这个品牌，统一润滑油这一品牌因此得以家喻户晓。

（5）个人。对人也可以进行市场营销，例如，姚明的经纪人将姚明"卖到"NBA，经过良好运作和姚明自身的努力，姚明已经成为目前中国最具国际知名度和商业价值的体育运动员之一。有一种说法："明星是被制造的，而不是自行诞生的。"这说明许多名人都是在精明的市场营销者的帮助下逐渐成名的。

（6）地点。将地点用作营销，主要表现为将某个城市、地区以及整个国家作为产品进行营销，采取各种宣传推广活动，进行"城市营销"或"国家营销"，积极争取和吸引国内外旅游者、投资者及新居民，如杭州打造"生活品质之城"品牌，很好地促进了杭州市的发展。此外，还可以将赛事或活动举办地用作营销，如奥运会、世界杯举办地的营销。

（7）产权。产权是指所有者的无形权利，包括不动产（房地产）和金融资产（股票债券）。财产权可以进行买卖，如果营销得当，可以获得理想的回报；反之则可能蒙受损失。

（8）组织。将组织纳入营销范围并非把组织自身作为买卖的对象，而是指组织通过采用科学营销方法和手段（主要是公关活动），为自己在目标公众心目中建立起独特的、良好的品牌形象，从而获得更多的支持或收益。例如，学校开展招生宣传活动为争取更好的生源，慈善团体开展一些公益活动为争取更多的善款。

（9）信息。信息也是一种特殊的商品，信息的生产、包装和分销已成为当今社会的一个行业。例如，房地产中介公司提供房产信息，婚姻介绍所提供单身男女的相关信息。

（10）观念或创意。一个富有想象力和市场价值的观念或创意，也是一种产品，也可以被用来营销。例如，通过政府、媒体、有关人士的大力宣传，"环保"的观念越来越多地被人们所接受，这是"环保观念"被科学营销的结果；再例如，编剧把剧本卖给导演，广告公司把广告创意和作品卖给委托的公司。

从上述市场营销的范围来看，其实在我们生活当中，任何对人们有用的东西都可以进行营销,营销无处不在。

4.市场营销者与营销对象

市场营销者是指希望从他人处取得所需资源并愿意以某种有价之物作为交换的一方。市场营销者可以是卖方也可以是买方。理论上,我们将交换过程中更积极、更主动寻求交换的一方称为市场营销者;反之,则称为营销对象(即顾客)。由于是站在企业的角度来研究市场营销,所以我们通常视企业(卖方)为市场营销者,而将顾客(买方)视作营销对象。

当在某种特定情况下,买卖双方都在积极寻求交换,则把双方都称为市场营销者,并把这种情况称为相互市场营销。

1.2　市场营销学的产生与发展

1.2.1　市场营销实践

彼得·F.德鲁克在其著作中有不少关于营销的精辟论述。其中,有关营销起源的观点为许多国内外营销学者所推崇。

彼得·F.德鲁克认为,市场营销作为企业的自觉实践最早起源于17世纪的日本,而不是西方国家。他指出,市场营销最早的实践者是日本三井家族的一位成员。17世纪50年代,这位成员在东京成立了世界上第一家百货商店,并为该商店制定了一些经营原则。250年之后,美国的西尔斯—罗巴克公司才提出类似原则。该原则的基本内容是:公司充当顾客的采购员;为顾客设计和生产适合需要的产品;保证满意,否则原款奉还;为顾客提供丰富多样的产品等。直到19世纪中叶,市场营销作为企业的自觉实践才在美国国际收割机公司出现。第一个把市场营销当作企业的中心职能,并把满足顾客需求当作管理的专门任务的是美国国际收割机公司的赛勒斯·H.麦考密克(Cyrus H. Mc Cormick)。他既是收割机的发明者,又创造性地提出了现代市场营销的一些基本工具和理念——市场研究与市场分析、市场定位观念、定价政策、向顾客提供零部件和各种相关服务、提供分期付款信贷等。又过了50年,市场营销才成为美国学术界的研究领域,进而登上企业经营管理的舞台。

那么是否可以据此认为营销最早产生于日本,而营销理论最早产生于美国呢?

营销是与市场密切相关的概念。人们到市场上从事交换(即使是物物交换),首先要考虑以别人所需换得自己所需,否则便不能实现交换。而营销也正是一项从市场需要出发,策划产品、制定价格、建立渠道和进行促销,通过满足市场需要实现其经营目标的活动。因此,当商品交换得以存在、市场开始萌芽时,营销活动就产生了。

从《周易》《尚书》《诗经》等古老典籍中,可以整理、挖掘出我国有成文史以来流传于社会中的许多基本的营销思想和原则,作为营销初级形式的交换,在古代畜牧部落与其他部落之间进行第一次社会大分工时即已存在。以后,随着交换的进一步发展,营销活动的意义也逐渐为人们所认识。传说中的神农氏时期,"日中为市,致天下之民,聚天下之货,交易而退,各得其所"。西周时期,周文王遇到大荒年,曾通过改善营销环境、促进市场交换来解决困难。他在"告四方游旅"中宣称,要给四方游商在交通上以便利,如认为这里的货币轻,可以另发重币;货物随到随卖,不耽误,早晚均可进行贸易等。固定设在王城中的市,每日三次。朝市在早上进行,以商贾间的买卖为主;大市在日中进行,以一般消费者为主;夕市在傍晚进行,以贩夫贩妇为主。此外,西周在满足市场需求方面也有一些基本原则,如"凡治市之货贿六畜珍异,亡者使有,利者使阜,害者使亡,靡者使微"。也就是说,若干重要商品,没有的要使其有,有利的要使其推广,有害的要加以排除,奢侈的要使其减少。再如"五谷不时,果实未熟,不粥于市;木不中伐,不粥于市;禽兽鱼鳖不中杀,不粥于市"。这些对于不同类型的商品,采取不同的营销对策的原则与当代世界著名营销权威菲利普·科特勒提出的"适应不同需求情况采取不同营销对策"的学说有异曲同工之妙。

另外,《诗经》和《周易》中的某些论述,对于我们研究古代营销思想也具有重要意义。例如,《诗经·卫风·氓》中曾有这样的描述:"氓之蚩蚩,抱布贸丝。匪来贸丝,来即我谋。"就是说,青年人以从事商品交换为由,来交换场所会见心上人,在推销产品的同时,还推销自我。这一方面说明交换与人们的日常生活有着密切联系,另一方面也说明当时的人已有了广义营销的初步认识。

《周易》探究了天道与人道的关系,是概括天理与人道结合的"天人合一"的哲学,即"天人之学"。纵观历史,春秋战国时期的儒、道、墨等诸子百家以及唐宋以后儒、道、佛各家的学术思想,无不源于《周易》的"天人合一""天人同德"思想(即人与自然相亲相爱,万物皆有情)。这一思想对当今学术思想及管理科学的发展仍有着重要的影响。进入 20世纪 90 年代,日益为世人所重视的绿色营销观念与《周易》的"天人合一"思想可以说是一脉相承的。

总而言之,无数史实表明,与市场交换密切相关的营销,无论是营销实践本身还是指导营销实践活动的营销思想,在中国的出现都要早于日本。

虽然在中国较早地产生了营销实践和营销思想的萌芽,但是营销理论的形成却是在美国,这不是偶然的,这与美国市场经济的不断发展和营销实践的演变密切相关,它是美国社会、经济、政治、技术等各方面因素共同作用的结果。

1.2.2　市场营销学的产生和发展简史

市场营销学作为一门学科创建于美国,后来流传到欧洲各国、日本和其他国家,并在实践中不断完善和发展。市场营销学的发展经历了以下几个阶段。

1. 初创阶段(1900—1920 年)

19 世纪末 20 世纪初,世界主要资本主义国家先后完成了工业革命。这一时期,美国资本主义发展迅速。同时,泰罗以提高劳动生产率为主要目标的"科学管理"理论、方法应运而生,产品迅速增加,竞争日趋激烈,迫使企业日益关心产品销售,促进了分销体系的迅速发展和改进。在这种形势下,美国高校承担商科教学的教师们开始对交换领域的定价、分销、推销、广告问题进行研究,分别开设了一些新课程。1902 年,美国密歇根大学开设了"美国工业分销和管理"课程,内容涉及对各种产品的分类与分等、品牌、批发和零售方面。1905 年,W.E.克罗西在美国宾夕法尼亚大学开讲了名为"产品市场营销"的课程;1910 年,拉尔夫·巴特勒在威斯康星大学开设了"市场营销方法"课程,这是"市场营销"这个名词首次作为大学课程的名称。美国哈佛大学的赫杰特齐教授于 1912 年出版了第一本以分销和广告为主要内容的教科书——《市场营销学》(由美国哈佛大学出版社出版),该书被认为是市场营销学科作为一门独立学科出现的标志,其所研究的推销技巧开始普遍受到企业的重视,并得到广泛应用。

但这一时期的市场营销学的内容局限于流通领域和产品销售,主要研究与推销、分销及广告等方面相关的问题,真正的市场营销观念尚未形成。

2. 应用研究阶段(1921—1950 年)

1929—1933 年,资本主义国家爆发了严重的经济危机,生产过剩,产品大量积压。为了争夺市场,解决产品销售的现实问题,企业家开始重视市场调查,提出了"创造需求"的口号,致力于扩大产品销路并在实践中积累了丰富的资料和经验。与此相应,一些大学的相关教授将市场营销研究深入到各个问题,调查和运用大量实际资料,形成了许多新的原理。如弗莱德·克拉克和韦尔法在其出版的《农产品市场营销》(1932 年)一书中指出:农产品市场营销系统包括集中(农产品收购)、平衡(调节供求)和分散(化整为零销售)三个相互关联的过程,书中还指出营销者在其中执行七种市场营销职能:集中、储存、融资、承担风险、标准化、销售和运输。拉尔夫·亚历山大等学者在 1940 年出版的《市场营销》一书中强调,市场营销的商品化职能包含适应顾客需要的过程,销售是"帮助或说服潜在顾客购买商品或服务的过程"。在这一阶段市场营销理论研究与企业的市场营销实践研究结合起来,进入了应用研究阶段,并成立了市场营销权威组织——美国市场营销协会。该组织于 1937 年由美国市场营销教师协会(1933 年成立)和美国市场营销学会(1930 年成立,由实业界人士组成)合并而成。该学会在美国设立了几十个分会,从事市场营销理论研究和营销人才的培训工作,出版市场营销专著和市场营销调研专刊,对市场营销学的发展起了重要作用。现在,美国市场营销协会的成员遍布世界,已成为国际性的组织。

这一阶段后期的市场营销学著作虽然已基本形成了一定的框架体系,但仍局限于产品的推销、广告宣传、推销策略等内容,应用范围基本上仍局限于商品流通领域。

3. 迅速发展阶段(1951—1980 年)

20 世纪 50 年代,随着第三次科技革命的发展,劳动生产率空前提高,市场供过于求的矛盾进一步激化,原有的局限于产品的广告宣传、推销策略等内容的市场营销学,已越来越不能适应新形势的要求。迭迪和雷博赞的《市场学——体系的形成》一书的出版,改变了孤立研究商品推销与价格的状况。该书从经济、社会诸方面综合分析了商品销售变化的规律。1957 年,通用电气公司的约翰·麦克金特立克阐述了"市场营销观念",指出它是公司效率和长期盈利的关键。他认为,当一个组织能脚踏实地地从发现顾客需要,然后给予各种有针对性的服务,到最后使顾客得到满足,它便是以最佳的方式满足了自身的目标。他的这种思想清楚地表明了营销概念的重点已从"以产定销"转变为"以销定产",从而形成以市场为导向的指导思想,使市场营销学发生了第一次革命,标志着营销思想正从幼稚走向成熟。奥尔德逊和科克斯在《市场营销学原理》一书中,赋予了市场营销新的概念:"广义的市场营销概念,包含生产者和消费者之间实现商品和劳务的潜在交换的任何一种活动。"所谓"潜在交换",就是生产者的产品或劳务要符合潜在消费者的需求与欲望。奥尔德逊和科克斯提出的新概念强调了买方的需求、潜在的需求,市场成为生产过程的起点。1960 年,美国密歇根大学的 E. 杰罗姆·麦卡锡在《基础市场学》一书中,强调市场营销的核心是明确目标市场,提出了以消费者为中心的市场营销组合策略(即 4P)。企业的经营观点也从"以生产为中心"转为"以消费者为中心",市场也就成了生产过程的起点,而不仅仅是终点,营销也就突破了流通领域,延伸到生产过程及售后过程;市场营销活动不仅仅是推销已经生产出来的产品,而且要通过对消费者的需求与欲望的调查、分析和判断,通过企业整体协调活动来满足消费者的需求。菲利普·科特勒于 1967 年出版的《营销管理:分析、计划、执行和控制》一书,对营销原理做了精辟的阐述,成为欧美和日本大学里最为普遍使用的教科书,已被译成多种文字,多次再版。菲利普·科特勒对营销学研究做出了巨大的贡献,也因此被誉为"现代营销学之父"。

4.创新发展阶段(1980 年至今)

20 世纪 80 年代,菲利普·科特勒又提出了大市场营销观念,将营销组合由 4P 扩展为 6Ps 和 10Ps。90 年代以来,市场营销的含义进一步扩大,市场营销学的研究范围也进一步拓宽,相继出现了非营利性组织营销、绿色营销、全球营销、网络营销、关系营销、知识营销、数据库营销、文化营销、体验营销等新的营销理论。

知识链接 1-3

市场营销发展史上经历的两次"革命"

第一次革命:麦克金特立克提出"市场营销观念",将市场作为生产过程的起点,而不仅仅是终点。

第二次革命:菲利普·科特勒提出"大市场营销组合理论",将市场营销组合从战术营销提升到战略营销。

知识链接 1-4

营销重要成果列表(部分)

1950 年左右,尼尔·鲍顿提出"市场营销组合"概念;在同一时间,齐尔·迪安提出了

"产品生命周期"的概念,其后,西奥多·莱维特在其著名的论文《利用产品生命周期》中对此概念加以高度肯定。从那以后,产品生命周期的概念在企业进行行业分析、制定发展战略时成为不可或缺的一部分。

1955年,西德尼·莱维提出"品牌"形象的概念,这实际上标志着差异化竞争时代的来临。今天,所有产品的竞争已经集中体现在品牌的竞争上,这个概念的真知灼见已被时间充分证明。

1956年,温德尔·史密斯提出了"市场细分"的概念。

1957年,通用电气公司的约翰·麦克金特立克提出了"市场营销观念"。

1959年,哥伦比亚大学的艾贝·肖克曼提出了"营销审计"概念,他认为公司应该定期进行营销审计以检查它的战略、结构和制度是否与它们最佳的市场机会相吻合。

1960年,麦卡锡和普利沃特合著的《基础市场营销》一书,第一次将企业的营销要素归结为四个基本策略的组合,即著名的4P组合理论(Product、Price、Place、Promotion),这一理论取代了此前的各种营销组合理论,成为现代市场营销学的基础理论。

1961年,西奥多·莱维特发表了著名的"营销近视症"说。他指出,有些行业在困难期间衰退的原因在于它们重视的是"产品",而不是"顾客需要"。

1963年,威廉·莱泽提出了"生活方式"这样一个早已为社会学家所熟悉的概念,指出它对营销领域可能产生的深刻影响:厂商们越来越多地按照某种特定的生活方式来设计产品,锁定一个消费群体。

1967年,约翰·霍华德和杰迪逊·西斯提出了"买方行为理论",出版了《买方行为理论》。同年,菲利普·科特勒出版了《营销管理——分析、计划、执行与控制》一书,从企业管理和决策的角度,系统地提出了营销环境、市场机会、营销战略计划、购买行为分析、市场细分和目标市场以及营销策略组合等市场营销的完整理论体系,成为当代市场营销学的经典著作,使市场营销学理论趋于成熟。

20世纪60年代末,西德尼·莱维和菲利普·科特勒提出了"扩大的营销概念",认为营销学不仅适用于产品和服务,也适用于非营利性组织、个人和意识形态等。

1971年,杰拉尔德·泽尔曼和菲利普·科特勒提出了"社会营销"的概念,促使人们注意营销学在传播意义重大的社会目标方面可能产生的作用。这一概念很快得到广泛应用,许多国际组织,如世界卫生组织、世界银行、美国国际开发署等,都开始认同这一概念。

1971年,西德尼·莱维和菲利普·科特勒提出"低营销"的概念。他们认为,在某种环境中,必须有选择地或全面地减少需求的水平,而不是一味地鼓励和刺激需求。

1972年,阿尔·里斯和杰克·特劳特在《广告时代》杂志上,提出"定位理论"(positioning),强调随着竞争激化、产品同质化日益严重,市场营销需要创造心理差异、个性差异,使自己的产品区别于竞争者的产品,以在消费者心目中占据一个有利位置。

20世纪70年代早期,波士顿咨询公司提出"战略营销"的概念。从此,战略营销和战术营销的界线日趋明朗。

1977 年,林恩·休斯塔克在《营销学》杂志上阐述了对服务营销的独到见解,她认为,因为服务性商品和实物性商品在生产与消费的过程中存在着显著差异,所以对服务性商品的营销应该从实物产品营销思路的束缚中解脱出来。从此,掀起了对服务营销学的研究热潮,使其逐渐发展成营销理论体系中成熟的一支。

1981 年,雷维·辛格和菲利普·科特勒考证了"营销战"概念以及军事理论在"营销战"中的应用。几年后,里斯和特劳特出版了关于《营销战》的书,在英国和法国也出版了类似的著作。

1981 年,瑞典的克里斯琴·格罗鲁斯发表了论述"内部营销"的论文,倡导在公司里创造一种营销的氛围,从经理到普通职员全部在本职工作中贯彻营销观念。营销工作已不仅仅是营销部门的职责,而是公司全员都必须身体力行的责任。公司全员都应奉行顾客导向的营销观念。

1983 年,西奥多·莱维特提出另一个堪称里程碑的概念——"全球营销"。他呼吁跨国公司向全世界提供统一的产品,采用统一的沟通手段。他的这一观点在营销学界如一石激起千层浪,被尊称为"现代营销学之父"的菲利普·科特勒也对其发难。但莱维特的观点引起了实业界极大的兴趣,在个别全球化商品中也树立起成功的案例,如可口可乐。随即,学术界就有对此观点加以修正的意见提出,如"双枝营销",倡导本土化营销与全球标准化营销的并用,巧妙地回避了彻底肯定或否定的激烈争论。

20 世纪 80 年代,"直接营销"进入了人们的视野,它是指在零售商店外向顾客销售的一种新方式。它从最初的上门推销和邮售,发展到现在的电话推销、电视直销和网上销售等。

1985 年,巴巴拉·本德·杰克逊提出"关系营销"的概念。

1986 年,菲利普·科特勒提出了"大市场营销组合理论",即针对公司进入地方保护市场的问题,指出当代的营销者越来越需要借助政治权力和公共关系,克服各种地方保护主义、政治壁垒和公众舆论方面的障碍等,以便在全球市场有效地开展工作。

20 世纪 80 年代,"顾客满意度"概念开始流行;另一流行概念是"品牌资产"(在 20 世纪 80 年代的学术文献中就出现过"品牌资产"这个术语),但大家普遍认为是加州大学的 Aaker 教授于 1991 年奠定了关于品牌资产的概念,随后达特茅斯学院(Dartmouth College)的 Keller 教授于 1993 年建立了如何评定品牌资产的理论框架。之后,有关品牌资产管理的研究大多是以这两人的理论为根据的。

1992 年,美国西北大学教授唐·舒尔茨(Don Schultz)及其合作者斯坦利·田纳本(Stanley I. Tannenbaum)、罗伯特·劳特朋(Robert F. Lauterborn)出版了专著《整合营销传播》(Integrated Marketing Communications,IMC)。

1993 年,罗伯特·劳特朋提出"4C 营销理论",即 Customer(顾客)、Cost(成本)、Convenience(便利)和 Communication(沟通)。

关于"4R 组合营销理论"的提出者目前还有一些争议,有人认为是唐·舒尔茨在 4C 组合营销理论的基础上提出了 5R 组合营销理论;艾略特·艾登伯格(Elliott Ettenberg)——2001 年在其《4R 营销》一书中提出 4R 组合营销理论。5R 分别是 Relevance（关联）、Responsive（反应）、Recognition（回报）、Relationship（关系）、Receptivity（感受），4R 则是指前面 4 个 R。

信息技术在 20 世纪 90 年代的兴起将营销带进了"定制营销"的时代，使得企业与顾客"一对一沟通"成为可能，出现了"数据库营销"。

绿色营销于 20 世纪 80 年代提出并兴起于 90 年代，肯·毕提（Ken Peattie）于 1992年在《绿色营销——化危机为商机的经营趋势》中提到："绿色营销是一种能辨识、预期及符合消费的社会需要，并且可带来利润及永续经营的管理过程。"

"网络营销"产生于 20 世纪 90 年代，但进入 21 世纪，互联网作为一种具有交互式、动态性、即时性和全球无障碍等特性的全新沟通方式，成为一个最高效的营销工具。现在，网络营销仍在迅猛发展之中。

1.2.3　市场营销学在中国大陆的传播

20 世纪三四十年代，市场营销学在中国曾有一轮传播。现存最早的市场学教材是复旦大学丁馨伯于 1933 年编译出版的《市场学》。当时一些大学的商学院开设了市场学课，教师主要是欧美留学归来的学者。长期处于战乱及半封建半殖民地社会，限制了中国经济发展的水平，所以对市场学的研究和应用存在很大的局限性。中华人民共和国成立后，在很长一段时间内，由于实行高度集中的计划经济体制，商品经济受到否定和抵制，市场营销学的研究在我国基本中断。在这长达 30 年的时间里，我国学术界对国外迅速发展的市场营销学知之甚少。中共中央十一届三中全会后，经过数十年的时间，我国对于市场营销学的研究、应用和发展已取得了可喜的成绩。市场营销学在中国大陆的整个发展过程，大致经历了以下几个阶段。

1. 启蒙阶段（1978—1983 年）

1978—1983 年，是市场营销学再次被引进中国并初步传播时期。中共中央十一届三中全会后，中国确定了以经济建设为中心，对外开放、对内搞活的方针。这一时期，经济学界努力为商品生产恢复名誉，而改革开放的实践则不断冲击着旧体制，而国家则逐步明晰了以市场为导向，建立社会主义市场经济体制的改革目标，从而为我国重新引进和研究市场营销学创造了良好条件。其间，通过论著、教材的翻译引进，到国外访问、考察和学习，邀请境外专家学者来华讲学等方式，系统介绍了当代市场营销学的理论和方法，组织了第一批市场营销学的讲座（1979 年，部分大专院校和外经贸部等聘请外国专家开展市场营销学讲座），成立了第一个"市场营销学"方面的培训中心（1980 年，国家经委与美国政府合作举办了以厂长、经理为培训对象的大连培训中心），输送了第一批市场营销学的师资（1981 年暑期，中国人民银行在陕西财经学院举办了市场营销学师资班），编写了第一批市场营销学的教材（1981 年初，由郭军元主编《市场学讲义》，次年由机械工业出版社出版等），在综合大学和财经院校开设了第一组市场营销学的课程（1979 年，暨南大学、哈尔滨工业大学率先开设了《市场营销学》课程）等。所有这些对市场营销理论在中国的重新引入和市场营销观念的先行启蒙都起到了重要的推动作用。

2. 传播阶段(1984—1991 年)

1984—1991 年,是市场营销学在中国进一步传播与应用时期。中共中央十二届三中全会后,经济体制改革的重点由农村转入城市,企业的目标是建立"自主经营、自负盈亏"的企业体制;同时,多种经济成分并存的所有制结构初步形成,市场供求格局开始由卖方市场向买方市场转换。在国内经济快速成长和市场竞争加剧的环境下,企业界营销管理的意识开始形成。市场营销的运用从外资企业、私营企业、乡镇企业逐步扩展到国有企业;从消费品市场逐步扩展到产业用品市场。市场营销热点也开始从沿海地区向内陆地区推进。社会对市场营销知识和管理人才有了旺盛的需求。

1984 年 1 月,全国高等财经院校综合大学市场学教学研究会成立(1987 年改名为中国高等院校市场学研究会)。该研究会聚集了全国 100 多所高校的市场营销学者,每年定期交流研讨,出版论文集,对市场营销学的传播、创新和运用做出了积极贡献。在之后的几年里,全国各地各类型的市场营销学研究团体如雨后春笋般纷纷成立。在此期间,市场营销学在学校教学中也开始受到重视,有关市场营销学的著作、教材、论文在数量和质量上都有了很大提高。

1984 年以前,不少院校就开设了市场营销专业。1984 年,广西商业高等专科学校开设了第一个市场营销(专科)专业;1988 年,山东大学开设了第一个市场营销本科专业;1984 年,北京商学院等培养第一批市场营销方向硕士研究生;1992 年,中南财经政法大学、武汉大学、南开大学等开始培养第一批市场营销方向博士研究生。

1991 年 3 月,中国市场学会在北京成立。该学会成员包括高等院校与科研机构的学者、国家经济管理部门官员和企业经理人员。中国高等院校市场学研究会、中国市场学会也开展了一系列活动,促进学术界和企业界、理论与实践的结合,为企业提供营销管理咨询服务和培训服务、建立对外交流渠道做了大量有成效的工作。

3. 普及阶段(1992—2001 年)

1992 年以后,是市场营销理论研究结合中国营销实践提高、创新时期。邓小平视察南方的讲话,奠定了建立社会主义市场经济体制的改革基调。改革进一步加速并全方位展开,国内经济结构发生了进一步变化,外资企业大量而快速涌入,买方市场特征日益明显,中国市场竞争进一步加剧。

在这种形势下,强化营销和营销创新成为企业的重要课题。一方面,中国营销学术界通过举办一系列市场营销国际学术会议,加强了国际沟通;同时,通过中国高等院校市场学研究会等研究团体,开展了"从计划经济向市场经济转变,从粗放经营向集约化经营转变"为主题的营销创新研究,以及以"跨世纪的中国市场营销"为主题的营销创新研究,出现了一批颇有价值的研究成果。另一方面,因市场竞争的需要,越来越多的企业、社团组织等都无一例外地开始重视市场营销理论研究与实际运用,更多的企业和营销人员借助网络平台、通过网络媒体和公共活动等途径的宣传与传播,了解到营销的基础知识,经典的营销理论、方法和手段,以及最新的营销观点和营销动态。同时,透过营销案例的分析、热点问题的讨论以及互动方式的交流,激发了企业、社团组织等社会各部门人士的深层次思考,共同探索了适合中国企业和职业营销人员的成长道路,有力地推动了整个社会的进步。至此,"市场营销"一词已深入到中国社会各阶层,使市场营销进入全面普及时期。

4.国际化阶段(2002 年至今)

2001 年 12 月 11 日我国正式加入世界贸易组织(World Trade Organization,WTO),成为其第 143 个成员。中国加入世界贸易组织后,在国际上的经济地位显著提升,与他国之间的商务活动进一步频繁,因此我国的大中小型企业也都在努力使自己的营销策略能适应国际形势和迎接新的挑战,中国走上了国际化大舞台,中国企业也走上了国际化大舞台。与之相适应,以致力于 WTO 框架下的营销为主题的中国市场营销研究,也加速了营销科学化的进程,中国营销学及其学者也开始走上国际化营销的大舞台。

1.2.4　市场营销学与相关学科

市场营销学在其发展的历史进程中,充分吸收了相关学科的概念、原理和方法,博采众长,理论体系日趋充实、完善。市场营销学的发展史,就是经济学、心理学、社会学及管理学等相关学科对其不断渗透的历史。

1.经济学与市场营销学

市场营销学发展过程中,借鉴最多的是经济学里的概念。除市场营销与人类经济活动有天然的密切联系之外,另一个重要原因是,一些早期的市场营销学者本身也是经济学家,或者大量接受过经济学教育。

亚当·斯密(Adam Smith)提出的许多概念被广泛地用于市场营销领域。斯密认为,人类天生就有交换的倾向,加入市场机制是不可抗拒的历史趋势。他给市场所下的定义被早期的市场营销学界广为采用。他还提出,所有经济活动的目的都是为了满足消费。赞同这一观点的营销学者都宣称消费者就是上帝,并站在消费者的立场上进行市场营销分析。其他经济学家也提出了很多有用的概念,例如,边际学派的经济学家提出效用的概念,用于解释消费者行为;福利经济学家有关市场营销的评价,对测定广告效果产生了重要影响;市场营销学者借用货币理论中有关信用的概念、财政学中与连锁店发展有关的税收概念等。许多市场营销学者都致力于通过管理企业来提高市场营销效率,他们都大量使用了经济学中有关企业的概念。地租理论用于解释各种市场营销机构的位置和布局;价格和非价格竞争理论用于解释市场营销决策;产品差异化理论被用于解释定价、品牌、广告和服务战略;恩格尔定律为市场分析和解释消费者行为提供了概念。

此外,经济学概念对市场营销理论的影响是十分明显的。在市场营销文献中可以找到许多经济学概念,如零售中有关区位、地租、定价、一体化和经营规模的概念;广告中有关差异化生产、经营规模和转移成本的概念;批发中有关价格行为的概念;信用中有关商业周期、购买力、消费者支出和销售条件的概念等。事实上,经济学和市场营销学的互相依赖关系从一些市场营销书名中就可以得到证明,如《消费经济学原理》《零售经济学》

《流行经济学》《市场营销和广告经济学》《广告经济学》等。

2. 心理学与市场营销学

心理学概念对于市场营销学发展贡献之大，在所有社会科学各分支中仅次于经济学。心理学研究心理、意识和行为以及个体如何与其周围的自然环境和社会环境发生关系。这些知识对市场营销的重要性是显而易见的，因为心理学研究的对象即个体正是市场交易的当事人。

纳入市场营销学的心理学概念可分为以下几类：第一类是有关动机的，在市场营销学中就是销售吸引力。动机概念本身就说明了加入市场抱有某种目的，并暗示了某些对市场行为产生影响的因素。早期的一些市场营销学著作中讨论了本能、欲望和冲动，并以此作为购买的基础；满意、舒适和方便则被解释为从感觉中产生的动机。市场动机特定地被称为购买动机，分为始发动机和选择动机、理性动机和感性动机、购买动机和惠顾动机以及最终动机（或个人动机）和产业动机等。刺激的概念可用于解释"销售吸引力"，即产品和服务刺激满足欲望的特征，它们能激起购买动机。对刺激的无反应或冷淡被称为"销售阻力"，但这可以通过适当的行为刺激来克服。第二类与沟通和教育的心理功能有关。某种想法通过知觉、顿悟和直觉被意识接受，通过思考、推理、联想被理解和发展，通过记忆来保留和回忆，通过判断被应用。功能心理学的概念解释了学习的过程、被营销者对营销者渴望传递的信息如何感兴趣的过程和沟通如何成功的过程。第三类与市场营销信息通过何种方式才能有效地传递到人们心中有关。例如，销售过程分为知晓、兴趣、欲望、确信和行动五个阶段；在某种环境下，个体按照冲动而不是逻辑推理来采取行动。作为心理分析对象的整体的个人，是有个性的人。个性的概念也被用于无生命的市场营销机构。第四类是意象，或者可以说仅仅由于心目中对某人的印象而形成的对他的性格特征的认识。意象是由暗示、教育和经历发展而来的，意象的存在仅仅是一种心理现象。

市场营销学者不仅借鉴了心理学的概念，还借鉴了心理学的研究方法，如利用观察法、实验法、投射法、问卷调查法、深度访谈法等进行市场调查。

3. 社会学与市场营销学

社会学研究群体和社会环境下的人类行为。经济学家把人看作"经济人"，社会学家则认为人是"社会人"，是作为一个或多个群体的成员，是某种文化的代表，是他所处的时代环境和文化的产物。人们不仅会按心理学家考虑的因素发生变化，也会按照在他的社会环境中和社会结构里与他人联系中形成的习俗、制度和价值观等发生变化。人们采取行动不仅是为了经济利益，还出于自尊、情感、满足欲望、愉悦和非理性等原因。

在市场营销文献中可以找到许多评估社会自身变化及其对市场营销产生影响的论述。市场营销学者曾依据社会历史的变迁来解释市场营销的发展，并将对这些变迁的反应称作市场营销系统的"应变"。大量的社会学概念被引入市场营销理论体系，例如，影响消费者购买行为的主要因素，如参照群体、家庭、社会阶层、文化和亚文化等，都是社会学中重要的概念，它们是消费者行为分析的重要的理论基础；分析组织市场时，所涉及的组织、权力和地位等概念也是社会学概念;社会学家对未来社会发展的预测常常被市场营销学者借来分析消费的变化趋势;在新产品扩散中,市场营销学应用了社会学的创新传播理论,同时该理论对营销沟通策略设计、产品定位、产品生命周期"延伸"策略均有重要的影响;社会学对社会成员之间的冲突进行了深入研究,形成了一些正确对待冲突的观点和方法,这些是解决渠道成员间冲突的重要工具;竞争与合作的概念是社会学用来描述社会成员和社会群体相互联系的方式,同时也被市场营销学用来说明渠道成员之间的关系类型,它对于处理渠道成员的关系具有重要的指导意义;关系与网络也是社会学的概念,现也已被借用到市场营销学当中。

4. 管理学与市场营销学

对市场营销概念体系的发展起到重要作用的另一个学科就是管理学。通过泰勒(Taylor)、甘特(Gantt)、吉尔布雷斯(Gmbreth)的理论,科学管理理论得到了很大发展。它对市场营销的影响早就是公认的。

从管理学引入市场营销领域的概念有:

(1)科学管理。工作的形成、员工的挑选和培训、工人和监督者之间的合作、管理者和被管理者之间的责任分配等概念进入了市场营销职能和市场营销机构体制的管理。

(2)任务。逐渐形成的以最少浪费和最高效率完成一项工作的方法与观念被应用于对销售人员的时间和责任的研究,包括出访路线、销售定额分配、培训、补偿、激励、监督和评估销售人员的业绩等。

(3)职能化管理。引入了对采购、计划、检查、人力控制和产品保养实行职能化管理的观念。

(4)科学方法。阐明问题、收集信息、得出结论的步骤经修改用于市场调查,形成形势分析、信息调查、制定方案、收集信息等术语。

(5)简单化。这是一个管理学概念,即一个既定的量可通过较少的工作获得时,就可以做到人均产出增加、闲置设备减少、监督简化和控制容易。产品线简化这一概念作为一项市场营销技术而被接受。

(6)多样化。多样化概念在尝试满足消费者的不同需要、保持灵活和获取利润中产生,这一概念预示着产品线的增加。采用此概念减少了劳动力、机器和原材料的浪费。在市场营销实践中,也有相应的概念解决相应的问题。

(7)标准化。标准化用于市场领域中原材料、工具、设备、方法、检查和时间表的统一化,用于市场营销领域中的连锁店在经营、标准化产品线、陈列、作业程序、控制方法、商品分类等方面的统一,也用于统一的大规模生产和销售。

5. 其他学科的贡献

其他学科也为市场营销学的发展做出了贡献。例如,市场营销学中的很多概念来自于法学和人类学。

总而言之,市场营销学的发展是一个兼收并蓄的过程。市场营销学作为一门独立的学科,具有综合性、边缘性、实践性等明显特征。

1.2.5 市场营销学的研究方法

1. 传统研究法

20 世纪 50 年代前,对市场营销学的研究主要采用传统的研究方法,主要有以下三种:

(1)产品研究法。产品研究法是以产品为中心的研究方法,是在产品分类的基础上对各类产品如农产品、工业品、消费品、劳务等分别进行研究,研究与之相关的产品的设计、包装、厂牌、商标、定价、分销、广告及市场开拓等。这种研究方法可详细地分析研究各类产品在市场营销中遇到的具体问题,但需耗费巨大人力、物力、财力,而且重复性很大。

(2)功能研究法。功能研究法是以市场营销职能为中心的研究方法,它是通过详细分析各种市场营销职能的特性以及在执行各种市场营销职能过程中所遇到的问题,意在研究不同的营销组织在不同的市场上如何执行这些职能,如采购、销售、仓储、融资、促销、运输等。从职能角度对市场营销学的研究直接导致了对营销策略组合的研究,如1960 年杰罗姆·麦卡锡(Jerome McCarthy)提出著名的 4P 组合,实际上继承了职能研究的分类研究方法。所以说,职能研究方法为以后占主导地位的营销管理学派的产生奠定了基础。

(3)机构研究法。机构研究法是以人为中心的研究方法,是研究市场营销系统中的各种机构包括生产者、批发商、零售商以及各种辅助机构的特性、变革、功能(职能)及相互之间关系等市场营销问题,以使市场营销职能能被合适的机构有效地执行。

2. 历史研究法

历史研究法就是以市场营销的发展历程为中心的研究方法。它是从事物发展的角度来分析研究有关市场营销问题的产生、发展和衰亡的过程,并寻找其发展变化的成因,掌握其规律。例如,分析阐述市场营销这一概念含义的发展变化、企业经营思想的演变、零售机构的生命周期的发展演变等,从中找出它们的发展变化或演变的原因,掌握其中的发展变化或演变的内在规律性。这种研究方法受到许多市场营销学者的高度重视。

3. 现代研究方法

(1)管理研究法。管理研究法,也叫决策研究法,就是以管理决策为中心的研究方法。这种方法把影响企业开展市场营销活动中的因素分为企业可控因素(可归纳为产品、价格、渠道和促销四大类)和企业不可控因素(包括经济环境、人口环境、社会文化环境、政治法律环境、技术环境和自然环境等)两大类。企业营销管理的任务是在此基础上,全面分析研究企业不可控制的因素。企业根据目标市场的需求特点,同时考虑企业本身的资源和目标,权衡利弊,制定出最佳的市场营销组合策略,满足目标市场的需求,实现企业的经营目标。20 世纪 50 年代以来,市场营销学者和企业营销人员在市场营销研究中主要采用这种方法。

(2)社会研究法。社会研究法就是研究各种营销活动和营销机构对社会的贡献、所付出的成本以及造成的负面效应。这种方法引申出的课题有市场效率、产品更新换代、广告真实性以及市场营销对生态系统的影响等。通过社会研究法,寻求使市场营销的负面效应减少到最低限度的途径。

（3）系统研究法。系统研究法是系统理论具体应用的一种研究方法，它将企业内部系统和相关外部系统视为一个系统，既研究企业内部系统各职能部门（如生产、财务、人事、销售等部门）如何发挥作用以及如何协调，也研究企业内部系统与外部系统各组成部分（如顾客、竞争对手、政府机构、大众媒介、消费者协会等）之间如何协调，力争实现各个部门协调行动，产生"1＋1＞2"的协同效应。

1.2.6　市场营销学的性质与研究对象

1. 市场营销学的性质

市场营销学是一门应用科学。菲利普·科特勒指出："市场营销学是一门建立在经济科学、行为科学、现代管理理论之上的应用科学。"因为"经济科学提醒我们，市场营销是用有限的资源通过仔细分配来满足竞争的需要；行为科学提醒我们，市场营销学涉及谁购买、谁组织，因此，必须了解消费者的需求、动机、态度和行为；管理理论提醒我们，如何组织才能更好地管理其营销活动，以便为顾客、社会及自己创造效用"。

市场营销学既包括宏观营销学，又包括微观营销学。麦卡锡在其代表作《基础市场学》中明确指出，任何商品经济社会的市场营销均存在两个方面：一个是宏观市场营销；另一个是微观市场营销。宏观市场营销是把市场营销活动与社会联系起来，着重阐述市场营销与实现社会总供需的平衡、提高社会经济福利的关系，它是一种重要的社会过程。微观市场营销是研究如何从顾客需求出发，将产品或劳务从生产者转到消费者手中，实现企业赢利的目标。它是一种企业经济活动的过程。目前，国内外市场营销的主流是"微观市场营销学"。

2. 市场营销学的研究对象

"Marketing"一词在英文中既作市场营销解释，也作市场营销学解释，但这是两个既有联系又有区别的不同概念。市场营销是企业的经营、销售活动，它研究的是：企业在动态市场上如何有效地管理其市场营销活动，提高企业的经济效益，求得生存和发展，实现企业的目标。市场营销学则是一门与营销实践相关的应用科学，它研究如何以消费者为中心，生产经营适销对路的产品、扩大市场销售，以实现企业营销目标，并为此提供理论、思路和方法。所以，它的研究对象是市场营销活动及其规律。

1.3　市场营销观念

有关"市场营销观念"的概念，在我国市场营销学教科书和著作中，表述形式众多，如市场营销哲学、营销管理哲学、营销管理指导思想、市场经营观、企业经营观念、企业经营哲学、市场营销理念等，其中使用最多的表述是市场营销观念，本书采用这一表述。

市场营销观念是指在一定时期贯穿企业整个市场营销活动的总体指导思想和行为准则。它反映了企业在开展经营活动时,对市场的根本看法和态度,其核心问题就是企业如何看待顾客和社会的利益,即如何处理企业、顾客和社会三者之间的利益。显而易见,企业的市场营销观念不同,必然导致不同的经营态度和经营成果。

市场营销观念是随着商品经济的发展而产生和不断演变的,纵观市场营销观念的发展,大体经历了生产观念、产品观念、推销观念、市场营销观念和社会市场营销观念五个阶段,但可以归纳为以企业为中心、以消费者为中心、以社会长远利益为中心三大类。如图 1-3 所示。

看图学营销 1-3

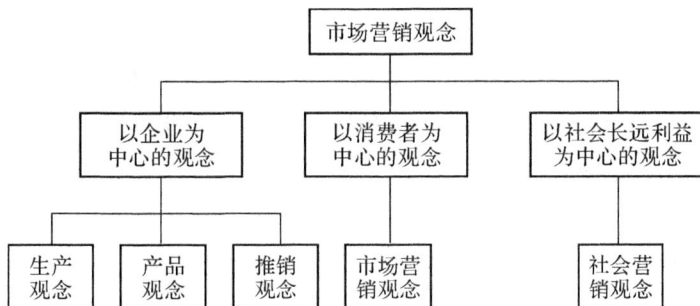

图 1-3　市场营销观念

1.3.1　以企业为中心的营销观念

1. 生产观念

"生产观念"产生于 19 世纪末至 20 世纪 20 年代。当时,由于生产力水平低下,产品供不应求,物质供给匮乏,竞争也不激烈;消费者对商品选择的余地很小,市场上卖什么就只能买什么,他们关心的主要是能否得到产品以及能否买得起,对于产品的式样、外观和性能没有太多的要求。企业据此认为,消费者喜爱那些可以随处买到而且价格低廉的产品,于是就形成了其基本的思想:产品只要生产出来就必定有销路,企业的中心任务是以生产为中心,组织所有资源提高生产效率,增加产量,降低成本和售价。其典型口号是"我们生产什么,就卖什么",结果是企业不关心市场需求差异,以产定销,企业缺乏创新动力,导致逐渐丧失创新能力。

营销案例 1-4

福特 T 型车

20 世纪初期,由于物资短缺、需求旺盛,许多产品供不应求,因而生产观念颇为流行。美国福特汽车公司是当时在美国奉行"扩大生产,降低价格"生产观念的典型代表。亨利·福特(Henry Ford)在汽车发明后不久,于 1903 年创办了美国福特汽车公司,生产了 T

型车,并首创了大量生产系统和传送带移动组装法,使得公司能大规模生产汽车,大大降低成本,扩大了市场。因此,福特公司于 1908 年 10 月发售所开发的 T 型车,只卖 850 美元,而当时一般汽车的售价高达 2500~7000 美元。第一年 T 型车的产量达到 10660 辆,至 1920 年总产量为 400 万辆,1922 年为 600 万辆,1923 年为 800 万辆,1925 年为 1200 万辆,与此同时,T 型车的价格不断下降,1912 年为 600 美元,1914 年为 490 美元,1920 年为 440 美元,1924 年更是降到 290 美元。T 型车十分畅销,供不应求。亨利·福特曾傲慢地宣称:"不管顾客需要什么颜色的汽车,我只有一种黑色的。"这是只求产品廉价而不讲究花色式样的市场功能的典型表现。从第一辆 T 型车面世到它 1927 年 5 月 26 日停产,共计有 1500 多万辆被销售出去。它的生产是当时先进工业生产技术与管理的典范,为汽车产业及制造业的发展做出了巨大贡献,在 20 世纪世界最有影响力汽车的全球性投票之中,福特 T 型车荣登榜首。

生产观念在两种情况下也不失为有效的指导思想。第一种情况是产品的需求超过供给,此时,企业应致力于增加产量。第二种情况是产品的销售不成问题但是成本太高,企业必须靠提高生产率来降低成本。

2. 产品观念

产品观念也被称为产品导向观念,与生产观念几乎并存于同一时期,是生产观念的延续和反映。20 世纪 20 年代,虽然整个市场仍处于卖方市场的状态下,但随着生产力的发展,商品的供给量有所增加,市场上的竞争日益激烈,一些企业为了比竞争对手更胜一筹,开始注重在产品上下功夫,以吸引更多消费者。该观念认为,消费者总是喜欢购买那些质量高、性能好、有特色、价格便宜的产品。在这种观念的指导下,企业集中一切力量,致力于提高生产效率,提高产品质量,改进产品的性能,降低价格。他们相信,只要产品做得足够好,消费者就会购买。这与我国古代"酒香不怕巷子深"的经营理念十分相似。

在这种观念的指导下,企业总是致力于生产优质产品,并不断加以改进使其日臻完善,但是这样会使企业过分地把注意力放在产品上,却没有看到市场需求的动态变化和多样性,其结果必然导致在产品开发方面趋于保守,最终使自己陷入困境,患上营销学中所说的"营销近视症",致使企业经营困境重重。产品观念的实质内容是"质量比需求更重要"。

营销案例 1-5

美国爱琴钟表公司的衰败

美国爱琴钟表公司自 1896 年创立至 20 世纪 50 年代中,一直被公认为是美国最好的钟表制造商之一。该公司强调生产优质产品,并由著名的珠宝商店、大百货企业等分销产品。1958 年之前,其产品以优质享有盛誉,销售额连年上升。1958 年之后,销售额和市场占有率开始下降,其主要原因是:市场形势发生了变化,消费者对手表的需求已由注重准确、名牌、能用一辈子甚至传子传孙,转变为方便、经济、式样新颖。许多制造商迎合消费者需求,开始生产低档手表,并通过廉价商店、超级市场等大众分销渠道积极推销,而爱琴钟表公司仍迷恋于生产传统样式的手表,没有注意到市场的变化。结果爱琴钟表公司的大部分市场份额被其他公司夺走,企业经营遭受重大挫折。

3. 推销观念

推销观念又称销售观念,大致产生于 20 世纪 20～40 年代由卖方市场向买方市场转换的过渡时期,是一种以销售为中心的企业经营指导思想。推销观念认为,消费者通常表现出一种购买惰性或抗衡心理,因此,企业必须利用一系列有效的推销和促销工具去主动推销与积极促销,刺激他们大量购买,甚至使用带有强迫性的推销手段促成交易。

推销观念被大量用于推销非渴求商品,即那些消费者一般不会想到要去购买的产品或服务,如保险就是最典型的非渴求商品。另外,许多企业在产品过剩时,也常常奉行推销观念。

推销观念开始注重推销方法和技巧,这跟过去的产品观念、生产观念比较起来是一种进步。但又都是站在卖方即企业的立场上,从既有产品出发,其本质依然是生产什么销售什么,缺乏对消费者需求的了解。推销观念的结果是:生产、积压、推销、再生产、再积压、再推销……恶性循环!

1.3.2 市场营销观念

市场营销观念也称市场导向观念,是作为对上述诸观念的挑战而出现的一种新型的营销观念,盛行于 20 世纪 50 年代后美国等发达资本主义国家。此时,市场已经由个别产品供过于求的买方市场,变为总量产品供过于求的买方市场,加之西方国家推行高工资、高福利、高消费的政策,刺激了人们的购买力,企业间的竞争日益加剧。许多企业开始认识到,必须转变经营观念,才能求得生存和发展,市场营销观念应运而生。

这种观念认为,实现企业目标的关键在于切实掌握目标市场消费者的需求和愿望,并以消费者为中心,比竞争者更有效地提供目标市场所要求的产品或服务等。营销观念从一个界定明确的市场出发,以满足顾客需求为出发点,即顾客需要什么,就生产什么,一切以顾客为中心,协调影响顾客的所有营销活动,并通过建立基于顾客价值和满意之上的长期顾客关系来取得利润。企业首先关心的不再是生产和产品,而是顾客现在和将来的需求。

营销案例 1-6

本田雅阁汽车成功进军美国市场

日本本田汽车公司打算在美国推出一款雅阁牌新车。在设计新车前,他们派出工程技术人员专程到洛杉矶地区考察当地的高速公路的情况,实地丈量路长、路宽,采集高速公路的柏油,拍摄进出口道路的设计。回到日本后,他们专门修了一条 9 英里长的高速公路,就连路标和告示牌都与美国公路上的一模一样。在设计行李箱时,设计人员意见有分歧,他们就到停车场看了一个下午,看人们如何取放行李。这样一来,意见马上统一起来。结果本田公司的雅阁牌汽车一到美国就倍受欢迎,被称为是全世界都能接受的好车。

市场营销观念的出现,使企业经营观念发生了根本性变化,从原来的以产定销转变为以销定产,明确地指出企业必须以顾客的需要为最根本的出发点,使市场营销学发生了一次革命。从本质上说,市场营销观念是一种以顾客需要和欲望为导向的哲学,是消费者主权论在企业市场营销管理中的体现。

1.3.3　社会市场营销观念

市场营销观念是以强调满足消费者需求为主的一种经营管理思想,却忽略了消费者需求、企业利益和长期社会福利之间隐含的冲突,造成了有些企业片面强调满足消费者的需要,忽视了在产品生产和消费过程中给环境和社会发展带来的副作用。我们知道,有些企业的生产往往会导致环境污染、资源短缺、物质浪费、消费者长远利益受损等现象。20世纪70年代,随着环境的恶化,生态平衡的严重破坏,社会上出现了各种关于不营养食品、资源浪费、能源短缺、环境污染严重、人口激增、贫困和社会服务被忽视等的批评之声。这时,需要有一种新的观念来修正市场营销观念。于是,社会市场营销观念应运而生。

社会市场营销观念是对市场营销观念的修正和补充,是指企业在开展市场营销活动时以"实现消费者满意以及消费者和社会公众的长远福利作为企业的根本目的与责任"为中心的营销思想。社会市场营销观念认为,企业生产产品不仅要满足消费者的需求与欲望,而且应当符合企业和社会的长远利益,在统筹兼顾消费者利益、企业利益和社会利益的同时,比竞争者更有效、更有利地向目标市场提供能够满足其需要的物品或服务。强调企业的市场营销既不是从企业利益,也不是单纯地从消费者利益出发,而是从整个社会的立场出发,在考虑顾客需求、自身利润的同时,更要考虑社会利益,做一个有公共道德的企业。

营销案例 1-7

农夫山泉股份有限公司"一分钱公益行动"

农夫山泉"一分钱公益行动"提倡"团结互助"精神,构建了一种全新的资助理念和资助形式,其行动理念为"再小的力量也是一份支持"。2001年农夫山泉举办了第一届"一分钱公益行动"支持北京申奥。2001年,农夫山泉公司和北京奥申委联合推出第一个"一分钱"行动:"再小的力量也是一种支持。从现在起,买一瓶农夫山泉,你就为申奥捐出一分钱。"伴随着在中央电视台播放的"一分钱"广告中刘璇、孔令辉那颇具亲和力的笑脸,以及农夫山泉倡导的这种"聚沙成塔"的宣传理念,全民支持申奥的主题进一步深入人心。截至申奥成功,农夫山泉代表消费者共捐出了500万元。该事件被评为"2001年十大成功营销"案例。2002 年第二届"一分钱公益行动"阳光工程,支持中国贫困地区学校基础体育建设。"农夫山泉阳光工程"是由农夫山泉公司和国家体育总局体育器材装备中心联合发起的,主要面向贫困地区的基础体育事业,关注基础体育设施的建设和基础体育运动的发展。"让更多的孩子享受运动的快乐。"2002 年度,农夫山泉公司共向国内24 个省(自治区、直辖市)、329 个市、县的 395 所学校赠送了价值近 502 万元的体育器材。这个活动被社会各界誉为"体育界的希望工程"。2004 年第三届"一分钱公益行动"支持中国体育事业。2004 年,农夫山泉公司得到了中央电视台《新闻联播》和《每周质量报告》的肯定。"2008,我要去北京跑",农夫山泉公司特地拍摄了农夫山泉《大脚篇》,进一步展开"一分钱"的公益活动,支持中国体育事业。作为雅典奥运会中国体育代表团的训练比赛专用水,农夫山泉为中国体育健儿取得的优异成绩做出了自己的努力。2006 年第四届"一分钱公益行动"——"饮水思源"助学活动,帮助水源地的贫困孩子:与中国宋庆龄基金会共同举办"饮水思源"。双方约定自 2006 年 1 月 1 日起至 2006 年 7 月 31 日期间,农夫山泉公司以每销售一瓶农夫山泉就提取一分钱的形式捐赠"饮水思源"助学活动,捐赠总金额不低于人民币 500 万元。上述捐赠款项计划包括为万绿湖、千岛湖、丹江口和长白山地区共 1002 名小学生提供小学教育助学金总额约 131 万元,为贵州地区 400名小学生和四川地区 100 名小学生提供资助约 53 万元,为万绿湖、千岛湖、丹江口和长白山地区提供小学教育设施和图书配送约 187 万元,为"饮水思源"专题水源地和北京夏令营活动提供资金约 130 万元。这个活动同时具有积极的社会意义:响应了"建设和谐社会"战略和"以团结互助为荣"的号召,同时传达"保护环境从小做起,从我做起"的环保概念。

　　上述五种市场营销观念,其产生和存在都有其历史背景和必然性,都是与一定的条件相联系、相适应的。当前,由于诸多因素的制约,即便是西方的发达资本主义国家,也不是所有企业都树立了市场营销观念和社会市场营销观念。事实上,还有许多企业仍然以产品观念及推销观念为导向。目前,我国仍处于社会主义市场经济初级阶段,我国企业市场营销观念仍处于以推销观念为主、市场营销观念蓬勃发展、多种观念并存的阶段。不过在市场竞争越来越激烈的情况下,企业要想实现长久生存和发展的战略目标,采取把市场营销观念和社会市场营销观念作为企业经营的指导思想是正确而又明智的选择。

知识链接 1-5

表 1-2　五种观念的比较

营销观念	出发点	手段	策略	目标
生产观念	生产	提高产量,降低成本	以产定销	增加生产取得利润
产品观念	产品	提高质量,增加功能	以高质取胜	提高质量获得利润
推销观念	销售	推销与促销	以多销取胜	扩大销售获得利润

续表

营销观念	出发点	手段	策略	目标
市场营销观念	顾客需求	整体市场营销	以比竞争者更有效地满足顾客需要取胜	满足需要获取利益
社会营销观念	顾客需要、社会利益	整体市场营销	以满足顾客需要和社会利益取胜	满足顾客需要、增进社会利益获得经济效益

（资料来源：王学军.市场营销学.北京：经济科学出版社，2011：29）

1.4 顾客导向与顾客满意

1.4.1 顾客导向的含义

顾客导向是指公司所有的活动导向均为使顾客满意，并与顾客建立有益的长期关系。顾客导向实际上就是"以顾客为中心"的市场营销观念的总的行动指南。

名人名言 1-3

创造顾客是企业唯一的目的。

——彼得·F.德鲁克

彼得·F.德鲁克曾指出，创造顾客是企业唯一的目的。他并不是要否定获取利润的重要性，而是认为当企业能够创造顾客并满足顾客的需求时，经由企业内部的努力，便可产生长期的收益。

从顾客导向可以引出一系列市场营销的重要概念。顾客导向的最初概念由了解消费者的需求而提出，只有让消费者满意才是成功的顾客导向，这就引出了顾客满意的概念。落实顾客导向的行为，不仅会提高服务品质，而且顾客满意度也会相对提高。如何衡量顾客满意度，这又提出了让渡顾客价值的概念。

1.4.2 顾客满意的含义

顾客满意是现代市场营销活动必须要考虑的一个重要问题。满意是一种感觉状态下的水平，消费者在购买后满意与否取决于这位消费者对商品的期望价值和商品的实际效果的对比。顾客满意是指顾客对一件产品满足其需要实际所感受到的绩效与期望值进行比较所形成的主观感觉状态。其基本公式是：

▶顾客满意

$$顾客满意（CS）=顾客所感受到的绩效（P）-期望值（E）$$

若:P＜E,则顾客不满意;P＝E,则顾客基本满意;P＞E,则顾客满意。

知识链接 1-6

顾客满意的好处:

(1) 较长期地忠诚于公司;

(2) 购买公司更多的新产品和提高购买产品的等级;

(3) 为公司和它的产品说好话;

(4) 忽视竞争品牌和广告,对价格不敏感;

(5) 向公司提出产品或服务建议;

(6) 由于交易惯例化而比用于新顾客的服务成本低。

(资料来源:菲利普·科特勒.营销管理(新千年版).北京:中国人民大学出版社,2001:66)

特别提示 1-6

要想有效保持老顾客,必须使其高度满意!

由顾客满意的定义可以看出,顾客满意具有以下的特征:

(1)顾客满意具有很强的主观性。不同的顾客在个性、购买动机、文化程度、经济状况、生活方式等方面都各不相同,因此同一商品或服务即使是在同一情景下,对不同顾客而言,其感受到的绩效与期望值都可能是不一样的。

(2)顾客满意具有动态性。顾客在购买商品前受知觉选择性的支配,不同的背景、经验和信息的掌握程度使得顾客在评判商品的价值时表现出一种有限理性,因此顾客对商品的感知价值会随着产品的使用过程而不断变化。例如,一个顾客购买了一款 1500 元的彩屏拍照手机,很可能顾客在刚购买手机的初期是对商品非常满意的,觉得手机很漂亮,而且还能拍照。但当使用一段时间后,发现手机中内置照相机的像素只有 300 万,买手机时该顾客不清楚 300 万像素是个什么概念,认为能拍照就是很不错的功能,但后来发现实际上清晰度很有限。这样,当初由于信息不足和经验不足而未被顾客察觉的影响满意度的因素就开始暴露出来,从而使顾客的感知价值发生变化,影响满意水平,此时顾客的感觉就可能从高度满意降为基本满意,甚至不满意。

总之,顾客满意对企业经营有着重要影响,顾客满意的目标是使顾客成为忠诚顾客。一位忠诚的顾客通常会再度购买,并与他人愉悦地谈论该产品,忽略竞争品牌广告,不购买其他公司的产品。老顾客好的口碑传播给其他的顾客,将扩大产品的知名度,改善企业的形象,为企业的长远发展不断地注入新的动力。顾客满意营销强调在消费者的购买过程中,企业始终站在消费者的立场为他们考虑,给消费者提供令他们满意的产品和提供愉悦的消费体验。

知识链接 1-7

美国汽车业的调查数据显示：一个满意的顾客会引来 8 笔潜在生意，其中至少有 1 笔成交；而一个不满意的顾客会影响 25 个人的购买意愿。争取一位新顾客所花的成本是保住一位老顾客所花成本的 6 倍。

1.4.3　顾客让渡价值

顾客让渡价值是指顾客购买商品或服务所得到的总价值与顾客购买商品所付出的总成本之间的差额。顾客购买商品或服务所得到的总价值与顾客购买商品所付出的总成本以下分别简称为顾客总价值、顾客总成本。

$$顾客让渡价值＝顾客总价值－顾客总成本$$

顾客得到的"顾客让渡价值"越大，就越满意，所以可用"顾客让渡价值"衡量顾客满意度。

▷顾客让渡价值

特别提示 1-7

企业要想在竞争中战胜对手，其向顾客提供的产品就必须比竞争对手所提供的产品具有更多的"顾客让渡价值"

1. 顾客总价值

顾客总价值是指顾客在购买某一产品或服务时所获得的一组利益，包括产品价值、服务价值、人员价值和形象价值。

(1)产品价值。产品价值是指由产品的功能、品质、品种与款式等给顾客带来的价值，它通常是顾客选购产品时首要考虑的因素。产品价值是由顾客需求决定的，应注意：在经济发展的不同时期，顾客对产品的需求会有不同，对构成产品价值的要素以及各种要素的相对重要程度也会有所不同，即使对同一类产品在不同时期也可能有不同需求，例如，对电视机的要求从黑白到彩色，从 CRT 电视到背投电视、等离子电视、液晶电视、LED 电视、3D 电视等，随着科学技术的进步，人们对电视机的需求也一直在变。此外，即使在经济发展的同一时期，不同类型的顾客在购买行为上也会有明显的需求差异性。因此，这就要求企业必须认真分析不同时期和不同类型的顾客需求的差异性，以此为根据进行产品的开发与设计，增强产品的适应性，从而为顾客创造更大的产品价值。

(2)服务价值。服务价值是指伴随产品实体的出售，企业向顾客提供的包括送货、安装、调试、维修、技术指导、质保等各种附加服务所产生的价值。随着消费观念的变化，消费者在选购产品时不仅注意产品本身价值的高低，而且更加重视产品附加价值的大小。特别是在生产厂商的产品质量同质化现象愈加普遍的情况下，企业向顾客提供的附加服务越完备，产品的附加价值越大，顾客从中获得的实际利益就越大，从而购买得到的总价值也越大。因此，在提供优质产品的同时，向消费者提供完善的服务，已成为现代企业市场竞争的新趋势。

（3）人员价值。人员价值是指顾客从直接与之接触或为之服务的企业人员身上感受到的价值，其营销观念、知识水平、业务能力、工作态度、服务质量等直接影响顾客对产品的感受，从而产生顾客价值，也在一定程度上决定着顾客购买总价值的大小。一个综合素质较高又具有顾客导向经营思想的工作人员，会比知识水平低、业务能力差、没有顾客导向思想的工作人员为顾客创造更高的价值，从而让更多顾客感到满意。因此，企业应高度重视对企业人员综合素质与能力的培养，加强对员工日常工作的监督与管理，使其始终保持较高的工作质量与水平。

（4）形象价值。形象价值是指企业及其品牌在社会公众中形成的总体形象所产生的价值。企业形象对于企业来说是宝贵的无形资产，良好的形象会对企业的产品产生巨大的支持作用，赋予产品较高的价值，从而带给顾客精神上和心理上的满足感、信任感，使顾客的需要获得更高层次和更大限度的满足，从而增加顾客购买的总价值。例如，购买一些名牌产品总是能为消费者带来很高的满足感；一些高档奢侈品品牌价格虽然居高不下，但仍然受到很多消费者的追捧。因此，企业应高度重视自身形象塑造，在为顾客带来更大的价值的同时，也是在增加企业自己的价值。

2. 顾客总成本

顾客总成本是指顾客为了购买和使用一个产品所付出的全部代价，它包括货币成本、时间成本、精神成本和体力成本。这些成本并不仅仅指顾客在购买过程中所发生的支出，也包括购买前、使用中所发生的一切相关支出。如图 1-4 所示。

（1）货币成本。货币成本是顾客购买产品时的价格。一般来说，货币成本是构成顾客总成本大小的主要和基本因素，产品的功能、品质相同时，顾客总是希望价格越便宜越好。同时，货币成本在顾客选择中的重要性还取决于它相对于顾客的总开支效应。相对于其他成本要素，货币成本是显性的、易衡量和比较的。

（2）时间成本。时间成本是顾客在产品购买和使用过程中所耗费的时间。随着社会生活节奏的不断加快，顾客的耐心越来越有限，在有些时候，消费者甚至把时间成本看得比货币成本更重要，随着等候时间的增加，顾客中途放弃购买的可能性也会增大。例如现在网上购物、网上订餐就深受一些年轻上班族的喜爱，其原因就是他们可以足不出户就购买到所需要的商品，节省了大量的时间。所以，简化一些不必要的业务流程，提高工作效率，在保证产品与服务质量的前提下，尽可能降低顾客的时间成本，就是为顾客创造更大的顾客让渡价值。

（3）体力成本。体力成本是指顾客在购买和使用产品的过程中的体力耗费，如搬运、摆放等。

（4）精神成本。精神成本是指顾客在购买和使用产品的过程中的精神耗费，如学习、评判、冲突、困扰等。现代科技产品在许多方面对顾客来说都是一个黑箱，为避免不愉快的出现，顾客不得不花费大量的精力以得到正确的和有利的结果，保障自身利益。企业如果能使购买和使用过程成为一种良好体验，则这一过程是愉悦的，这就不是精神支出而是精神享受了。

看图学营销 1-4

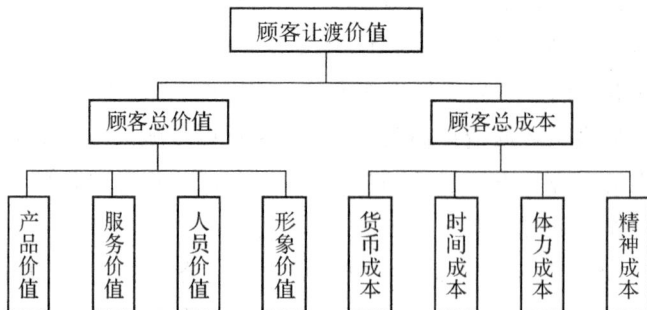

图 1-4　顾客让渡价值构成

知识链接 1-8

提高顾客让渡价值的基本途径

(1)提高顾客总价值,降低顾客总成本;

(2)提高顾客总价值,顾客总成本不变;

(3)顾客总价值不变,降低顾客总成本;

(4)提高顾客总成本,同时大大提高顾客总价值;

(5)降低顾客总价值,同时大大降低顾客总成本。

特别提示 1-8

(1)企业在制定市场营销决策时,应综合考虑顾客总价值与顾客总成本的各项要素的相互影响。

(2)应注意到不同顾客群对顾客总价值和顾客总成本各要素的重视程度是不同的。

(3)企业不能片面追求"顾客让渡价值"最大化,而应以能够实现企业的经营目标为原则。

1.4.4　顾客忠诚

如果满意的顾客不再购买本企业的产品,那么这种满意并没有给企业带来多少实际利益。所以,顾客满意并非企业追求的终极目标,企业希望达到的目标是通过让顾客满意,使顾客持续地、排他性地购买本企业的产品,甚至在竞争对手提供的产品或服务在某种程度上优于本企业产品的条件下仍然选择购买本企业的产品,即达到使顾客忠诚于本企业的目的。

1.顾客忠诚的含义

顾客忠诚是指顾客对某一企业、某一品牌的产品或服务的认同、信赖,甚至偏爱,持续地、排他性地购买该企业或品牌的产品,它是顾客满意不断强化的结果。与顾客满意是一种感性知觉不同,顾客忠诚是顾客在理性分析基础上的肯定、认同和信赖,具有一定的抗干扰性。有些忠诚顾客甚至只考虑这种品牌,并且不再进行对相关品牌信息的搜索和比较。

忠诚顾客一般还会对特定企业和品牌的产品重点关注,寻找巩固信任的信息,并且在这种关注中向他人热情推荐该产品或服务。

2. 顾客忠诚的层次

顾客忠诚依其程度深浅,一般可以分为四个层次:

认知性忠诚——直接基于产品和服务而形成的最浅层次的忠诚,是顾客对这种产品和服务满足需求的认可,它可能会因兴趣、环境等因素的变化而转移。这种忠诚是更高层次忠诚的基础。

情感性忠诚——在使用产品和接受服务后,获得持续满意的顾客形成的对产品和服务的偏爱。这种偏爱使顾客较少关注竞争对手的产品,从而使企业在竞争中处于有利地位,竞争对手必须付出更多的努力才能取胜。

意向性忠诚——顾客在下次选择购买产品时,对具有情感性忠诚的品牌的优先考虑,这说明顾客的情感性忠诚已经开始影响顾客的选择。

行为性忠诚——顾客忠诚的最高阶段,顾客愿意克服种种障碍实现对特定品牌的产品购买。只有在企业提供的产品和服务成为顾客不可或缺的需要和享受时,行为性忠诚才会成为现实。

3. 顾客忠诚的达成

近年来的许多研究表明,在许多行业存在着高满意度(指从消费者群体角度)、低忠诚度的现象——"顾客满意陷阱"。可见,顾客满意只是顾客忠诚的前提,大部分顾客所经历的满意程度,远不足以产生忠诚的效果。如何才能让顾客忠诚呢?根据研究,让"顾客惊喜"是达成顾客忠诚的必要条件。"顾客惊喜"是指企业提供给顾客的产品和服务超出了顾客的预期与想象,因而使顾客感到惊喜。由于追求新奇是人类的天性,所以能不断为顾客带去惊喜的企业,自然成为顾客追逐的目标,顾客惊喜将直接导致顾客忠诚。

知识链接 1-9

顾客忠诚度的测量

对顾客忠诚度的测量主要根据以下几个方面进行:

◆该顾客对本企业有明显的情感倾向性而非随意性;

◆该顾客对本企业产品或服务在购买行为上有实际的重复反映;

◆该顾客对本企业及其产品或服务在长期内有偏爱;

◆该顾客对本企业新的产品或服务几乎无顾虑地首先购买;

◆该顾客向其他顾客推荐并形成一个顾客群体;

◆该顾客能承受本企业有限的涨价,也能抵制竞争对手的降价或倾销。

(资料来源:钱旭潮.市场营销管理.北京:机械工业出版社,2009:34)

1.4.5　客户关系管理

客户是企业最为宝贵的资源,只有能有效保持老客户并不断开发新客户的企业才能在当今竞争环境瞬息万变、白热化的残酷竞争中赢得生存和发展。20:80定律告诉我们:一个企业80%的利润来自20%的顾客,由此可见老客户对企业的价值。要想有效保持老客户,提高客户忠诚度,就必须对其进行科学管理。客户关系管理(Customer Relationship Management,CRM)就是这样一种方法。

1.客户关系管理的含义

客户关系管理就是指企业通过富有意义的与客户的交流沟通,理解并影响客户行为,提高客户满意度和忠诚度、减少客户流失,从而实现更多地挖掘客户价值的目标。

首先,客户关系管理是一种管理理念,其核心思想是将企业的客户(包括最终客户、分销商和合作伙伴)作为最重要的企业资源,通过完善的、贯穿于企业经营管理的各个方面的客户服务来保证实现客户的终生价值。其次,它是新型的管理机制,它要求以客户为中心来构架企业的业务流程,完善对客户需求的快速反应以及管理者的决策组织形式,规范以客户为核心的工作流程,建立客户驱动的产品、服务设计等。最后,它是一种方法,它以信息技术为实现手段,向企业的销售、市场和客户服务的专业人员提供全面、个性化的客户资料,并强化跟踪服务、信息服务能力,使他们能够协同建立和维护一系列与客户和生意伙伴之间卓有成效的一对一关系,从而使企业得以提供更快捷、更周到的优质服务,提高客户满意度,吸引和保持更多的客户,进而提高客户的忠诚度。

2.客户关系管理的基本内容

(1)客户价值细分

从企业的角度来看,不同的客户给企业提供的价值是不同的。任何一个企业其资源都是有限的,所以一般而言企业不能简单地追求客户数量,而应更多地关注客户的质量(主要指给企业带来的价值),应把有限的资源向优质客户倾斜。所以,企业在进行客户关系管理时有必要对客户按其价值进行细分,并有针对性地进行管理。

(2)客户满意度管理

对客户的满意度调查不能仅是满意、一般、不满意三个选项,应增加很满意、很不满意两个选项,因为声称满意的客户其实在竞争对手的"诱导"下,流失率很高,而声称很满意的客户流失率很低、忠诚度很高。一个企业只有拥有很高的客户"很满意率"时,才处于竞争中相对安全的位置。对不满意的客户要了解原因,采取补救措施;而对很不满意的客户必须立即采取危机公关措施。

(3)客户忠诚度提升

正如前面所分析的那样,客户满意不等于客户忠诚,即使你的客户对你很满意,他仍然有很多理由离开你。要提升客户忠诚度,企业就应深入了解客户不同时期的需求及特点,设法持续地给客户提供物超所值的产品或服务,为其提供优质的个性化服务,使之经常处于"惊喜"中。简言之,就是一定要不仅比竞争对手做得好,而且比客户期待的还要好。

（4）客户流失分析

在激烈的市场竞争中,很多企业都面临着大量的客户流失,企业花费大量力气吸引来的客户很轻易地流向了别的竞争对手,这是企业必须着力解决的重要问题。因此,客户流失分析也非常重要,应采用科学的统计方法和其他方法,对客户流失情况进行全面的分析,找出原因,提出解决对策。

（5）其他分析

虽然企业要用自己的关怀去感动客户,但也不能因此就完全忽略了客户的欺诈等行为。因此,在客户关系管理中还要进行客户信用分析、客户经营能力分析、客户消费行为分析等方面的工作。

3. 推销观念、营销观念与客户观念的比较

推销观念、营销观念与客户观念的比较,如表 1-3 所示。

表 1-3 推销观念、营销观念与客户观念的比较

	出发点	中心	方法	目 标
推销观念	厂商	产品	推销和促销	通过扩大需求获取利润
营销观念	目标市场	顾客需求	整体营销	通过满足需求创造利润
客户观念	单个客户	客户需要 客户价值	一对一营销 整合价值链	通过提升客户占有率、忠诚度、和客户终身价值实现利润增长

1.5 市场营销组合与营销管理

1.5.1 市场营销组合的基本框架

市场营销组合是现代市场营销理论的一个重要概念。1953 年,尼尔·博登（Neil Borden）率先提出了"市场营销组合"（marketing mix）这一术语,它是指企业为了进占目标市场、满足顾客需求,需要对企业可控制的但对企业营销有影响的一些因素加以有效整合、协调使用。

▶ 市场营销组合的基本框架

1960 年,麦卡锡在其《基础营销》一书中将上述市场营销要素概括为:Product（产品）、Price（价格）、Place（渠道）、Promotion（促销）,即著名的 4P;1967 年,菲利普·科特勒在其《营销管理:分析、计划、执行与控制》（第一版）中进一步确认了以 4P 为核心的营销组合方法。

市场营销组合中的产品,指的是企业向目标市场提供的产品和服务的组合,包括产品的实体、外观、式样、款型、内在质量、品牌名称、包装、各种附属服务、供退货条件等具体方面。

市场营销组合中的价格,指的是顾客在购买企业所提供的产品或服务时的价格,包括商品价目表所列的价格、各种折扣、支付期限、付款方式及条件等。

市场营销组合中的渠道,指的是企业向目标市场提供产品或服务时所经过的环节和活动以及进入的场所,包括销售渠道和方式,中间商、代理商、物流管理等产品转移的途径和条件等。

市场营销组合中的促销,指的是企业通过各种形式和媒体宣传企业及其商品,与目标市场进行有关商品和服务的信息沟通与交换活动,其中包括人员销售、公共关系活动、广告及营业推广等。

市场营销组合是为实现企业战略与战略性营销规划的营销策略,它具体谋划企业为实现总的战略目标所采用的手段、方法和行动方案,以贯彻战略思想。市场营销组合体现了系统管理思想。

市场营销组合的构成如图 1-5 所示。

看图学营销 1-5

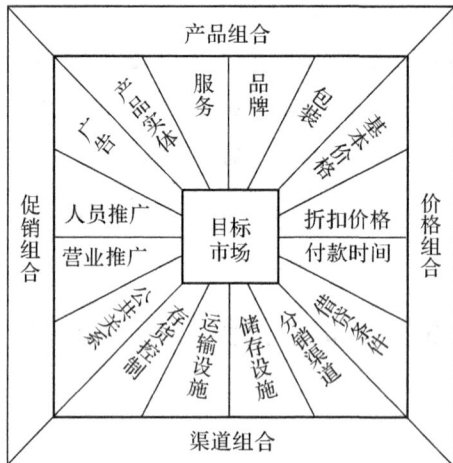

图 1-5　市场营销组合的构成

市场营销组合具有如下特点:

(1)可控性。企业可以根据目标市场的需要,自行决定自己拟生产的产品结构,自行制定产品价格,选择分销渠道和促销方法等。

(2)复合性。由上图可知,市场营销组合 4P 之中各自又包含了若干细节因素,因此,企业在确定市场营销组合时,不仅要达到 4P 之间的最佳搭配,而且要注意安排好每个 P 中各种细节因素的组合运用,使其作用发挥得最好。

(3)动态性。市场营销组合是一个动态的组合。每一个组合因素都是不断变化的,是一个变量,同时又是互相影响的,市场环境和目标市场方面的任何微小变动都会引起市场营销组合的变化。

(4)整体性。营销组合不是简单地把四大策略(产品、价格、渠道和促销)叠加在一起，所起的作用也不是它们简单相加得到的结果，而是要将四大策略互相配合协调，产生整合效应，构成有机的整体，其效果应远远超过简单相加的结果。市场营销组合是通过对四大策略的组合使用，使其释放出整合放大的能量。

（5）受约性。市场营销组合的选择使用及效果发挥，受到其他微观和宏观经济环境的限制与制约。

1.5.2 市场营销组合的扩充

1. 大市场营销（Megamarket：6P 组合策略）

1984 年，菲利普·科特勒提出在原 4P 基础上加了两个 P，即 Political Power（政治权力），Public Relations（公共关系），成为 6P 组合策略。

▷市场营销组合
的扩充

政治权力是指为了进入和在目标市场上经营，运用审慎的院外活动和谈判技巧，向政府机构和官员提出自己的主张，争取获得支持。

公共关系是指企业通过大众媒体与公众沟通，影响其观点，在其心目中树立良好的企业形象和产品形象。

运用这两个 P，可以打破国际或国内市场上的贸易壁垒，为企业的市场营销开辟道路。

2. 市场营销战略分析框架（10P ＝ 战略 4P ＋ 战术 6P 组合）

菲利普·科特勒提出战略营销计划过程必须优先于战术营销组合（即 4P 组合），他认为战略营销计划过程也可以用 4P 来表示，即 Probing（探查）、Partitioning（分割）、Prioritizing（优先）、Positioning（定位）。Probing：对市场进行调查、预测；Partitioning：对市场进行细分（市场细分）；Prioritizing：在市场细分的基础上，确定目标市场；Positioning：市场定位。

3. 市场营销工作的一般思路（11P）

在日常市场营销工作中，一般可以按照以下工作程序进行操作：

（1）People：人，指市场营销工作首先要对人（指消费者）进行研究，包括理解人和向人们提供产品、服务等。

（2）Probing：对市场进行调查、预测。

（3）Partitioning：市场细分，指依据细分变量将一个整体市场分为若干个小的市场。

（4）Prioritizing：目标市场，指企业在上述若干个小的市场中，选择一个或多个作为自己要开发、占领的市场。

（5）Positioning：市场定位，指在选定目标市场的基础上，打造产品的特色，并传递给目标顾客，在其心中占有一定位置，从而帮助确立企业在市场中的地位。

（6）Product：产品，含有形产品和无形产品。

（7）Price：价格。

（8）Place：渠道。

（9）Promotion：促销。

（10）Political Power：政治权力。

（11）Public Relation：公共关系。

1.5.3 市场营销组合的演变

1. 4C 组合

▶ 4C 组合

20 世纪 90 年代，美国营销专家罗伯特·劳特伯恩（Robert Lauterborn）提出了 4C 组合，主要内容如下：

Customer（顾客）：4C 组合理论认为顾客的欲望与需求比产品更重要，企业要重视顾客甚于重视产品（创造顾客比开发产品更重要；满足消费者需求比产品功能更重要）。

Cost（成本）：不单是企业的生产成本，还包括顾客的购买成本，而顾客购买成本不仅包括其货币支出，还包括其为此耗费的时间、体力和精力，以及购买风险等。所以，成本上限＝消费者可接受的价格－适当的利润。

Convenience（便利性）：方便顾客、全方位服务。（4C 组合理论认为，提供给消费者便利比营销渠道更重要，强调企业在制定分销策略时，要更多地考虑顾客的方便，而不是企业自己的方便。）

Communication（沟通）：应重视与顾客的双向沟通（融合感情，培养忠诚顾客），4C 组合理论认为，企业应通过同顾客进行积极有效的双向沟通，建立基于共同利益的新型的企业与顾客关系。这不再是企业单向的促销和劝导顾客。

4C 组合理论强调以消费者为导向，充分考虑消费者愿意支付的成本，照顾消费者的便利性，注重与消费者进行沟通。

2. 4R 组合

美国学者唐·舒尔茨（Don Shultz）提出了基于关系营销的 4R 组合，受到广泛关注。

▶ 4R 组合

Relevance（关联）：与顾客建立关联，形成互助、互求、互需的关系，把顾客与企业联系在一起，这样就大大减少了顾客流失的可能性。

Response（反应）：要提高市场反应速度，站在顾客的角度倾听顾客的希望、渴望和需求，并及时答复和迅速做出反应，满足顾客的需求。

▶ 4V 组合

Relationship（关系）：将与客户的关系从交易变成责任，从顾客变成朋友，从而与客户建立长期且稳固的关系。

Reward/Return（回报）：企业要满足客户需求，为客户提供价值（给客户的回报），同时也要获取利润（给股东的回报），为企业带来长期的收入和利润。

4R 组合强调与顾客建立关联，提高市场反应速度，重视关系营销和营销回报。

特别提示 1-9

4P 组合、4C 组合、4R 组合三者之间的关系

　　三者之间不是取代与被取代的关系,而是相互完善、不断发展的关系。由于目前我国市场上的企业层次不同,情况也千差万别,市场与企业的营销都处在不断发展变化之中,所以至少在一个时期之内,4P 组合还是营销的一个基础框架,因为它的操作指导性最强。4C 组合营销理论是站在客户的角度来思考问题的,但是它们没有侧重从企业整体运作的角度来考虑问题,更没有侧重从营销的核心目的去分析问题。4R 组合则是对前两者综合提炼的结果,是在两者基础上的发展和创新。所以,不可以把 4P、4C、4R 三者割裂开来甚至对立起来,而是要根据企业的生产经营和所面对目标市场的实际,把三者有机地结合起来,才可能取得更好的效果。

1.5.4　市场营销管理

　　市场营销管理是指企业为实现其目标,创造、建立并保持与目标市场之间的互利交换关系而进行的分析、计划、执行与控制过程。

　　市场营销管理的基本任务是:通过营销调研、计划、执行与控制,来管理目标市场的需求水平、时机和构成。由此可见,市场营销管理的本质是需求管理,即通过不同的市场营销策略来解决不同的需求状况,包括对需求的刺激、促进及调节。

　　根据需求水平、时间和性质的不同,我们归纳出八种不同的基本需求状况。在不同的需求状况下,市场营销管理的任务有所不同,要通过不同的市场营销策略来解决。

　　1. 负需求

　　负需求是指市场上相当多的顾客不喜欢某种产品或服务,即绝大多数人对某个产品或服务感到厌恶,不但没有需求甚至愿意出钱回避它的一种需求状况。如肥胖人士长期回避高脂肪含量的食物。在这种负需求的情况下,市场营销管理的任务主要是分析人们为什么不喜欢这些产品或服务,并针对目标顾客的需求重新设计产品、定价,做更积极的促销,或改变顾客对某些产品或服务的固有观念,把顾客的这种负需求转变成正需求,这种市场营销管理称为转换营销。

　　2. 无需求

　　无需求是指目标市场中的顾客对某种产品或服务从来不感兴趣或漠不关心,也没有需求的一种需求状况。如一些非洲国家居民从不穿鞋子,对鞋子无需求。市场对下列产品无需求:①人们一般认为无价值的废旧物资;②人们一般认为有价值,但在特定市场无价值的东西;③新产品或消费者平常不熟悉的物品等。在无需求情况下,市场营销管理的任务是刺激市场营销,即通过大力促销及其他市场营销措施,努力将产品所能提供的利益与人的自然需要和兴趣联系起来,使人们逐渐改变对待该产品或服务漠不关心的态度,进而产生一定的需求。

3. 潜在需求

潜在需求是指现有的产品或服务无法充分满足许多消费者的强烈需求的一种需求状况。例如,现在很多国家都面临着人口老龄化问题,老年人需要高植物蛋白、低胆固醇的保健食品,美观大方的服饰,安全、舒适、服务周到的交通工具等,但许多企业尚未重视老年市场的需求。在潜在需求情况下,市场营销管理的任务是开发市场营销,准确地衡量潜在市场需求,开发有效的产品和服务,即开发市场营销,将潜在需求变为现实需求。

4. 下降需求

下降需求是指目标市场顾客对某些产品或服务的需求出现了下降趋势的一种需求状况。如近年来随着人民生活水平的提高,城乡居民对粗布衣料和粗布鞋的需求逐渐减少。在下降需求情况下,市场营销管理要了解和分析顾客需求下降的原因,或通过改变产品的特色,或完善产品的功能,或采用更有效的沟通方法刺激需求(即创造性的再营销),或通过寻求新的目标市场,以扭转需求下降的格局。

5. 无序需求(又称不规则需求)

许多企业常因季节、月份、周、日、时不同对产品或服务需求产生的变化,而造成生产能力和商品的闲置或过度使用。如在公用交通工具方面,其在运输高峰时不够用,在非高峰时则闲置不用。又如在旅游旺季时旅馆紧张和短缺,在旅游淡季时旅馆空闲。再如节假日或周末期间,商店拥挤,在平时顾客稀少。在不规则需求情况下,市场营销的任务是通过灵活的定价、促销及其他激励因素来改变需求时间模式,使产品或服务的市场供给与需求在时间上协调一致,这称为同步营销。

6. 充分需求

充分需求是指某种产品或服务目前的需求水平和需求时间趋同于企业所期望的最佳需求,是企业最理想的一种需求状况。但是,在动态市场上,消费者需求会不断变化,竞争日益加剧。因此,在充分需求情况下,市场营销管理的任务是改进产品质量及不断估计消费者的满足程度,通过降低成本来保持合理价格,并激励推销人员和经销商大力推销,千方百计维持目前需求水平,维持现时需求,这称为维持营销。

7. 过量需求

过量需求是指市场上顾客对某些产品或服务的需求超过了企业的供应能力,产品或服务呈供不应求的一种需求状况。比如,由于人口过多或物资短缺,引起交通、能源及住房等产品供不应求。在过量需求情况下,企业营销管理的任务是减缓营销,可以通过提高价格、减少促销和服务等方式暂时或永久地降低市场需求水平,或者设法降低来自盈利较少或服务需要不大的市场的需求水平。企业最好选择那些可获得利润较少、要求提供服务不多的目标顾客作为减缓营销的对象。减缓营销的目的不是破坏需求,而只是暂缓需求水平。

8. 有害需求

有害需求是指市场对某些有害物品或服务的需求。对于有害需求,市场营销管理的任务是反市场营销,即劝说喜欢有害产品或服务的消费者放弃这种爱好和需求,大力宣传有害产品或服务的严重危害性,大幅度提高价格,以及停止生产供应等。降低市场营销与反市场营销的区别在于:前者是采取措施减少需求,后者是采取措施消灭需求。

在不同的时点上,需求水平是不同的,有时可能没有需求,有时可能有适当的需求,有时可能有被动的需求或过量的需求。因为任何组织对于其产品都有一种适当的需求水平,所以市场营销管理必须找出适当的方式来处理各种不同的需求状态。市场营销管理就是要寻求适当的方式来影响需求水平、需求的时间和性质,以便实现企业的目标。

看图学营销 1-6

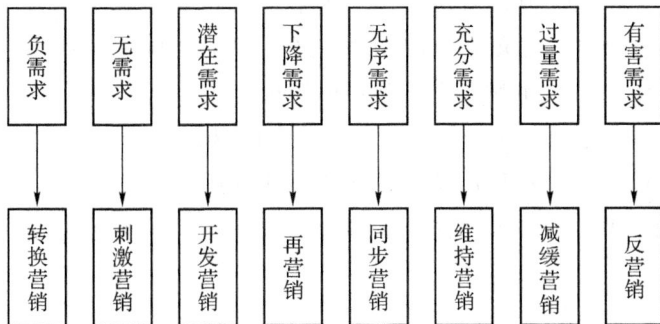

图 1-6　基本需求与营销管理

1.5.5　市场营销管理的过程

市场营销管理过程是市场营销管理的内容和程序的体现,是指企业为了达成自身的目标辨别、分析、选择和发展市场营销机会,规划、执行和控制企业营销活动的全过程。

企业市场营销管理的过程一般应包含以下五个互相联系并承启的步骤:明确经营目标、企业市场机会分析、制订市场营销战略、设计市场营销组合策略和管理营销活动。

1. 明确经营目标

企业营销活动要以企业的经营目标为依据,故开展营销活动之前,首先要明确经营目标。

2. 企业市场机会分析

寻找和分析、评价市场机会,是市场营销管理人员的主要任务,也是市场营销管理过程的首要步骤。在现代市场经济条件下,由于市场需求不断变化,任何产品都存在着生命周期,所以,每一个企业都要随时寻找、发现新的市场机会,为企业寻求新的增长点。

市场机会是由消费者的需求决定的,哪里有消费者的需求,哪里就有市场机会。由于消费者的需求是广泛存在的,因此市场机会也可以说是随处可见。很多营销专家指出,企业的市场机会就是顾客没有被满足的需求,或者是消费者在被满足需求的过程中尚存在的缺憾。消费者感到缺憾之处、不便之处就是企业新的市场机会。发现市场机会一般通过收集市场信息、市场调研等方式来进行。

特别提示 1-10

市场机会就是顾客没有被满足的需求,或者是消费者在被满足过程中尚存在的缺憾。

但是,市场机会并不一定就是企业的市场机会,因为企业不一定有能力抓住这个市场机会或者不一定有能力满足这个市场机会中顾客没有得到满足的需求。所以,在对企业市场机会进行分析时,首先是通过有关营销部门对市场结构的分析、对消费者行为的认识和对市场环境的研究;其次就是对企业自身能力、市场竞争地位、企业的优势与弱点等进行全面、客观的评价。也就是说,在市场机会分析时要检查环境机会与企业的宗旨、目标与任务的一致性,评价市场机会。某种市场机会能否成为某个企业的市场机会,不仅要看利用这种市场机会是否与该企业的任务和目标相一致,而且取决于该企业是否具备利用这种市场机会、经营这种产品或业务的条件,还取决于该企业是否在利用这种市场机会、经营这种产品或业务上比其潜在的竞争对手具有更突出的优势,以便能够获得更大的差别优势。

3. 制订市场营销战略

制订市场营销战略主要是指企业在该阶段要先对市场进行科学细分,进而确定自己拟占领的市场,并明确自己的市场定位。

4. 设计市场营销组合策略

企业现阶段要制定 Product、Price、Place、Promotion 等 4P 组合策略,必要时可加入 Political Power、Public Relation 两个策略。

5. 管理营销活动

管理营销活动包含营销计划、组织、执行、控制。而营销控制是对市场营销管理过程执行情况的监测与管理,是一个关键性的、极其重要的步骤。因为企业没有周密的市场营销规划,营销工作就失去了方向和目标;而市场营销规划制定后还要靠有效的组织系统去执行、实施、监督和控制,否则就成了纸上谈兵。因此,企业制定了市场营销规划之后,还要花大力气执行和控制市场营销规划。

市场营销控制的主要目的是为了检查企业的目标、任务及发展战略与企业营销环境是否相适应,企业的营销规划是否与企业确定的目标市场需求相契合,并且营销组合是否恰当有效。市场营销控制可促使企业调整自己的总体战略及战略性营销规划,修订原来的市场决策。具体的控制内容包含很多,主要是考察产品、价格、渠道和促销等诸方面管理的有效性,是对战略决策实施策略的分析与监督。

本章小结

本章重点介绍了市场、需求、市场营销、交换、交易、顾客满意、顾客让渡价值、客户关系管理、市场营销管理、市场营销组合等基本概念,阐释了一些重要的营销观点、理念,详细阐释了顾客满意理论和 4P 组合、4C 组合、4R 组合等理论。

复习思考题

一、名词解释

市场、需求、市场营销、交换、交易、顾客满意、顾客让渡价值、客户关系管理、市场营销管理、市场营销组合

二、单选题

1. 市场营销学作为一门独立学科出现在 　　　　　　　　　　　　　　　　　　　( )

   A. 20 世纪 50 年代　　B. 20 世纪初　　C. 20 世纪 70 年代　　D. 18 世纪中叶

2. 下列从市场营销学的角度来确定的市场概念是 　　　　　　　　　　　　　　　( )

   A. 买卖双方进行商品交易的场所

   B. 买卖之间商品交换关系的综合

   C. 买卖双方的经济联系形式

   D. 潜在购买者和现实购买者

3. 市场营销学是一门 　　　　　　　　　　　　　　　　　　　　　　　　　　( )

   A. 应用科学　　　　　B. 经济学　　　　C. 社会学　　　　　D. 心理学

4. 市场营销观念的中心是 　　　　　　　　　　　　　　　　　　　　　　　　( )

   A. 推销已经生产出来的产品　　　　　B. 发现需要并设法满足它们

   C. 制造质优价廉的产品　　　　　　　D. 制造大量产品并推销出去

5. 市场营销学的研究对象是 　　　　　　　　　　　　　　　　　　　　　　　( )

   A. 以企业利润为中心的企业市场营销活动及其规律性

   B. 以生产者需求为中心的企业市场营销活动及其规律性

   C. 以供应商需求为中心的企业市场营销活动及其规律性

   D. 以消费者需求为中心的企业市场营销活动及其规律性

6. "迪尼斯乐园的产品不是米老鼠、唐老鸭,而是快乐",这体现了 　　　　　　　( )

   A. 产品观念　　　B. 推销观念　　　C. 市场营销观念　　　D. 社会营销观念

三、多项选择题

1. 生产观念产生和流行的客观经济条件是　　　　　　　　　　　　（　　）

    A. 产品供不应求　　　　　　　　　　B. 产品供过于求

    C. 产品质量高　　　　　　　　　　　D. 产品成本高

2. 社会营销观念兼顾了　　　　　　　　　　　　　　　　　　　　（　　）

    A. 消费者利益　　　　　　　　　　　B. 社会的整体利益

    C. 企业的经济效益　　　　　　　　　D. 国家的利益

3. 市场营销组合是指　　　　　　　　　　　　　　　　　　　　　（　　）

    A. 产品、价格、渠道、促销　　　　　　　B. 消费者、成本、方便、沟通

    C. 市场渗透、市场开发、产品开发、多角化　D. 设计、生产、销售、服务

4. 除明确市场营销的指导思想外,市场营销管理程序包括　　　　　　（　　）

    A. 分析市场营销机会　　　　　　　　B. 选择目标市场

    C. 运用市场营销组合　　　　　　　　D. 对市场营销活动的控制和管理

5. 分析市场机会包括的两方面内容是　　　　　　　　　　　　　　（　　）

    A. 寻找新的市场营销机会　　　　　　B. 选择目标市场

    C. 评价市场营销机会　　　　　　　　D. 市场细分

四、判断题

1. 从市场营销学角度定义的市场是指商品交易的场所。　　　　　　（　　）

2. 市场营销只局限于流通领域。　　　　　　　　　　　　　　　　（　　）

3. 不论客观环境如何变化,企业的营销观念总是不变的。　　　　　　（　　）

4. 产品的推销是企业的一项重要工作,但企业的营销不可局限于推销。（　　）

五、简答题

1. 何谓微观市场营销学? 其逻辑结构是怎样的?

2. 五种营销观念的内涵、适用背景、区别是什么?

3. 市场营销管理的本质、一般管理过程是什么?

4. 8 种典型需求的内容及其相应营销管理的任务是什么?

5. 市场营销的一般思路是怎样的?

6. 何谓市场营销组合? 4P、6P 分别包括哪些内容?

7. 4C、4R 分别包括哪些内容?

六、论述题

1. 如何理解"创造需求"?

2. "顾客满意"理论带给我们什么启示? 怎样才能提高顾客满意度?

七、阅读导航

中国营销传播网 http://www.emkt.com.cn,该网站拥有大量的营销方面案例,可以帮助同学们理解营销的基本概念,建立营销理论框架。

八、案例分析

三全：让老百姓的餐桌更丰富

1. 从消费需求出发，立足速冻行业

三全公司董事长陈泽民是四川人，在他的老家，人人都喜欢做汤圆吃。到郑州工作后，陈泽民经常在家里自己加工汤圆，并送给同事品尝。大家都说，四川的汤圆很好吃，如果能够在市场上规模化生产，就可以让更多的人随时品尝这些美味的汤圆。受此启发，陈泽民创办了三全公司。

因为满足了消费者的需求，三全速冻汤圆自上市后，就一直供不应求。此后，为了满足北方消费者爱吃饺子的习惯，三全开发了速冻水饺；为了满足南方人爱吃粥的习惯，三全又开发了适合常温保存的皮蛋瘦肉粥、柴鱼花生粥、米酒椰果粥等粥系列；四川人爱吃火锅，三全推出了火锅料系列；端午节中国人都喜欢吃粽子，三全又推出了速冻粽子。可以说，公司的每一次进步，都和满足消费者的需求息息相关。

2. 进军常温食品领域，提供更多选择

为了让老百姓的餐桌更加丰富，三全没少动脑筋。一直以来，三全开发的都是速冻、冷藏食品，但对于旅行中的消费者，还有广大的城乡居民以及家里没有冰箱的老百姓而言，食用速冻和冷藏食品就不太方便。因此，三全开始考虑研发适应性更广的常温方便食品。

3. 多重优势，打造优质的常温米饭，并获得中科委和欧盟的双重认可

在产品开发方面，三全是有优势的。公司设有行业内唯一的一家国家级企业技术中心，拥有行业唯一的一家博士后科研工作站。同时，三全还是中国速冻食品行业生产标准的制定者和速冻食品行业物流标准的主要参与者。

从 2005 年开始，三全利用技术、人员、设备等各种优势资源，不断进行自主研发，成功开发出常温米饭、米饭套餐、出口白米饭和军需大浅盘米饭套餐四大系列、近 50 个品种的常温食品。

2008 年 9 月，三全经历了两件大事：一是他们开发的常温米饭系列产品通过了有关科研部门组织的成果鉴定；二是中共中央总书记、国家主席、中央军委主席胡锦涛视察了三全，并对三全的研发技术和产品品质给予了高度评价。

2008 年 9 月 9 日，中国食品科学技术学会组织专家委员会，在北京对三全的常温方便米饭系列产品进行了鉴定。中国食品科学技术学会名誉副会长尹宗伦、中国食品学会冷冻与冷藏分会理事长陆翔华等 11 名专家参加了鉴定。与会专家一致认为：该产品有效解决了常温方便米饭的工业化生产质量技术难题，在行业内居领先地位。产品不仅保持了米饭应有的风味、口感和良好的组织形态，而且能在常温条件下根据需要保存 6～18 个月，可满足不同人群的需求。其生产工艺和生产设备均有创新，对我国方便米饭的产业发展和竞争力的提升以及国内外市场的拓展，有很大的促进作用，有显著的社会效益与经济效益。

与此同时，三全常温米饭产品还通过了英国零售商协会（British Retail Consortium，

BRC)的认证,并批量出口到英国,成为国内同行业中唯一一家获得欧盟质量认可的常温方便米饭生产企业。如今,亚洲、欧洲、北美洲和大洋洲等地区的很多国家都成了三全的目标市场。

4.为消费者出行提供新的选择

目前,三全常温米饭已经在北京、上海、济南、郑州、苏州、杭州等重点城市全面上市,并在郑州—北京、郑州—上海等动车组铁路线上面向广大消费者供应。在没有进行促销活动的情况下,三全常温米饭迅速赢得了众多的消费者,销量相当不错。不少消费者评价说,现在出门在外,选择的空间更大了。尤其是很多不爱吃面的南方消费者,都表示以后不用老吃方便面了。

陈泽民表示,三全未来的目标,就是研发更多老百姓喜爱的方便食品,让老百姓的餐桌更加丰富多彩。

【案例思考】

(1)三全公司的发展历程体现了哪一种营销管理哲学或观念?

(2)三全是如何贯彻这一哲学或观念的?

(3)结合案例谈谈企业应怎样开展营销管理过程?

第 2 章　市场营销环境

学习目标

知识目标	技能目标
1.了解市场营销总体环境特征	1.熟悉市场营销环境内容
2.了解市场营销宏观环境特征	2.掌握市场营销环境分析方法
3.了解市场营销微观环境特征	3.掌握企业面对环境影响的对策

知识结构

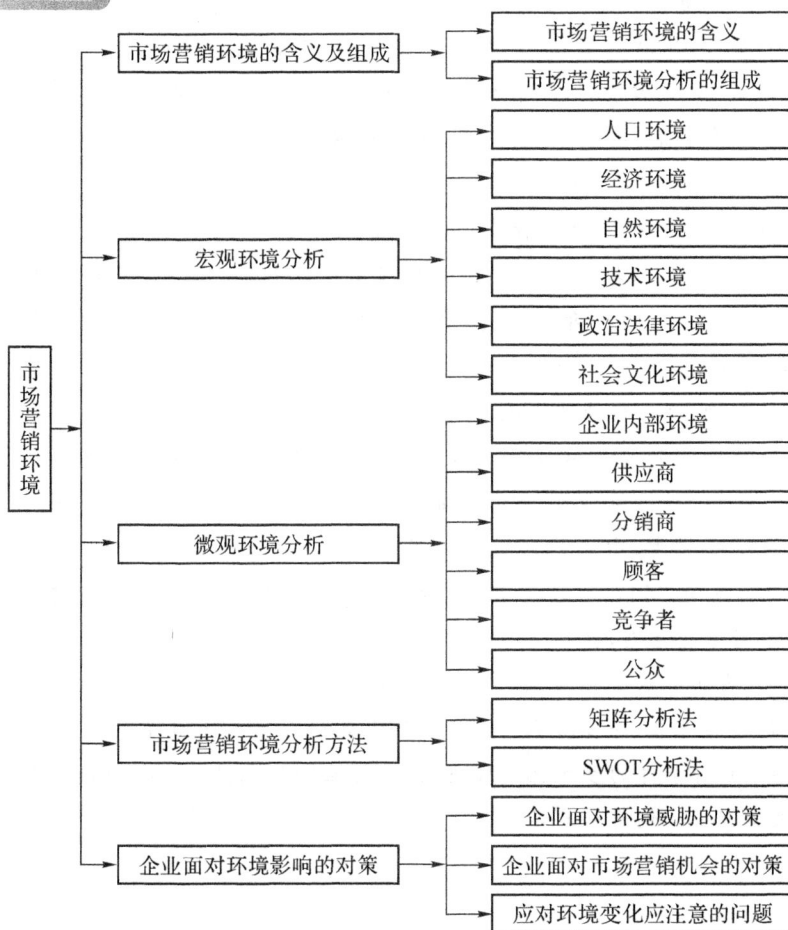

"巨人"的兴衰

20世纪80年代,经济改革给中国人提供了前所未有的机遇。1989年8月,巨人集团创始人史玉柱以4000元开始了创业。当时产品只有一种,即史玉柱自己开发出来的M-6401桌面排版印刷系统。不到四个月,就实现利润近百万元。随后两年内,巨人集团以软件为根本,相继开发出了M-6402文字处理系列产品及M-6403汉卡。到1992年年底,销售收入近2亿元,实现纯利3500万元,企业年发展速度为500%,规模和市场影响力越来越大,巨人集团成为中国计算机行业及高科技企业中的一颗耀眼新星。1993年1月,巨人集团在北京、深圳、上海、成都、西安、武汉、沈阳、香港成立了8家子公司,员工达到190人。12月,巨人集团发展到290人,在全国各地成立了38家子公司。随着党和国家领导人视察巨人集团,"巨人"二字响彻全国,史玉柱由一介书生变为拥有5亿元财产和2000多员工的企业统帅、中国改革的风云人物。在软件开发取得成功后,史玉柱决定多元化经营,向房地产、保健品等行业进军。其中最惊人之举,是在珠海兴建当时全国最高的70层"巨人大厦",该大厦需投资12亿元,巨人集团的财力远不足以支撑,但史玉柱并未向银行贷款,而是用卖楼花所筹得1亿多资金,发展生物产业,希望用其利润反哺巨人大厦。1994年,中国经济过热,政府决定采取紧缩政策,银根紧缩,房地产下跌,市场疲软。巨人大厦资金不足,出现危机;同时,由于许多世界著名计算机公司进入中国市场,巨人集团的软件产品也在激烈的竞争中遭受重创。多元化的快速发展也使巨人集团自身的弊病一下子暴露无遗。史玉柱奇迹式的成功,使他变成英雄,巨人集团中他一人说了算,董事会形同虚设。集团迅速扩张,而管理手段跟不上,出现了人浮于事、违规违纪、挪用贪污等种种问题。1997年,巨人集团的危机加深,大厦未能如期完工,债主纷纷登门讨债,巨人集团摇摇欲坠……巨人集团的兴衰是由哪些因素造成的? 概括来讲,既有社会宏观环境的影响,也有行业的影响,还有企业自身的因素。

中国的经济改革给史玉柱提供了机会。但国家政策的影响,如1992年邓小平南方讲话和1994年的紧缩政策,也使史玉柱的事业随之上下波动。20世纪90年代初,中国的计算机产业刚刚起步,中文处理软件市场亟待开发,而史玉柱的产品正好应运而生。1993年,随着西方向中国出口计算机禁令的取消,国际计算机产品大举进军中国市场,国内的计算机公司深受重创,巨人集团的软件市场也受到强烈的影响。1993年是中国房地产过热的一年,史玉柱也跟着市场,把巨人大厦一步步升级,从18层到70层。1994年,中国房地产热冷却下来,许多房地产项目都陷入困境。巨人集团在高速发展时缺乏管理措施,以及不顾自身条件的多元化发展决策,是企业陷入危机的重要内在因素。

问题:该案例给我们哪些启示呢?

2.1 市场营销环境的含义及组成

任何一个企业的生存和发展，都要受到它所生存的社会"生态环境"的影响。在现代市场经济条件下，企业必须建立适当的系统，开启"环境监测之窗"，持续地监视其市场营销环境的变化，并善于分析和识别由于环境变化而造成的主要机会和威胁，努力做到随着环境的变化而不断调整自身的组织、战略和策略等一切可控因素，力求自身发展与周围环境相适应。

2.1.1 市场营销环境的含义

市场营销环境是指一切影响、制约企业营销活动及其目标实现的各种因素和力量。这些因素既广泛又复杂，大体上可分为宏观环境和微观环境两大类。宏观环境，也称总体环境、一般环境、间接环境，是指非企业所能控制的、影响企业营销活动的社会性力量与因素，包括人口、经济、自然、科技、政治法律和社会文化等。微观环境，又称个体环境、作业环境、直接环境，是指企业可以控制或施加影响的、对企业的营销活动构成直接影响的各种力量与因素，包括企业内部环境、市场营销渠道、企业、消费者或客户、竞争者及公众，这些都会影响企业为其目标市场服务的能力。如图 2-1 所示。

特别提示 2-1

市场营销环境有两种不同的划分方法：一种是按照对营销活动影响因素的范围分，可分为宏观环境和微观环境；另一种是按照影响营销的因素和力量的可控性来分，这些因素和力量由可控因素和力量与不可控因素和力量两者构成，其中可控因素和力量主要是指企业的营销管理职能范围内的职能与活动，如产品、价格、促销和分销等；不可控因素和力量主要是指与企业的营销活动有密切联系的外部行动者以及较大的社会力量，如顾客、中间商、竞争者、社会公众以及政治、法律、经济、技术等。

看图学营销 2-1

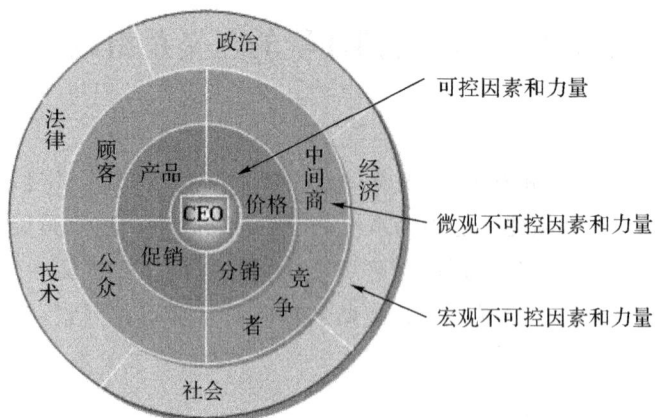

图 2-1　市场营销环境的构成

2.1.2　市场营销环境分析的组成

市场营销环境分析主要由宏观环境分析、微观环境分析、企业内部环境分析和SWOT(Strengths Weaknesses Opportunities Threats)分析,如图 2-2 所示。

看图学营销 2-2

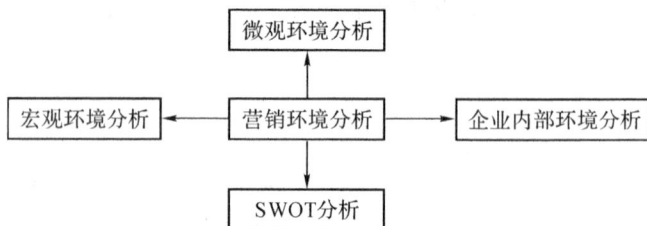

图 2-2　市场营销环境分析的组成

2.2　宏观环境分析

在经济全球化的浪潮中,公司和公众都要在一个更大的、他们自身不可控制的宏观环境中谋求生存与发展。公司必须监视六种主要宏观环境力量并适时对此做出反应:人口环境、经济环境、自然环境、技术环境、政治法律环境、社会文化环境。如图 2-3 所示。

看图学营销 2-3

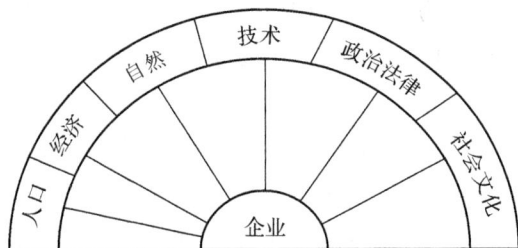

图 2-3　宏观环境分析

2.2.1　人口环境

一个企业要进入某一市场,第一个要考虑的因素就是人口环境。人口的数量直接决定了市场规模的大小,人口的结构则决定了市场的内涵和水平,不同国家、地区、城市的人口规模、增长率、年龄分布、种族结构、教育水平、家庭类型、地区特征和人口迁移趋势等都是营销人员要密切关注的内容。

1. 人口的数量与变化趋势

世界人口正呈现爆炸性的增长。据人口学家统计,1991 年世界人口为 54 亿人,此后以每年 17%的速度在增加,其中 80%的人口属于发展中国家。人口增长意味着人类需求的增长,世界人口的持续增长,又为全球的商业孕育了巨大的商机,如果人们有足够的购买力,那么人口的增长就意味着潜在市场的扩大。我国现有人口 13 亿人,人口基数大,增长速度仍然很快。我国人口第一次突破 1 亿大关是在 1684 年(清朝)。中华人民共和国成立以后,我国人口增长速度加快,1982 年中国人口总数已达 10 亿人,1995 年已达到 12 亿人,2005 年已突破 13 亿人。中国人口在发展中呈现出一些显著的特点,如人口分布不均匀且增长速度过快;农村人口比重过大;男女发展比例不协调等。

因此,一个企业在某一国家、某一地区开展市场营销活动,首先要了解目标市场国家和地区人口的总量。美国的沃尔玛、法国的家乐福等这些跨国零售巨头,在决定进入某一市场之前,第一个要考察的指标就是人口的数量。

2. 人口结构

人口结构在年龄、性别、种族、教育、家庭、职业等方面的不同,会直接影响人们在接受商品和服务时的价值评判角度和标准以及购买习惯和购买行为。

在年龄结构上,世界人口发展的一个值得注意的动向是许多国家人口趋于老龄化,这无论对社会还是对企业的市场营销的影响都将是深刻的。按国际标准,若一个国家或地区年龄在 65 岁以上的人口占总人口的 10%,它就进入了老年社会。据有关部门预测,到 21 世纪 20 年代,我国 65 岁以上的人口将占总人口的 1/5,从而进入老年社会,反映到市场上,老年保健品、营养食品、老年大学、各种层次的托老所、家庭护理、旅游、娱乐等老年市场前景较好。

人口的职业构成、受教育程度、家庭构成及宗教信仰、风俗习惯等是形成不同需求和购买习惯的重要因素,企业在为终端消费者提供产品和服务、创造价值的过程中,一定要注意通过市场细分,较好地满足不同职业、家庭、受教育程度和宗教信仰的消费者的需求。

值得一提的是,人口家庭结构的变化。"传统家庭"被认为是由丈夫、妻子和孩子组成。而今天,在西方一些发达国家,在我国的某些大城市,有些家庭则是由"离婚"和"非传统家庭"构成,越来越多的人离婚或独身生活,不再结婚,或结婚较晚,独身家庭、单亲家庭、丁克家庭(不要孩子)已经成为现代家庭的一种习以为常的构成方式。对那些提供以家庭为消费单位的产品的企业和组织而言,比如家具业、房产业、包装食品业、保险业、个人和家庭理财金融服务及房地产等行业,对家庭结构上的这些变化和特点,必须进行认真的研究和细分。

3. 人口的地理分布和迁移

不同国家、不同城市、不同地区的人们有着各自不同的商品和服务的偏好,这是人口在地理分布上的不同所造成的需求上的差异。目前的中国,由于广大农民的求廉心理和较差的商品辨别能力及地方监管的缺失,假冒伪劣产品更多的是在农村市场上泛滥;与此相对应,大中城市的居民消费对象则首选品牌商品,"三无"商品在城市生存的空间越来越小。

在开发跨区域市场和开拓国际市场时,企业和组织还要把握人口在地理迁移上的趋势特征。全球经济一体化的今天,也是人口大迁移的时代。人口迁移包括人口从农村迁往城市和由城市迁往代表阳光地带的城郊和农村。这种人口动向对发达国家企业市场营销的一个重要影响就是传统的"以闹市为优"的商业布局原则受到了郊区大型购物中心的挑战,城市商业中心区百货商店为了生存和发展,纷纷在郊区开设分店,郊区住宅区出现了现代化的购物中心。在我国,随着市场经济的发展,人口在南部和北部之间、东部和西部之间的流动;随着城市建设事业的发展,人口在农村和城市、城市和郊区之间的流动,都势必会带来一系列商业业态的变化,大型购物中心也将不断移向郊区。这种人口迁移的动向无疑将给我国的市场营销带来革命性的影响。

2.2.2 经济环境

购买力的大小是经济环境变化的反映,整个购买力即社会购买力又直接或间接受国民生产总值、人均收入、消费者个人收入、价格水平、储蓄、信贷和消费者支出模式等方面的影响。营销者必须密切关注收入的变化和消费者支出模式的发展趋势。

1. 人均国民收入和人均国民生产总值

国民收入是指一个国家的物质生产部门的劳动者在一定时期(通常为一年)新创造的价值的总和。人均国民收入是衡量一个国家居民购买力的最常用的指标,它大体揭示了一国的经济发展水平。一般来讲,人均国民收入高的国家,其个人消费水平也高。国民生产总值是根据当前价格计算的一国在一定时期内,其国民生产要素所生产的全部最终产品和服务的价值总和,它是衡量一个国家经济实力的最重要的指标。企业常常通过计算人均国民生产总值来对未来的市场需求做出判断。一般来说,根据人均国民生产总值,能够推测出在不同的人均国民生产总值阶段,人们可能会相应地消费哪一类的消费品和服务。研究表明,在一定的经济发展阶段形成的消费水平和结构呈现出一定规律性。据近 40 年的资料统计,一国人均国民生产总值达到 3000 美元时,电视机可以普及,达到 5000 美元时,机动车可以普及,其中小轿车约占 30%。不过,在研究国际市场时,还应注意时间差、空间差和文化差。

2. 消费者的个人收入水平

消费者的购买能力,来自于消费者收入,而消费者并不是将其全部收入都用来购买商品,消费者的购买力只是其中的一部分。对消费者收入水平进行分析,首先要明确"个人收入"、"个人可支配收入"、"个人可任意支配性收入"几个具体指标。个人从各种来源所得的收入,包括工资、稿酬、利润、红利、租金、退休金、馈赠等,称为"个人收入";"个人收入"中扣除个人应纳税款和非税性负担(交给政府的非商业性支出)之后所得的余额,称为"个人可支配收入"。"个人可支配的收入"主要被用来购买生活必需品,它是影响消费者购买力和消费支出的主要因素;从"个人可支配的收入"中减去消费者用于购买个人和家庭的生活必需品的固定支出(水电、房租、保险费、燃料、食物、衣着、分期付款等)所剩下的那部分收入就是"个人可任意支配性收入"。这部分收入是消费者需求变化中最活跃的因素,消费者可任意决定是把它存在银行,还是将其用于旅游,或者用来购买汽车、豪宅、健身器材等。因此,"个人可任意支配性收入"是企业研究营销活动时非常有价值的一个重要指标。

分析消费者收入,还要明确货币收入和实际收入的区别,只有实际收入才具有现实意义。在消费者的货币收入不变的情况下,如果物价下跌了,那么,消费者的实际收入便得到了增加;相反,物价上涨,消费者的实际收入便减少。即使消费者的货币收入随着物价的上涨而增长,但如果通货膨胀率超过了货币收入增长率,那么意味着消费者的实际收入减少了。

企业的管理层不仅要分析研究消费者的个人平均收入,而且还要分析研究各个阶层的消费者收入。另外,由于各地区的工资水平、就业状况不同,不同地区消费者的收入水平和增长率也会有所不同。

3. 消费储蓄和信贷

社会购买力、消费者支出还直接受消费者储蓄和信贷的影响。消费者储蓄的最终目的还是为了消费,它实际上是一种推迟了的购买力。但在一定时期内消费者实际收入不变(剔除通货膨胀的因素)的情况下,如果储蓄增加,购买力和消费支出便减少。

在经济发达国家,消费者不仅可以其货币收入购买他们所需要的商品,而且可以用贷款来购买商品和服务,这就是消费者信贷,即消费者可以凭借信用预支未来的购买力,预先取得商品的使用权,然后,按期归还贷款,这是一种超前的消费方式。我国房地产和汽车市场的按揭贷款、分期付款以及商业领域的赊销和信用卡消费,都属于消费信贷。

随着我国信用经济的进一步发展和完善,消费者信贷的消费支出模式还将会为越来越多的企业和顾客所接受和使用。

4.消费支出模式和消费结构

消费者支出模式考察的是消费者收入中用于衣食住行及娱乐、健康、教育等方面的支出比例,主要分析目标市场居民的消费水平和消费结构。

恩格尔系数是分析消费结构的一个有效指标。德国统计学家恩格尔在研究欧洲劳工家庭的收支构成后发现:在一定条件下,当家庭收入增加时,收入中用于食物开支部分的增长速度要小于用于教育、医疗、享受等方面的开支增长速度。这种人们收入增加后的支出的变化规律被称为"恩格尔定律",消费支出中用于食物方面的支出占全部支出的比重称为"恩格尔系数"。食物开支占总消费数量的比例越大,恩格尔系数越高,生活水平越低;反之,生活水平越高。整个社会经济水平越高,用于食品消费部分占总支出的比例越小。有研究显示,恩格尔系数在60%以上,为绝对贫苦;50%～59%,为一般水平;40%～49%,为小康水平;30%～39%,为富裕水平;30%以下,为最富裕水平。据此,营销者可以通过分析一个国家或地区的恩格尔系数,来大体掌握该国家和地区的消费结构与水平,从而及时有效地开发适应目标市场需求的相关产品。

由于各地区发展不平衡,我国少数大城市或经济水平较高的沿海城市食物支出比例已低于40%,而在比较落后的部分农村地区食物支出比例尚高达60%。这些统计数字说明,消费者收入的多少,对于消费者支出模式具有决定性的影响。

知识链接 2-1

恩格尔系数的计算

恩格尔系数是根据恩格尔定律得出的比例数,是表示生活水平高低的一个指标。其计算公式如下:

恩格尔系数＝食物支出金额÷总支出金额×100%

5.经济发展水平

经济发展水平的不同对市场营销活动的影响具体表现为:就消费品而言,处于经济发展水平较高阶段的国家和地区,消费者更多的关注产品的款式、性能及特色,企业的市场营销活动则侧重于大量广告和促销活动,其品质竞争多于价格竞争;而处于经济发展水平较低阶段的国家和地区,企业的营销则侧重于产品的功能和实用性,其价格因素重于产品品质,价格战也如火如荼、硝烟弥漫。就工业品市场而言,处于经济发展水平较高阶段的国家和地区,着重于资本密集型产业的发展,需要高新技术、性能良好、机械化和自动化程度较高的生产设备;而处于经济发展水平较低阶段的国家和地区,以发展劳动密集型产业为主,侧重于多用劳动力以节省需要资金的生产设备,以符合劳动力低廉和资金缺乏的现状。

营销案例 2-1

对我国童装市场的宏观分析

对童装市场宏观环境主要应从社会环境和儿童人口环境的发展趋势进行分析。通过对国家的宏观市场环境解读，从中寻求童装市场发展空间和潜在消费需求，从而指导企业制定相应的童装营销策略。

1.经济发展拉动需求

随着我国经济发展和区域经济增长率的稳步提高，广大居民从社会经济增长中得到收入水平提高的实惠。由于居民的可支配现金收入不断提高，居民的消费需求观念由原来的节俭型向适度的消费型转变，从而促进了消费需求增加和购买力水平的提高。我国第十一个五年规划中提出："要让改革发展成果惠及广大人民群众，通过努力缩小贫富差距和城乡差别，着力提高低收入者的收入水平。"在近几年，各级政府通过努力实施提高居民的收入水平政策，有力地拉动了国内消费市场的需求。在未来的 5—10 年，当社会经济发展到一定阶段，必然会带来社会结构和生产及消费方式重大变化，人们的生活方式由温饱型向追求生活质量提高和比较宽裕的小康生活过渡。居民收入水平增长后，将直接提高消费能力，同时也会拉动童装市场消费需求量的增加。尤其在今后几年中，我国新诞生的家庭会不断增多，随着他们收入的提高，他们对孩子的消费支出也会增加，消费结构升级和消费能力的增强，为童装市场提供了一个潜在的发展空间。

2.儿童人口增加扩大消费

近几年，我国已进入第三次生育高峰期，第一次在 20 世纪 50 年代；第二次在 80 年代初期。步入"十二五"后，我国新生儿出生率每年保持一定比例递增，而在"全面放开二孩"政策实施之后，我国新生儿出生数将进入一个高峰期。2015 年 10 月，《中共中央关于制定国民经济和社会发展第十三个五年规划的建议》提出实施"全面放开二孩"政策，中国年度出生人口将在政策变动后急剧增加。随着新生儿出生数的增加，在生育意愿完全实现的情况下，预计 2016—2018 年我国将形成一个新增人口的生育高峰，其中，2016 年新增出生人口为 565.8 万人，2017 年达到峰值，为 583.2 万人，此后呈逐年下降的趋势。"十三五"期间，我国儿童人口环境将发生较大的变化，未来的 5—10 年，由于每年新生儿出生数的增加，必定会在童装市场形成一个日益扩大的消费群体，这些蕴藏的潜在需求，有利于扩大童装消费量。

2.2.3 自然环境

自然环境(或物质环境)的恶化是全世界共同面临和关注的一个问题。自然环境的变化动向主要体现在以下几个方面。

1.全球性的某些自然资源短缺

地球上的资源可分为无限资源、可再生资源、不可再生资源三种。

（1）无限资源

第一类无限资源，空气、阳光、水等是取之不尽、用之不竭的资源，但面临着被污染的问题。近几十年，世界用水量每20年增加1倍，而世界各地水资源在地区、年度和季节上分布又各不相同。因此，全世界许多国家都面临着程度不同的缺水问题，在我国的北方淡水短缺问题尤其突出。企业或行业必须积极从事研究和开发，尽量寻求新的资源和替代品或进入新的相关行业。与此同时，海水淡化的低成本技术、节水用具、循环用水器具的研究和开发等都具有非常诱人的前景。

（2）可再生资源

第二类"有限但能更新的"可再生资源。如森林等，由于生产的有限性和周期性，再加上乱砍滥伐，导致水土流失、生态失衡、自然灾害频繁，一定程度上影响着可再生资源的正常供给。与此类资源相关的行业和企业，可以通过调节原料库存的方式来减轻不利的影响。一个更具长远眼光的选择是建立原材料生产基地来实现原料的全部或部分自给，建立原材料供应的良性循环。如木地板行业建立木材原生林基地，就是一个很好的保护生态平衡和保持木材原材料的正常供应的选择。

（3）不可再生资源

第三类"有限又不能更新的"不可再生资源。如石油、煤等矿产资源，一般政府对其价格、产量、使用状况等方面控制较严，对需要这些资源的企业来说，一方面，要科学开采，综合利用，减少浪费，降低威胁的挑战；另一方面，要积极开发新的替代资源，善于发现和抓住新的市场机会。

2. 环境污染严重，政府对环境管理的力度日益加大

随着城市化和工业化的发展，环境污染问题，如全球气温升高、臭氧层破坏、水资源污染、噪声污染、海水赤潮、酸雨、沙尘暴、荒漠化等，自20世纪70年代以来已逐渐引起世界各国的重视。我国严重的环境污染问题也越来越为政府和有关企业所重视，尤其近几年，越来越严重的沙尘暴和严重的空气污染、水污染，推动着社会公众的环保呼声一浪高过一浪。为顺应这一潮流，维护社会的整体利益和长远利益，各国政府也越来越多地使用经济、行政、法律等宏观调控手段来规范企业的营销行为。这种加强环保的趋势对那些造成污染的行业和企业无疑是一种巨大的威胁，它们在社会舆论的压力和政府的干预下不得不采取措施，甚至不惜投入巨资来治理和控制污染。同时，这种动向也给研究和开发价格便宜的能为社会接受的控制和减少污染的设备，不污染环境的包装及材料的行业、企业及产品带来了生机，营销学界也提出了绿色营销观念。将环境保护意识与市场营销观念相结合的绿色市场营销观念，正成为21世纪市场营销的新主流，并促使绿色产业、绿色消费和绿色市场营销的蓬勃兴起。

2.2.4　技术环境

营销者首先要认识到科技发展呈现的趋势最突出的表现是技术变革的步伐加快，并给我们带来无限的革新机会。科学家正在从事从微生物技术、机器人、固态电子学、微机

械学、计算机科学到材料科学的范围惊人的新技术的研究,已经和正引领着我们的产品设计、生产、管理及传播和营销过程的革命。

具体而言,营销者对科技环境的分析和研究应注意和把握以下几点。

1. 技术是一种"创造性的破坏"力量

每一种新技术都会给某些企业造成新的、积极的、充满生机的市场机会,产生新的行业,同时也会给另外一些行业以致命的威胁,随之而来的便是新产业的出现、传统产业的改造和落后产业的淘汰,正如西方经济学"创新学派"的代表熊比特所说:"技术是一种创造性的毁灭。"多媒体电脑的广泛进入家庭,使电视的生存空间受到了前所未有的挑战。在一系列的新技术带来的机会和威胁面前,如果企业的最高管理层能够及时跟踪、学习、采用与企业的生存和发展相关的新技术,企业就能获得生机。

2. 新技术革命有利于企业改善经营管理

第二次世界大战结束以来,现代科学技术发展迅速,一场以微电子为中心的新技术革命正在蓬勃兴起。现在,西方零售商店已普遍使用小型手提点货机。电子计算机、传真机等办公自动化设备和技术不仅在跨国公司、大型企业里司空见惯,即便在今天中国成千上万的民营小企业里也到处可见,宽带互联网打造的电子商务平台更为企业的经营和管理提供了先进的物质手段与技术基础。

3. 新技术革命丰富和影响着企业的营销内容与形式,引导着消费的新潮流

新材料、新技艺、新设备、新技术使产品生命周期缩短,企业需要不断研制和开发新产品;先进的通信技术、多媒体传播手段使广告更具影响力;商业中自动售货、邮购电话订货、电子商务、电视购物等引起了分销的变化;科技应用使生产集约化和规模化、管理高效化,这些导致生产成本、费用大幅度降低。所有这些新技术革命的成果应用到企业的营销活动中,决定了企业营销活动的内容和形式必须具有时代感。与此相对应,消费者的消费和购物习惯也在随着新技术的革命而不断地变化着。

4. 知识经济与现代信息技术革命和知识管理

数字化、网络化通信技术革命与现代市场经济制度相结合,与风险投资和现代企业制度相结合,这就极大地促进了新知识的实际使用,促进了发明创新的物化过程,极大地加快了新知识的商品化、市场化、产业化进程。

对于任何一个已经或即将要在知识经济的大海中闯荡的企业来说,在知识经济时代,就必须具备知识管理的意识和能力。所谓知识管理,就是对企业的知识资源进行管理,使每一个员工都最大限度地奉献其积累的知识,实现知识共享的过程。能够善于运用集体的智慧提高企业的应变能力和创新能力,使企业能够对市场需求做出快速反应,并利用所掌握的知识资源预测和把握市场需求的发展趋势,开发适销对路的产品,从而比竞争对手更为快捷地满足市场需要。

2.2.5 政治法律环境

政治法律环境主要是指国家的政治变动引起经济态势的变化及政府通过法律手段

和各种经济政策来干预社会的经济生活,对企业营销活动所产生的影响,包括那些强制和影响社会上各种组织和个人的法律、政府机构和压力集团。企业要分析的政治法律环境包括国内政治环境、政治权力、政治冲突和法律环境。

1. 国内政治环境

国家每出台一项方针、政策,都或多或少地对相关的行业和企业的市场营销活动产生一定的影响,因此,企业开发国内市场,首先要认真研究国家的政策动向,领会其实质,尤其要随时跟踪和研究各个不同阶段的各项具体方针、政策及其变化的趋势。中国饲料大王刘永好说,他之所以能有今天的成就,很大一部分应归功于生逢其时,归功于国家的政策好,归功于他们能够吃透政策,把握住机会。目前,我国政府大力倡导西部大开发,相当多的有识企业和仁人志士已捷足先登。

2. 政治权力

政治权力是指一国政府通过正式手段对外来企业的权利进行约束和限制以保护本国的利益。不同的政治制度有不同的运行机制,对经济的干预程度也不同。一般而言,西方资本主义国家的政府大多通过法律与宏观调控手段间接引导经济的发展,而在一些发展中国家,政府都或多或少地直接对经济进行干预。在可能的情况下,企业要善于运用"大市场营销"的理念,去冲破各种人为壁垒。2001 年,从某种意义上,可以说是中日贸易摩擦年。日本政府于 2001 年 4 月开始对从中国进口的大葱、鲜香菇等单方设限,旨在保护本国的农副产品生产者的利益。中国政府于 2001 年 6 月起对原产于日本的汽车、手持和车载无线电话、空气调节器加征 160% 的特别关税。从中我们可以感受到中日两国政府所扮演的角色及分量,同时,我们也能或多或少地感受到生产和经营这些产品的相关企业所进行的政府和公共关系营销工作的努力。具体而言,一国的政治权力给企业带来的政治风险可表现为:进口限制、外汇管制、关税管制、价格管制、国有化、劳工限制、贸易壁垒。

3. 政治冲突

政治冲突主要指国际上的重大事件和突发性事件对企业市场营销活动的影响。例如,"9·11"恐怖事件对全世界产生的影响在半年之后还在延续着,旅游、航空、保险业损失严重,相关市场面临着重新洗牌的可能,保险的险种和费率将会增加新的内涵,国际资本的流向也在悄悄地发生着变化。包括战争、暴力事件、绑架、恐怖活动、罢工、动乱等直接政治冲突会给企业营销活动带来的损失和影响,且这类因素突发性强,对企业来说预测难度大。

直接政治冲突、重大政治事件以及国与国、地区与地区之间观点的对立或缓和给国家经济政策带来的变化,导致国际关系的恶化和政治观点对立的加剧,都会波及企业的营销活动。这同样会创造机会、带来威胁。

4. 法律环境

企业了解法律,熟悉法律环境,把握当前世界经济立法的潮流和趋势,既能保证企业自身严格依法经营,还能争取在法律允许的范围内充分发挥自身的管理水平、技术能力、营销效率,同时又能利用法律手段保护企业自身的利益,获得平等参与竞争的机会。

目前,我国影响企业营销活动的法律主要有:《中华人民共和国合同法》《中华人民共和国产品质量法》《中华人民共和国食品卫生法》《中华人民共和国商标法》《中华人民共和国反不正当竞争法》《中华人民共和国广告法》《中华人民共和国消费者权益保护法》《中华人民共和国专利法》等。

在国际市场上,经济立法对企业的影响有日益加大的趋势。各国都在加快立法,以推动和规范开放的市场,保护消费者的利益,维护社会的长远利益。营销人员必须知晓、熟悉关于保护平等竞争、保护消费者和社会整体利益的主要法律及立法动向,并能加以灵活运用和把握。因此,企业从事国际市场营销活动,首先要了解和熟悉目标市场国家的相关法律和规定及影响较大的国际惯例。其中包括:

(1)消费者权益保护法。如《联合国保护消费者准则》《欧洲经济共同体产品责任指令》《关于人身伤亡的产品责任公约》等。

(2)反不正当竞争法。如美国的《沙门反垄断法》。

(3)工业产权法。《保护工业产权巴黎公约》(简称《巴黎公约》)《商标注册马德里协定》。

(4)国际贸易惯例与国际公约。国际贸易惯例多是世界性的民间商业组织、国际商会颁布的国际贸易往来的习惯做法和一般原则。国际贸易惯例尽管不是法律,不具有普遍的约束力,但当买卖合同权责约定不明或双方所在国存在法律冲突时,法院和制裁机构往往会引用某种公认的或影响较大的国际惯例来作为判决或仲裁案件的依据。国际贸易惯例和国际公约影响长远,被普遍采用的有:《关税与贸易总协定》《国际贸易术语解释通则》《联合国国际货物销售合同公约》《跟单信用证统一惯例》《承认及执行外国仲裁裁决公约》(简称《纽约公约》)等。

在国际市场营销中,还要了解与参与法律的制定与执行有关的监督、管理和服务于企业市场营销活动的政府部门的职能、管理任务、内容及方式。

营销案例 2-2

中美史克:从"PPA 事件"中恢复元气

中美天津史克制药有限公司(以下简称中美史克)是葛兰素史克(中国)投资有限公司(GSK)与天津中新药业集团股份有限公司、天津市医药公司合资建立的一家现代化制药企业,其经营范围包括生产、加工、分装和销售人用制剂产品、保健产品及相关产品。药品"新康泰克"上市以前,该公司的拳头产品之一是"康泰克",年销售额在 6 亿元左右。2000 年末,政策环境这一重要营销外部环境的变化,导致中美史克在这次危机中经历了再生。

事情起源于美国一项表明 PPA 即"苯丙醇胺"有增加患"出血性中风"之症危险的研究。研究的结果使得 2000 年 11 月 6 日,美国食品与药物监督管理局(FDA)发出公共健康公告,要求美国生产厂商主动停止销售含 PPA 的产品。10 日之后,中国国家医药监督管理局(SDA)也发布了《关于暂停使用和销售含苯丙醇胺药品制剂的通知》,并是以中国红头文件的形式发至中国各大媒体。在 15 种被暂停使用和销售的含 PPA 的药品里,中美天津史克制药有限公司生产的"康泰克"和"康得"两种产品就名列其中。

当时,作为全球十大医药市场之一的中国,非处方药市场正在迅速膨胀,且感冒药占到城镇居民非处方药消费的85%,市场非常巨大。中美史克的"康泰克"凭借其独特的缓释技术和显著的疗效,在国内抗感冒药市场曾具有极高的知名度。中国SDA通告的发布正值11月感冒高发期,暂停使用和销售"康泰克"对公司可以说是严重的打击,通告使得"康泰克"销售急剧下降,中美史克为此蒙受的直接损失超过6亿元人民币,而"康泰克"多年来在消费者心目中的优秀品牌地位也陷入危机之中。

于是,中美史克天津制药有限公司委托中国环球公关公司,迅速启动危机管理工作系统,根据应对对象、职能不同,分为领导小组、沟通小组、市场小组和生产小组四个部分,各负其责,共同协作,其中领导小组负责制定应对危机的立场基调,统一口径,并协调各小组工作,沟通小组负责信息发布和内、外部的信息沟通;市场小组负责加快新产品开发;生产小组负责组织调整生产并处理正在生产线上的中间产品。

这次危机管理事件中,中国环球公关公司的应对措施主要包括项目调查、制定、实施和评估四阶段。首先,在接受中美史克的委托之后,迅速对公司面临的状况进行了全面而周密的调查研究,以全面了解事件的性质与公司的关系,评估危机事件的后果,为制定危机处理策略提供依据。其次,以"迅速反应,争取主动;密切监测,防患未然;以诚相待,积极沟通"为指导思想,迅速成立危机处理小组,在第一时间开通热线电话,记录并回答记者来电,管理信息进出渠道;适时进行新闻发布(媒介恳谈会),迅速主动阐述事实真相;全面监控国内的各类媒体、网站及竞争对手的消息,及时获取相关的最新动态,收集有关报道的剪报,汇总有关媒介报道的情况;统一接听和处理媒体来电,对每一敏感问题准备准确的答案,确定统一的对外信息发布渠道、发言口径及发言人。

有危机也会有机会,危机中蕴藏着机会。"康泰克"因PPA事件而遭受重大挫折,但市场调查也反映,由于一定的处理和努力,消费者对康泰克品牌仍怀有情结,因此,"新药"重返市场时仍取名康泰克,但加上一个"新"字。"新康泰克"广告语如是说:

"中美史克全新奉献。"

"新康泰克抗感冒,再出击,更出色。"

"国家药监局验证通过新康泰克,新配方,不含PPA。OK!确认无误!"

"新康泰克还是早一粒,晚一粒。远离感冒困扰。"

PPA事件后289天,公司将"新康泰克"产品推向市场,一周内仅在广东便获得高达40万盒的订单。据报道,在PPA事件里,中美史克没有让一个工人下岗;自PPA事件到"康泰克"被正式"判处死刑",政府、媒体和消费者中极少出现对中美史克的非议。通过实施危机期间的媒体关系管理方案,中美史克有效控制并处理了由PPA事件引发的重大危机,保护了品牌,更为重返感冒药市场奠定了良好的舆论基础。也许可以说,这次事件中,中美史克牺牲了经济效益,却赢得了社会效益。

2.2.6 社会文化环境

文化是人类在社会历史发展过程中所创造的物质财富和精神财富的总和,通常指精神财富,包括一定的态度和看法、道德、信仰、法律、艺术、风俗、习惯等。社会文化环境通过影响消费者欲望和购买行为,来间接影响企业的市场营销活动。社会文化环境因素包括以下几个方面。

1. 民族习俗

由于不同的文化渊源,使得不同的民族有着不同的风俗习惯。农历春节是全世界华人一年中最隆重的节日,家家户户要大扫除,贴对联,添新衣,购年货,辞旧迎新,人们还要走亲访友、相互拜年,互表对来年美好生活的向往和祝福;圣诞节则是西方人一年中最盛大的民间节日,每逢 12 月 25 日,辛勤工作了一年的人们就大量地购买节日用品,张挂圣诞树,互送圣诞礼物,互寄圣诞卡,欢迎新年的到来。因此,春节和圣诞节历来成为各路商家大显神通的黄金季节,也是国内和国际市场上物流、货币流最繁忙的季节。在价值观上,东方人和西方人对事物的态度或看法也有很大的差异,体现在促销方法上也有所不同。日本人的文化把和谐放在首位,所以日本企业的广告宣传往往突出人们对产品的共识;而西方人崇尚个性,因此,西方的广告首先关注的是产品个性的张扬。同一个企业的同一种产品开发不同的目标国家市场,如果不了解和不注意区分东西方文化上的差异,企业的营销战略就可能事倍功半,甚至前功尽弃。

2. 宗教信仰

犹太教有星期五吃鱼的习惯;基督教重视圣礼、节日,推崇节俭、勤劳、守时;伊斯兰教食牛羊肉,忌猪肉、烟酒;佛教徒不杀生,重素食,崇善行。宗教作为历史文化的产物,对人们的价值观及生活方式有着根深蒂固的影响,它是构成社会文化因素的一个主要方面。企业从事营销活动,尤其开发国际市场,一定不能忽视对宗教信仰的研究和应用,营销人员要善于问"俗"知"禁",不仅要了解不同地区人们的宗教信仰的种类,还要了解他们的宗教要求和宗教禁忌。

营销者还应注意到,一种新产品上市,如果与某宗教信仰相冲突,就有可能遭到该宗教组织的抵制。反之,一种新产品的问世,如果顺应了某宗教组织的信仰,就能得到该宗教组织的支持,那么就会对产品的推广起到特殊的推动作用。因此,企业要善于对目标市场影响较大的宗教组织进行重点公关,善于赢得该宗教组织的赞同和支持。另外,营销者还要注意到同一宗教组织的不同派别之间可能存在的对立和矛盾,要尽可能地避免此类冲突给企业的营销活动带来负面冲击。

3. 图腾文化

简单地说,图腾就是在原始社会被用作各氏族血统的标志并被祖先崇拜的动物、植物或其他自然物等。这种万物有灵的思想创造出了人类最早的文化和精神文明。人们普遍认为,现在世界上存在着东方文化、西方文化和伊斯兰文化三大文化体系,其中每种文化中都闪耀着图腾文化的光芒。图腾文化是民族文化的主要源头,它渗入市场营销工作的全过程,往往决定着市场营销活动的成败。西方跨国公司要开拓中国市场,在某些方面如果能根据中国人对龙的崇拜以及对红色、金黄色的偏爱来设计、生产和传递产品,一定程度上,他们已经敲开了中国市场的大门。与此同时,龙及红色在西方一些国家和民族的含义则大相径庭。

4. 教育水平与语言文字

教育是传授生产和生活经验的必要手段,目标市场地区教育水平的高低,是影响企业营销调研、选择目标市场、开发和设计产品及选择促销方式的重要因素。一般来说,受教育水平不同,人们对商品的品种、款式、颜色、质量及服务方式的要求也不同。受教育水平较高的人,个性化需求越高,对新产品的鉴别和接受能力越强,购买时的理性程度越高,对产品的品牌和质量也比较挑剔。受教育水平较低的人,往往要求提供实物样品和简单易懂的文字或图示说明书,他们大多是大众化产品的目标顾客。目前,在房产、服装、汽车等个性化需求较强的行业,教育水平已成为市场细分的一个很重要的变量。建设同质社区就是国内住宅房产以教育水平高低为主要参照的未来开发方向。

语言是人们创造的用以表现人类行为的有意义的符号。人类的思想活动,由于语言设计的不同,产生了不同的文化体系。语言的差异代表着文化的差异,企业在进行国际市场营销时,必须注意这种差异及其对消费者购买行为的影响。营销者应了解语言习惯、语言歧义、语言禁忌,减少和避免麻烦。

5. 亚文化

每一个社会都存在着亚文化,它由有着共同的价值观念体系所产生的共同生活经验或生活环境的人类群体所构成。种族群、宗教群、地理区域群等,都代表着各个不同的亚文化,并且每一个亚文化群常常是相对而言的。相对于发展中国家而言,西方发达国家是相对于东方发展中国家的一个经济学意义上的亚文化群,而在西方的范畴中,美国、欧洲又是两个具有不同内涵的次级亚文化群,相对于欧洲而言,法国与英国仍然存在着鲜明的文化差异;对于中国版图的整体来说,南方是相对于北方的一个地理亚文化群,而相对于南方来说,江、浙、闽、粤、云、贵、滇等区域又被视为各具特色的一个个不同的次亚文化群。因此,在国内、国际市场营销活动中,对文化环境进行研究时,一定要注意对不同亚文化群各自价值观、行为规范的把握,力争把每一个亚文化群都看作一个细分市场,尽量给各具特色的次级文化分别制定相适应的营销策略。

特别提示 2-2

宏观环境分析与 PEST 分析法

上述宏观环境分析法源自于 PEST 分析法,其中 P(Political Factors)是法律因素,E(Economic Factors)是经济因素,S(Sociocultural Factors)是社会文化因素,T(Technological Factors)是科技因素。

2.3 微观环境分析

微观环境与企业间的协作、服务、竞争与监督的关系,直接制约着企业为目标市场服务的能力。微观环境具体包括以下内容。

2.3.1 企业内部环境

企业为实现其战略目标,必须进行调研、开发、采购、制造、计财、市场营销等活动,这一切工作是市场营销管理部门、其他职能部门、最高管理层以及全体员工共同协调完成的。这些因素共同构成了企业的内部营销环境,它们共同影响和决定着企业为消费者提供商品和服务的能力和水平。企业最高决策层在制定决策时,不仅要考虑外部环境的力量,而且要考虑企业内部环境力量的作用,尤其要使各个职能部门都树立以消费者需求为中心的现代市场营销理念,一切以顾客的利益、企业的利益、社会的整体利益为出发点,加强部门之间的合作,而不是各自为政;对待员工,一个值得重视的趋势是要善于把员工当成企业的内部顾客,实行人本管理,奉行"内部营销先于外部营销"的理念,要充分认识到,只有员工满意企业,才能够提供令顾客满意的服务,才能创造和维护忠诚的顾客。这可以通过全员培训,树立全员营销理念来实现。

2.3.2 供应商

向企业供应原材料、部件、能源、信息、劳动力和资金等资源的企业和组织,统称为供应商。其中包括从事商品购销活动,并对所经营的商品拥有所有权的批发商、零售商等商人中间商;协助买卖成交,但对所经营的产品没有所有权的经纪人、制造商代表等代理中间商;为商品交换和物流提供便利,不直接经营商品而辅助执行某些职能的运输公司、仓储公司、银行、信托、保险公司、广告公司、市场营销研究公司、营销咨询公司等辅助商。在现代市场经济条件下,生产企业的竞争已经由后续分销渠道的竞争扩展到前续供应环节的竞争,趋势之一就是注重建立良性供应链,把供应商也当作自己的顾客,建立一个共生共存的长期合作关系。

2.3.3 分销商

分销商是指把产品从生产者传递到终端用户所经过的通道,包括后续批发商、零售商以及广告、调研等营销服务机构和银行、保险、信托等金融中介人等企业机构,它们是解决生产集中和消费分散矛盾过程中必不可少的中间环节。市场营销企业要充分认识到,当今企业间的竞争,从后续环节看,更多地体现为物流环节的竞争,而要提高物流效率,其中很重要的方面就是加强渠道的管理,要通过制约和扶持等措施和手段想方设法提高渠道的效率,提高企业的竞争力。

知识链接 2-2

分销商与代理商和批发商的区别

(1)与代理商不同,分销商的经营并不受给他分销权的企业和个人约束,他可以为许多制造商分销产品。他的业务是他自己的业务,因此在是否接受分销合同的限制时,他所考虑的是自己的商业利益。分销商用自己的钱买进产品,并承担能否从销售中得到足够利润的全部风险。

(2)分销商手里一般不押货,等了解到有需求,他才从厂家进货来卖;批发商是不管有没有人买,先把货大批买来,再找人卖出去。分销商有大量资金,可以承受长期的占押,比如交货后两个月再付款;批发商一般资金不是很多,经不起资金占用,一般是现款现结,如果占了他的较多资金,批发商的生意就很难维持。分销商一般是由厂家指定的,性质和代理有些相似。厂家出货只从分销商那里出。批发商是不限制的,只要有资金进货就行。

2.3.4 顾客

国际标准化组织给顾客下的定义是"接受产品的组织和个人",现代市场营销理论则站在动态消费者需求的角度,所以对顾客的理解要宽泛许多,广义的顾客不仅包括传统意义上的产品现实使用者、潜在使用者,甚至还包括企业内部、企业外部的对企业的营销活动有直接或间接作用的各种组织和个人。企业对待各种层次的顾客的唯一宗旨是一切营销活动要始终如一地以消费者需求为中心,而且还要善于运用社会营销观念、绿色营销观念、关系营销观念做指导,谋求企业的长远发展与社会整体利益的协调和平衡。

2.3.5 竞争者

要想在竞争中胜出,企业就必须比竞争者更快捷、更有效地满足消费者的需求和欲望。因此,企业开展营销活动并非仅仅迎合消费者的需要,还要通过产品差别化等有效的竞争手段,使得企业的产品与竞争者的产品在消费者心目中形成明显差异,树立企业形象,建立竞争优势。在产品越来越同质化的今天,企业还要善于遵从协同竞争这一处理企业和竞争者关系的很有价值的新思维,同业竞争者通过建立战略联盟,共同把蛋糕做大,然后分而食之。这些都要求企业必须善于从产品和市场两个方面识别现实和潜在的竞争者。竞争者一般包括以下几个方面。

1. 愿望竞争者

愿望竞争者,即满足消费者的各种目前愿望,与企业争夺同一顾客购买力的所有其他企业。如通用汽车公司将房地产、耐用消费品等公司都看作竞争者,因为顾客若购买了房子,就可能无力购买汽车。

2. 一般竞争者

一般竞争者,即提供不同种类的产品,满足购买者某种愿望的企业。如通用汽车公司不仅将所有轿车制造商视为竞争者,而且将摩托车、自行车、卡车制造商都看作竞争者。

3. 产品形式竞争者

产品形式竞争者,即提供同种但不同型号的产品,满足购买者某种愿望的企业。如通用公司将所有轿车制造商视为竞争者。

4. 品牌竞争者

品牌竞争者,即提供同种产品的各种品牌,满足购买者某种愿望的企业。如通用公司可以福特、丰田及其他提供同等档次的轿车的制造商作为主要竞争者。

2.3.6 公众

公众是指对企业实现其市场营销目标有实际或潜在影响或利害关系的任何团体和个人,大致包括:金融公众,即影响企业融资的银行、投资公司等;媒体公众,即报纸、杂志、广播、电视、网络等影响广泛的大众媒体;政府公众,即负责管理企业业务经营活动的有关政府职能部门;市民行动公众,即各种消费者权益保护组织、环境保护组织、少数民族组织等;地方公众,即企业附近的居民群众、地方官员等;一般公众;企业内部公众,包括董事会、经理、职工、股东等。企业必须着眼于组织的长远发展,善于运用各种公关手段,在各种公众中树立良好的企业形象,打造良好的口碑,为企业的健康发展铺平道路。

2.4 市场营销环境分析方法

市场营销环境的变化对企业可能形成的影响主要有两大类:一类是市场营销机会,它是指由于环境变化形成的对企业营销管理富有吸引力的领域;另一类是环境威胁,它是指由于环境的变化形成或可能形成的对企业现有经营的冲击和挑战。现实生活中,机会和威胁往往同时存在。市场营销环境分析的目的是找出有利于企业的机会,避开对企业经营造成的威胁。下面介绍两种营销环境分析方法:矩阵分析法和 SWOT 分析法。

2.4.1 矩阵分析法

矩阵分析法主要是通过发现市场营销环境中的机会和威胁出现的概率,以及机会和威胁给企业造成的影响,将市场营销机会、威胁和综合环境分成不同的情况的方法。矩阵分析法可分为市场机会矩阵分析法、市场营销环境威胁矩阵分析法和综合环境分析法。

▶市场机会与威胁
"矩阵分析法"

1. 市场机会矩阵分析法

企业在面临市场营销机会的时候,要分析机会能带给企业成功的概率以及机会给企

业带来的潜在利润（即机会的吸引力）。如图 2-4 所示。

看图学营销 2-4

企业成功的概率

		高	低
机会的吸引力	大	Ⅰ	Ⅱ
	小	Ⅲ	Ⅳ

图 2-4 市场机会矩阵

在市场机会矩阵中，横坐标代表成功概率，纵坐标代表吸引力，形成四个象限，第一象限，吸引力大，成功概率高，企业所面临的是最佳机会，必须引起高度重视。第二象限吸引力大，成功概率低；第三象限吸引力小，成功概率高，企业不能忽视，两者有可能转化，给企业带来市场机会；第四象限吸引力小，成功概率低，企业可不必考虑。

2. 市场营销环境威胁矩阵分析法

企业在受到环境威胁或挑战时，必须果断采取营销行动，否则对企业很不利。有关环境威胁可按威胁的大小和发生概率的高低来分类评价。如图 2-5 所示。

看图学营销 2-5

威胁发生的概率

		高	低
潜在的严重程度	高	Ⅰ	Ⅱ
	低	Ⅲ	Ⅳ

图 2-5 市场营销环境威胁矩阵

在市场营销环境威胁矩阵中，横坐标代表威胁发生的概率高低；纵坐标代表潜在的严重程度高低。形成四个象限。第一象限发生概率高，严重程度高，威胁最为关键，它们会严重危害影响企业的利益，企业应准备好应变计划和战略；第二象限发生概率低，严重程度高；第三象限严重程度低，发生概率高；第四象限严重程度低，发生概率低。从第二象限来看，发生概率如果从低变高，与第三象限严重性从低变高，公司的发展将受到非常大的威胁，因此企业需要加以注意。

3. 综合环境分析法

企业所面临的市场机会和环境威胁非常多，而且市场机会的吸引力不一定是一样的，环境威胁也不是一样大的。因此，企业在进行环境分析时，要将机会水平与环境威胁综合起来考察分析，如图 2-6 所示。假设某烟草公司通过市场调研了解到，影响该公司业务的主要因素有：

(1)许多国家法律规定所有香烟包装盒均须印上警告文字："吸烟危害健康"；甚至有人要求在香烟盒上印上骷髅。

(2)许多国家的地方政府禁止在公共场所吸烟，并为吸烟者另设吸烟室。

(3)许多发达国家烟草的市场需求量在下降。

(4)公司科研人员正在研究发明用莴苣叶制造无害烟叶，用来代替烟草。

(5)发展中国家和地区的市场需求量在激增。

很显然，在上面列举的五项因素中，前面三条动向会给这家烟草公司造成威胁，后面两条动向是公司享有的市场营销机会。所以，公司就需要运用综合环境分析法，把两者综合起来分析。

看图学营销 2-6

		威胁水平	
		高	低
机会水平	高	Ⅰ冒险业务	Ⅱ理想业务
	低	Ⅲ困难业务	Ⅳ成熟业务

图 2-6　综合环境分析矩阵

在综合环境分析矩阵中，按照威胁水平和机会水平的高低不同，所有业务可分为四个象限：第二象限"理想业务"含有高机会与低威胁，是企业必须争取的业务；第一象限"冒险业务"含有高机会与高威胁，是企业可以考虑的业务，但企业必须有足够的手段化解威胁；第四象限成熟业务含有低机会与低威胁，是企业可以考虑的业务，但企业需要通过进一步的创新来创造新的机会；第三象限困难业务含有低机会与高威胁，是企业必须放弃的业务。

2.4.2　SWOT 分析法

SWOT 分析法又称企业内外情况对照分析法，是一种综合界定和考虑企业内部条件（资源的优势与劣势）和外部环境（机会和威胁）的各种因素进行系统分析的方法。如图 2-7 所示。

SWOT 中的 S 是指企业内部的优势，强项（Strength）；W 是指企业内部的劣势，弱项（Weakness）；O 是指企业外部环境的机会、机遇（Opportunity）；T 是指企业外部环境的威胁、对手（Threat）。

看图学营销 2-7

在 SWOT 分析图中，WO 表示利用外部机会改进公司内部劣势；SO 表示利用公司内部的优势,抓住外部的机会;WT 表示克服内部劣势,避免外来威胁;ST 表示利用公司内部优势,避免外来的威胁。

外部环境

		机会	威胁
内部环境	优势	SO	ST
	劣势	WO	WT

图 2-7　SWOT 分析图

营销案例 2-3

沃尔玛的 SWOT 分析

沃尔玛公司由美国零售业的传奇人物山姆·沃尔顿先生于 1962 年在阿肯色州成立。经过近 49 年的发展,沃尔玛公司已经成为世界最大的私人雇主和连锁零售商,多次荣登《财富》杂志世界 500 强榜首及当选最具价值品牌。

目前,沃尔玛在全球 27 个国家开设了超过 10000 家商场,下设 69 个品牌,全球员工总数 220 多万人,每周光临沃尔玛的顾客 2 亿人次。2011 财年(2010 年 2 月 1 日至 2011 年 1 月 31 日)销售额达 4190 亿美元,比 2010 财年增长 3.4%。2011 财年,沃尔玛公司和沃尔玛基金会慈善捐赠资金累计 3.19 亿美元,物资累计超过 4.8 亿美元。2010 年,沃尔玛公司再次荣登《财富》世界 500 强榜首,并在《财富》杂志"2010 年最受赞赏企业"调查的零售企业中排名第一。

沃尔玛的 SWOT 分析法如下:

(1)优势(Strength)

① 沃尔玛是著名的零售业品牌,它以物美价廉、货物繁多和一站式购物而闻名。

② 沃尔玛的销售额在近年内有明显增长,并且在全球化的范围内进行扩张(如收购英国的零售商 ASDA)。

③ 沃尔玛的一个核心竞争力是由先进的信息技术所支持的国际化物流系统。例如,在该系统支持下,每一件商品在全国范围内的每一间卖场的运输、销售、储存等物流信息都可以被清晰地看到。信息技术同时也加强了沃尔玛高效的采购过程。

④ 沃尔玛的一个焦点战略是人力资源的开发和管理;优秀的人才是沃尔玛在商业上成功的关键因素。为此,沃尔玛投入时间和金钱对优秀员工进行培训并建立忠诚度。

(2)劣势(Weaknesses)

① 沃尔玛建立了世界上最大的食品零售帝国。尽管它在信息技术上拥有优势,但因为其巨大的业务拓展,可能导致对某些领域的控制力不够强;

② 因为沃尔玛的商品涵盖了服装、食品等多个部门,因此它可能在适应性上比起更加专注于某一领域的竞争对手存在劣势。

③ 沃尔玛是全球化的公司,但是目前只开拓了 20 余个国家的市场。

(3)机会(Oppovtunity)

① 采取收购、合并或者战略联盟的方式与其他国际零售商合作,专注于欧洲或者大中华区等特定市场。

② 沃尔玛的卖场当前只开设在 20 余个国家内。因此,拓展市场(如中国、印度)可以带来大量的机会。

③ 沃尔玛可以通过新的商场地点和商场形式来获得市场开发的机会。更接近消费者的商场和建立在购物中心内部的商店可以使过去仅仅是大型超市的经营方式变得多样化。

④ 沃尔玛的机会存在于对现有大型超市战略的坚持。

(4)威胁(Threat)

① 沃尔玛在零售业的领头羊地位使其成为所有竞争对手的赶超目标。

② 沃尔玛的全球化战略使其可能在其业务国家遇到政治上的问题。

③ 多种消费品的成本趋向下降,原因是制造成本的降低。造成制造成本降低的主要原因是生产外包给了世界上的低成本地区。这导致了价格竞争,并在一些领域内造成了通货紧缩。恶性价格竞争是一个威胁。

2.5 企业面对环境影响的对策

市场营销环境的变化对企业可能形成的影响主要有两种:一是营销机会;二是环境威胁。分析营销环境,其意义就在于使企业能够了解所处的环境和预见环境的发展趋势,辨清所处环境给企业带来的各种各样的威胁和可能的营销机会,借以制定、实施相应的营销战略与策略,避开和消除环境威胁,充分利用营销机会。

2.5.1 企业面对环境威胁的对策

环境威胁是指由于环境的变化形成或可能形成的对企业现有经营的冲击和挑战。企业所面临的主要威胁有以下三种可以选择的对策:

1. 反抗策略

反抗策略是指企业试图通过自己的努力限制或扭转环境中不利因素的发展。例如,长期以来,日本的汽车、家用电器等工业品源源不断地流入美国市场,而美国的农产品却遭到日本贸易保护政策的威胁。美国政府为了对付这一严重的环境威胁,一方面,在舆论上提出美国的消费者愿意购买日本优质的汽车、电视、电子产品,为何不让日本的消费者购买便宜的美国产品;另一方面,美国向有关国际组织提出起诉,要求仲裁。同时提出,如果日本政府不改变农产品贸易保护政策,美国对日本工业品的进口也要采取相应的措施。最终,美国扭转了不利的环境因素。2002年2月以来,面对欧盟传出的即将出台和实施的CR(Child Resistance)法规的威胁,温州烟具协会组织相关力量积极应诉,通过多方周旋和努力,最终使欧盟取消了CR法规的启动。诸如此类,通常都被认为是积极、主动的策略。

2. 减轻策略

减轻策略是指通过调整营销组合,改善环境,减轻环境威胁对企业的负面影响程度。例如,烟草公司极力宣传在公共场合设立单独的吸烟区。再例如,当可口可乐的年销售量达300亿瓶时,在美国的市场上突然杀出了百事可乐。可口可乐及时调整市场营销组合,减轻环境威胁的影响,一方面,聘请社会上的名人(如心理学家、精神分析学家、应用社会学家、社会人类学家等)对市场购买行为新趋势进行分析,采用更加灵活的宣传方式,对百事可乐展开宣传攻势;另一方面,花费比百事可乐多50%的广告费用,与之展开一场广告战,力求将广大消费者吸引过来。经过上述努力,达到了一定的效果。

3. 转移策略

转移策略是指决定转移到其他更多的,更为盈利的市场或行业。第一种是原有市场的转移,包括地理上的转移和目标顾客的转移,如把产品从发达国家转移到发展中国家,或把婴幼儿使用的产品扩展到成年人;第二种是企业总体上的策略转移,比如各种各样的多元化战略,某些军工企业近年来将业务方向转移到民用产品上来,因此逃避了环境威胁,获取了更大的利益。

2.5.2　企业面对市场营销机会的对策

所谓营销机会,是指由于环境变化形成的对企业营销管理富有吸引力的领域。企业管理层对企业所面临的机会应审慎地评价其质量。美国著名市场学家西奥多·李维特曾警告企业家们,要小心评价市场机会。他说:"这里可能是一种需要,但是没有市场;或这里可能有顾客,但目前实在不是一个市场。"那些不懂得这种道理的市场预测者对于某些领域(如闲暇产品、住房建筑等)表面上的机会曾做出惊人的错误估计。因此,企业应选择最好的适合于自己营销方向的市场机会,对于虚假市场机会决不可信以为真,盲目投资经营。

面对不同的需求状态,企业通常采取的策略有以下几种。

1. 扭转性营销策略

扭转性营销策略,又称转变性营销。当市场的主体对某项产品或服务持否定或拒绝的态度时,被称为"否定需求"或"负需求"。在这种情况下,企业所采取的对策就是扭转性营销。如日本本田公司的摩托车进军美国市场时,曾面对公众对摩托车持否定态度的局面,因为当时的公众将摩托车同流氓犯罪活动联系在一起。该公司以"你可以在本田车上发现最文雅的人"为主题,大力开展促销活动,广告画面上的骑车人都是神父、教授、美女等,逐渐改变了美国公众对摩托车的态度,打开了美国摩托车市场。

2. 刺激性营销策略

刺激性营销策略,也称激活营销。企业的潜在目标消费者群体,表现出对产品或服务毫无兴趣或漠不关心,称为"无需求"。如人们对初上市的新型录音机不闻不问,起初人们对邮政鲜花礼仪服务也无动于衷。企业的营销任务是在搞清商品或服务与消费者之间的关系后,通过促销宣传等活动,设法把产品或服务能够给消费者带来的利益让他们理解,通过营销刺激来激发消费者的兴趣。

3. 开发性营销策略

开发性营销策略,又称发展营销。这是指面对现实中没有适当产品和服务能够满足消费者需求时企业所采取的营销对策。潜在需求大,具有强烈购买欲望,以及顾客感到现有产品和服务已经不能适应自己的需要了,渴望有新的和性能更优越的产品和服务的出现。如人们对可以不受病毒侵犯的电脑操作系统的渴望、对绿色食品的需求等。在确实认清消费者需求及其规模的前提下,企业通过对新产品和新的服务项目的开发,将潜在的消费者需求变为现实的消费者需求,为自己创造新的市场机会。

4. 恢复性营销策略

恢复性营销策略,又称提升营销。这是指企业在面对产品或服务处在"需求下降"的情况时所采取的营销对策。如电子邮箱的诞生和广泛普及,使得传统邮政业务的市场空间大为缩小,对于邮政企业来说,如何通过自身营销策略的调整为原有的产品重新定位,进一步挖掘传统业务的内在市场价值,争取开辟市场新空间,就成为刻不容缓的任务。

5. 协调性营销策略

协调性营销策略,也称同步营销。某些产品或服务的消费者需求有着明显的季节性。时点上的淡、旺,市场营销学称之为"不规则需求",这种当季节、时点等变化造成的某些产品或服务的需求波动时,企业所采取的营销对策即为协调性营销。由于存在黄金周以及传统的几大节假日,所以在旅游、餐饮、交通等行业普遍存在着"不规则需求"。这些行业的经营者通过运用灵活的价格策略、推销方法和各种刺激手段,来引导和改变消费者的需求习惯和节假日的集中突击消费行为,一定程度上实现了协调需求大幅度波动的目的。

6. 保持性营销策略

保持性营销策略,又称维持营销。这是指面对产品或服务的需求水平、时间、地点与期望的需求和时间一致时企业的营销对策。营销学称这种现象为"充分需求"或"饱和需求"。一般说来,这是企业追求的最理想需求状态和水平。此时,企业的任务是,通过及时发现消费者的偏好,保持产品质量的稳定,严格控制企业的成本,在维持企业自身的竞争地位的同时,努力维持现有的需求水平。当产品处于成熟期时,面对"饱和需求",企业一般会通过进一步的市场细分、不懈地开发新产品,以及不断地提高生产效率和降低成本,实现规模效益等途径使现有需求水平不至于下降。

7. 降低性营销策略

降低性营销策略,也称低调或限制性营销。这是指企业面对超过了现有产品或服务的供应能力时采取的营销对策。面临这种"过量需求"时,企业一般通过提高价格、减少促销等活动来暂时或永久性地降低需求水平,即通过"低调"营销,来协调市场需求。"非典"期间,面对强劲的需求,几乎所有品牌的板蓝根以及具有提高人体免疫力的中草药,普遍价格上涨;每年春运期间,火车票票价上涨20%,类似举措都是为了缓解需求过量时采取的一些必要的措施。

8.抵制性营销策略

抵制性营销策略,也称对抗营销。这是指面对一些不健康的产品或服务的需求时企业应采取的营销策略。消费者对毒品、赌品、黄色书刊或音像制品及封建迷信用品等的需求都属此类。此时,企业营销管理者的任务是为了维护消费者和社会的长远利益而进行抵制营销,即通过劝说、宣传等方式使这类产品或服务的消费者放弃这种不健康的需求。

特别提示 2-3

一般情况下,企业会同时使用多种营销策略来把握市场营销机会。例如,苹果公司发现已经上市多时的 iPad1 需求开始下滑,为了能够保持平板电脑的市场占有率,苹果公司同时采用了两种把握市场机会的方法:保持性营销策略和开发性营销策略,即降低iPad1 的生产成本并保持质量,同时积极研发和生产 iPad2,争取早日推出新产品。

2.5.3　应对环境变化应注意的问题

面对营销环境的变化,企业成功制定正确营销对策的关键来自企业对环境变化趋势的正确判断和对企业机会的适时把握。为了使企业的对策建立在客观的、切实可行的基础上,提高其可靠程度,成功企业的经验是重视以下方面的工作。

1.重视和加强对企业营销环境变化的监测

在现代社会中,许多企业对营销环境变化的监测和研究的重视是前所未有的。他们不仅建立了专门的组织,委派了专职人员对环境进行持续不断的常年监测,而且明确分工(由企业内部的一名高层决策人员,通过 CIO 来专门负责该项工作)。通过建立并有效运行这种"早期警戒"或"预警系统",使企业对营销环境变化的趋势能够及时、系统、全面和比较客观地进行分析和掌握,为成功地制定相应的对策打下了较坚实的信息基础。

2.重视和增强企业战略的可调整性

企业要力图通过自己的努力,建立一个适合本企业或组织发展的各种长短期战略目标体系。遇到环境变化,能够及时地调整和采取适当的对策。

总之,面对复杂多变的市场营销环境,企业必须持续不断地监视它、认识它、适应它,通过不断采用调整组织自身、资源、战略及策略等积极措施,最终实现企业自身发展与外界营销环境的协调与平衡。

本章小结

　　企业的全部营销活动是在社会"生态环境"中进行的,企业的"生态环境"即市场营销环境,是指一切影响和制约企业营销活动的因素和力量。其中,影响企业营销活动的社会性力量和因素称为宏观环境,与企业市场营销活动直接发生关系的组织与行为者的力量和因素称为微观环境。所有环境因素或直接,或间接,或单独,或交叉对企业构成机会或威胁。对于企业与市场营销环境之间的关系,最应重视的是市场营销环境变化的动态性、不可控性、强制性与企业适应环境的必要性和能动性。

　　企业对营销环境影响首先要善于辨认清楚面临的营销环境机会或威胁,以不失时机地将潜在的机会变为企业发展的机会。对于环境威胁,企业常用的对策有对抗策略、减轻策略和转移策略;同时企业还要对不同的需求状况分别或结合采取扭转性营销策略、刺激性营销策略、开发性营销策略、恢复性营销策略、协调性营销策略、保持性营销策略、降低性营销策略和抵制性营销策略。

　　企业只有重视和加强对营销环境变化的监测,加强自身战略的可调整性,才有可能把环境变化潜在的机会变为企业发展的机会,趋利避害。

复习思考题

一、填空题

宏观营销环境大致包括:＿＿＿＿＿＿、＿＿＿＿＿＿、＿＿＿＿＿＿、＿＿＿＿＿＿、＿＿＿＿＿＿、＿＿＿＿＿＿＿＿六个方面的内容。

二、单项选择题

1. 影响消费者需求变化最活跃的因素,同时也是消费者市场要重点研究的收入是（　　）。

　　A. 消费者收入　　　　　　　　　　B. 实际收入

　　C. 个人可支配收入　　　　　　　　D. 个人可任意支配收入

2. 根据恩格尔定律,恩格尔系数越低,说明这个国家人民的生活水平（　　）。

　　A. 越高　　　　B. 越低　　　　C. 不一定　　　　D. 不变

3. 当企业面临环境威胁时,通过各种方式限制或扭转不利因素的发展,这就是（　　）策略。

　　A. 转移　　　　B. 减轻　　　　C. 对抗　　　　D. 竞争

三、多项选择题

1. 人口是构成市场的基本因素,人口环境主要指( )。

    A. 总人口   B. 人口的地理分布   C. 人口的年龄结构

    D. 人口的性别   E. 家庭单位与人数

2. 竞争者包括( )。

    A. 同行业的竞争者对手   B. 替代品   C. 新加入者

    D. 购买者   E. 供应者

3. 市场营销渠道企业包括( )。

    A. 供应商   B. 商人中间商   C. 代理中间商

    D. 服务商   E. 市场营销中介机构

四、判断题

1. 企业在开展营销活动中遇到环境威胁时只能被动地去适应环境。   ( )

2. 个人可任意支配性收入指的是消费者用于购买生活必需品的开支。   ( )

3. 随着人们生活水平的提高,恩格尔系数会下降。   ( )

4. 消费者储蓄是一种推迟的购买力,它作为一种家庭"流动资产",可以较顺利、迅速地转化成现实购买力,从而影响消费者的购买支出。   ( )

五、简答题

1. 经济环境是怎样影响市场营销活动的?

2. 微观营销环境包括哪些主要内容?

3. 营销活动中,企业应如何对待营销环境带来的影响?

六、论述题

1. 试论"非典"对我国企业的营销活动带来哪些影响?

2. 试对你了解的企业周围公众进行分析,说明其对企业的影响。

七、案例分析

可口可乐的中国化

1886 年 5 月 8 日,药剂师彭伯顿(Pemberton)在美国佐治亚州亚特兰大市家中后院调制出新口味糖浆,并拿到当时规模最大的雅各(Jacob)药房出售,每杯五毛钱。百忙之中,助手误把苏打水与糖浆混合,饮品却令顾客赞不绝口。至此,彭伯顿的新产品诞生了! 彭伯顿的合伙人之一——弗兰克·鲁滨逊为该产品想出了"可口可乐"这个名字,产品也于 1887 年 6 月 16 日的广告中第一次使用了今天大众熟悉的斜体字形。1892 年,艾萨·G.坎德勒(Asa G. Candler)用 2300 美元取得可口可乐的配方和所有权,并成立了可口可乐公司。1919 年,可口可乐公司被一个亚特兰大的财团收购。1923 年,亚特兰大的伍德瑞夫(Woodruff)担任总裁,开启了可口可乐的另一个重要新纪元。

至今,可口可乐公司已有将近 120 年的历史,是全球最大的饮料生产及销售商,拥有全世界最畅销的五种饮料中的四种:可口可乐、健怡可口可乐、雪碧和芬达,公司旗下的产品超过 100 种。有数据显示,目前全世界近 200 个国家的消费者每日享用超过 10 亿杯可口可乐公司的产品,可口可乐的品牌已深入人心。正如可口可乐公司创始人艾萨·坎德勒所言:"假如可口可乐的所有公司、所有财产在今天突然化为灰烬,只要我还拥有'可口可乐'这块商标,我就可以肯定地向大家宣布:半年后,市场上将拥有一个与现在规模完全一样的新的可口可乐公司。"

可口可乐品牌的成功秘诀何在?重要原因之一就是其国际化经营中的本土化战略。如今的可口可乐已经成为一种全球性的文化标志,但是在风靡全球的同时,可口可乐仍然保持着清醒的头脑,没有固执己见地一味传播、销售美国观念,而是在不同的地区、文化背景、宗教团体和种族中实施分而治之的策略,比如可口可乐公司"Can't beat that feeling"的广告口号,在日本改为"我感受可乐"(I feel cola),在意大利改为"独一无二的感受"(Unique sensation),在智利又改成了"生活的感觉"(The feeling of life)。广告信息始终反映着当地的文化,在不同时期有不同的依托对象和显示途径、生成方式,无一不是随着具体的时空情境来及时调整自身在文化形态中的位置。换言之,可口可乐的本土化随处可见。

剖析可口可乐公司在中国的迅速发展,也能再一次印证本土化经营为跨国公司的发展"插上翅膀"的作用。作为可口可乐在中国成立的第一家合资企业——北京可口可乐饮料有限公司,其 20 年的发展历程就是可口可乐在中国本土化策略的一个缩影。

对可口可乐而言,1979 年 1 月 24 日是一个载入史册的日子,这一年中美建交,也正是在这一年,3 万箱可口可乐从香港辗转运往北京、上海及广州的大商场和宾馆,可口可乐正式进军中国市场。1981 年,由可口可乐公司提供设备的第一个灌装车间在北京丰台建成。此后 12 年间,可口可乐一直在特许灌装和直接投资等领域寻求与国内的业务合作机会。1993 年,可口可乐公司与原轻工业部签署合作备忘录,提出了一个基于"真诚合作,共同发展"原则的长期发展规划。20 世纪 90 年代初,曾风靡全国的天津"津美乐"和上海"雪菲力"汽水就是最早打下可口可乐系列饮料本地化烙印的品牌。1996 年,面对非碳酸饮料年销售额增长将近 20% 的诱人前景,可口可乐首次推出为中国市场研制的"天与地"果汁和矿物质水品牌。1997 年 8 月,果碳酸饮料品牌"醒目"问世。在可口可乐全球的产品中,有四分之一只在亚洲销售,而"天与地"系列产品和"醒目"等饮料则专为中国市场研制。

可口可乐的本土化包括各个方面,从工厂、原料,人员到产品、包装、营销,99% 都是中国的:无论是玻璃瓶还是易拉罐,从浓缩液到二氧化碳、糖,甚至含量极小的柠檬酸,都打下了中国造的烙印;在老对手百事可乐大行国际化路线时,可口可乐却将自己的产品打扮得越来越具有"国粹"特色,从 1999 年开始,可口可乐利用中国传统节日——春节大做文章,从喜气洋洋的"大阿福"、12 生肖卡通罐到奥运金罐和茶系列饮料的面世,该公司努力地拉近与中国人的距离。同时,其广告设计采取红底白字,书写流畅的白色字母在红色的衬托下有一种悠然的跳动之感,既充分体现了液体的特性,又流露出中国传统红色的喜庆气氛。此外,可口可乐让本土明星做广告宣传,聘请中国港台当红明星如林心如等,不但贯彻了本土化的思想,而且还从明星的年轻活力中抓住了主要消费群——年轻人。总体而言,可口可乐在中国展开了一系列的公关活动,从体育、教育、文娱、环保到树立自己良好积极纳税人形象,通过为北京申奥制作"申奥金罐"以及签约"中国队"、押宝"冲击世界杯"等与中国人融合在一起,通过捐款捐书、兴建希望小学、资助大学特困生、创立大学生奖学金、援手教育项目等活动争取社会好评……

在国内诸多企业轰轰烈烈地开展"洋务运动"时,众多国际品牌却在中国市场放下身价,使用各种方法拉近自己与中国消费者之间的距离,塑造自己富有亲和力的品牌形象。零点远景投资授权零点指标数据网在 2003 年年底发布的一项国际品牌亲和力的主题调查,结果显示:虽然企业中高层管理人员认为对中国最友好的国际品牌数目众多且分布广泛,但在中国土壤上耕耘时间长且本土化程度高的国际品牌最能够获得国人好感,其中可口可乐位居第三。可口可乐公司将自己打扮得越来越具"国粹"色彩,为了符合中国消费者审美观,甚至对已经用了 20 年的商标进行更改,采用了全新设计的中文商标。

一位美国的经济专家指出:美国公司海外业务的成败取决于是否认识和理解不同文化存在着的根本区别,取决于负责国际业务的高层经理们是否愿意摆脱美国文化过强的影响。事实证明,任何成功的营销经验都是地域性的,营销越是国际化,就越是本土化。本土化思维,本土化营销,促使可口可乐越来越成为中国的可口可乐。

【案例思考】

请归纳本案例中可口可乐中国化的战略措施。

第 3 章　市场与购买行为分析

知识目标	技能目标
1. 了解消费者市场的含义与特点	1. 学会运用"7O 研究法"分析消费者购买行为
2. 了解研究消费者购买行为的"7O 研究法"	2. 熟悉消费者购买行为模式
3. 了解消费者购买行为模式与类型	3. 学会运用消费者购买决策过程影响消费者购买
4. 了解消费者购买决策过程	4. 理解造成消费者购买行为差异的原因
5. 了解影响消费者购买行为的因素	5. 学会分析生产者市场购买行为
6. 了解组织市场的类型与特点	6. 学会分析中间商市场购买行为
7. 了解生产者市场与购买行为	7. 学会分析政府市场购买行为
8. 了解中间商市场与购买行为	
9. 了解政府市场与购买行为	

知识结构

```
                                              ┌─ 消费者市场的含义和特点
                                              │
                                              ├─ 消费者购买行为的 "7O研究法"
                                              │
                        消费者市场与购买行为分析 ─┼─ 消费者购买行为模式与类型
                                              │
                                              ├─ 消费者购买决策过程
                                              │
     市场                                      └─ 影响消费者购买行为的因素
     与
     购买
     行为
     分析
                                              ┌─ 组织市场的类型与特点
                                              │
                        组织市场与购买行为分析 ─┼─ 生产者市场与购买行为分析
                                              │
                                              ├─ 中间商市场与购买行为分析
                                              │
                                              └─ 政府市场与购买行为分析
```

导入案例

银泰百货的成功密码

银泰百货在1998年登陆杭城的时候,解百与杭州大厦早已坐落杭州多年了。而短短几年时间,银泰已经成功晋升杭州零售行业的龙头位置。这与它的顾客意识和营销策略密不可分。

1.明确顾客需求

随着近年来经济的发展,杭城年轻人的购买力越来越强;同时人们的"心理年轻化"程度正在加大,实测消费群年龄跨度增大。因此,银泰百货区别于解百与杭州大厦,实行错位经营,以年轻人和新型家庭为目标顾客。

2.为顾客改变商场

2010年7月,在不到一个月的时间里,银泰一口气就请进了"自然系"化妆品牌中最受青睐的三位:Origins(悦木之源)、Kiehl's(科颜氏)以及L'occitane(欧舒丹)。这次品牌调整,银泰甚至"请"出去了一个专柜销售额在全国数一数二的品牌。

这是银泰通过提前掌握消费者的消费需求,然后根据这种需求进行的品牌调整。为顾客而改变商场,根据顾客的需求来调整商场的品牌、品类乃至布局,这是银泰每个楼层在进行品牌调整时都在坚持的原则与方向。

2.注重顾客情感交流

回顾银泰推出的大小活动,始终注重与顾客的情感交流,比如用"三十六计"串联而成的婚庆节,再比如一直拥有极高参与度、内容丰富的银泰VIP课堂等。每逢周末,银泰VIP中心组织的各色服饰秀、美容沙龙纷纷登场,VIP顾客可以一边闲聊一边与新老朋友分享最潮流的时尚资讯,展开各种讨论……

兵法亦云:"攻心为上。"在与顾客不断交流沟通的过程中,了解顾客所需、所想,同时将顾客变成自己的朋友、家人,建立起彼此之间的价值认同,从而确立牢固的品牌忠诚度,这便是围绕"心"字做文章的妙处所在。很显然,银泰深谙此理,并且长于此道。

3.不断提升顾客的舒适体验

经过了12年的发展,如今的银泰武林店已经从更新设备、摆上鲜花、铺上红毯、撤走特卖花车这样的大环境改善,转而进入到了精耕细作"微环境",着眼于每一个细节来提升顾客的舒适感。目前,支撑着顾客舒适体验的是隐藏在商场管理之中的很多小细节。

硬件环境之外,服务等"软"细节也被苛求到了更加精益求精的地步。银泰通过"服务月""质量月""卫生周"等活动打造全新的INTIME(银泰)全员服务链,将服务真正作为一种理念深入每位员工的内心。与此同时,银泰百货还特别建立了CCQR(顾客投诉快速反应)投诉处理基金,对于一些处在"三包"或法律条款之外,但又在情理之中的投诉,在掌握一定底线的前提下,尽量保障消费者利益,惠及消费者。2010年,银泰百货在完善快速投诉处理流程以及投诉处理基金的基础上,还额外增加了金银卡无障碍退货服务,力求将贴心的服务落实到每一个细节。

资料来源:节选自《解读武林银泰 12 年的风尚密码》,都市周报,2010-11-05,有改动。

营销活动的中心是满足消费者的需求。成功的市场营销者是那些能够有效地发展对消费者有价值的产品,并运用富有吸引力和说服力的方法将产品有效地呈现给消费者的企业和个人。了解各类购买者行为的产生和形成,掌握消费者购买行为的规律性,企业营销策略的制定才能有据可依,才能有效地开展市场营销活动。

3.1 消费者市场与购买行为分析

消费者的影响力在日益增强,企业只有了解消费者的心理与行为,通过适应消费者的心理与行为来开展营销活动,才有可能取得成功。而研究消费者行为学有助于了解人们为什么以及如何消费产品,有助于了解消费者的心理与行为,因此消费者行为研究成为营销决策和制定营销策略的基础。

3.1.1 消费者市场的含义和特点

1. 消费者市场的含义

消费者市场是指购买或取得用于个人消费所需商品和服务的个人及家庭单位所构成的市场。在消费者市场上,购买者购买产品或服务的目的是满足自身最终消费,而不是作为生产资料获取利润,因此消费者市场也称为最终消费者市场、消费品市场或生活资料市场。消费者市场是现代市场营销理论研究的主要对象,是市场体系的基础,是起决定作用的市场。

▶消费者市场的
概念和特点

2. 消费者市场的特点

与生产者市场相比,消费者市场主要具有以下特征。

(1)需求的差异性与高弹性

消费者市场更多地受到消费者个人因素诸如文化修养、欣赏习惯、收入水平等方面的影响,由于消费者的需求千差万别,不同消费者对衣、食、住、行、用等的偏爱与重视程度不同,所需要的产品自然也是千差万别。

一方面,由于受到收入水平、生活方式、商品价格和储蓄利率的影响,消费者在购买数量和品种选择上表现出较大的需求弹性;另一方面,消费者市场所供给的是人们最终消费的产品,这些产品通常是花色品种繁多、产品的生命周期较短以及那些专业技术性不强、替代品较多的商品,其需求弹性较大,因此消费者市场的需求弹性也很大。

（2）分布的广泛性与分散性

凡是有人群生活的地方，就有消费行为存在，全社会的人口都是消费资料的购买者。因此，消费者市场上，不仅购买者人数众多，而且购买者地域分布广。从城市到乡村，从国内到国外，消费者市场无处不在。

（3）购买的经常性与小型性

从交易的规模和方式看，消费者市场以个人或家庭为购买和消费的基本单位。由于受到每个单位人数、需要量、购买能力、存储条件、商品有效期等因素的制约与影响，消费者一般购买的批量较小、批次较多，因此成交次数频繁，但交易数量零星。

（4）购买的非专业性与可诱导性

消费者一般缺乏专门的商品知识和市场知识，对消费品本身的性能、特点、使用、保养与维修等少有研究。消费者在购买商品时，往往容易受厂家与商家广告宣传、促销方式、商品包装和服务态度的影响，具有很大程度的可诱导性。

（5）购买力的多变性与流动性

随着社会经济的发展、消费水平的提高、消费观念的更新以及消费生活的交互影响，消费需求不仅在总量上不断扩大，结构上也在不断地发生着变化。由于消费品之间的替代性，使得消费者在有限购买力的约束下对满足哪些需要以及选择哪些品牌必然慎重决策且经常变换，从而也导致购买力在产品、品牌之间的变动。从市场动态看，由于消费者的需求复杂，供求矛盾频繁，加之城乡交往、地区间往来的日益频繁，旅游事业的发展，国际交往的增多，人口的流动性越来越大，购买力的流动性也随之加强。

3.1.2 消费者购买行为的"7O研究法"

消费者行为是指消费者如何挑选、购买、使用和处置产品、服务、想法、体验来满足其需要和欲望的过程。消费者购买行为则是指消费者为满足其个人或家庭生活而发生的购买商品的决策过程。消费者的购买行为是由一系列环节、要素构成的完整过程。企业营销需

▶消费者购买行为　▶"7O研究法"

要通过对消费者购买行为的研究，来掌握其购买行为的规律，从而制定有效的市场营销策略，实现企业营销目标。

对消费者购买行为的研究，可通过消费者市场的"7O"架构来进行分析，主要包括以下七个方面：

（1）购买者（Occupants）。谁是购买者？

不同的消费者会表现出不同的购买偏好和行为，企业可分析购买者是谁，分析不同类型的消费者的特点，并根据其特点制定相应的产品、渠道、定价和促销策略。

（2）购买对象（Objects）。他们买什么？

企业可通过分析消费者希望购买什么，为什么需要这种商品而不是需要那种商品，以提供适销对路的产品去满足消费者的需求。

(3)购买目的(Objective)。他们为何购买?

企业可通过分析购买动机的形成(生理的、自然的、经济的、社会的、心理因素的共同作用),了解消费者的购买目的,采取相应的市场策略。

(4)购买群体(Organizations)。谁参与了购买?

购买群体影响和决定着消费者购买的结果,因此企业可通过分析购买过程中的不同角色的参与情况及其影响,制定相应的营销策略。

看图学营销 3-1

在一次购买过程中,参与购买的群体可能扮演着以下 5 种不同的角色(见图 3-1):

发起者:首先提出或有意向购买某一产品的人;

影响者:其看法或建议对最终决策具有一定影响的人;

决策者:有购买决策权的人;

购买者:实际采购人;

使用者:实际消费或使用产品或服务的人。

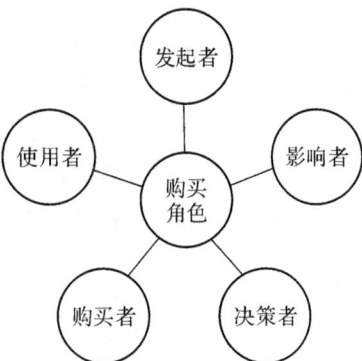

图 3-1 购买角色

(5)购买方式(Operations)。他们怎样购买?

企业可通过分析购买者对购买方式的不同要求,如手头拮据的购买者要求分期付款、工作繁忙的购买者重视购买方便等,有针对性地提供不同的营销服务。

(6)购买时间(Occasions)。他们什么时间购买?

消费者存在对特定产品的购买时间的要求,如自然季节和传统节假日对市场购买的影响等。企业可通过分析购买时间,把握时机,适时推出营销活动。

(7)购买地点(Outlets)。他们在何处购买?

消费者对不同产品的购买地点有不同的要求,如便利品往往要求就近购买,而选购品则要求在商业区(地区中心或商业中心)购买等。企业可通过分析购买地点,采用适当的营销渠道。

营销案例 3-1

啤酒与尿布

在美国沃尔玛超市的货架上,啤酒和尿布赫然摆在一起出售。一个是日用品,一个是食品,两个风马牛不相及的物品摆在一起。大名鼎鼎的沃尔玛怎么会出现这种随意摆放商品的不智之举?仔细考察,人们才知道"啤酒＋尿布"的组合恰恰是管理者精心布局的结果,这样的放置使得尿布和啤酒的销量双双激增!原来,沃尔玛超市对一年多的原始销售交易数据和顾客的消费行为进行了详细分析,发现在有孩子的美国家庭中,太太经常嘱咐他们的丈夫下班以后为孩子买尿布,而丈夫们在买尿布时又顺手带回了自己爱喝的啤酒,因此啤酒和尿布一起被购买的机会很多。

名人名言 3-1

最重要的事情是预测顾客的行踪,并且能走在他们的前面。

——菲利普·科特勒

3.1.3 消费者购买行为模式与类型

1. 消费者购买行为模式

在现代社会生活中,由于购买动机、消费观念、消费方式与购买习惯的不同,各个消费者的购买行为模式千差万别。尽管如此,在形形色色的消费者购买行为中,仍然存在着某种共同的、带有规律性的特征。营销学者们在深入研究的基础上,揭示了消费者购买行为中的某些共性或规律性,并以模型的方式加以总结描述。

菲利普·科特勒将消费者购买行为模式概括为图 3-2 所示的模型。

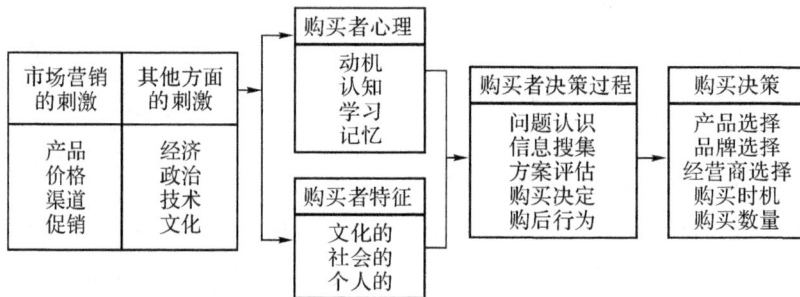

市场营销的刺激	其他方面的刺激	→	购买者心理		购买者决策过程	购买决策

图 3-2 消费者购买行为模式

资料来源:菲利普·科特勒,营销管理(第 13 版)

菲利普·科特勒,凯文·莱恩·凯勒著,营销管理(第 13 版),上海:格致出版社,2009 年 11 月,P188

从消费者购买行为模式反映出所有外界刺激经过购买者的黑箱便产生了一系列可以观察到的购买者反应,具体体现为:

(1)购买者的外界刺激可以被看作是一种输入,消费者购买行为的起点是刺激,所有消费者的购买行为都是由刺激引起的。它涉及两个基本方面:一是企业所安排的市场营销刺激,如产品、价格、渠道、促销策略等;二是其他环境因素的刺激,如社会的经济情况、政治情况、科技水平、文化因素等。

(2)市场营销刺激与其他刺激进入购买者的意识后,在消费者内部(消费者心理活动过程)进行处理,并最终导致了购买决策,这一过程被心理学家称为"暗箱"或"黑箱"。购买者黑箱是连接输入与输出的中间环节,为一信息处理中心,它包括两个部分:一是购买者心理和购买者特征,它决定着购买者如何理解他所面对的需求问题、购买问题以及外界刺激,影响着购买者如何对外界刺激做出反应;二是购买者的购买决策过程,它直接导致购买者的最终选择。

（3）购买者反应可以被看作是一种输出，表现为消费者的产品、品牌经销商、购买时间和购买数量等因素的选择。

市场营销人员的任务就是要了解在出现外部刺激后到做出购买决策前，购买者意识中所发生的情况，认识消费者的购买行为规律，并根据本企业的特点，向消费者进行适当的市场营销的"刺激"，以使外在的刺激因素与消费者的内在心理活动发生互动作用，以便使其形成购买决策，采取购买行为，实现满足消费者需要、获取企业利润的目的。

名人名言 3-2

营销，意味着通过顾客的眼睛来看待一切商业行为。

——彼得·德鲁克

知识链接 3-1

消费者购买行为的其他典型模式

（1）消费者购买决策的一般模式

人类行为的一般模式是 S-O-R 模式（Stimulus，刺激；Organism，有机体；Response，反应），即"刺激—机体（指个体生理、心理）—反应"。该模式表明消费者的购买行为是由刺激所引起的，这种刺激来自于消费者身体内部的生理、心理因素和外部的环境。消费者在各种因素的刺激下，产生动机，在动机的驱使下，做出购买商品的决策，实施购买行为，购后还会对购买的商品及其相关渠道和厂家做出评价，这样就完成了一次完整的购买决策过程，如图 3-3 所示。

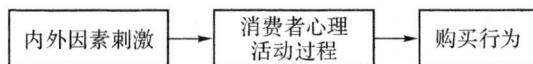

图 3-3 消费者购买决策的一般模式

（2）尼科西亚模式

尼科西亚于 1966 年在《消费者决策程序》一书中提出这一决策模式。该模式有四部分组成：第一部分，从信息源到消费者态度，包括企业和消费者两方面的态度；第二部分，消费者对商品进行调查和评价，并且形成购买动机的输出；第三部分，消费者采取有效的决策行为；第四部分，消费者购买行动的结果被大脑记忆、贮存起来，供消费者以后的购买参考或反馈给企业。

（3）恩格尔模式（EBK 模式）

恩格尔模式是由恩格尔、科特拉和克莱布威尔在 1968 年提出的。其重点是从购买决策过程去分析。整个模式分为四部分：①中枢控制系统，即消费者的心理活动过程；②信息加工；③决策过程；④环境。

恩格尔模式认为，外界信息在有形和无形因素的作用下，输入中枢控制系统，即对大脑引起、发现、注意、理解、记忆与大脑存储的个人经验、评价标准、态度、个性等进行过滤加工,构成了信息处理程序,并在内心进行研究评估选择,对外部探索即选择评估,产生了决策方案。在整个决策研究评估选择过程,同样要受到环境因素,如收入、文化、家庭、社会阶层等影响。最后产生购买过程,并对购买的商品进行消费体验,得出满意与否的结论。此结论通过反馈又进入了中枢控制系统,形成信息与经验,影响未来的购买行为。

（4）霍华德—谢思模式

霍华德—谢思模式（Howard-Sheth）是现有的国外消费者购买行为研究中最为著名的模式之一。这一模式于20世纪60年代初由霍华德提出,后经修改。其与谢思合作出版了《购买行为理论》,书中提出了霍华德—谢思模式,如图 3-4 所示。

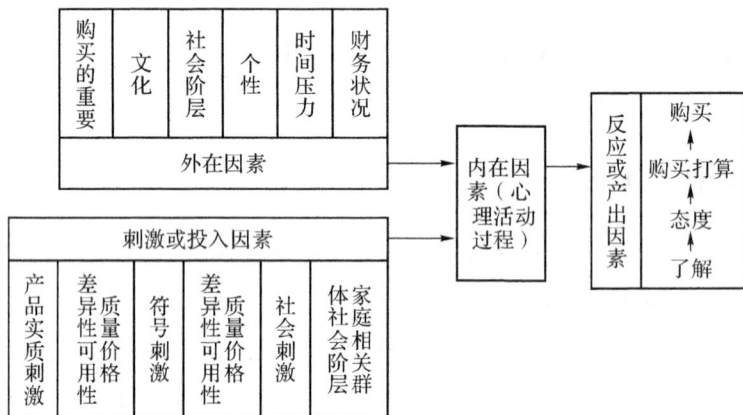

图 3-4　霍华德—谢思的购买模式

霍华德和谢恩认为,影响消费者决策程序的主要因素有:输入变量（刺激或投入因素）、知觉过程（内在因素）、输出变量（反应或产出因素）、外在因素等。霍华德—谢思模式利用心理学、社会学和管理学的知识,从多方面解释了消费者的购买行为。此模式结构严密、内容完整,并且只要将模式内的变量或相对重要性改变后,就可适用于各种不同产品和各种不同消费者的购买模式,其参考价值较大,一直被人们所重视。

2.消费者购买行为类型

在研究过程中,对消费者购买行为分类的标准很多,每一种分类标准都可以从不同侧面反映消费者购买行为的特点。消费者购买决策随着购买行为类型的不同而变化。

（1）按消费者的购买态度及购买决策的速度分类

①习惯型。这类消费者有的是根据过去的购买经验和使用习惯采取购买行为,有的是因为对某些商品或品牌具有特殊感情,喜欢购买并长期使用。

②理智型。这类消费者在每次购买前对所购的商品,注意搜集商品的有关信息,进行较为仔细的研究比较。他们的购买往往感情色彩较少,而且他们头脑冷静,行为慎重,主观性比较强,不容易受商家的影响,也不受自己的情绪所左右,极少冲动购物。

③冲动型。这类消费者的心理反应强烈敏感,购买一般都是以直观感觉为主,从个人的兴趣或情绪出发,喜欢新奇、新颖、时尚的产品,容易受商品包装和广告等外在因素的影响而迅速做出购买决定,不愿做反复的选择比较。

④经济型。这类消费者购买商品多从经济角度考虑,对商品价格的变化非常敏感,往往以价格的高低作为选择商品的标准。他们对"大甩卖""清仓"等低价促销最感兴趣。

⑤疑虑型。这类消费者一般比较内向,购买时小心谨慎和疑虑重重,购买一般缓慢、费时,不大相信营业员的介绍,常常"三思而后行",也常常会犹豫不决而中断购买,购买后还会疑心是否上当受骗。

⑥情感型。这类消费者感情丰富,想象力强,往往以丰富的联想力衡量商品的意义,购买时注意力容易转移,兴趣容易变换,常常受商品的外表、造型、颜色等外在因素影响,也容易受购物环境和营销人员提供的服务所感染,促成购买行为。

⑦不定型。这类消费者的购买多属尝试性,其心理尺度尚未稳定,购买时没有固定的偏爱,在上述几种类型之间游移。这种类型的购买者多数是独立生活不久的青年人。

(2)按照消费者购买准备状态分类

①完全确定型。完全确定型是指消费者在购买前就已经有明确的购买目标,对于产品、商标、价格、型号、款式等都有明确的要求,一旦商品符合意愿就果断购买。

②部分确定型。部分确定型是指消费者在购买前已有大致的购买目标,但具体要求(如品牌、款式等)还不大明确,在购买时仍需要对商品做进一步的了解、判别与比较,直到满意后才决定购买。这类消费者在销售现场的注意力还比较分散,在商品之间犹豫,需要在商店里得到指导。

③不确定型。这类消费者常常没有非常明确的购买目标,也没有比较迫切的购买任务。因此,他们在进入商店后,经常表现为漫无目的地东走西看,顺便了解某些商品的销售状况。他们可能在浏览一番后无从购买,也可能在碰到满意的商品后满载而归。

(3)根据消费者的参与程度和产品品牌差异程度分类

阿萨尔区分了在不同涉入度水平和对品牌间差异不同认知的共同影响下的四种类型的消费者购买行为,如表 3-1 所示。

表 3-1　消费者购买行为分类

品牌差异	介入程度	
	高度	低度
差异大	复杂型购买行为	多变型购买行为
差异小	和谐型购买行为	习惯型购买行为

资料来源:菲利普・科特勒著.营销管理(第 11 版).梅清豪译.上海:上海人民出版社,2003:218.

①复杂型购买行为。这是指品牌差异大,消费者介入程度高的购买行为。当消费者初次选购价格昂贵、购买次数较少的、冒风险的和高度自我表现的商品时,则属于高度介入购买。由于对这些产品的性能缺乏了解,为慎重起见,消费者购买时往往要经历大量的信息收集、全面的产品评估、慎重的购买决策和认真的购后评价等各个阶段。

②和谐型购买行为。这是指品牌差异小,消费者介入程度高的购买行为。消费者购买一些品牌差异不大,但价格高的商品时,虽然消费者对购买行为持谨慎的态度,但他们

并不广泛收集产品信息,并不精心挑选品牌,购买决策过程迅速而简单,因而在购买以后会认为自己所买产品具有某些缺陷或其他同类产品有更多的优点,进而产生失调感,怀疑原先购买决策的正确性。为了改变这样的心理,追求心理的平衡,消费者广泛地收集各种对已购产品的有利信息,以证明自己购买决定的正确性。

③多变型购买行为。这是指品牌差异大,消费者介入程度低的购买行为,又叫作寻求多样化购买行为。如果消费者购买的商品品牌间差异大,但价格低,可供选择的品牌很多时,他们并不深入收集信息和评估比较就会决定购买。这类消费者一般在消费时才加以评估,而且并不专注于某一产品,而是经常变换品种,有很大的随意性。转换的原因是厌倦原口味或想试试新口味,只是想寻求产品的多样性,而不一定有不满意之处。

④习惯型购买行为。这是指品牌差异小,消费者介入程度低的购买行为。消费者有时购买某一商品,并不是因为特别偏爱某一品牌,而是出于习惯。消费者并未深入收集信息和评估品牌,只是习惯于购买自己熟悉的品牌,在购买后可能评价也可能不评价产品。

在购买活动中,每个消费者的购买行为都不相同,区分不同类型的消费者的购买行为,找出不同类型购买行为之间的差异,对企业开展营销活动有重要的参考价值。

营销故事 3-1

报出底价未必能加速成交

2010年的杭州车展上,一位年轻男子进入展位,比亚迪汽车的销售顾问小李上前接待。询问得知,顾客正在考虑购买一辆家用轿车,这是他第一次来车展考察汽车品牌,比亚迪是他光顾的第一个品牌。小郑极力说服顾客选择购买比亚迪F6车型,并说此时购买还会享受到优惠。最后,尽管小郑已经给出了底价,顾客还是表示需要考虑一下,离开了。

3.1.4 消费者购买决策过程

每一消费者在购买某一商品时,均会有一个决策过程。购买过程早在实际购买之前就开始了,并且在购买之后很久还会有持续影响。尽管会因为所购产品类型、购买者类型的不同而使购买决策过程有所区别,但典型的购买决策过程一般包括以下五个阶段,如图3-5所示。

认知需求 → 信息搜集 → 方案评估 → 购买决定 → 购后行为

图 3-5　消费者购买决策过程的五阶段模型

1.认知需求

认知需求是消费者购买决策过程的起点。当人的某种需求没有得到满足,理想状态和现实状态之间存在差异时,便产生需要。因此,需要是指当人们缺乏某种东西时产生的心理状态,它是人的自然的(生理的)、社会的(心理的)客观需求在头脑中的反映,是人一切行为的原动力。消费者需要可以由内在因素引起,也可以由外在因素引起。

认知需求阶段,企业必须通过市场调研,认定促使消费者认识到需要的具体因素。因此,营销活动应致力于做好两项工作:①发掘消费驱策力;②规划刺激、强化需要。

市场营销人员应注意识别引起消费者某种需要和兴趣的环境,并充分注意到两方面的问题:一是注意了解那些与本企业的产品实际上或潜在的有关联的驱使力;二是消费者对某种产品的需求强度,会随着时间的推移而变动,并且会被一些诱因所触发。在此基础上,企业还要善于安排诱因,促使消费者对企业产品产生强烈的需求,并立即采取购买行动。

2. 信息搜集

消费者决策的第二步是搜集信息阶段。当所需购买的物品不易购到,或者说需求不能马上得到满足时,消费者便会把这种需求存在记忆中,并注意收集与需求相关的信息,以便进行决策。

消费者的信息来源可以分为以下四类:

(1)商业来源:这是消费者获得信息的主要来源,包括广告、推销人员的介绍、商品包装、产品说明书等提供的信息。这一信息源是企业可以控制的。

(2)公共来源:消费者从电视、广播、网络等大众传播媒体或消费者组织、专家学者等获取的信息。这方面的信息在一定程度上具有客观性和权威性。

(3)个人来源:包括从家庭、亲戚、朋友等个人交往中获取的信息,对消费者的购买决策影响很大。

(4)经验来源:消费者从自己亲自接触、使用商品的过程中得到的信息。

这些信息来源的相对丰富程度与影响程度随产品类别与购买者特征的不同而不同,一般来说,商业信息具有通知的作用,同时具有针对性和可靠性特点,而且对于企业来说是可以控制的。而个人来源则最有效。

3. 方案评估

消费者从不同途径、渠道获得大量信息后,需要对这些信息进行"去粗取精,去伪存真"的加工、整理和筛选,以做出最后的价值判断。消费者对产品所形成的判断大多是建立在有意识的和理性的基础之上。

消费者可通过属性评估程序来建立对各产品或品牌的态度。

第一步,分析产品属性。消费者一般将产品看作是一系列属性的集合。消费者通常会对产品或品牌的若干属性进行评价。

第二步,建立属性权重。消费者不一定对产品的所有属性一视同仁,不同的消费者有其特别重视的产品属性,因此会对不同的产品属性赋予不同的重要性权重。

第三步,确定产品或品牌信念。消费者会根据产品或品牌的属性及各属性的权重,建立其对各个产品的不同信念,形成综合评价。

第四步,形成"理想产品"。消费者所期望从产品中得到的满足随产品每一种属性的不同而有所变化。

知识链接 3-2

消费者选择评价方案的其他典型方法

消费者在进行方案评价选择时常用的方法有以下几种：

1. 以理想品牌为参照系

每个消费者心目中都有对某一商品的理想品牌的印象。消费者可以用心目中的理想品牌同实际品牌相比较,实际品牌越接近理想品牌,就越容易被消费者所接受。例如,消费者可以先给自己心目中的理想品牌打分,然后再给实际品牌打分,最后看一看两者误差的大小。误差越大,说明实际品牌与理想品牌之间的差距就越大,消费者也就不可能选择该种品牌商品。

2. 制定一个最低下限

这是消费者对商品的多种属性关联考虑,然后为商品的各种属性规定一个最低可接受的水平。只有所有的属性都达到了规定的水平时,该商品才可以考虑,而对于没有达到这一可接受水平的其他牌号的商品则不予考虑。运用这一方法,就排除了某些不必要信息的干扰,减少了处理信息的数量和规模。但是,这种决策方法可能会导致所剩品牌方案不止一个,因此消费者还需要借助其他方法做进一步的筛选。

3. 采用单一评估标准

这种方法是与上一种对商品的多种属性关联考虑正好相反的方法。该方法是指消费者只用一个单一的评估标准来选择商品,也就是说,消费者看准商品的一种主要的属性去评价他所考虑的几个品牌的商品,并根据这一标准从中选出一个最符合他需要的那个商品或方案。

4. 排除法

排除法的核心是逐步排除,减少备选方案。使用这种方法时,首先要排除那些不具备所规定的评估标准的最低可接受水平的商品或方案;然后消费者再制定出不同的衡量标准,用这些标准再不断地排除下去,直到最后剩下一个商品或方案为止。最后这个商品或方案是消费者满意或比较满意的。

4. 购买决定

消费者对各种方案进行选择评价之后,便会形成对某些品牌商品的偏好或购买意向,但只让消费者对某一品牌产生好感和购买意向是不够的,真正将购买意向转为购买行动过程中,其间还会受到他人的态度和意外的情况的影响,如图 3-6 所示。

(1)他人的态度

消费者的购买意向,会受他人的态度的影响。而这种影响程度又取决于他人对购买者喜好品牌持有的否定态度的强度以及购买者遵从他人期望的动机强度。一般来说,他人的态度越强,与消费者的关系越密切,其影响就越大。

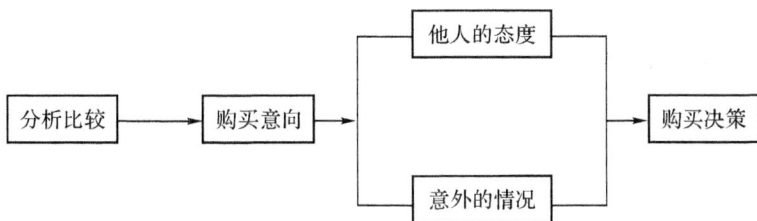

图 3-6 购买决定的影响因素

（2）意外的情况

消费者购买意向的形成，总是与预期收入、预期价格和期望从产品中得到的好处等因素密切相关的，某些突发事件可能会改变购买意向。

同时，消费者修改、推迟或取消某个购买决定，往往是受感知风险的影响。感知风险的大小，随着购买金额大小、产品性能优劣程度以及购买者自信心强弱的变化而变化。消费者会用一些常规方法来避免这些不确定性风险和风险的负面结果，避免做出决策。

5.购后行为

消费者在使用和消费商品的过程中，会产生购物后的心理体验和对商品做出评价，并表现为满意与否、购后行为和购后使用与处置。

（1）购后满意

满意是购买者对于产品实际结果与期望之间比较后的感受。如果实际结果能够达到期望，顾客就将感到满意，如果超过期望，顾客则会感到非常满意。但如果实际结果达不到期望，顾客则会不满意，期望与实效之间的差距越大，顾客的不满意感就越强烈。

（2）购后行为

顾客对产品满意与否将影响顾客以后的行动。如果该顾客感到满足，则他将显示出较大的再购买的可能性。这样就有利于培养顾客的商品忠诚感。满意的顾客也会向其他人宣传该产品和该公司的好处。不满意的顾客可能会设法降低失调感，失调的顾客可能以退回产品的方式来降低失调感。

（3）购后使用及处置

企业在处理购买者的购后行为时还需注意：购买者如何使用及处置该产品。

营销案例 3-2

强生开发新市场

一直以来，强生婴儿护理系列产品很受欢迎。由于婴儿产品的温和性质，强生发现一些妈妈和年轻女孩子也在使用强生产品，于是强生公司还将婴儿肥皂、润肤油、爽身粉等产品，从婴儿这一单一使用对象，延伸到年轻女性的阶层，使得整个公司的销售增长一下子扩大了好几倍。

企业可以在购买决策过程的不同阶段采取不同的营销策略,以影响消费者的购买行为。

3.1.5 影响消费者购买行为的因素

1. 影响消费者购买行为的内在因素

影响消费者购买行为的内在因素很多,主要有消费者的个人因素与心理因素。

(1)个人因素

消费者的购买行为受到个人因素的影响,特别是受年龄和家庭生命周期,性别、职业和受教育程度,经济状况,个性和自我形象以及生活方式和价值观的影响。

①年龄和家庭生命周期。不同年龄的消费者的欲望、兴趣和爱好不同,他们购买或消费商品的种类和式样也有区别。家庭生命周期,是指消费者从年轻时离开父母独立生活到年老的家庭生活的全过程。消费者在家庭生命周期不同阶段上的欲望和购买行为有一定的差别。

②性别和受教育程度。由于生理和心理上的差异,不同性别消费者的欲望、消费构成和购买习惯也有不同。受教育程度不同的消费者购买商品的理性程度、审美能力、购买决策过程均有所差异。

③职业和经济状况。不同职业的消费者由于生活、工作条件不同,消费构成和购买习惯也有区别。一个人的经济状况,取决于他的可支配收入的水平、储蓄和资产,借贷能力以及他对开支与储蓄的态度。它决定着个人的购买能力,在很大程度上制约着个人的购买行为。

④个性和自我形象。个性使人对环境做出比较一致和持续的反应,可以直接或间接地影响其购买行为。一般认为,人们总希望保持或增强自我形象,并把购买行为作为表现自我形象的重要方式。因此,消费者一般倾向选择符合或能改善其自我形象的商品或服务。

⑤生活方式和价值观。生活方式是人们根据自己的价值观念等安排生活的模式,并通过其活动、兴趣和意见表现出来。生活方式是影响个人行为的心理、社会、文化、经济等各种因素的综合反映,往往比社会阶层、文化、个性等反映的人的特性更完整、深邃得多。价值观比态度或行为更深入存在于消费者心中,它决定了消费者的长期决策与需求。

(2)心理因素

影响消费者行为的心理因素主要是:动机、感觉和知觉、学习、信念和态度四个方面。这些因素不仅影响和在某种程度上决定消费者的决策行为,而且它们对外部环境和营销刺激的影响起放大或抑制作用。

①动机。动机是指引起和维持个体活动并使之朝一定目标和方向进行的内在心理

活动,是引起行为发生、造成行为结果的原因。在一定时期,人们有许多需要,只有其中一些比较迫切的需要发展成为动机;同样,人们的动机中,往往也是那些最强烈的"优势动机"才能导致行为。

动机具有内隐性,许多消费者行为从表面上看不可思议,但对于消费者来讲,也许正好满足其某方面特殊的需要。如果不了解消费者购买行为的动机,那么对于现实生活中许多消费行为就无法做出正确的解释和说明。因此,研究消费者行为不能只停留在表面的购买行为上,而应该透过外在行为,洞察和揭示其内在动机和根源。

②感觉和知觉。感觉和知觉是指消费者的感官直接接触刺激物和情境所获得的直观、形象的反映,感觉是人的感官对刺激物个别属性的反映,知觉是感官对刺激物整体的反映。一般人们在认识某种客观事物的时候很少有孤立的感觉,而是在感觉的基础上形成对事物的整体认识。消费者通过知觉活动,加深了对商品的认识,从而使个别认识上升到整体认识。不同消费者对同种刺激物或情境的知觉很可能是不同的,这就是知觉的三个特性,即注意的选择性、理解的选择性和记忆的选择性。

③学习。人类的有些行为是与生俱来的,但大多数行为是从后天经验中得来的,这种通过实践并由经验而引起的行为变化的过程,就是学习。消费者的行为绝大部分是后天习得的。消费者学习是驱策力、刺激物、提示物、反应和强化诸因素相互影响和相互作用的过程。通过学习,消费者获得了丰富的知识和经验,提高了对环境的适应能力。同时,在学习过程中,其行为也在不断地调整和改变。

④信念和态度。消费者在购买和使用商品的过程中形成了信念和态度。这些信念和态度又反过来影响人们的购买行为。信念是人们对某种事物所持的看法,一些信念建立在科学的基础上,另一些信念却可能建立在偏见的基础上。信念会形成产品和品牌形象,会影响消费者的购买选择。态度是人们长期保持的关于某种事物或观念的是非观、好恶观。消费者一旦形成对某种产品或品牌的态度,以后就倾向于根据态度做出重复的购买决策,不愿费心去进行比较、分析、判断。因此,态度往往很难改变。

2.影响消费者购买行为的外在因素

影响消费者购买行为的外在因素很多,主要有消费者的文化因素与社会因素。

(1)文化因素

①文化。文化是指人类所创造的物质财富与精神财富的总和,是人类劳动的结晶,包括有形的东西,如食物、家具、建筑、服装和工具;无形的概念,如教育、福利和法律。文化同样也包括整个社会所能接受的价值和各种行为。构成文化的观念、价值和行为,是一代接一代学习和传授的。

文化渗透在消费者的日常生活中,对购买行为有广泛的影响。文化在某种程度上决定了消费者对很多产品的偏好以及购买和使用产品的方式,从而影响到产品的开发、促销、分销和定价。

营销寓言 3-1

中美老太的不同经历

在天堂门口,两个异国老太太相遇了。上帝让她们各自说出自己一生最高兴的事情。

"我攒了一辈子的钱,终于住了一天新房子,我这一辈子活得也不怨啊。"中国老太太高兴地说。

"我住了一辈子的房子,在我去世之前终于把买房子的贷款还清了"。美国老太太也高兴地说。

上帝叹了口气,说:"选择不同,效果也是不同的。"

②亚文化。每种核心基本文化中都包括较小的群体所形成的亚文化。亚文化是指文化群体所属次级群体的成员共有的独特信念、价值观和生活习惯,又称小文化、集体文化或副文化。亚文化通常包括民族、宗教、种族、地理、年龄、职业等。一种亚文化不仅包含着与主文化相通的价值与观念,也有属于自己的独特的价值与观念,而这些价值观是散布在种种主导文化之间的。在每一种文化中,往往存在着许多一定范围内具有文化同一体的群体,它们被称为亚文化群。每个亚文化群体都有自身的某些生活方式,其成员往往与其发生认同。一般认为,亚文化提供给消费者更特定的认同对象和更直接的影响,因而对消费者的购买心理与行为有着更为直接的影响。

③社会阶层。社会阶层是指在一个具有阶层次序的社会中所划分的几个同质而持久的群体。在每一个阶层中,成员有相类似的价值观、兴趣及行为。社会阶层不能由单一的因素如收入来决定,而需综合衡量职业、收入、教育、财富等变量。在一定程度上,某个阶层内的成员采取的行为模式差不多,他们具有相似的态度、价值观念、语言方式和财富。社会阶层对我们生活的许多方面都有影响。例如,可以影响我们的职业、信仰、小孩培养方式和教育娱乐。由于社会阶层对人的生活的许多方面都有影响,同样可以影响购买决策,比如各种社会阶层的人具有不同的产品与品牌偏好,而同一阶层的人倾向于表现出类似的购买行为。不同社会阶层消费者在支出模式、消费信息接收和处理以及购物方式等方面存在差异。

(2)社会因素

消费者行为同样也受到诸如参照群体、家庭、社会角色与地位等一系列社会性因素的影响。

①参照群体。参照群体是能直接或间接影响个人决策、意见和价值观的所有团体。自己身为成员之一,对一个人通常有着直接影响的群体称为成员群体,如家庭、亲朋好友、同事、同业协会等;凡是一个人希望去从属的群体,被称为理想团体;价值观和行为被一个人所拒绝的群体称为分离群体。参照群体往往会迫使个人接受新的行为和生活形态的影响,还会影响个人的态度和自我概念,并产生某种趋于一致的压力,可能会影响个

人对产品和品牌的选择。

②家庭。家庭是以有婚姻、血缘和继承关系的成员为基础组成的一种社会生活单位。家庭是消费者最基本的相关群体,它对其成员的消费有着极其重要的影响。家庭消费与个体消费有着根本的区别,人们的绝大多数消费行为都与家庭有关。

家庭作为一个群体是存在着一定的结构的,这种结构体系与人们的消费行为密切相关,其中主要包括人口结构、年龄结构、关系结构和教育结构。

家庭生命周期是一个家庭在建立发展过程中经历的阶段,指的是从家庭筹组到家庭解体所经历的整个阶段。传统上,一个典型家庭生命周期通常包括单身阶段、新婚阶段、满巢阶段、空巢阶段和鳏寡阶段。处于家庭生命周期的不同阶段,消费者购买行为会有差异,不过由于社会的多元化及对婚姻本身看法的改变,家庭生命周期的表现形式呈多样化,处在家庭生命周期的不同阶段,人们的决策方式会有所区别,而且随着孩子们的成长,家庭购买决策的中心也会在一定程度上发生转移。

知识链接 3-3

家庭生命周期

消费者的家庭状况,因为年龄、婚姻状况、子女状况的不同,可以被划分为不同的生命周期。在生命周期的不同阶段,消费者的行为呈现出不同的主流特性。

(1)单身阶段:处于单身阶段的消费者一般比较年轻,几乎没有经济负担,消费观念紧跟潮流,注重娱乐产品和基本的生活必需品的消费。

(2)新婚夫妇:经济状况较好,具有比较大的需求量和比较强的购买力,耐用消费品的购买量高于处于家庭生命周期其他阶段的消费者。

(3)满巢期(Ⅰ):指最小的孩子在 6 岁以下的家庭。处于这一阶段的消费者往往需要购买住房和大量的生活必需品,常常感到购买力不足,对新产品感兴趣并且倾向于购买有广告的产品。

(4)满巢期(Ⅱ):指最小的孩子在 6 岁以上的家庭。处于这一阶段的消费者一般经济状况较好但消费慎重,已经形成比较稳定的购买习惯,极少受广告的影响,倾向于购买大规格包装的产品。

(5)满巢期(Ⅲ):指夫妇已经上了年纪但是有未成年的子女需要抚养的家庭。处于这一阶段的消费者经济状况尚可,消费习惯稳定,可能购买富余的耐用消费品。

(6)空巢期(Ⅰ):指子女已经成年并且独立生活,但是家长还在工作的家庭。处于这一阶段的消费者经济状况最好,可能购买娱乐品和奢侈品,对新产品不感兴趣,也很少受到广告的影响。

(7)空巢期(Ⅱ):指子女独立生活,家长退休的家庭。处于这一阶段的消费者收入大幅度减少,消费更趋谨慎,倾向于购买有益健康的产品。

(8)鳏寡就业期:尚有收入,但是经济状况不好,消费量减少,集中于生活必需品的消费。

(9)鳏寡退休期:收入很少,消费量很小,主要需要医疗产品。

③角色与地位。角色是由包含周围的人期望他所进行的所有活动组成的。每一种角色都伴随着一种地位,地位能够反映出该角色在社会中一般受尊重的程度。人们可以同时属于许多的群体,如家庭、俱乐部或其他组织,当一个人依照社会的期待去履行义务、行使权利时,他就是在扮演一定的角色。角色与地位都强烈影响着消费者的购买行为。

3.影响消费者购买行为的营销因素

影响消费者购买行为的营销因素主要包括产品因素、价格因素、渠道因素和促销因素。

(1)产品因素

产品的特征、包装及包装的色彩、品牌识别和标签等外在特征都在一定程度上影响着消费者的购买行为,了解这些特征对消费者决策的影响是有重要意义的,同时这些也能为厂家开发新产品起到很好的借鉴意义。

(2)价格因素

产品的价格直接影响到消费者的购买以及企业的利润水平。消费者自身对价格和营销环境的理解对消费者的购买行为有影响作用。对于不同的商品,消费者内心有个价格隔阂,在什么程度上,在什么价位水平上是可以接受的,同时消费者对价格变更的反应也会变化。所以,商品的定价和调整都应充分考虑消费者的心理反应,以符合消费者的心理需求。

(3)渠道因素

渠道的选择和购买批量、消费者分布、潜在顾客数量及消费者购买习惯等因素有关。购买批量大,多采用直接销售,购买批量小,除通过自设门市部出售外,多采用间接销售,如更多的日用品。某些商品消费地区比较集中,适合采取直接销售;消费者的潜在需求多,市场范围大,需要中间商提供服务来满足消费者的需求,宜选择间接分销渠道。渠道根据消费者的购买习惯不同也可以采用不同的形式。

(4)促销因素

消费者对于促销的认知过程也就是商家确定促销沟通目标的过程,对处在不同产品生命周期的商品,消费者认知的程度是不同的,由此而产生的消费行为也会不同。因此,企业应通过不同形式的促销和沟通,向消费者传递不同的商品信息,帮助消费者坚定购买信念,向着实际的购买行为前进。

营销故事 3-2

武林银泰店庆完成销售额 2.8 亿元　多个品牌创下销售纪录

图 3-7　武林银泰店庆场面

2010 年,银泰店庆推出活动:满 400 减 260,名品满 400 减 180,部分运动品牌满 500 减 380。11 月 13 日—16 日店庆期间共完成销售额 2.8 亿元人民币,同比增长 9.1%。武林银泰昨天(22 日)报出了今年店庆的销售业绩。当日的场面如图 3-7 所示。

1.多个品牌创下销售纪录

11 月 13 日武林银泰再创销售新高,销售额达 1.25 亿元人民币,净销售额为 7445 万元。当天,众多业种及品牌在销量或销售额等方面创下纪录:1 楼化妆品总体销售额 1000 万元,创化妆品区单日零售额全国第一;女装 E-WORLD 净销售额 116 万元,同比增加 682.4%,创该品牌全国单日零售销售新高;男装 JASONWOOD 净销售额 63 万元,创该品牌全国单日零售销售新高;男装 C31 净销售额 190 万元,创该品牌全国单日零售销售新高;童装 PAW IN PAW 净销售额 53 万元,创该品牌今年以来全国单日零售最高销售纪录;潮流品牌 VANS 净销售额 32 万元,创该品牌全国单日零售销售新高;潮流品牌 CPU 马丁靴单日销售鞋子 60 余双,创该品牌全国单日零售销售纪录。

店庆业绩的推动,使得银泰运动馆匡威、KAPPA、耐克篮球、LACOSTE、CAT 等品牌全年业绩稳居全国百货店首位;阿迪达斯生活、新百伦、乐斯菲斯、MOUNTAIN HARDWEAR 等品牌稳居华东区首位。

2.预购金额超过 1000 万元

2010 年,武林银泰还为贵宾顾客专门推出了店庆预购,VIP 顾客可以通过报名领取预购储值卡的方式,先以原价购买商品,待店庆结束后再以店庆期间该品牌最大折扣力度进行折算,退还差额。参加预购的品牌也都是商场根据往年店庆的热销情况精挑细选出来的,几乎都是各楼层最优质、最受欢迎的品牌。这样的店庆促销形式,即便放眼全国的商场也都算得上是头一遭。

预购规定的 2000 个名额全部报满,预购金额超过 1000 万元,平均每个预购顾客购买至少 8 件商品,其中预购金额最高的顾客购买超过 70 万元。

资料来源:浙商网,2010 年 11 月 23 日。

3.2 组织市场与购买行为分析

企业不仅把商品和劳务出售给广大个人消费者,而且把大量的原材料、机器设备、办公用品及相应的服务提供给企业、社会团体、政府机关等组织用户。这些用户构成了整个市场体系中的一个庞大的子市场,即组织市场。只有了解了组织市场购买行为特点,掌握组织市场购买行为的规律性,才能制定相适应的市场营销组合策略,实现企业自身的营销目标。

3.2.1 组织市场的类型与特点

1. 组织市场的类型

组织市场是指工商企业为从事生产、销售等业务活动以及政府部门等非营利组织为履行职责而购买产品和服务所构成的市场,即组织市场是以某种组织为购买单位的购买者所构成的市场。就卖主而言,消费者市场是个人市场,组织市场则是法人市场。

按组织的性质和购买动机,组织市场主要可分为生产者市场、中间商市场和非营利组织市场和政府市场。

(1)生产者市场,又叫产业市场或企业市场。它是指一切购买产品和服务并将之用于生产其他产品或劳务,以供销售、出租或供应给他人的个人和组织。其通常由以下产业所组成:农业、林业、水产业;制造业;建筑业;通信业;公用事业;银行业、金融业和保险业;服务业等。

(2)中间商市场是指那些通过购买商品和劳务,以转售或出租给他人获取利润为目的的个人和组织。中间商不提供形式效用,而是提供时间效用、地点效用和占有效用。中间商市场由各种批发商和零售商组成。

(3)非营利组织市场,又称机构市场,主要是指一些由学校、医院、疗养院和其他为公众提供商品和服务的部门所组成的市场,往往是以低预算和受到一定的控制为特征,而且一般都是非营利性的。

(4)政府市场是指那些为执行政府的主要职能而采购或租用商品的各级政府单位,也就是说,一个国家政府市场上的购买者是该国各级政府的采购机构。由于各国政府通过税收、财政预算等,掌握了相当大一部分国民收入,所以形成了一个很大的政府市场。

2. 组织市场的特点

生产者购买目的是为了进行再生产并取得利润。因此,生产者购买与消费者购买有很大的差别,具有以下特征:

(1)需求的派生性,缺乏弹性。组织市场的需求属派生需求,即组织机构对产品和服务的需求是由消费者对消费品的需求引发而来的。组织机构购买商品是为了满足其顾客的需求,组织市场的需求品种、数量、时间最终由消费者市场的需求品种、数量及时间决定。

组织市场的经营计划和经营活动相对谨慎,不能做过多的变动,因此其需求表现为缺乏弹性。尤其是工业品的需求,主要取决于企业的产品结构、工艺流程、生产规模和技术水平等因素,受价格变化影响较小,其需求量一般不会因价格下降而大量增加,也不会因价格上涨而大量减少。

(2)购买者较少,分布集中。组织市场的购买者人数比消费者市场少得多。同时,由于资源和区位条件等原因,各种产业在地理位置的分布上相对聚集,因此组织市场的购买者往往在地域上也是相对集中的。

(3)交易次数少,交易规模大。组织市场中购买者的交易次数较少,购买量都较大。特别在生产比较集中的行业里更为明显,通常的生产集中在少数大公司,所需原料、设备的采购也就相对集中。

(4)购买的专业性,购买过程长。组织机构购买的商品由于批量大、价值高,对产品的质量、规格、型号、性能等方面都有系统的计划和严格的要求,通常需由专业知识丰富、训练有素的专业采购人员负责采购。而且组织机构购买过程的参与者不是一个人,而是由多人组成的采购中心或采购委员会共同做出决策。组织的购买行为过程持续的时间较长。

(5)对供应商有一定的特殊要求。重视与供应商建立互惠互利的长期关系。组织机构购买生产设备等商品时,除了物质产品本身的质量外,还对技术支持、人员培训、零配件供应、安装维修与调试、信贷优惠、按时交货等有较为严格的要求,对服务的要求较高。

3.2.2　生产者市场与购买行为分析

1. 生产者市场及其购买行为类型

生产者市场由那些为了生产用于销售、租赁或供给他人的产品和服务,并从中获取利润而从事购买活动的企业组成。生产者购买行为是指一切购买产品或服务,并将之用于生产其他产品或服务,以供销售、出租或供应给他人消费的一种决策过程。

由于企业采购的目标和需要不同,生产者购买的类型可分为全新采购、直接重购和修正重购三种。

(1)全新采购。全新采购是指企业为了增加新的生产项目或更新设备而第一次采购某一产品或服务的购买行为。新购买产品的成本越高、风险越大,决策参与者的数目就越多,需收集的信息也就越多,完成决策所需时间也就越长。这种采购类型对企业营销来说是最大的挑战,同时也是最好的机会。全新采购的生产者对供应商尚无明确选择,是企业营销应该大力争取的市场。

(2)直接重购。直接重购是指企业采购部门为了满足生产活动的需要,按惯例进行订货的购买行为。这是一种在供应者、购买对象、购买方式都不变的情况下而购买以前曾经购买过的产品的购买类型。这是最简单的采购,所购买的多是低值易耗品,花费的人力较少,无须联合采购。面对这种采购类型,原有的供应者不必重复推销,而应努力使产品的质量和服务保持一定的水平,节约购买者的时间,争取稳定的关系。

(3)修正重购。修正重购是指企业的采购人员为了更好地完成采购任务,适当改变采购产品的规格、价格和供应商等的购买行为。这需要调整或修订采购方案,包括增加或调整决策人数。这类购买情况较复杂,参与购买决策过程的人数较多。原有的供应者要清醒认识面临的挑战,做好市场调查和预测工作,积极改进产品规格和服务质量,大力提高生产率,降低成本,以保持现有的客户;新的供应者要抓住机遇,积极开拓,争取更多的业务。

2. 生产者购买决策的参与者

生产者购买决策要比消费者购买复杂得多,除了专职的采购人员之外,还有一些其他人员也参与购买决策过程,构成一个企业的"采购中心"。采购中心包括所有参与购买决策过程的个人和群体,他们具有一些共同目标且一起承担有决策引发的各种风险。采购中心的所有成员在决策过程中分饰以下七种角色。

(1)发起者。这是指提出采购需求的人。他们可能是使用者也可能是其他人。

(2)使用者。这是指组织中将直接操作并具体使用欲购买的产品的人员。使用者往往是最初提出购买某种产业用品意见的人,他们在拟订购买产品的品种、规格和技术要求等方面起着重要的导向作用。

(3)影响者。这是从企业的内部和外部直接或间接影响购买决策的人。他们通常协助企业的决策者决定购买产品的品种、规格和购买条件,提供相关的信息、建议和评价。通常,企业的技术人员是最主要的影响者。

(4)决定者。这是指企业里有权决定购买产品和供应者的人。在通常的采购中,采购者就是决定者。而在复杂的采购中,决定者通常是公司的主管、高管。

(5)批准者。这是指有权批准决定者或购买者所提方案的人。

(6)采购者。这是指企业中具体执行采购决定的人。他们是企业里有组织采购工作正式职权的人员,其主要任务是交易谈判和选择供应者。在较复杂的采购工作中,采购者还包括企业的高层管理人员。

(7)守门者。这是指控制企业外界信息流向的人,诸如采购代理商、技术人员、秘书等,他们可以阻止供应者的推销人员与使用者和决定者见面。

然而,并不是所有的企业采购任何产品都需要上述七种角色参加决策。一个企业的采购中心的规模和参加的人员,会因欲购产品种类的不同和企业自身规模的大小及企业组织结构不同而有所区别。

对生产资料供应者的营销人员来说,关键是了解一个企业采购中心的组成人员,了解他们各自所具有的相对决定权,以及采购中心的决策方式,以便采取富有针对性的营销措施。供货企业的市场营销人员必须了解谁是主要的决策参与者,以便影响最有影响力的重要人物。对采购中心成员较多的企业,营销人员可以只针对几个主要成员做工作。如果该企业的实力较强,则可采取分层次、分轻重、层层推进、步步深入的营销方针。

营销故事 3-3

为什么会在中间商市场推销失败

推销员王军负责向中间商市场推销一种家用食品加工机,不辞劳苦,四处奔波,但却收效甚微。你能从他对中间商市场推销失败的过程中找出原因吗?

第一,王军连续数次去一家商场推销,采购经理每次都详细了解产品的性能、质量、价格、维修和各项保证,但是拖了一个多月也不表态是否购买,总是说:再等等,再等等。王军认为采购经理无诚意购买便放弃了努力。

第二,王军经过事先调查,了解到某超级市场的购买决策者是采购经理和商品经理。他先找到采购经理,采购经理详细了解了产品性能、质量、价格和服务后同意购买。王军很高兴,又找到商品经理介绍商品。商品经理听后沉吟未决,王军为了尽快促成交易,就告诉商品经理,采购经理已同意购买。不料商品经理听后就说:"既然采购经理已经同意就不用再找我了。"这笔眼看要成功的生意又泡汤了。

分析:

(1)中间商采购行为特点与王军的失误。

(2)中间商参与购买过程的各种角色的职务、地位和相互关系对购买行为的影响与王军的失误。

3. 生产者购买决策过程

生产者购买过程的阶段多少,取决于生产者购买情况的复杂程度。在直接重购这种最简单的购买情况下,生产者购买过程的阶段最少;在修正重购情况下,购买过程的阶段多一些;而在最复杂的全新采购情况下,购买过程的阶段最多,一般要经过八个阶段,如表 3-2 所示。

表 3-2 采购方格框架

采购阶段	采购等级		
	全新采购	修正重购	直接重购
认知需求	有	可能有	没有
确定需求	有	可能有	没有
描述需求	有	有	有
寻找供应商	有	可能有	没有

续表

采购阶段	采购等级		
	全新采购	修正重购	直接重购
征求建议	有	可能有	没有
选择供应商	有	可能有	没有
发出正式订单	有	可能有	没有
供应商评估	有	有	有

资料来源:菲利普·科特勒,凯文·莱恩·凯勒.营销管理(第13版).上海:格致出版社,2009:223.

(1)认知需求。企业提出新的购买需求是生产者购买决策的起点。购买需求可由内部刺激和外部刺激引发。内部刺激源于企业生产需要,如开发新产品、更新设备、增购生产用品等;外部刺激如产品广告的吸引、展销会、展览会、订货会的提示等。

(2)确定需求。企业在认知需求后便进一步分析需求,确定所需要的产品种类、特征及数量等。对标准品按要求采购;对复杂品,采购人员要和使用者、工程师等共同研究确定。

(3)描述需求。专家小组对所需品种进行价值分析,做出详细的技术说明,目的是以最少的资源耗费,取得最大功能,以取得最大的经济效益。

知识链接 3-4

价值分析法

所谓价值分析法,实际上是一种降低成本的分析方法,它是由美国通用电器公司采购经理迈尔斯于1947年发明的。这里的"价值"是指某一产品的"功能"与其"成本"之间的比例关系。企业通过对某一产品的价值分析,明确某产品可能产生的经济效益,从而为采购者选购产品做指南。

(4)寻求供应商。企业对拟购产品做出具体规定之后,就需寻找合适的供应商。寻找供应商的途径有访问原有的供应商、查阅广告、询问其他企业、派采购员出访等。

(5)征求建议。企业邀请供应商提出建议或提出报价单。如果采购复杂的、价值高的产品,要求每个潜在的供应商都提交详细的书面建议或报价单。

(6)选择供应商。由采购决策中心对供应商进行评估和选择,选择最具吸引力的供应商。评选的标准包括供应商的产品质量、数量、价格、信誉、交货期限和技术服务等。通常企业应同时选定若干个供应商,一个为主,其他几个为辅,从主要供应商处采购所需要的60%,另外40%则分散给其他供应商,以增强应变能力,以避免对某一供应商的过分依赖,同时也可以通过多个供应商的竞争,促进他们改进服务质量。

(7)发出正式订单。通过商务谈判达成协议,给选定的供应商发出最后采购订单,写明所需产品的规格、数量、交货时间、退款政策、担保条款、保修条件等。在商务活动中,对信誉可靠的保修产品,往往愿订立"一揽子合同"(又叫无库存采购计划),并和该供应商建立长期供货关系。

(8)供应商评估。企业征询使用者对所购产品的意见,了解他们的满意程度,对采购行为进行评价,并检验供应商的供货行为,以确定是否继续向某个供应商采购。

4.影响生产者购买决策的主要因素

同消费者购买行为一样,生产者的购买行为也同样会受到各种因素的影响。美国的韦伯斯特和温德将影响生产者购买行为的各种因素概括为四个主要因素:环境因素、组织因素、人际因素和个人因素。

(1)环境因素。市场营销环境对企业的发展影响很大,也必然会影响到采购计划。环境因素是指企业外在的宏观环境,包括经济环境、技术环境、政治法律环境、竞争环境、自然环境和地理环境等,其中经济环境是主要的。无论买者还是卖者,都无法控制和改变这些环境,而只能适应和利用它。

(2)组织因素。组织因素是指企业内部的运行机制,包括营销目标、营销策略、采购政策及程序等。每一个采购组织都有具体的运行机制,企业对生产资料的采购必须服从于企业的营销目标,遵循采购制度。

(3)人际因素。这是企业内部的人事关系的因素。生产资料购买的决定,是由公司各个部门和各个不同层次的人员组成的"采购中心"做出的。这些采购中心的成员地位不同、权力有异、说服力有区别,他们之间的关系亦有所不同,而且对生产资料的采购决定所起的作用也不同,因此在购买决定上呈现较纷繁复杂的人际关系。

(4)个人因素。个人因素是指购买决策参与者的个人属性,包括年龄、文化程度、收入、个性、价值观、对风险的态度等。生产者市场的购买行为虽为理性活动,但参加采购决策的仍然是一个一个具体的人,而每个人在做出决定和采取行动时,都不可避免地受其个人因素的影响。

3.2.3 中间商市场与购买行为分析

1.中间商市场及其购买行为类型

中间商市场是指由所有获得商品旨在转售或出租给他人,以获得利润的个人和组织组成的市场。中间商购买行为是指中间商在寻找、购买、转卖或租赁商品过程中所表现的行为。由于中间商处于流通环节,是制造商与消费者之间的桥梁,因此企业应把其视为顾客采购代理人,全心全意帮助他们为顾客提供优质服务。

中间商的购买决策和具体采购业务会随着其购买类型的变化而变化。中间商的购买类型可分为以下四种:

(1)新产品采购

中间商对是否购进以及向谁购进以前未经营过的某一新产品做出决策。一般要根据市场前景的好坏、买主的需求强度和产品的获利可能性等多方面因素决定是否购买。购买决策过程的主要步骤与生产者大致相同。

（2）最佳供应商选择

中间商已明确自己需要购买的是什么商品，但仍需选择最合适的供应商。

（3）改善交易条件

中间商希望从现有的供应商身上得到较好的交易条件。也就是说，中间商的原意并不是企图更换供应商，施加压力只是作为一种手段，要求原有的供应商给予更大的服务、更宽的信用条件和更大的价格折扣。为了改善交易条件，就要与供应商重新谈判。

（4）直接重购

对于一些产品，只要这种商品存量降到一定水平，中间商就会向原有的供应商发出订货单。

2. 中间商的主要购买决策

中间商的购买行为与购买决策，与产业市场的购买行为一样，同样受到环境因素、组织因素、人际因素等的影响。尽管如此，中间商购买行为与决策仍有一些独特之处。中间商市场购买决策的主要内容如下：

（1）配货决策

配货决策是指确定所经销产品的花色品种，即中间商的产品组合，是中间商最基本、最重要的购买决策。中间商可从以下四种方式中进行选择：

①独家配货，即中间商只经销某一家厂商的产品。这类产品多属于专利商品、特殊商品、工商联营（合作）企业的产品以及中间商所处地区市场从未有过的新产品等。

②深度配货，即中间商同时经销多家厂商生产的不同规格型号、花色款式的同类产品。

③广泛配货，即中间商同时经销多家厂商生产的多种类产品，经营范围广泛，但并未超越中间商的经销范围，也不影响其原有的企业经营方向和经营特色。

④综合配货，即中间商同时经销多家厂商生产的互不相关的多种类、多规格的产品，如超级市场等。

（2）购买的时间和数量决策

中间商对购买商品的时间和数量往往有相当苛刻的要求，总希望既能及时、适时、按量满足市场需求，又能最大限度地减少库存，加速资金周转，提高资金的利用效率。

（3）供应商选择决策

相对于消费者而言，中间商的购买活动具有较强的计划性和理智性，对供应商的选择比较慎重。品牌、声誉、商品质量、品种规格、供货能力、供货时间与条件及合作的诚意等是中间商甄选供应商时需考虑的主要因素。

（4）供货条件决策

供货条件决策是指确定具体采购时所需要的价格、相关服务以及其他交易条件。由于转换成本的问题，中间商并不是总想更换供应商，但总是试图向现有供应商争取有利的交易条件，如要求提供优惠服务、增加服务、增加折扣等。

3.2.4 政府市场与购买行为分析

1. 政府市场及其购买行为特点

政府市场是指各级政府及其所属实体通过中介机构或直接从供应商那里采购商品、工程和服务所形成的市场。政府市场购买行为是指各级国家机关使用财政性资金采购依法制定的集中采购目录以内的或者采购限额标准以上的货物、工程和服务的行为。

政府市场购买行为有其特殊性,具体表现为:

(1)购买目的的双重性。政府市场采购商品的目的,既有生产需要又有消费需要,表现出购买目的的双重性。如政府投资的一些工程项目、公共设施等,先进入生产领域,后提供给公众用于公共消费。

(2)购买决策程序复杂。由于政府经费主要来源于财政拨款,而财政收入主要来自纳税人,所以为了提高资金的使用效率,节约经费支出,保证国防、教育及公用基础设施的需要,政府机构的购买决策程序更加复杂,对技术的要求更高,往往要求供应商进行投标。

(3)采购规模巨大。一般来说,一个国家的政府支出是占国民生产总值一定比例的。有些经济发达国家的政府支出占比达到1/2,政府购买又占较大的比例。随着政府购买制度由分散采购改为集中采购,政府购买批量大、购买交易额大的特点将更为突出。

(4)政府购买决策过程中非经济标准的作用较大。政府购买过程中往往会优先选择本国供应商,适当照顾经济形势欠佳的地区或企业。

(5)政府购买管理的公共性、公开性,受到社会公众的监督。

(6)政府购买受到国际国内政治形势、国际国内经济形势和自然因素的影响。

2. 政府购买行为类型

(1)公开招标

公开招标是政府采购主要采购方式,公开招标与其他采购方式不是并行的关系。公开招标的具体数额标准,属于中央预算的政府采购项目,由国务院规定;属于地方预算的政府采购项目,由省、自治区、直辖市人民政府规定;因特殊情况需要采用公开招标以外的采购方式的,应当在采购活动开始前获得设区的市、自治州以上人民政府采购监督管理部门的批准。

采购人不得将应当以公开招标方式采购的货物或者服务化整为零或者以其他任何方式规避公开招标采购。

(2)邀请招标

邀请招标也称选择性招标,由采购人根据供应商或承包商的资信和业绩,选择一定数目的法人或其他组织(不能少于三家),向其发出招标邀请书,邀请他们参加投标竞争,从中选定中标的供应商。

邀请招标条件:具有特殊性,只能从有限范围的供应商处采购的;采用公开招标方式的费用占政府采购项目总价值的比例过大的。

（3）竞争性谈判

竞争性谈判是指采购人或代理机构通过与多家供应商（不少于三家）进行谈判，最后从中确定中标供应商。

竞争性谈判条件：招标后没有供应商投标或者没有合格标的或者重新招标未能成立的；技术复杂或者性质特殊，不能确定详细规格或者具体要求的；采用招标所需时间不能满足用户紧急需要的；不能事先计算出价格总额的。

（4）单一来源采购

单一来源采购也称直接采购，是指达到了限额标准和公开招标数额标准，但所购商品的来源渠道单一，或属专利、首次制造、合同追加、原有采购项目的后续扩充和发生了不可预见紧急情况不能从其他供应商处采购等情况。该采购方式的最主要特点是没有竞争性。

单一来源采购条件：只能从唯一供应商处采购的；发生了不可预见的紧急情况不能从其他供应商处采购的；必须保证与原有采购项目的一致性或者为了满足服务配套的要求，需要继续从原供应商处添购，且添购资金总额不超过原合同采购金额百分之十的。

（5）询价

询价是指采购人向有关供应商发出询价单让其报价，在报价基础上进行比较并确定最优供应商的一种采购方式。

询价条件：当采购的货物规格、标准统一、现货货源充足且价格变化幅度小的政府采购项目，可以采用询价方式采购。

本章小结

消费者市场是市场体系的基础，是起决定作用的市场。通过对消费者购买行为的分析，了解消费者购买行为决策的过程，进而可以决定企业的具体营销策略。而组织市场是消费者市场的对称，是法人市场。组织市场在购买决策过程等方面又具有自己的特点。组织市场和消费者市场的不同特点，决定了它们必须采取不同的营销策略。只有掌握了市场行为的特点，依据其特点进行营销决策，企业才能获得成功。

复习思考题

一、名词解释

消费者市场、组织市场、消费者行为、政府市场

二、单项选择题

1. 消费者购买决策的起点是( )。

 A. 认知需求 B. 信息收集 C. 购买决定 D. 方案选择

2. 品牌差异大,消费者介入程度高的购买行为是( )。

 A. 复杂型购买行为 B. 多变型购买行为

 C. 和谐型购买行为 D. 习惯性购买行为

三、多项选择题

1. 影响消费者购买行为的主要因素有( )。

 A. 个人因素 B. 心理因素 C. 社会因素

 D. 文化因素 E. 营销因素

2. 生产者购买决策的参与者有( )。

 A. 发起者 B. 影响者 C. 采购者

 D. 守门者 E. 批准者

四、判断题

1. 所有的消费者购买行为都要经历五个决策过程。

2. 社会阶层属于影响消费者购买行为的社会因素。

五、简答题

1. 简述消费者市场的"7O"架构内容。

2. 消费者市场的特征是怎样的?

六、论述题

1. 消费者购买决策过程有哪几个阶段?企业在每个阶段可采取何种措施去影响消费者?

2. 以电脑为例,说明当电脑分别是工业品和消费品时,其市场特性的差异点何在。

七、扩展阅读

书名:消费者行为学(原书第 10 版)

作者:德尔 霍金斯 等著

出版社:机械工业出版社

出版时间:2007 年 7 月 1 日

全书共分为六大部分,第一部分导论,介绍了消费者行为的性质、在社会各方面尤其是营销领域的运用,阐明了消费者行为知识的意义与价值;第二部分讨论消费者行为的外部影响因素;第三部分讨论消费者行为的内部影响因素;第四部分介绍消费者决策过程;第五部分讨论组织购买行为;第六部分集中审视和探讨消费者行为与市场营销规制方面的问题。

八、案例分析题

一个白领家庭的购房行为

陈先生和陈太太是杭州市的二次置业者,他们与许多人一样,已经享受了福利分房的待遇,在1996年得到了一套三室一厅、面积为96平方米的房子,位置离市中心较近,但离工作单位较远。

最近,陈太太经常谈她单位的同事买房的事,话语间流露出对这些同事的羡慕。恰好陈先生单位公布了在另外一个城市开发了一些房子,欢迎职工购买,职工购买的价格特别优惠,许多职工都想认购。陈先生把这件事告诉了太太,问她是否也买一套。陈太太一听,可高兴了,好像等这句话已等了很长时间似的。"买房"这件事,就这样自然地列入这个家庭的年度计划了。陈太太常高兴地把这件事挂在嘴边,看到她的同事,总要把这事给议论一番。

十多天后的一天,陈太太向陈先生提出了在另一个城市置业是否合适的问题。陈先生奇怪太太为什么提出这样的问题。陈太太把这些天与同事讨论的情况告诉了先生:他们都认为在另一个城市置业,要么是投资,要么是要到该市工作,要么是作旅游休闲之所,咱们好像没有一条能沾得上边的,难道因为有优惠就到那么远的地方花几十万元去买套房?陈先生一听也觉得有道理:"要不我们就不买了?"陈太太想了想,尽管心里有点不甘,但要到那么远的地方买套房,也的确不合算,就同意了先生的提议。买房这件事也就此告一段落。

时间不长,陈太太又旧事重提了。"不买另一个城市的房子,我们有没有必要在本市再买一套房?"陈太太的想法也是陈先生在这段时间一直考虑的问题。陈先生和陈太太都觉得奇怪,每每想到买房,一种莫名的兴奋总会油然而生。他们是否真要考虑在本市再买一套房呢?陈太太讲了一些他们应该买房的理由:①原来的房子已有六七年了,需要全新装修和买家具,与其花一笔钱装修和买家具,还不如交首期买套新房。②两人的住房公积金差不多可以满足每个月供房之用。③现在的房子正好在各自上班单位的中间,来回跑彼此都辛苦,可以买套靠近其中一人单位的房子。陈太太的理由既现实又可取,接下来的事是夫妻俩走访各自单位附近的楼盘,看是否有彼此满意合适的。

一晃几个月过去了,陈太太和陈先生在百忙中抽空实地考察了好几个在他们各自工作单位附近的楼盘,也看了几个朋友介绍的楼盘。忙碌几个月,有关楼盘的知识倒是增长了不少,开了眼界,但也确实把他俩累坏了。而且,最终结果却是没有他们都满意的:不是规格不行就是价钱不合算,要不就是对售楼小姐的服务不满。看来,在一方单位附近买房的想法又要泡汤了。

"算了,还是把钱省下来做别的吧。"陈先生垂头丧气地对陈太太说。陈太太也默认了——找不到合适的,有啥办法嘛!

陈先生以为买房这事就这样过去了,可到了"五一"黄金周,太太提议到番禺区去看一个她的同事。这个同事刚研究生毕业被分配到单位不久,就在一个新楼盘上买了一套三室二厅的房子。陈太太把这位同事给她的有关这个楼盘的宣传单拿给先生看,顺便说:"听说那里的房子很不错,而且在黄金周购房还有很多优惠呢!"陈先生回应:"不错有啥用,解决不了我俩两边跑的问题,我们要买的不是单位附近的房子吗?既然没有合适的,还有必要买其他地方的吗?"陈太太说:"是的,但我们去看看也无妨嘛!"陈先生拗不过陈太太,只好答应。

等他们到了这个楼盘后,他们的第一个感觉就是安静,更重要的是靠山面水、地方宽敞。这个环境对住在市中心、工作在繁忙拥挤区域的陈太太和陈先生来说,真有点世外桃源的味道。陈先生有点动心了,再听太太的同事历数这里的诸多好处,也就情不自禁请太太的同事一起去看看样板房。路上,陈先生碰到了一个熟悉的脸孔,他热情地迎了上来,原来是一位很久未谋面的朋友。这位朋友在这家房地产公司任副总经理,他答应会给些力所能及的优惠。陈先生和陈太太看了几套三室二厅的房子,对其中四楼的一套特别感兴趣。陈先生和陈太太略略交换了一下意见,当即交了订金,办了相关手续。

在回家的路上,陈先生笑问陈太太是否早有预谋,陈太太一语道破天机:"买新房、住商品房是我的一个梦!""为什么?"陈先生问。"商品房新潮,而且往往结构合理,好用。"陈太太的回答并没有打消陈先生的忧虑,他怀疑这么快下订金是否有点太冲动了。陈太太安慰他:"其实,我们之所以这么快决定买这套房子,看似一时冲动,其实并不尽然。"陈先生想不到他太太竟有如此一说,带着欣赏的口吻说:"愿闻其详。"陈太太自信地继续谈她的看法:"这房子的确解决了我们的问题。你想想,我们原来的房子是在路边,而且是在高层,噪声很大。这就是为什么我们喜欢这里,而且要买低层房子的原因。""啊,原来如此。"这时陈先生才有恍然大悟的感觉。

如今,陈先生和陈太太入住新房有半年了,他们都很爱这个新家,时不时请朋友来分享其幸福和快乐。尽管两人上班的距离更远了,但并没有感到太大的不方便,穿梭于市中心和楼盘间的巴士专线能直达,基本能解决上下班的交通问题。偶尔的买东西不方便,也被其良好的环境抵消了。他们还介绍了一些朋友来买房,成了业余的销售人员。下一步,他们要做的重要的家庭决策,可能就是买车了。不知他们会买什么样的车呢!

【案例思考】

1.陈先生和陈太太的购买行为属于何种类型?

2.哪些因素影响了陈先生和陈太太的购房决策?其中最为重要的因素有哪些?

3.用消费者行为学理论描述和解释陈先生和陈太太的购买决策过程。

九、实践与实训题

以班级同学为对象,自主选择某产品,进行现场营销情景模拟实训。

第4章 市场竞争战略

学习目标

知识目标	技能目标
1. 了解竞争者概念的内涵 2. 了解竞争者战略的含义 3. 了解四类竞争者的概念 4. 了解竞争者竞争各阶段的特点 5. 了解竞争者竞争各阶段的策略	1. 能够运用整体概念分析竞争者的具体任务 2. 学会运用 SWOT 方法分析具体竞争者的实际问题 3. 能够运用竞争策略解决企业战略的实际问题

知识结构

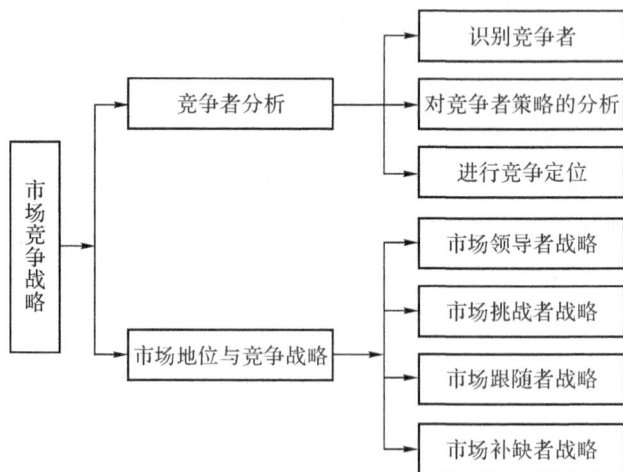

导入案例

格兰仕的竞争者战略

格兰仕前身是梁庆德在 1979 年成立的广东顺德桂周洲羽绒厂。1991 年,格兰仕最

112

高决策层普遍认为,羽绒服及其他制品的出口前景不佳,并达成共识:从现行行业转移到一个成长性更好的行业。经过市场调查,他们初步选定家电业为新的经营领域(格兰仕所在地广东顺德及其周围地区已经是中国最大的家电生产基地);进一步地,格兰仕选定小家电为主攻方向(当时,大家电的竞争较为激烈);最后确定以微波炉为进入小家电行业的主导产品(当时,国内微波炉市场刚开始发育,生产企业只有 4 家,其市场几乎被境外产品垄断)。

1993 年,格兰仕试产微波炉 1 万台,开始从以纺织业为主转向以家电制造业为主。自 1995 年至今,格兰仕微波炉国内市场占有率一直居第一位,且大大超过国际产业和学术界确定的垄断线(30%),达到 60% 以上,1998 年 5 月市场占有率达到 73.5%。格兰仕频频使用价格策略获得市场上的领导地位。1996—2000 年,格兰仕先后 5 次大幅度降价,每次降价幅度均在 20% 以上,每次都使市场占有率总体提高 10% 以上。

作为细分市场的领导者,格兰仕集团在微波炉及其他小家电产品细分市场上采取了成本领先战略。首先,格兰仕的规模经济首先表现在生产规模上。据分析,100 万台是车间工厂微波炉生产的经济规模,格兰仕 1996 年就达到了这个规模,其后,每年以两倍于上一年的速度迅速扩大,到 2000 年底,格兰仕微波炉生产规模达到了 1200 万台,是全球第 2 位微波炉生产企业的两倍多。生产规模的迅速扩大带来了成本的大幅度降低,成为格兰仕成本领先战略的重要环节。格兰仕规模每上一个台阶,价格就大幅下调,当生产规模达到 125 万台时,就把出厂价定在规模为 80 万台的企业成本价以下。此时,格兰仕还有利润,而规模低于 80 万台的企业,多生产一台就多亏一台。除非竞争对手能形成显著的品质技术差异,在某一细小的利基市场获得微薄盈利,但技术来源相同又连年亏损的竞争对手又怎么搞出差异来?当规模达到 300 万台时,格兰仕又把出厂价调到规模为200 万台的企业成本线以下,使对手缺乏追赶上其规模的机会。格兰仕这样做的目的是要构成行业壁垒,摧毁竞争对手的信心,将散兵游勇的小企业淘汰出局。格兰仕虽然利润极薄,但是凭借着价格构筑了自己的经营安全防线。格兰仕的微波炉在市场上处于绝对的统治地位,低成本领先战略是其发展壮大的战略组合中的重要一环。

4.1 市场竞争者分析

企业在开展市场营销活动的进程中,仅仅了解消费者是不够的,还必须了解竞争者,知己知彼,才能取得竞争优势,在商战中获胜。企业对竞争者的分析一般应明确以下问题:①谁是自己的竞争对手;②他们执行什么战略、策略;③他们的营销目标是什么;④他们的优势和弱点各是什么;⑤他们对竞争的反应模式如何。通过市场调研,企业在掌握相关信息的基础上,就可以决定自己的竞争战略和策略了。

4.1.1 识别竞争者

竞争者是指那些生产经营与本企业提供的产品相似或可以相互替代、以同一类顾客为目标市场的其他企业。企业的现实竞争者和潜在竞争者范围很广,识别竞争者并不是一件简单易行的事。从现代经济实践看,一个企业很可能被潜在竞争者,而不是当前的主要竞争者吃掉。通常,我们可以从产业和市场两个方面来识别企业的竞争者。

1. 产业市场竞争观念

由于企业首先存在于本行业中,所以企业要先从本行业出发来发现竞争者。提供同一类别产品或可以相互替代产品的企业,共同构成一种行业,如汽车行业、医药行业等。由于同行业企业产品的相似性和可替代性,彼此间形成了竞争的关系。在同行业内部,一种产品的价格变化,就会引起相关产品的需求量变化。例如,咖啡涨价会促使消费者转而购买其他饮料;滚筒洗衣机的价格下降,则会使波盘式洗衣机的需求量减少。因此,企业要全面、透彻地了解本行业的竞争状况,以确定本企业在行业中的竞争策略目标。

2. 市场竞争观念

更进一步说,企业应当从市场、消费者需要的角度来发现竞争者。这样,凡是满足相同的市场需要或者服务于同一目标市场的企业,无论是否属于同一行业,都可能成为企业的潜在竞争者。从行业来看,电影可能是以同属于影视业的电视为主要的竞争对手,但是从市场的观点来看,特别是从满足消费者欣赏影视作品的需要来看,能够直接播放VCD、DVD的电脑构成了对电影业的竞争威胁。从满足消费者需求以及市场需要出发来发现竞争者,可以开拓思路,从更广泛的角度来认识企业的现实竞争者和潜在竞争者。

著名战略管理学家、哈佛大学教授迈克尔·波特在 1985 年提出的影响市场长期利润的五大竞争压力,受到营销和管理学界的普遍认同。五种基本竞争压力是:现有竞争对手的竞争、新进入者的威胁、供应者的讨价能力、采购者的讨价能力以及替代品的威胁。如图 4-1 所示。

看图学营销 4-1

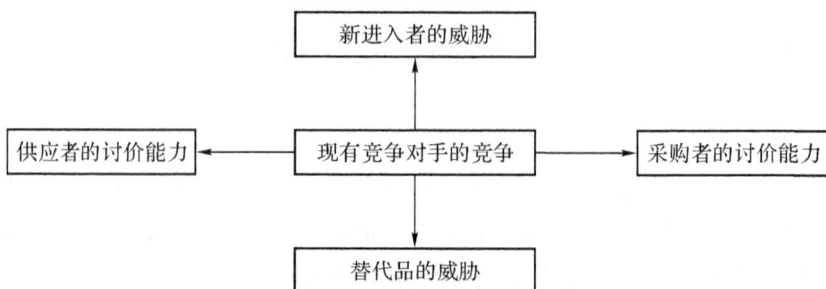

图 4-1 迈克尔·波特的竞争战略"五力模型"

知识链接 4-1

"五力模型"简介

1. 现有竞争对手的竞争

一般来说,出现下述情况将意味着行业中现有企业之间竞争的加剧:行业进入障碍较低,势均力敌竞争对手较多,竞争参与者范围广泛;市场趋于成熟,产品需求增长缓慢;竞争者企图采用降价等手段促销;竞争者提供几乎相同的产品或服务,用户转换成本很低;反之,行业中现有企业之间的竞争就越不剧烈。

2. 新进入者威胁

严重程度取决于两方面的因素,就是进入新领域的障碍大小与新进入者预期现有企业对于进入者的反应情况;进入新领域的障碍越大,新进入者威胁就越小,反之越大;新进入者预期现有企业对于进入者的反应情况越剧烈,新进入者威胁越小,反之越大。

3. 供应商的讨价能力

一般来说,满足如下条件的供应商会具有比较强大的讨价还价能力:

(1) 供方行业为一些具有比较稳固市场地位而不受市场剧烈竞争困扰的企业所控制,其产品的买主很多,以致每一单个买主都不可能成为供方的重要客户;

(2) 供方各企业的产品各具有一定特色,以致买主难以转换或转换成本太高,或者很难找到可与供方企业产品相竞争的替代品;

(3) 供方能够方便地实行前向联合或一体化,而买主难以进行后向联合或一体化。

上述条件的反面即说明供应商的讨价能力较弱。

4. 采购者的讨价能力

一般来说,满足如下条件的采购者可能具有较强的讨价还价能力:

(1)采购者的总数较少,而每个购买者的购买量较大,占了卖方销售量的很大比例;

(2)卖方行业由大量相对来说规模较小的企业所组成;

(3)采购者所购买的基本上是一种标准化产品,同时向多个卖主购买产品在经济上也完全可行;

(4)采购者有能力实现后向一体化,而卖主不可能进行前向一体化。

上述条件的反面即说明采购者的讨价能力较弱。

5. 替代品的威胁

替代品价格越低、质量越好、用户转换成本越低,其所能产生的竞争压力就越强;反之,其产生的竞争压力就越弱。

特别提示 4-1

用"五力模型"来进行行业分析

(1)如果一个行业供应商的讨价能力强、采购者的讨价能力强、新进入者威胁大、替代品的威胁大和现有竞争对手的竞争激烈,那么该行业的市场环境差,企业在该行业中不易盈利,可不考虑进入该行业。

(2)反之,如果上述五力都是弱或者较弱的话,那么该行业的市场环境好,企业在该行业容易盈利,可以考虑进入该行业。

(3)综上,一个行业的环境是否吸引人,取决于行业的五力的强弱。

经典人物 4-1

"五力模型"的创始人、"竞争战略之父"迈克尔·波特

迈克尔·E.波特(Michael E. Porter),哈佛大学商学院著名教授,当今世界上少数最有影响的管理学家之一。

他曾在 1983 年被任命为美国总统里根的产业竞争委员会主席,开创了企业竞争战略理论并引发了美国乃至世界的竞争力讨论。他先后获得过大卫·威尔兹经济学奖,亚当·斯密奖、五次获得麦肯锡奖。到现在为止,迈克尔·E.波特已出版 12 本著作、发表 70 多篇文章,其中最有影响的著作有《品牌间选择、战略及双边市场力量》(1976)、《竞争战略》(1980)、《竞争优势》(1985)、《国家竞争力》(1990)等,其中后三本被称为"竞争三部曲"。迈克尔·E.波特是当今全球第一战略权威,被誉为"竞争战略之父",是现代最伟大的商业思想家之一。他 32 岁即获哈佛大学商学院终身教授之职,是当今世界上竞争战略和竞争力方面公认的权威。他毕业于普林斯顿大学,后获哈佛大学商学院企业经济学博士学位。目前,他拥有瑞典、荷兰、法国等国大学的八个名誉博士学位。迈克尔·波特获得的崇高地位缘于他所提出的"五种竞争力量"和"三种竞争战略"的理论观点。

同行业的竞争对手,一般是指那些提供与本企业相同或相类似的产品或服务,并具有相似的目标顾客和相似的价格水平的企业。例如,可口可乐把百事可乐作为自己的竞争对手。新加入者,即经营同一类产品或服务的竞争者进入市场,这意味着同一市场上竞争对手的增加,而且新入市者往往是在对市场做过充分调研、深知竞争者劣势的情况下有备而来的。对于一个产业来讲,进入威胁的大小取决于可能的进入壁垒,诸如规模经济、资本需求、分销渠道、政府限制以及专有技术、原材料来源优势、地理位置优势、经验曲线效益等。供应者与采购者,分别处于竞争者的上游、下游。如果供应者的讨价能力强,必然提高产品的成本价格。如果采购者的讨价能力强,势必削减企业产品的售价。而企业的竞争力在很大程度上依赖于货源的成本和产品的售价,两者随时都可能进入市场,从而成为企业最直接的竞争对手。替代品则为客户提供了其他选择。替代品虽然不是同一种商品,但会降低客户对本产品的依赖程度,从而削减了本产品的需求。例如,通

用汽车公司的竞争者是福特、丰田等,但从顾客需要的是代步工具的角度讲,通用汽车的竞争者也可以是摩托车、自行车等。为了有效地分析竞争者,企业在确定自己的竞争对手后,就要对竞争者的目标和策略、优势和劣势及他们对竞争的反应模式等进行全面的分析。

针对五种竞争力量,如果说从行业细分观点看同行是竞争对手,那么从市场竞争观点看,同行、替代品者、潜在进入者均为竞争对手,即同为满足相同顾客需求的企业。与此同时,从更广义的观点看,供应商、采购者同样可以被看作竞争对手,因为他们讨价能力的高低会间接地影响到企业服务于目标市场的能力。

发现和识别竞争者,要注意两点:一方面不应将目光局限在现有市场上生产相同产品的行业里,另一方面注意力又不要过于分散。分析与防范的范围过大,草木皆兵,会造成财力、物力的极大浪费,也往往会使企业压力太大,惶惶不可终日,因此最好从行业和市场两个方面综合考虑。

名人名言 4-1

做企业要敢为天下先,敢走前人没有走过的路,敢做前人没有做过的事情,做事情不能因循守旧,要有创新的态度、创新的思维和创新的举措,只有这样才能比别人走得快、走得远,才能使企业取得更大的成功。

——管理大师彼得·德鲁克

4.1.2 对竞争者策略的分析

明确了企业的竞争者,就要进一步分析每一个竞争者的市场目标、竞争策略及其特点,并据此以针对性地制定本企业的竞争策略。

1. 分析竞争者的市场目标

每个竞争者都有侧重点不同的目标组合,如获利能力、市场占有率、现金流量、技术领先和服务领先等。对竞争者市场目标的考察,可以了解竞争者目前的市场地位、经营状况和财务状况,并了解其对自己的状况是否满意,从而了解这个竞争对手的策略发展动向以及其对外部环境因素的变化或其他企业竞争策略的反应。例如,一个以"低成本领先"为主要目标的竞争者,对其他企业在降低成本方面、技术突破的反应,要比对增加广告预算的反应强烈得多。企业还必须注意监视和分析竞争者的行为,如果发现竞争者开拓了一个新的子市场,那么,这无疑是一个市场营销机会;或者发觉竞争者正试图打入属于自己的子市场,那么就应抢先下手,予以还击。

2. 判定竞争者的策略

根据企业所采取的策略的不同,可将竞争者划分为不同的策略群体。

企业要想进入某一策略群体,必须注意以下两点:一是进入各个策略群体的难易程度。一般小型企业适于进入投资和声誉都较低的群体,这类群体较易打入,而实力雄厚的大型企业则可考虑进入竞争性强的群体。二是当企业决定加入某一策略群体时,首先要明确谁是主要的竞争对手,然后决定自己的竞争策略。假如某公司要进入某一策略群体,就必须有战略优势,否则很难吸引相同的目标顾客。

3. 评估竞争者的优势和劣势

为了估计竞争者的优势与劣势,企业要收集过去几年中关于竞争者的情报和数据,如销售额、市场占有率、边际利润、投资收益、现金流量、发展战略等。获取竞争对手的信息是一件十分困难的工作,一般可以通过市场调查的方式,将竞争企业与本企业的情况进行比较,也可以借助于某些二手资料来进行了解,还可以通过某些合法的手段来掌握竞争者的某些内部情况。应当指出,竞争者的优势和劣势主要是指其在市场上的优势和劣势,因而主要也是通过观察竞争者在市场上的表现来判断其优劣的。

对竞争者的优势和劣势可以从以下几个方面分析:①产品:质量、功能、用途、外形等;②销售渠道:分销渠道的多少;③生产经营;④研发能力;⑤资金能力;⑥组织;⑦管理能力。

4. 判断竞争者的反应模式

在不同的经营理念指导下,竞争者的目标、战略、优势、劣势不同,决定了它对降价、促销、新产品的推出等竞争行为可能做出不同的反应。一般来说,竞争者的市场反应可以分为以下几种类型:

(1) 迟钝型竞争者

某些竞争者对市场竞争动态的反应不强烈,行动迟缓可能是因为竞争者受到自身在资金、规模、技术等方面的能力限制,无法做出适当的反应;也可能是因为竞争者对自己的竞争力过于自信,不屑于做出反应行为;还可能是因为竞争者对市场竞争措施重视不够,未能及时捕捉到市场竞争变化的信息。

(2)选择型竞争者

某些企业对不同的市场竞争状况的反应是有区别的。例如,大多数企业对降价这样的价格竞争措施总是反应敏锐,倾向于做出强烈的反应,力求在第一时间采取报复性反击,而对改善服务、改进产品、强化促销等非价格竞争措施不大在意,认为其不构成对自己的威胁。

(3)凶猛型竞争者

许多企业对市场竞争因素的变化十分敏感,一旦受到来自竞争者的挑战就会迅速地做出强烈的市场反应,进行激烈的报复和反击,务求将挑战自己的竞争者置于死地。这种报复措施往往是全面的、致命的,甚至是不计后果的,不达目的决不罢休。这些凶猛型竞争者通常都是市场上的领先者,具有某种竞争优势。因此,一般企业不敢轻易或不愿挑战市场上的权威,尽量避免与其做直接的正面交锋。

(4) 随机型竞争者

随机型竞争者对市场竞争的变化所做出的反应通常是随机的,往往不按规则出牌,使竞争者觉得不可捉摸。随机型竞争者某些时候既可能会对市场竞争的变化做出反应,也可能不做出反应;既可能迅速做出反应,也可能反应迟缓;既可能做出剧烈的反应,也可能做出柔和的反应。企业往往无法预料他们将会采取什么行动。

5.选择企业的竞争对策

在对竞争者进行分析的基础上,企业就要在进攻谁、躲避谁中做出选择。选择的依据是:进攻目标的价值、竞争者的存在对企业的必要性与利益、竞争者表现的好坏。

(1)进攻目标的价值

对于任何一个企业来说,以进攻策略来引发市场竞争,应慎重,做到不战则已,战则必胜。多数企业都会以弱势企业作为进攻的目标,因为风险小,参与竞争的时间与资金成本投入少,事半功倍,容易获得成功,但不容易获得大的战果,带来的利润机会也往往较少。因此,有些企业愿意以较强的竞争者为进攻目标,因为再强大的竞争对手也总会有弱点和劣势,只要抓住其弱点,出其不意,可能同样使其不堪一击,如此一来可以获得更大的市场份额和更多的利润,也有利于企业声誉的迅速提高。所以,强大的竞争对手反而有可能成为最有价值的进攻目标。

(2)竞争者与本企业的相似程度

多数企业愿意与本企业相似的竞争者展开竞争,因为业务上的相似,企业可以迅速将被击败的竞争对手的资源转化为自己的资源,扩大自己的盈利能力。但是,彻底击败与自己类似的竞争者于自己反而不利。20世纪70年代,美国博士伦眼镜公司在与其他生产隐形眼镜的企业竞争中大获全胜,导致竞争者完全失败而竞相将企业卖给了竞争力更强大的大公司,结果使博士伦公司面临更强大的竞争者,处境更困难。

(3)竞争者的存在对企业的必要性与利益

从战略层面来看,市场上竞争者的存在往往是必要的和有益处的。这不仅表现为竞争者的存在为企业的创新与提高效率带来了压力,还表现为一系列的战略意义。

当然,企业不能把所有的竞争者的存在都看成是对企业有益的。因为,每个行业中的竞争者都可分为表现良好的和表现恶劣的。良性竞争者有利于整个行业的稳定和健康发展,也符合企业和消费者的根本利益。恶性竞争者则不遵守任何行规行法,往往采用不正当其至不合法的竞争手段,如低价倾销、虚假广告、对同行业竞争者的诽谤攻击等,以求扩大市场份额,打乱了行业的有序与平衡,具有强烈的冒险性和破坏性。

名人名言 4-2

知己知彼,百战不殆;不知彼而知己,一胜一负;不知彼,不知己,每战必殆。

——《孙子兵法·谋攻篇》

4.1.3 进行竞争定位

在进行市场分析的基础上,企业必须明确自己在同行业中所处的地位,结合自己的目标、资源和环境以及在目标市场上的预期地位,制订正确的竞争策略。根据企业在市场上的竞争地位的不同,美国著名市场营销学家菲利普·科特勒按照同类产品的市场占有率的高低,将企业的市场定位分为市场领导者、市场挑战者、市场跟随者和市场补缺者四种。

营销案例 4-1

济南家电市场三足鼎立

2003 年 10 月 1 日,国内家电零售连锁巨头苏宁近 1 万平方米的旗舰店在济南泉城路上的齐鲁国际大厦开业,家电三巨头三联、国美、苏宁首次同城碰面。三联占据济南市场份额的 60% 以上,国美在 30% 左右,苏宁的目标是三分其一。苏宁的到来,使济南家电零售市场三足鼎立的格局初步形成。

1. 苏宁志在必得

苏宁旗舰店与山东家电零售业大佬三联总店相隔只有几百米之遥,来者不善、善者不来。"我们来是干什么的? 就是争夺山东市场,就是针对国美和三联的。济南家电市场一年 30 亿元的份额,我们一年内要挣得其中的 30%。"苏宁的宣言掩饰不住对济南市场志在必得的野心。苏宁有"两手抓,两手都要硬"的政策,就是一手抓消费者的希望和要求,一手抓厂商的合作关系。苏宁说有两个人会永远支持苏宁,一个是消费者,一个是供货商。消费者永远不会嫌商家过多,只要价格低、服务好,消费者就会买账。而对于供货商而言,多一家实力强劲的家电巨头,对他们来说,就多了一个和商家谈判的筹码。只要牢牢抓住这两点,苏宁认为自己就会无坚不摧。从目前来看,国美进入济南实施的是圈地策略,完全是一种分割包围式的"商圈"划分概念。三联秉持的则是一个典型的规模形象吸引概念,一家店的经营面积相当于国美五家店的总和。苏宁的第一家店的经营面积与三联相当,这分明是要和对手争规模形象,当苏宁开到第 3~4 家店的时候,其规模形象加商圈分割策略的威力将会充分显现。按竞争的哲学观点看"竞争不会使两个力量相等的对手存在",这将意味着格局裂变,必须有哪家将成为牺牲品或逐渐消退。届时,将是更细致的顾客群体争夺战。自 1985 年创业至今 18 年来,三联面临着最严峻的挑战。苏宁的手段不仅仅是扩大商圈,还针对三联和国美在济南已经站稳了脚跟这一事实,打出了"价格赶国美、服务超三联"的口号,使得济南这个平时三联和国美的价格战已经打得不可开交的市场更是平添了十足的火药味。苏宁有关方面称由于实力相近,所以价格上已无多大空间,价格之争很大程度上已经表现为实力之争,谁的销量大,和厂商的关系好,谁在竞争中获胜的概率就大。苏宁说,我们肯定会有市场的,我们是拿全国的资源优势在做地方市场。苏宁靠直营空调起家,白色家电是其优势产品。而近两年来,苏宁和全国范围内的手机厂商合作甚好,手机成为其支柱业务。而苏宁也一直强调"服务是唯一的产品",其售后、统一呼叫中心、ERP 系统不逊色于三联和国美。苏宁的到来肯定会在以上方面对济南家电市场有所冲击。另外从营销的角度来讲,苏宁的到来,必然会促进营销手段的多元化。三大巨头会为了极力避免价格战和广告战,而绞尽脑汁另辟新路,争取奇兵制胜。

2.国美从心底里欢迎

经过两年的竞争,虽然国美拿到了很大一块市场份额,但与三联相比还处于劣势地位,此时苏宁到来,首要竞争目标肯定是三联,而不是国美。所以从这个角度上讲"一个争肯定不如两个争"。同时作为一个全国连锁经营的家电零售商,国美在全国多个地方已经和苏宁交过手,包括在国美的总部北京,国美和苏宁也曾上演竞争好戏,彼此的营销手法心知肚明,与三联相比,这是国美的一个优势。国美从心底里欢迎甚至是期待着苏宁的到来。国美进入济南的形象是比较生硬的,甚至有些唐突。价格战是国美最擅长的,普通消费者心目中对国美价格低的印象更深,而全国销售第一与否,这些与消费者都没有关系。消费者心目中有自己的观点、观念和认识,有时候软着陆比硬着陆更有效,否则你所吸引的将永远不会是拥有忠诚度的顾客,他们只会关注你的特价商品,平价时从来不会光顾。国美并不是服务不如人,在国美的总部北京,国美的地位和品牌就如三联在济南,但国美的服务在济南并没有完全发挥出来,这应该是国美的一个劣势。让国美这个品牌具有更丰富的内涵,可能是国美在山东长远发展之本。

3.三联有所作为

三联十几年如一日始终盘踞山东,此间虽然北上哈尔滨,南下福州,也在河北、河南等地拓展业务,但总的来看,三联2/3的市场在山东,而三联在山东的市场又有2/3在济南,三联给人的印象始终是一个区域性企业。三联曾公开解释:三联采取区域性扩张模式,即先在一个区域密织网,然后再开拓另外一个区域,而不是如国美、苏宁那样全国遍地插钉。三联声称不惧怕任何竞争,不管谁要来,三联都会按照自己设定的战略走,苏宁要来,三联欢迎,但三联不会因为苏宁的到来改变既定方向,而且强调三联还会凭借多年来积累的商誉和领先的服务,继续做市场的领导者。事情远没有这样简单。苏宁在重点城市里都是采取直营的形式,全国的统一采购、空调售后服务和维修等建立起良好的服务形象,苏宁有能力渗透到地级市和县级区域。当一个品牌越做越大的时候,厂商、经销商就会在全国品牌和地方品牌之间权衡后做出选择。一向以好勇斗狠著称的国美电器在2001年火线杀入济南后,一口气开了5家连锁店,形成了遍布济南市东西南北中的家电零售连锁网,几乎在一夜之间让泉城的市民发现买家电又多了一种选择。同时国美也将三联唯一的西门店包围了个严严实实。三联方面也的确感受到了外来压力,明显加紧了反击和扩张步伐,先是将三联连锁的旗帜插在原来济南最大的移动通信商城上方,建立三联八一店,恰恰与国美八一店来了个斜对;不久,三联和国内IT业连锁巨头携手建立三联山大路连锁店,把店址开在了国美旗舰店——洪楼店的几百米范围之内;就在苏宁宣布入住济南泉城路仅仅两天,三联关于青年文明号以及山大路新开店的软性广告宣传在当地报纸出现;在三联家电商场,电梯拐角处原为"明星员工"的宣传页,已经悄然换成了"三联优势之商誉篇、价格篇、服务篇……"共计九大优势。三联已经有所为了。经过多轮的激烈竞争,三联已经初步形成了自己的竞争优势,在对本地消费者心理的把握上,对当地市场需求的熟悉上,在商品成本的控制方面也都有较成熟的运作模式,其核心的东西还是三联品牌。如何利用"三联"良好的无形资产成为三联应对挑战的关键。三联家电 18 年来建立了深厚的服务文化基础,这是其安身立命的本钱。其强大的商誉形象足以影响整个山东。

如果市场处于一个相对均衡的状态,三家家电企业可能会出现进一步细化市场,寻找合适自己的目标客户。苏宁可能会继续自己在白色家电以及通信行业的优势,而国美和三联也不会再强调自己的大而全,转而突出自己的部分行业和领域。届时,将是更细致的顾客群体争夺战。每家拥有的顾客群体会越来越明确,随之每家的经营定位主要是商品定位会发生重大变化,都在积极地策划保留自己独特的客户群体,最终实现营销的理性回归与精细化发展。

【案例思考】

1. 在济南家电市场上,三联面临来自哪些方面的竞争?

2. 在三足鼎立的激烈竞争形势下,三联、国美、苏宁各有哪些优势和劣势? 各自采取的竞争策略是什么? 对我们有哪些启示?

4.2 市场地位与竞争战略

▶市场地位与
竞争战略

在对竞争者进行了系统、全面的分析后,每个企业都要根据自己的营销目标、市场机会、资源拥有情况及其在本行业所处的竞争地位来决定其最佳竞争策略。

4.2.1 市场领导者战略

市场领导者是指在相关产品的市场上占有率最高的企业。一般说来,大多数行业都有一家企业被公认为是市场领导者,它在价格调整、新产品开发、配销覆盖和促销力量方面处于主导地位,为同业者所公认。主导者所具有的优势包括:消费者对品牌的忠诚度高、营销渠道的建立及其高效运行、营销经验的迅速积累等。它是市场竞争的导向者,也是其他竞争者挑战、效仿或回避的对象,这些市场领导者的地位是在竞争中自然形成的,但不是固定不变的,如果它没有获得法定的特许权,必然会面临着竞争者的无情挑战。因此,企业必须随时保持高度的警惕并采取适当的措施,否则就很可能丧失领先地位而降到第二、第三甚至更为次要的地位。一般来说,市场领导者为了维护自己的优势,保持自己的领导地位,通常会采取以下三种策略。

1.扩大市场需求总量

当一种产品的市场需求总量扩大时,受益最大的是处于市场领导地位的企业。一般说来,市场领导者通常从以下三个方面扩大市场需求量。

(1)发掘新的使用者

每一种产品都有吸引新用户的潜力,因为有些顾客对产品还不甚了解,或者不知道这种产品,或者因为其价格不合理,或者产品性能还有缺陷等而不想购买这种产品。下面以香水为例来说明,营销者可以从三个方面发掘新的使用者,如香水制造商可设法说服不用香水的妇女使用香水(市场渗透策略);说服男士使用香水(市场开发策略);或者向其他国家或地区推销香水(地理扩展策略)。

(2)开辟产品新用途

公司也可通过发现并推广产品的新用途来扩大市场。杜邦公司的尼龙就是这方面的典范。当尼龙进入产品生命周期的成熟阶段,杜邦公司就会发现其新的用途。尼龙首先是用作降落伞的合成纤维;然后是作女袜的纤维;接着成为男女衬衫的主要原料;再后来又成为汽车轮胎、沙发椅套和地毯的原料。每项新用途都使产品开始了一个新的生命周期。这一切都归功于该公司为发现新用途而不断进行的研究和开发计划。

(3)增加产品的使用量

使原有消费者更多地消费某产品的办法有很多,最常用的:一是促使消费者在更多的场合使用该产品;二是增加使用该产品的频率和增加原来使用量。法国的米其林轮胎公司创造和利用机会刺激轮胎的高使用率就是一成功的事例。该公司赞助舆论界评价法国境内的饭店,评价结果是许多最好的饭店在法国的南部,这使得身居巴黎的消费者考虑周末驱车去法国南部度假。该公司又出版有详细地图的旅游指南,对沿途景物做了生动、详细的介绍,这促使汽车拥有者行驶更多的里程,导致更多的轮胎置换。

2. 保护市场占有率

被挑战者取而代之的是市场领先者的主要威胁,因此,市场领导者在努力扩大市场需求总量时,必须注意警惕竞争者的挑战,保护自己的现有市场阵地。事实上,行业中的领先者对各自的竞争对手从未放松警惕,可口可乐公司时时提防着百事可乐公司,麦当劳要正视汉堡王的发展,通用汽车公司从不敢放松对其竞争对手福特公司各项政策的关注。

防御策略的目标是要减少受到攻击的可能性。通常可供市场领先者选择的防御策略主要有以下六种。

(1)阵地防御

阵地防御就是在现有阵地周围建立防线,这是一种静态的、消极的防御,是防御的基本形式,但是,不能作为唯一的形式。对于营销者来讲,单纯防守现有的阵地或产品,就会患“营销近视症”。当年,亨利·福特便因他对 T 型车的“近视症”而付出了沉重的代价,使得年赢利 10 亿美元的福特公司从顶峰跌到濒临破产的边缘。

(2)侧翼防御

侧翼防御是指市场领导者除保卫自己的阵地外,还应建立某些辅助性的基地作为防御阵地,或必要时作为反攻基地。特别要注意保卫自己较弱的侧翼,防止对手乘虚而入。例如,20 世纪 70 年代美国的汽车公司就是因为没有注意侧翼防御,遭到日本小型汽车的进攻,失去了大片阵地。

(3)先发防御

先发防御是一种更积极的防御策略,是在敌方对自己发动进攻之前,先发制人抢先攻击。具体做法是，当竞争者的市场占有率达到某一危险的高度时，就对它发动攻击；或者是对市场上的所有竞争者全面攻击，使得对手人人自危。

有时，这种以攻为守只是着重心理作用，并不一定付诸行动。如市场领导者可发出市场信号，迫使竞争者取消攻击。

（4）反攻防御

当市场领导者遭到对手降价或促销攻势，或改进产品、市场渗透等进攻时，不能只是被动应战，应主动反攻。领导者可选择迎击对方的正面进攻、迂回攻击对方的侧翼，或发动钳式进攻，切断从其根据地出发的攻击部队等策略。例如，当美国西北航空公司最有利的航线之一——明尼波里斯至亚特兰大航线受到另一家航空公司降价和促销进攻时，美国西北航空公司采取的报复手段是将明尼波里斯至芝加哥航线的票价降低，由于这条航线是对方主要收入来源，结果迫使进攻者不得不停止进攻。

（5）运动防御

运动防御要求领导者不但要积极防守现有阵地，还要扩展到可作为未来防御和进攻中心的新阵地，它可以使企业在战略上有较多的回旋余地。市场扩展可通过两种方式实现：市场扩大化和市场多角化，例如，美国雷诺和菲利浦·摩尔斯等烟草公司认识到社会对吸烟的限制正在加强，而纷纷转入酒类、软饮料和冷冻食品这样的新行业，实行市场多角化经营。

（6）收缩防御

有时，在所有市场阵地上进行全面防御会力不从心，顾此失彼。在这种情况下，最好的行动是实行战略收缩——收缩防御，即放弃某些薄弱的市场，把力量集中用于优势的市场阵地中。例如，美国西屋电器公司将其电冰箱品种由 40 种缩减到 30 种，这 30 种的销售额占 85%。

3. 提高市场占有率

市场领导者设法提高市场占有率，也是增加收益、保持领导地位的一个重要途径。在美国许多市场上，市场份额提高一个百分点就意味着数千万美元的收益。如咖啡市场份额的一个百分点就值 4800 万美元，而软饮料市场的一个百分点就是 12 亿美元。

不过，公司切不可认为在任何情况下市场占有率的提高都意味着收益率的增长，这还要取决于为提高市场占有率所采取的营销策略。有时为提高市场占有率所付出的代价，会高于它所获得的收益。

特别提示 4-2

在现实营销中，并不是市场占有率越高，企业的盈利能力越高。企业的盈利能力一开始随着市场占有率的提高而提高，达到最高点后，盈利能力随着市场占有率的提高反而开始降低。美国的一项研究表明，企业的最佳市场占有率大约是 50%。

知识链接 4-2

企业在提高市场占有率时需要考虑的因素

企业在提高市场占有率时应考虑以下三个因素：

（1）引起反垄断诉讼的可能性。

（2）经济成本。

（3）企业在争夺市场占有率时所采用的营销组合策略。有些营销手段对提高市场占有率很有效，但却未必能提高利润。

4.2.2　市场挑战者战略

在行业中名列第二三名等次要地位的企业向市场领导者和其他竞争者发动进攻，以夺取更大的市场占有率，这时他们可被称为市场挑战者。市场挑战者战略包括明确战略目标和挑战对象以及选择进攻策略。

1. 明确战略目标和挑战对象

战略目标同进攻对象密切相关，针对不同的对象存在不同的目标。一般说来，挑战者可以选择以下三种公司作为攻击对象。

（1）攻击市场领导者

这一战略风险很大，但是潜在的收益可能很高。为取得进攻的成功，挑战者要认真调查研究顾客的需要及其不满之处，这些就是市场领导者的弱点和失误。如美国米勒啤酒之所以获得成功，就是因为该公司将那些想喝"低度"啤酒的消费者作为开发重点，而这一市场在以前却被忽视了。此外，通过产品创新，以更好的产品来夺取市场也是可供选择的策略。例如，施乐公司通过开发出更好的复印技术（用干式复印代替湿式复印），成功地从 3M 公司手中夺去了复印机市场。

（2）攻击与己规模相当者

挑战者对一些与自己势均力敌的企业，可选择其中经营不善而发生危机者作为攻击对象，以夺取它们的市场。

（3）攻击区域性小型企业

可将一些地方性小企业中经营不善而发生财务困难者作为攻击对象。

2. 选择进攻策略

在确定了战略目标和进攻对象之后，挑战者要考虑进攻的策略问题。其原则是集中优势兵力于关键的时刻和地方。总的来说，挑战者可选择以下五种战略：

（1）正面进攻

正面进攻就是集中兵力向对手的主要市场发动攻击，打击的目标是对手的强项而不是弱点。这样，胜负便取决于谁的实力更强，谁的耐力更持久，进攻者必须在产品、广告、价格等主要方面大大领先对手，方有可能成功。

进攻者如果不采取完全正面的进攻策略，也可采取一种变通形式，最常用的方法是针对竞争对手实行削价。通过在研究开发方面大量投资,降低生产成本,从而在低价格上向竞争对手发动进攻,这是持续实行正面进攻策略最可靠的基础之一。日本企业是实践这一策略的典范。

(2)侧翼进攻

侧翼进攻就是集中优势力量攻击对手的弱点,有时也可正面佯攻,牵制其防守兵力,再向其侧翼或背面发动猛攻,采取"声东击西"的策略。侧翼进攻可以分为两种:一种是地理性的侧翼进攻,即在全国或全世界寻找对手相对薄弱的地区发动攻击。例如,IBM公司的挑战者就是选择在一些被IBM公司忽视的中小城市建立强大的分支机构,获得了顺利的发展。另一种是细分性侧翼进攻,即寻找市场领导企业尚未很好满足的细分市场。例如,日本的汽车生产厂商就是通过发掘一个尚未被美国汽车生产厂商重视的细分市场,即对节油的小型汽车的需要,而获得极大发展。

(3)围堵进攻

围堵进攻是一种全方位、大规模的进攻策略,它在几个战线发动全面攻击,迫使对手在正面、侧翼和后方同时全面防御。进攻者可向市场提供竞争者能供应的一切,甚至比对方还多,使自己提供的产品无法被拒绝。当挑战者拥有优于对手的资源,并确信围堵计划的完成足以打垮对手时,这种策略才能奏效。日本精工表在国际市场上就是采取这种策略。在美国,它提供了约400个流行款式、2300种手表,占据了几乎每个重要钟表商店,通过种类繁多、不断更新的产品和各种吸引消费者的促销手段,精工表取得了很大成功。

(4)迂回进攻

迂回进攻是一种最间接的进攻策略,它避开了对手的现有阵地而迂回进攻。具体办法有三种:一是发展与目前业务无关的产品,实行产品多元化经营;二是以现有产品进入新市场,实现市场多元化;三是通过技术创新和产品开发,以替换现有产品。例如,美国高露洁公司在面对强大的宝洁公司的竞争压力下,就采取了这种策略,即加强高露洁公司在海外的领先地位,在美国国内实行多元化经营,向宝洁没有占领的市场发展,迂回包抄宝洁公司。该公司先后收购了纺织品、医药产品、化妆品及运动器材和食品公司,结果获得了极大成功。

(5)游击进攻

游击进攻主要适用于规模较小、力量较弱的企业,目的在于通过向对方在不同地区发动小规模的、间断性的攻击来骚扰对方,使之疲于奔命,最终巩固永久性据点。游击进攻可采取多种方法,包括有选择的降价,强烈突袭式的促销行动等。应予指出的是,尽管游击进攻可能比正面围堵或侧翼进攻节省开支,但如果要想打倒对手,光靠游击战不可能达到目的,还需要发动更强大的攻势。

由上可以看出,市场挑战者的进攻策略是多样的,一个挑战者不可能同时运用所有这些策略,但也很难单靠某一种策略取得成功,通常是设计出一套策略组合,然后通过整体策略来改善自己的市场地位。

4.2.3 市场跟随者战略

市场跟随者是指那些模仿市场领导者的产品、市场营销组合的企业。并非所有在行业中处于第二位的公司都会向市场领导者挑战,这些行业中的企业通常形成一种默契,彼此自觉地不互相争夺客户,不以短期市场占有率为目标,以免引起对手的报复。这种效仿市场领导者为市场提供类似产品的市场跟随战略,使得行业市场占有率相对稳定。具体来说,跟随策略可分为以下三类。

1. 紧密跟随

紧密跟随是指跟随者尽可能地在各个细分市场和营销组合领域仿效领导者。这种跟随者有时好像是挑战者,但只要它不从根本上危及领导者的地位,就不会发生直接冲突。有些跟随者表现出较强的寄生性,因为它们很少刺激市场,总是依赖市场领导者的市场而生存。

2. 有距离的跟随

有距离的跟随是指跟随者在目标市场、产品创新、价格水平和分销渠道等方面都追随领导者,但仍与领导者保持若干差异。这种跟随者易被领导者接受,同时它也可以通过兼并同行业中弱小企业而使自己发展壮大。

3. 有选择的跟随

有选择的跟随是指跟随者在某些方面紧随领导者,而在另一些方面又自行其是。也就是说,它不是盲目追随,而是择优跟随,在跟随的同时还要发展自己的独创性,但同时避免直接竞争。这类跟随者之中有些可能发展成为挑战者。

此外,还有一种特殊的跟随者在国际市场上十分猖獗,即"冒牌货"。这些产品具有很大的寄生性,它们的存在对许多国际驰名的大公司是一个巨大的威胁,已成为新的国际公害,因此必须制定对策,以清除和击退这些"跟随者"。

知识链接 4-3

市场跟随者与产品模仿

产品模仿是市场跟随者经常使用的一种营销策略。市场跟随者从事仿造或者改良市场领导者的产品,虽然不能取代市场领导者,但不需要大量的新产品研发投资,能降低成本从而获得高额利润。

特别提示 4-3

企业有时会根据行业内外部环境、竞争对手和自身的情况调整自己的定位,在市场挑战者和市场跟随者之间转换角色。

名人名言 4-3

创新的前景真有那么好吗？它的作用真有那么大吗？模仿事实上是比创新更加多见，且更为普遍的通往成长和利润的道路。

——现代营销学的奠基人之一西奥多·莱维特（Theodore Levitt）

经典人物 4-2

现代营销学的奠基人之一西奥多·莱维特

西奥多·莱维特，1925年出生于德国法兰克福附近的一个小镇，为躲避纳粹迫害，十岁时随全家移居美国俄亥俄州。高中毕业后他加入了美国陆军，参加过第二次世界大战，退役后他先后就学于安提奥奇学院和俄亥俄州立大学，毕业后一度执教于北达科他大学，1959年加入哈佛大学商学院，不久即获得了很高的国际声望。《营销短视症》（Marketing Myopia，1960）最初刊登于《哈佛商业评论》，一经发表即大获成功，1000多家公司索要了35000份重印版，40年来，总共已售出850000多份，是《哈佛商业评论》历史上最为畅销的文章之一。西奥多·莱维特的书籍和文章为他赢得了哈佛校园外的大批追捧者，在哈佛大学商学院，他也是备受欢迎的老师和精明干练的行政人员，从1977到1983年，他是学院市场部的主任；1979年，他被命名为爱德华·W.卡特工商管理教授。1990年，莱维特离开教坛时已成为传奇式人物，他从实践与理论上改变了市场营销学。

营销案例 4-2

九阳豆浆机：隐藏的冠军

山东九阳小家电有限公司是一家新兴的小家电专业企业。九阳公司成立于1994年10月，为山东省高新技术企业、国家大豆行动计划示范企业。其中拳头产品九阳豆浆机被列为省级星火计划项目，九阳商标被认定为山东省著名商标。九阳公司的拳头产品九阳牌系列家用豆浆机拥有23项国家专利，为豆浆机行业第一品牌。九阳公司目前已成为全球最大的豆浆机制造商。

九阳豆浆机从一面市即受到广大消费者的喜爱和欢迎，产品畅销全国，并远销日本、美国、新加坡、印尼、泰国等海外20多个国家和地区，年销量突破百万台，年产值几亿元。目前，九阳已在全国地市级以上城市建立了200多个服务网点，做到了凡是有九阳产品销售的地区均有九阳的服务机构，并在行业内率先在全国大部分城市实行了上门服务。现在，九阳公司主要致力于新型家用小电器的研制、开发、生产与销售，主导产品有九阳全自动家用豆浆机、电磁炉、开水煲、果汁机、电火锅等系列小家电。2000年4月，"国家大豆行动计划"领导小组将九阳公司列为行业内唯一"国家大豆行动计划示范企业"。2001—2003 年,九阳豆浆机连续被国家统计局中国行业企业信息发布中心认定为"全国市场同类产品销量第一名"。2004 年 5 月,九阳公司荣获中国最具发展潜力的中小企业"未来之星"称号。

1994 年,工程师王旭宁发明了集磨浆、滤浆、煮浆等诸功能于一身的九阳全自动豆浆机。这一年,王旭宁下海创建九阳公司,追随他的是和他一样年轻的北方交通大学的师兄弟们。该年被九阳人自豪地称为"九阳元年"。不起眼的九阳公司最初选择的同样是一个不起眼的产品——豆浆机。齐鲁大地这块沃土是豆浆机的诞生地,它的出现则是豆浆制作方法的一次革命,结束了中国人过去一直用石磨做豆浆的时代。

新生产品的生产者必须耗费大量力气去培养消费者消费习惯。1994 年,第一批一共 2000 台豆浆机生产出来,当时很多商场不认同产品,九阳想进去卖要费很多周折,讲解、演示,还要托人。这批豆浆机堆在库里无人问津,九阳人心急如焚。由此发生了一件事,被九阳的创业者们称作九阳公司的第一个标志性事件。1994 年 11 月,在《齐鲁晚报》上紧贴在通档广告上方出现一则 1 厘米高的宣传九阳豆浆机的反白长条补缝广告,花钱不多,效果却出奇的好。补了几次缝下来,到 1995 年春节前,2000 台豆浆机便销售一空。1995 年,九阳豆浆机的销售突破了一万台。自此年轻的九阳深深感知到宣传的重要性。要想让消费者真正认同豆浆机,必须从宣传大豆及豆浆对人体的益处做起。自那以后,九阳宣传大豆与豆浆营养知识的软文广告开始席卷全国媒体,前后与其合作的媒体有 500 家之多。从与报刊共同推出专栏,宣传豆浆的健康功效,到参与央视《夕阳红》栏目活动,再到"国家大豆行动计划"的推广,继而在央视《东方时空》和《开心辞典》投入品牌广告,九阳豆浆机的市场宣传策略已从"引导消费豆浆"转移到"引导消费九阳豆浆机",九阳不但在市场中活了下来,而且带动发展起了一个新兴的豆浆机行业。

每年占销售收入 20%～30% 的研发投入,强大的营销网络的支持,支撑起了九阳作为行业内第一品牌的地位。刚问世时豆浆机缺点一点不比优点少:一煮就糊,粘机且清洗困难,电机工作不稳,返修率高等。不突破技术障碍,豆浆机必被淘汰出局。要生存下去,九阳就必须不断完善技术,进行技术革新。九阳的发展壮大过程也是技术创新过程。1994 年,九阳创新地将电机上置式安装;1996 年,九阳发明了"外加豆"技术;1998 年,针对消费者对豆浆机清洗困难的反馈新创了"智能不粘"技术;2001 年,"浓香技术"产品在九阳研发成功并投入规模化生产。2001 年 8 月,九阳豆浆机荣获中国首届外观设计专利大赛二等奖。2001 年 10 月,荣获首届中国企业"产品创新设计奖"优秀奖。2003 年 12 月,九阳豆浆机 JYDZ-17、电磁炉 JYC-24E、JYC-21D 三款产品荣获中国工业设计"奥斯卡奖"。2001 年 4 月,九阳荣获"中国专利山东明星企业称号"。2001 年 8 月,荣获山东省第六届专利奖金奖。到今天,九阳牌系列家用豆浆机已拥有 23 项国家专利。

到 1997 年底,九阳公司省内外的办事处已达 10 家,有 200 多家经销商,由于销售采取总经销制,加之总部的宣传支持,公司年销售收入逾千万元,完成了最初的原始积累。1998—1999 年,九阳优化了自己的销售网络,对经销商加以筛选,同时加大了管理力度。

销售网络优化效果很好,利润增长明显。

进入 1998 年,九阳度过了最艰难的创业开拓期,实力渐强。九阳豆浆机一机风行,诱发了投资者效仿的热潮。一时间全国各地如雨后春笋般新生了 100 余家豆浆机生产企业,有规模成气候的如福建的迪康,广东的科顺、雄风,河南的田山等。2001 年 6 月 18 日,荣事达在沈阳宣布全面进入小家电市场,并声称要在 2 年内成为豆浆机的主导品牌。10 天之后,美的公司也宣布斥资 3000 万元进入豆浆机领域,美的豆浆机公司随即成立,并计划年内生产能力达到 150 万台,进入行业前两名。其他曾进入豆浆机行业的大家电企业还有海尔、澳柯玛等。

作为豆浆机行业的主导品牌,九阳面对纷至沓来的激烈竞争,并未显得手忙脚乱。他们在 2001 年度投入大量科研经费,研发了全新的专利"浓香技术";推出九阳小海豚浓香豆浆机,迅速畅销全国。在品质管理方面,除进行常规的各项生产检验外,还单独成立了多个实验室,如电机实验室、成品实验室等,对关键配件和整机进行全面实验检测。2001 年,九阳豆浆机销量达到 160 万台。九阳通过在技术方面不断推陈出新,远远甩开了竞争对手,这是九阳在豆浆机行业市场上市场占有率始终维持在 80% 以上,销量年年第一的"法宝"。在保持快速技术创新的同时,九阳公司根据形势做出战略调整,为了在新技术、新材料、新工艺等方面赶上潮流,同时降低制造成本,在北方驻守了近 10 年后的九阳决定将公司的研发和制造重心南移,利用当地丰富的 OEM 资源,将研发、制造和销售三个重点减为两个重点,其中的制造环节将慢慢淡出。2003 年,九阳营业额近 3 亿元,其中 2 亿元来自豆浆机。

豆浆机毕竟是小家电的边缘产品,即使占有 80% 的市场,企业也觉得自己的那一块蛋糕太小,全国大约只有 3 亿元的市场。固守着豆浆机这一单一产品,很难让企业实现持续的快速增长。九阳人想做的是"小家电第一品牌",于是继豆浆机之后,九阳 2001 年进入电磁炉行业,九阳人想通过电磁炉再现成功的一跃。九阳电磁炉自上市以来,也取得了不凡业绩。2003 年 3 月,九阳电磁炉荣列"全国市场同类产品六大畅销品牌"。2003 年度九阳位居全国电磁炉行业前两名,成为电磁炉行业主导品牌。

资料来源:http://course.shufe.edu.cn/course/marketing/jxal.html

【案例思考】

1. 为什么九阳豆浆机长时间能占据市场领导地位?

2. 针对大量的市场挑战者和市场追随者,九阳公司采取了什么竞争策略?

4.2.4 市场补缺者战略

几乎每个行业都有些小企业,它们专心致力于市场中被大企业忽略的某些细分市场,在这些小市场上通过专业化经营来获取最大限度的收益。这种有利的市场位置就称为"利基",而所谓市场利基者,就是指占据这种位置的企业。

1. 理想利基的特征

一般来说,一个理想的利基具有以下几个特征:

(1)有足够的市场潜量和购买力；

(2)市场有发展潜力；

(3)对主要竞争者不具有吸引力；

(4)企业具备有效地为这一市场服务所必需的资源和能力；

(5)企业已在顾客中建立起良好的信誉，足以对抗竞争者。

2．进取利基的策略

那么，一个企业如何取得利基呢？进取利基的主要策略是专业化，公司必须在市场、顾客、产品或渠道等方面实行专业化：①按最终用户专业化；②按垂直层次专业化；③按顾客规模专业化；④按特定顾客专业化；⑤按地理区域专业化；⑥按产品或产品线专业化；⑦按客户订单专业化；⑧按质量与价格专业化；⑨按服务项目专业化；⑩按分销渠道专业化。

特别提示 4-4

市场补缺者要承担较大风险，因为利基本身可能会枯竭或受到攻击。因此，在选择市场利基时，营销者通常选择两个或两个以上的利基，以确保企业的生存和发展。不管怎样，只要营销者善于经营，小企业也有机会为顾客服务并赢得利润。

营销案例 4-3

维珍：永远的"补缺者"

维珍的补缺战略：做一只跟在大企业屁股后面抢东西吃的"小狗"，但以鲜明的创新风格、自己独特的品牌内涵，为特定的目标客户服务。

补缺结果：维珍品牌在英国的认知度达到了96％，从金融服务业到航空业，从铁路运输业到饮料业，消费者公认这个品牌代表了质量高、价格廉，而且时刻紧随时尚的消费趋势，这是其他品牌无法与之相比的。从1970年到现在，维珍集团成了英国最大的私人企业，旗下拥有200多家大小公司，涉及航空、金融、铁路、唱片、婚纱直至避孕套，俨然半个国民生产部门。维珍品牌在英国的认知度达到了96％，在"英国男人最知名品牌评选"中排名第一位，在"英国女人最知名品牌评选"中位列第三位。但是，维珍产品在所处的每一个行业里都不是名列前茅的老大或老二，而是一只"跟在大企业屁股后面抢东西吃的'小狗'"。这正是维珍的老板布兰森本人所期望的。维珍总是选择进入那些已经相对成熟的行业，给消费者提供创新的产品和服务。可以说，在它进入的每一个行业里，维珍都成功地扮演了"市场补缺者"和"品牌领先者"的角色。

补缺——找到利基市场

维珍集团进入每一个行业时，很多分析家认为市场已很成熟，已经被一些大集团瓜分得差不多了。维珍集团在这个时候进入市场先天就已经落后了，如果不想捡别人剩下的东西吃，只能找到"利基市场"，只能创新。这正是科特勒关于"落后进入战略"的核心所在。

布兰森认为,在一个成熟的市场环境里竞争,竞争的压力反过来加剧了企业间的相互模仿,追求标准、降低成本、回避风险成了企业的游戏规则,企业自身的创新潜力受到了压制,而消费者只能在价格上进行比较。这导致了相当糟糕的局面:管理者思想僵化、新的创意越来越少。这正是维珍的机会。维珍提供给目标顾客的是那些老大们没有想到,或者是不愿意去做,而消费者其实很欢迎、很需要、能够从中得利的产品和服务。

维珍集团的经营虽然天马行空,涵盖了生活的方方面面,但是所有产品和服务的目标客户群都锁定在了"不循规蹈矩的、反叛的年轻人"身上。它把握了现代人注重享受生活、体验生活、追求个性的心理,赢得了年轻客户的认同和信任,通过长期对他们的服务和研究,掌握了关于他们职业、兴趣的信息,让他们成为维珍集团源源不断的财富源泉。

如维珍移动采用横向、纵向市场并重的策略,在对市场、客户进行细分之后,将单一的移动通信产品或服务有机地捆绑打包,形成具有维珍品牌特色的增值服务产品,再通过在线和离线两个渠道进行销售。从纵向市场看,维珍移动把其客户群分成四大类:体育爱好者、文艺爱好者、旅行者、家居者。再针对这些细分的市场,把其服务分成三大类:标准服务、特别服务、其他服务。标准服务包括:免费留言信箱、短消息、来电显示、来电等候、传真及数据、无线上网、MP3下载播放、电话热线以及服务质量保证,这些服务都是标准化的。特别服务则是定制化的服务,包括通过短消息给兴趣群体传送即时新闻,体育比赛、文娱项目的售票信息,无线电广播,基于地理位置的信息,交通信息,手机购物等。其他服务则给客户和合作伙伴提供了开发交叉销售、升级销售的机会,例如客户可购买手机保险、汽车路上修理应急服务、预付费卡月度明细账单、长达三个星期的语音留言保存以及国际漫游等。维珍移动促销以非常趣味的方式开展,并将"一种新的生活方式"概念销售给年轻人。如将预设的配置装在手机里,只要打个特定的号码,有关的商品可以送到顾客手中。维珍移动还与其集团旗下深受年轻人欢迎的航空公司、旅游业务公司、音乐公司等相互合作,捆绑销售,为年轻的用户提供不同的优惠与配套服务。

本章小结

市场竞争是市场经济的主要特征。企业在坚持以顾客为中心的同时,还必须考虑竞争者的状况。企业首先将产业和市场两方面结合起来识别与发现竞争者,在此基础上企业需要收集有关竞争者的目标、策略、优势和弱点、市场反应模式等方面的信息情报,从而确定自己的竞争性定位,选择自己的竞争策略。

根据企业不同的竞争定位,可将其划分为市场领导者、市场挑战者、市场跟随者、市场补缺者四种类型。它们各自有其适宜的竞争策略。市场领导者通常有三种选择,即扩大市场需求总量、保护市场占有率、提高市场占有率;市场挑战者首先要确定自己的战略目标和挑战对象,然后还要选择适当的进攻策略,如正面进攻、侧翼进攻、围堵进攻、迂回进攻、游击进攻等;市场跟随者可供选择的跟随策略主要有紧密跟随、距离跟随、选择跟随等;市场补缺者往往也可通过其敏锐的洞察力和灵活的战略获得较好的效益,其战略主要是实行专业化。

复习思考题

一、填空题

1. 那些与本企业提供的产品或服务相类似,并且所服务的目标顾客也相似的其他企业,被称为_____。

2. 市场领先者是指在相关产品的市场上的企业_____。

3. 市场挑战者集中全力向对手的主要市场阵地发动进攻,这就是_____。

4. 市场补缺者进取补缺基点的主要战略是市场营销_____。

二、单项选择题

1. 一个企业若要识别其竞争者,通常可从以下( )方面进行。

    A. 产业和市场   B. 分销渠道   C.目标和战略   D. 利润

2. 在那些产品差异性很小而价格敏感度很高的资本密集且产品同质的行业中,竞争者之间通常是谋求( )局面。

    A.攻击市场主导者   B. 阵地防御   C. 和平共处   D. 迂回进攻

三、判断题

1. 康师傅纯净水根本不是娃哈哈系列和非常可乐的竞争对手。   ( )

2. 企业参与竞争的时候,不战则已,战则将把竞争对手置于死地。   ( )

3. 不是任何企业、在任何情况下,市场占有率的提高都意味着企业收益率的增长。

  ( )

4. 市场领先者的竞争策略核心是挑战。   ( )

5. 识别竞争者企业既要避免患"近视症",将目光仅仅局限于现有市场上生产同类产品的竞争者,也要避免患"远视症"把企业竞争者的范围无限扩大、草木皆兵,最有效的办法是把产品细分和市场细分结合起来综合考虑。   ( )

四、简答题

1. 企业应该从哪些角度识别与发现竞争者?

2. 企业分析竞争者一般需经过哪些步骤?

3. 企业提高市场需求总量的途径和方法有哪些?

4. 为什么说良性竞争者的存在对企业的生存具有战略意义和必要性?

五、论述题

市场领导者应优先考虑采取"扩大市场需求总量"策略吗?为什么?

六、案例分析

京东商城的竞争战略

1998 年 6 月 18 日,刘强东先生在中关村创办了京东公司,主要代理销售光磁产品。2004 年初,他将京东公司带入电子商务领域,正式创办了"京东多媒体网",也就是京东商城的前身,主要是零售 3C、日用百货、图书等产品的零售商。自此,京东公司进入了一个高速发展时期,以年均 300% 以上的速度增长。

京东商城 2014 年度财务报表显示,其活跃用户数由 2013 年全年的 4740 万人增长至 2014 年全年的 9660 万人,同比增长 104%。如今,京东已是中国最大的自营式电商企业。随着电子商务的发展,京东商城以"以人为本"为公司的服务理念,全程为个人用户和企业用户提供人性化的"亲情 360°全方位服务",为顾客努力营造亲切与舒适的消费环境;持续丰富产品的类别,最大化满足消费者日趋多样的购物需求。

成为全球最值得信赖的企业是京东商城的企业愿景。要实现这样的目标不仅要提高自身的核心竞争力,还要打败市场上强劲的对手如淘宝、天猫、苏宁易购等。那么,京东的竞争战略选择就显得尤为重要。B2C 电商企业对传统零售业的冲击是巨大的,因为电商企业的运营成本可以低很多。此外,电商之间的竞争也主要集中在价格战中,低成本战略几乎成了他们不得不实施的战略之一。京东的存货周转率很高,几乎 11 天就可以周转一次,加上京东的物流配送速度,这些都降低了运营成本。同时,京东的订单处理成本最近 3 年都在持续下降。

自 3C 产品起,京东留给消费者的都是低价正品的品牌形象。京东也通过实施优质品牌战略不断地加强自己的正品渠道供应链,对供应商的选择非常谨慎,从源头上就保证了产品的质量。所以,在鳞次栉比的电商企业巨头面前,京东因优质的商品和优质的服务而脱颖而出。

【案例思考】

1. 请用"五力模型"对 B2C 电商行业进行竞争分析。

2. 京东商城实施了哪些竞争战略?

第 5 章　目标市场营销

知识目标	技能目标
1.理解市场细分的含义、原则	1.掌握市场细分的方法
2.了解市场细分的程序	2.掌握目标市场选择与战略选择理论
3.理解目标市场的含义	3.掌握市场定位的方式
4.深入理解市场定位的含义	4.掌握市场定位的战略

知识结构

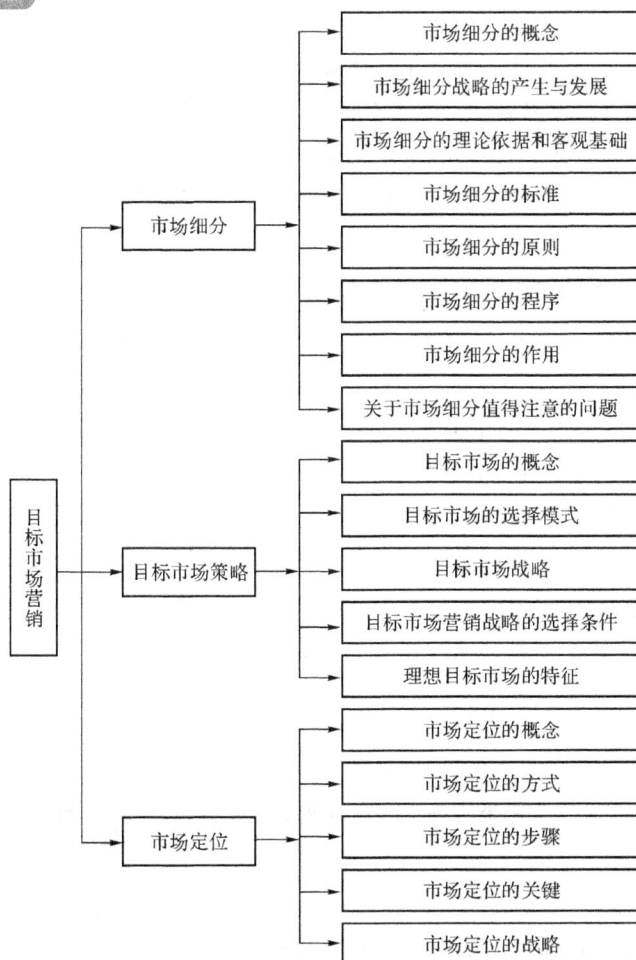

导入案例

杭州华立集团通信有限公司于2005年9月推出了一款专为老年人设计的手机——"老伴"手机CCTM658,"老伴"手机集手机和多项实用功能于一体,其专为老年朋友设计了"五大"基本功能:按键大、显示字体大、屏幕大、声音大、振动大;六大特色功能——"收音机、放大镜、手电筒、助听器和语音报时报号",更加特别的是两个特殊键——"紧急呼叫键和子女亲情键",在老人出现紧急情况时,只需按一个键就可联系到多个能给老人提供帮助的亲人或机构,全方位保障了老年人的安全需求。"老伴"手机人性化的设计为老年人提供了全方位的保障:晚上睡不着时可听收音机,忘了吃药系统能自动提醒;该手机还带有助听器,对听力不好的老年朋友来说是个相当不错的功能,老花镜功能相信也是老年朋友的所爱。"老伴"手机更是以精致的礼品盒做包装,旨在引导年轻人用这份可以和父母沟通的礼品向父母报答养育之恩,尽一份孝道。

"老伴"手机一经推出,就引起老年朋友的关注与青睐,成为手机市场中的亮点,并俏销杭州城[①]。

问题:华立公司"老伴"手机为什么会畅销杭州城?

提示:华立公司通过引入某变量,将市场进行了科学细分,确定了正确的目标市场,为之量身打造了独特产品功能,并进行了恰当的市场定位,提出了独特的销售主张。

该案例涉及的理论基础是市场细分、目标市场、市场定位,而这正是本章的内容。

满足市场需求是现代市场营销所推崇和强调的,任何一个企业要想生存和发展,其生产的产品或服务必须是能满足市场一部分需求的。市场需求具体体现在顾客群体的需求上,因为市场是由购买者(即顾客)组成的。顾客是一个庞大且复杂的群体,顾客个体由于在受教育程度、经济收入、消费心理与购买习惯、风俗习惯以及自身所处的地理环境、人文环境等诸多方面存在差异,导致其在需求方面也存在显著差异。这样,一方面顾客的需求永无止境且千差万别,另一方面任何一个企业所拥有的资源都是有限的,所以,任何一个企业都无法满足所有顾客的需求,也无法满足一个顾客的全部需求,它只能满足部分顾客的部分需求。为此,企业就必须依据科学的方法和科学的划分标准,将整体市场划分为若干个子市场(即细分市场),然后针对各子市场的特点和企业自身的情况,从中选择一个或部分子市场作为自己的目标市场,并制订有针对性的市场营销战略和策略。唯有如此,企业才能更好地满足市场需求,自身也才能更好地生存和发展。

名人名言 5-1

不管你的生意有多大,资金有多雄厚,你也不可能满足所有人的所有需求

——杰克·韦尔奇

---

① 资料来源:手机市场新亮点 "老伴"手机俏杭州.都市快报,2005年11月13日.

但是,企业应如何去细分市场? 在对市场进行细分后如何确定自己的目标市场和应采用怎样的市场战略呢?如何在选定的目标市场中塑造出本企业产品与众不同的鲜明个性或形象并传递给目标顾客,使该产品在细分市场上占有强有力的竞争位置?这三个问题正是本章将要阐述的市场细分(Segmentation)、目标市场选择(Target Market)、市场定位(Positioning),通常将其称为 STP 战略。

5.1　市场细分

5.1.1　市场细分的概念

市场细分是指企业在市场调研的基础上,根据整体市场上顾客需求的差异性,以影响顾客需求和欲望的某些因素为依据,将一个整体市场划分为两个或两个以上的消费者群体的营销工作过程。经过市场细分,每一个需求特点相类似的消费者群体就构成一个细分市场(或子市场),而各个不同

▶市场细分
的概念

的细分市场,即消费者群体之间则存在明显的需求差别。例如,服装市场可按顾客的性别因素细分为男装市场、女装市场;或按顾客的年龄因素细分为老年服装市场、中年服装市场、青年服装市场、儿童服装市场;也可按地理因素细分为国外市场、国内市场,或城市市场和乡村市场,或南方市场和北方市场等。以上每个细分市场之间的需求差异明显,同一细分市场内的需求则基本相似。

从需求角度考察,各种社会产品的市场可分为两类:一类是同质市场,购买者对它的需求和市场营销组合的反应具有一定的一致性。如日常生活中的食盐、煤等,消费者对它们的要求基本相同,定期的购买量也大体相同。然而,只有少数产品市场是同质的,而同质市场无需细分。另一类是异质市场,购买者对它的各项特性的要求各不相同,需求和欲望的偏好不同,或者在购买行为、购买习惯等方面存在着差异性。正是因为多数产品市场存在着"差异性",使市场细分才有可能。从这个角度来看,市场细分化,也就是把一个异质市场划分为若干个相对说来是同质的细分市场。

市场细分是以顾客需求的某些特征或变量为依据,区分具有不同需求的顾客群体的过程,目的是从中找到适合自己的目标顾客群,然后针对其特点,制定最佳营销策略,以求获得最佳的收益。科学的市场细分对企业在新产品开发、产品定位、价格制定、广告策略、包装设计、营销组合策略的制定等方面均有着重要的指导意义。

应注意:市场细分不是按产品分类划分,如汽车市场、服装市场、机床市场等,而是按照顾客需求的差别划分,求大同存小异。它是企业确定目标市场的至关重要的基础。

5.1.2 市场细分战略的产生与发展

市场细分是 20 世纪 50 年代中期美国市场营销学家温德尔·斯密（Wendell R. Smith）在总结西方企业市场营销实践经验的基础上提出的。它不单纯是一个抽象理论，而且还具有很强的实践性。从总体上看，不同的市场条件和环境，从根本上决定企业的营销战略。市场细分理论和实践的发展主要经历了以下几个阶段。

1. 大量营销阶段

当时市场状况为卖方市场，产品供不应求。企业市场营销的基本方式是大量生产和大量促销单一产品，对所有的购买者不加区分。如在 20 世纪 60 年代之前的可口可乐饮料、福特黑色 T 型车等。大量营销的方式大大降低了产品的成本和销售价格，极大地刺激了销售，企业也因此获得了较丰厚的利润。在此情况下，企业不需要研究市场需求，市场细分战略也不可能产生。之后，大量营销在许多消费品市场上走到了尽头。

2. 产品差异化营销阶段

在 20 世纪 30 年代，发生了震撼世界的资本主义经济危机，西方企业面临产品严重过剩的情况，市场迫使企业转变经营观念，企业不得不寻求将其产品在规格、外观、性能、品质等方面区别于其竞争对手的产品，试图以此满足不同消费者的各种需求。从大量营销到产品差异化营销是一个进步，但产品差异化营销的出发点仍旧是厂商，企业仅仅考虑自己现有的设计、技术能力，寻求产品差异的依据多来自产品的设计、技术和材料等，而非来自对顾客需求差异的认知。因此，缺乏明确的目标市场，带有很大的盲目性，其结果往往是虽能满足一部分消费者的差异需求，但也导致了因产品的规格型号过多而致使生产的复杂性加大和小批量的成本升高，以及库存增加，占压过多的资金。

在产品差异化营销阶段，企业仍然没有重视对市场需求的研究，市场细分也就无产生的基础和条件。

3. 目标营销阶段

20 世纪 50 年代以后，科学技术的发展日新月异，生产力水平大幅度提高，以产品差异化为中心的营销方式已无法解决企业所面临的市场问题。企业被迫再次转变经营观念和经营方式，由产品差异化营销转向以市场需求为导向的目标营销，即企业在充分的市场调研基础上，尽可能深入地获知顾客的不同需求。在对这些需求进行深入分析之后，依据顾客需求的某些特征或变量，将顾客划分为若干个具有不同需求的顾客群（即若干个细分市场，或子市场），企业再结合自身的资源与优势，选择其中最有吸引力和本企业最能有效地为之提供产品和服务的细分市场作为目标市场，设计与目标市场需求特点相互匹配的营销组合，从而使自己能在目标市场上比竞争对手做得更好，进而最终赢得竞争胜利。在此过程中，市场细分战略、目标市场战略等应运而生。

知识链接 5-1

市场细分理论的产生,使传统营销观念发生了根本性的变革,在理论和实践中产生了极大影响,被西方理论家称为"市场营销革命"。

5.1.3 市场细分的理论依据和客观基础

1. 市场细分的理论依据

产品属性是影响顾客购买行为的重要因素,不同的顾客对产品不同属性的重视程度不同,这种需求偏好差异的存在是市场细分的客观依据。顾客需求偏好模式大致有以下三种:

(1)同质偏好。同质偏好表示市场上所有的顾客有大致相同的偏好。在这样的条件下,各品牌的产品特性必然比较集中于顾客需求和偏好的中心。

(2)分散偏好。分散偏好表示市场上的顾客对产品属性的偏好高度散布在整个市场空间,偏好极其分散。进入该市场的第一品牌很可能定位于中央位置,以最大限度地迎合数量最多的顾客,因为定位于中央位置的品牌显然可以将顾客的不满足感降到最低水平。进入该市场的第二个品牌可以定位于第一品牌附近,与其争夺份额;也可远离第一品牌,形成有鲜明特征的定位,吸引对第一品牌不满的顾客群。如果该市场潜力很大,会同时出现几个竞争品牌,定位于不同的空间,以体现与其他竞争品牌的差异性。

(3)集群偏好。市场上出现几个群组的偏好,客观上形成了不同的细分市场。这时,进入市场的企业有三种选择:一是定位于中央,以尽可能赢得所有顾客群体(无差异营销);二是定位于最大的或某一"子市场"(集中营销);三是发展数种品牌,各自定位于不同的市场部位(差异营销)。

需要说明的是,确切地说,这种分析方法属于一种理论抽象。因为完全同质的偏好或完全分散的偏好,在现实中是极其罕见的,更多的市场是介于两者之间。但它仍然不失为一种科学的分析方法,有助于研究者认识事物的本质。

2. 市场细分的客观基础

市场细分作为企业营销活动的一个主要方法和手段,在市场经济条件下具有其存在的客观基础:

(1)消费者的市场需求客观上存在着差异性

市场需求的差异性取决于社会生产力发展水平、市场商品供应的丰富程度以及消费者的收入水平。除了某些同质商品外,一般来说,消费者的需求总是各不相同的,这是由每个人的个性、年龄、职业、文化程度等方面的差异所决定的。这些差异在社会经济落后、商品匮乏和人们收入普遍微薄的时候并不明显。但当社会经济发展到一定程度,市场供应比较充足,社会购买力也提高了的时候,这些差异便日益鲜明地呈现出来。市场形势的发展迫使企业研究、分析市场,并按照消费者群体的要求,及时推出适销对路的新产品。这是企业进行市场细分的原动力。

（2）市场需求具有相似性

从整体上看，人们的消费需求是千差万别的，然而在这种差别之中，又包含着某种共性。例如，就我国消费者对饮料的需求而言，儿童多喜爱乳酸类饮料，青年人偏爱可乐、啤酒，中老年人多好饮茶。由此可以看出，在某类消费者群体中会有某种共性。这种交叉中的相似性和差异性就使市场具有可聚可分的特性，为企业按一定标准细分市场从而选择自己的目标市场，提供了客观可能性。

5.1.4 市场细分的标准

1. 消费者市场细分的标准

消费者市场细分的标准可归纳为四大类：地理环境因素、人文因素、消费心理因素和消费行为因素（见表5-1）。这些因素有些相对稳定，多数则处于动态变化中。

▶消费者市场
细分的标准

表 5-1　消费者市场细分的一般标准

细分标准	具　体　因　素			
地理因素	·国界 ·气候 ·其他	·区域 ·城乡	·地形 ·人口密度	·城市规模 ·交通条件
人文因素	·国籍 ·宗教 ·性别 ·家庭人数	·种族 ·职业 ·年龄 ·其他	·民族 ·教育 ·婚姻	·社会阶层 ·收入 ·家庭生命周期
消费心理因素	·生活方式 ·价值观念	·生活格调 ·追求的利益	·购买动机 ·对产品的态度	·个性 ·其他
购买行为因素	·使用者地位 ·使用频率 ·购买频率	·对价格、广告、服务的敏感程度 ·对渠道的信赖度 ·品牌商标忠诚度		·其他

（1）地理环境因素

地理环境因素是指按照消费者所处的地理位置、自然环境来细分市场。具体变量包括：国家、地区、城市规模、气候及人口密度等。处于不同地理位置、不同环境的消费者，对同一类产品往往呈现出差别较大的需求特征，对企业营销组合的反应也存在较大的差别。

对防暑降温、御寒保暖之类的消费品按照不同气候带细分市场是很有意义的，我国北方气温较低，消费者对皮棉衣、皮棉鞋帽等防寒商品的需求量就较大，而南方高温多雨，消费者对单薄衣物、电扇空调等商品的需求量就较大；对饮食而言，依据地理环境因素来细分市场也是很有意义的，例如，杭州娃哈哈公司"非常可乐"产品初上市时以"国家"为细分市场变量，打出"非常可乐，中国人自己的可乐"旗号，激发了中国人的民族情感,顺利地打开了市场。地理细分对不同区域市场的识别和划分也有意义,企业可以根据产品在该区域上市的时间,确定本地市场属于引入期、成长期、成熟期中的哪一个阶段,以有利于企业识别不同阶段市场的特征,制定有针对性的营销策略。

就总体而言,地理环境中的大多数因素是一种相对静态的变量,比较容易辨别,但即使居住在同一国家、地区、城市的消费者,其需求或偏好仍可能存在很大的差异,因此,企业还必须同时依据其他因素对市场进行进一步细分。此外,地域差异不仅表现在饮食、衣着上,还表现在文化、价值观和购买行为上,故企业在不同地域开展营销活动时必须考虑"本地营销"所涉及的市场细分问题。

（2）人文因素

人文因素的具体变量包括:国籍、种族、民族、社会阶层、宗教、受教育程度、职业、收入、性别、年龄、婚姻、家庭人数、家庭生命周期等。

消费者在上述因素中只要在某一方面有不同,其需求和消费行为就会有所不同,比如,不同年龄、受教育程度不同的消费者在价值观念、生活情趣、审美观念和消费方式等方面会有很大的差异。

例如,百事可乐公司创业之初以年龄为细分市场的变量,锁定青年人群体为自己的目标市场,提出了"百事可乐,青年一代的选择"的口号,很快站稳了脚跟,并最终发展到现在的规模;中国移动的"动感地带"也是针对年轻一族使用群体。而金利来（远东）有限公司、深圳太太药业股份有限公司则是以性别为细分市场的变量,分别针对男性、女性群体消费者,各自提出了"金利来领带,男人的世界""太太口服液、做女人真好!"的口号,并都获得了成功。

以家庭生命周期作为细分变量并与收入和生活方式变量相结合,能够解释家庭在支出和购物方面的差异。典型的家庭生命周期包括年轻单身未婚、已婚无子女、已婚有子女、年长空巢、老年夫妇、老年丧偶等阶段。消费者对不同产品的需求随着家庭生命周期的演进而变化。如年轻单身时消费者主要购买个人消费品;新婚家庭购买家具家电产品会较多,而已婚有子女的家庭在养育子女和教育投资方面的支出会上升。

人文因素为市场细分提供了丰富的变量,但当市场处于激烈竞争时,往往需要将其中的两个或两个以上的变量进行叠加,才能取得更好的市场细分效果。

（3）消费心理因素

消费心理因素是指按照消费者的心理因素来细分市场,具体变量包括个性、生活格调、生活方式、追求的利益等。

按照上述地理和人文等标准划分的处于同一群体中的消费者对同类产品的需求仍会显示出差异性,这是因为消费心理因素在发挥作用。与地理细分或人口细分相比,依据消费心理因素细分市场通常能产生更好的市场细分结果。因为心理细分使营销者能够真正了解潜在消费者的内心世界,有利于开发出能激发目标市场消费者共鸣的营销组合。

依据消费心理因素细分市场通常能产生更好的市场细分结果,但对某一具体的消费心理因素的内涵或表现形式进行陈述、分类、归纳的工作难度颇大,而此项工作若未做到位,则市场细分难获显著成效。

1)个性。个性是指个人在先天素质的基础上,在社会条件的制约影响下,通过人的活动而表现出来的经常的、稳定的、本质的心理特征的总和。个性心理由个性心理倾向和个性心理特征两部分组成。个性心理倾向包括需要、动机、兴趣、态度、爱好、理想、信念、价值观等;个性心理特征包括气质、性格、能力等。如本田公司以个性为细分市场变量,将其摩托车产品的目标顾客确定为追赶潮流和有独立个性的年轻人群体,并有针对性地推出广告,取得了较好的效果。福特车的购买者被认为是"独立的、易冲动的、有男子气概的、机灵善变的和自信的"消费者。

2)生活格调。生活格调是指人们对消费、娱乐等特定习惯和方式的倾向性。追求不同生活格调的消费者对商品的爱好和需求有很大差异,越来越多的企业,尤其是服装、化妆品、家具、餐饮、旅游等行业的企业越来越重视按照人们的生活格调来细分市场。例如,服装可依据人们生活格调的不同,粗分为古典式、现代式、保守式、开放式、性感式等类型。

3)生活方式。生活方式即我们如何生活,它由我们过去的经历、个性、当前的情景所决定,影响着消费行为的所有方面。生活方式可依据 AIO(活动、兴趣、观点)框架进行初步测量,如表 5-2 所示。

表 5-2　经过改进的测量生活方式的 AIO 框架

项目	内容
态度	对他人、地点、想法、产品等的评价性陈述
价值观	人们拥有关于什么是可接受的和欲求的信念
活动和兴趣	消费者花费大量时间和精力所从事的非职业行为,如爱好、体育、社区活动等
媒体使用模式	消费者接触哪几种媒体
使用频率	对该类产品的消费情况的衡量。消费者通常被分为大量、中量、少量、未使用者
人口统计变量	年龄、性别、收入水平、职业、家庭结构、民族背景、地域等

资料来源:吴涛.市场营销管理.北京:中国发展出版社 2005:209.

此外,可依据由斯坦福研究所(SRI) 1989 年开发的,现已成为十分常用的市场细分工具"价值观和生活方式 VaLs2(Values and Lifestyles survey 2)细分"对生活方式进行进一步的细分。此种方法具有更广泛的心理学基础,更侧重于活动和兴趣,选择了具有相对持久性的态度和价值观来反映个人的生活方式。VaLs2 选择了自我取向和资源两类变量。自我取向(自我定位)主要分为三种:①原则取向,即此类人在选择时主要受其信念和原则的指导而不是依据感情、事件或得到他人认同的愿望做出取舍;②地位取向,这类人努力提高自身地位,以使自己跻身于地位更高的群体;③行动取向,此类人渴望社交或体能型活动,喜欢多样化和勇于承担风险。资源变量反映了个人追求其占支配地位的自我取向的能力。它涉及心理、体能、人口统计特征和物质手段等方面的因素。资源变量被看作是一个连续变量。资源通常从青春期至中年时期呈现上升趋势,然后保持相对稳定,而随着个人的衰老而逐渐下降。基于自我取向和资源两个变量可识别出如下八个心理细分市场①。

①自我实现者。自我实现者是成功、活跃、老练并富有自尊感的"领导式"人物。他们热衷于自身成长,追求发展、探索,用各种方式表达自我。他们按原则行事,追求对他人的影响和寻求变化。形象对自我实现者很重要,因为这不仅是地位和权力的象征,也是趣味、独立和性格的表现。实现者是现实或潜在的商界领导人物,具有广泛兴趣,关心社会,乐于接受变化,勇于面对挑战。他们所拥有的财物和所从事的娱乐活动折射出其对精美事物所具有的审美情趣和素养。

②履行者和信仰者。履行者是成熟、安逸、满足和富于思考的人,他们崇尚秩序、知识和责任。其中绝大多数人受过良好教育,从事专业性工作,知晓国内外大事,乐于寻找机会拓宽知识面,对职业、家庭和生活状态均感满意,闲暇活动以家庭为中心。他们对于权威机构和社会礼节持适当的尊重态度,乐于接受新思想和社会变化;按准则行事,沉着、自信、保守、实际;购买产品时,追求功能、价值和耐用性。

信仰者是比较保守和传统的人,他们信守传统的关于家庭、教会、社会文化的道德规范,遵循现成的行事规则,循规蹈矩。他们的活动很大程度上是以所属家庭、社会或宗教组织为中心。作为消费者,他们倾向于保守,偏爱本国产品和有声望的品牌,拥有自己的运动汽车、消费啤酒,会进行冒险性体育活动,并阅读一些文学杂志。

③成就者和奋斗者。成就者事业有成,以工作为中心,喜欢拥有控制生活的主动权,对工作和家庭非常投入。工作为他们提供了责任感、物质报酬和地位。他们的社会生活基本上是围绕家庭、教堂和职业展开的。他们过着普通的生活,政治上趋于保守,崇尚权威和地位。形象对他们很重要,所以他们喜欢购买那些能向同辈显示成就和成功的产品。

奋斗者寻求从外部获得激励、赞赏和自我界定,他们努力寻找生活中的安全位置。他们缺乏自信,经济社会地位较低,关心别人对他们的评说。奋斗者在许多产品的拥有上低于平均水平,阅读也低于平均水平。但他们参加烧烤、团体体育运动等活动,并与孩子们一起玩耍。

④体验者和制造者。体验者年轻、生机勃勃、冲动且具有反叛精神。他们寻求丰富多彩和刺激,崇尚新潮,敢于冒险。他们的价值观处于形成过程中,对新事物的热情来得快、消失得也快。他们对政治比较冷淡,也缺乏对社会的了解,由于涉世不深,在信念上常处于摇摆不定的状态。他们寻求锻炼和户外活动,并将大部分收入花在服装、快餐、音乐及电影上。

制造者通常以在家里从事动手性活动或建筑活动为主,在更广阔的范围内从事冒险、身临其境的体验性活动。他们务实、有建设性技能和崇尚自给自足的价值观,善于建

---

① 吴涛:《市场营销管理》,中国发展出版社 2005 年版,第 209-210 页。

造房屋、修理汽车、抚育孩子。他们生活在传统家庭与工作氛围下,对外界事物不太关心。他们在政治上趋于保守,怀疑新观点,崇尚权威和劳工组织,但厌恶政府对个人权利的干预。

⑤挣扎者。挣扎者将金钱视为成功的标准,常感到经济拮据而抱怨命运。许多人生活窘迫,受教育程度低,缺乏技能,没有广泛的社会联系。挣扎者一般年纪较大,常为健康担心,常受制于人和处于被动地位。他们必须为满足现时的迫切需要而奋斗,最关心的是健康和安全。在消费上比较谨慎,对喜爱的品牌比较忠诚。

4)追求的利益。追求的利益是指消费者在购买过程中对产品不同效用的重视程度。我们可按消费者对所购商品追求的不同利益来细分市场,有助于企业找到产品的最佳"卖点"。这种方法首先要断定消费者对有关商品所追求的主要利益是什么,追求各种利益的各是什么类型的消费者,该类商品提供了什么利益,然后根据这些信息采取相应的营销策略。

营销案例 5-1

1962 年,杨克洛维奇曾用利益细分方法研究消费者购买手表的行为,结果发现:大约有 23% 的消费者购买手表是图其价格低廉,46% 的消费者购买手表是着重于耐用及一般品质,而 31% 的消费者购买手表是作为某些职业的标志。那时有名的手表公司都把注意力放在第三个细分市场上,生产名贵手表,但美国时代公司却开发出价格适中、美观耐用的天时利手表,来迎合前两个细分市场的利益追求,而且面临的竞争者也较少,这使其后来成为世界上最大的手表公司之一。

（4）消费行为因素

消费行为因素是指按照消费者的购买行为细分市场,包括消费者进入市场的程度、使用频率、偏好程度等变量。

①按消费者进入市场的程度细分。通常可以划分为常规消费者、初次消费者和潜在消费者。一般而言,资金雄厚、市场占有率较高的企业,特别注重吸引潜在购买者,争取通过营销战略,把潜在消费者变为初次消费者,进而再变为常规消费者。而一些中小企业,特别是无力开展大规模促销活动的企业,主要吸引常规消费者。

②按消费者对产品的使用频率细分。在常规消费者中,不同消费者对产品的使用频率也很悬殊,可以进一步将其细分为"大量使用者""中量使用者""少量使用者"。许多企业宁愿花大力气去吸引那些大量使用者,让他们喜欢自己的品牌,因为这样做更能取得好的经营效果。

营销案例 5-2

美国某啤酒公司调查发现,某一区域有 32% 的人消费啤酒,其中,大量饮用者与少量饮用者各为 16％,但前者购买了该公司啤酒销售总量的 88％。经过深入的调查他们发现大量饮用者多数为工人,年龄在 25～50 岁,每天看电视 3.5 小时以上,喜欢看体育节目,于是该公司把大量的广告费主要投放于电视体育节目,结果取得了很好的广告效果,大大促进了销售。又如米勒啤酒公司了解到一些大量饮用者的抱怨,他们说想喝更多的啤酒,但又无法达到。因为喝啤酒很容易产生饱胀感。于是,米勒啤酒开发出米勒轻啤,其广告语是:"米勒轻啤不但味道非常好,还不容易引起饱胀感。"这一营销组合有效地吸引了爱喝啤酒的人,并持续了 20 多年,最终使米勒轻啤的销售额占到米勒啤酒销售总额的 22％。

③按消费者对产品的偏好程度细分。消费者对产品的偏好程度是指消费者对某品牌的喜爱程度。据此可以把消费者市场划分为四个群体,即绝对品牌忠诚者、多种品牌忠诚者、变换型忠诚者和非忠诚者。在"绝对品牌忠诚者"占很大比重的市场上,其他品牌难以进入;在"变换型忠诚者"占比重较大的市场上,企业应努力分析消费者品牌忠诚转移的原因,以调整营销组合,加强品牌忠诚程度;而对于那些"非忠诚者"占较大比重的市场企业来说,则应审查原来的品牌定位和目标市场的确立等是否准确,并且随着市场环境和竞争环境变化重新对定位加以调整。

总而言之,企业可以依据上述具体因素中的某一个或多个对市场进行科学细分,从中发现适合自己的目标市场,进而取得营销胜利。尤其是小企业在面对强大的竞争对手时,如果善于细分市场,发挥出自己的优势,是完全可以蚕食对手的部分市场,并最终发展壮大起来的。

问题与思考 5-1

可口可乐为了细分市场,曾把其产品口味分成"一般的"和"加料的",后者又分为"苹果口味""香草口味""樱桃口味",这三种口味的产品再被细分为"健怡可乐"和"传统可乐"。可口可乐公司是否需要进行这样的细分? 为什么?

2. 产业市场细分的标准

产业市场的购买者是工商服务企业,其购买目的是为了再生产、再销售,或为顾客提供服务,同时企业也谋取一份利润,它与消费者市场中的个人消费者购买目的不同、需求不同。

产业市场细分的一般标准如表 5-3 所示。

表 5-3 产业市场细分的一般标准

细分标准	具 体 因 素			
地理因素	• 国界	• 区域	• 自然环境	• 气候
	• 资源	• 交通条件	• 城乡	• 城市规模
	• 生产力布局	• 地形	• 其他	

续表

细分标准	具 体 因 素			
用户行业 （最终用户）	·冶金 ·服装 ·航空	·煤炭 ·食品 ·船舶	·军工 ·纺织 ·化工	·机械 ·森林 ·其他
用户规模	·大用户	·中用户	·小用户	·其他(特殊用户)
购买行为	·使用者地位 ·购买批量 ·价格、服务的敏感度	·追求利益 ·购买目的	·购买周期 ·品牌商标、渠道忠诚度 ·使用率	·购买频率 ·其他

(1)用户的地理位置。除国界、区域、气候、地形、交通运输等条件外,产业布局、自然环境、资源等也是很重要的细分变量。按用户地理位置细分市场,有助于企业将目标市场选择在用户集中地区,提高销售量,节省推销费用,节约运输成本。

(2)用户规模。包括大用户、中用户、小用户、其他等。不同规模的用户,其购买力、购买批量、频率、购买行为和方式都可能不同,要求供应商提供的服务水平也不同。因此,用户规模是产业市场的又一细分依据。

(3)用户的行业类别。包括农业、食品、纺织、机械、电子、冶金、汽车、建筑、金融服务等。用户的行业不同,其需求有很大差异,即使对同一种产品其具体需求也可能会有很大差异。例如对电子元器件,军工用户要求产品质量绝对可靠,供应准时,对价格不甚在意;而一般民用客户要求产品质量良好,服务周到,价格适中。因此,营销人员可以用户行业为依据进行市场细分,针对各用户的不同需求特点,采取不同的营销组合策略。

(4)购买行为因素。包括追求利益、使用率、品牌忠诚度、使用者地位(如重点户、一般户、常用户、临时户等)、购买方式等。

例如,某电碳厂由于军工任务减少,市场上电工用碳供大于求,影响企业的发展。为改变这种状况,求得企业的进一步发展,该厂进行了市场调查,运用市场细分原理,对电碳市场进行细分,如表5-4所示。

表5-4　电碳市场用户及购买行为细分情况

按用户行业细分	按用户的购买行为细分	
	购买目的	追求利益
电工 机械 冶金 化工 国防	机械密封用 衬套用 轴承用 防爆用	自润滑 抗腐蚀 抗冲击 易机械加工 质量好

资料来源:吕一林.现代市场营销学.北京:清华大学出版社,2004:101.

该厂还了解到,国内各行业所需机械密封件的数量很大,仅以泵类主机为例,据不完全统计,每年需要配套机械密封 127 万套,潜在需要量为 800 万套/年,预测 1985 年普及率仅为5％，而西方发达国家普及率为75％。其他如化工机械、水轮机等各类机械所需密封件的现实和潜在需要量都非常大。鉴于以上情况，企业结合自身实力，决定选择机械、化工行业两个细分市场为目标市场，提供这两个行业所需的机械密封用碳。该厂调整产品结构，改变了过去单一生产电工用碳，研制开发生产了具有润滑、抗腐蚀、抗冲击和易机械加工性能的机械用碳、化工用碳，满足目标市场的需要，取得了很好的经济效益。以后，该厂又开发冶金用碳、国防尖端工业用碳等新品种，成为综合性碳石墨制品生产厂，服务于机械、化工、冶金、国防、纺织、轻工、能源、仪表、电工、制药、建材、交通运输等各个行业，现已发展成为"电碳行业标兵""全国先进企业"。

此外，美国的波罗玛（Bouoma）和夏皮罗（Shapiro）两位学者，提出了一个产业市场的主要细分变量表（见表5-5），比较系统地列举了细分产业市场的主要变量，并提出了企业在选择目标顾客时应考虑的主要问题，对企业细分产业市场具有一定的参考价值。

表 5-5 产业市场的主要细分变量

细分变量	特 点
人口变量	·行业：我们应把重点放在购买这种产品的哪些行业？ ·公司规模：我们应把重点放在多大规模的公司上？ ·地理位置：我们应把重点放在哪些地区？
经营变量	·技术：我们应把重点放在顾客所重视的哪些技术上？ ·使用者或非使用者地位：我们应把重点放在经常使用者、较少使用者、首次使用者还是从未使用者身上？ ·顾客能力：我们应把重点放在需要很多服务的顾客上，还是只需少量服务的顾客上？
采购方法	·采购职能组织：我们应将重点放在那些采购组织高度集中的公司上，还是那些采购组织相对分散的公司上？ ·权力结构：我们应侧重那些工程技术人员占主导地位的公司，还是财务人员占主导地位的公司？ ·与用户的关系：我们应选择那些现在与我们有牢固关系的公司，还是追求最理想的公司？ ·总的采购政策：我们应把重点放在乐于采用租赁、服务合同、系统采购的公司，还是采用密封投标等贸易方式的公司上？ ·购买标准：我们是选择追求质量的公司、重视服务的公司，还是注重价格的公司？
形势因素	·紧急：我们是否应把重点放在那些要求迅速和突击交货或提供服务的公司上？ ·特别用途：我们应将力量集中于本公司产品的某些用途上，还是将力量平均花在各种用途上？ ·订货量：我们应侧重于大宗订货的用户，还是少量订货者？
个性特征	·购销双方的相似点：我们是否应把重点放在那些人员及价值观念与本公司相似的公司上？ ·对待风险的态度：我们应把重点放在敢于冒风险的用户，还是不愿冒风险的用户上？ ·忠诚度：我们是否应该选择那些对本公司产品非常忠诚的用户？

资料来源：[美]菲利浦·科特勒等.市场营销管理（亚洲版）·（上）.郭国庆，等译.北京：中国人民大学出版社，1997：258.

5.1.5　市场细分的原则

无论是消费者市场还是产业市场,并非所有的细分都有意义。进行市场细分必须具备一定的条件,否则将事倍功半。一般来说,实行市场的有效细分,必须具备以下条件。

1.可衡量性

可衡量性是指表明该细分市场特征的有关数据资料(如细分市场的规模及购买力)必须能够加以衡量和推算。例如,市场总容量估计是多少,各细分市场的市场容量预计能达到多少,目标顾客群的购买力预计能达到多少? 在重视产品质量的情况下,有百分之多少的人更注重价格,有百分之多少的人更注重外观,或者兼顾几种特性? 当然,将这些资料进行量化是比较复杂的过程,必须运用科学的市场调研方法。

2.可进入性

可进入性是指企业对该细分市场能有效进入和为之服务的程度。市场细分后,至少其中的部分子市场必须是企业有可能进入并能占有一定的份额的,如果细分的结果是发现已有很多竞争者,自己无力与之抗衡,无机可乘;或虽有未满足需要,有营销机会,但企业因缺乏原材料或技术,货源无着,难以生产经营;或受政策、法律限制无法进入,则这样的市场细分对该企业来说就没有现实意义。

3.可赢利性

可赢利性是指细分市场有足够的需求量且有一定的发展潜力,能保证企业获得足够的盈利。如果市场容量太小,销量有限,则不足以成为细分依据。此外,预期市场细分所得收益应大于因细分市场而增加的生产成本和销售费用,否则也不可细分。例如,汽车公司不能专门为身高1.5米以下的人设置一种特型车。可见,市场细分并不是分得越细越好,而应该科学归类,保持足够容量,使企业有利可图。应当注意的是,需求量是相对于本企业的产品而言的,并不是泛指一般的人口和购买力。

4.可区分性

可区分性是指不同的细分市场的特征可清楚地加以区分。例如,女性化妆品市场可依据女性消费者的年龄和肌肤类型等变量加以区分,肉食品、糕点等产品可按汉族与回族细分,而大米、食盐就不必按民族细分。

5.稳定性

有效的市场细分所划分的子市场必须具有相对稳定性。如果市场变化太快,变动幅度又很大,企业还未来得及实施其营销方案,目标市场就已面目全非了,则这样的细分也是毫无意义的。

5.1.6　市场细分的程序[①]

市场细分是一项复杂的系统工程,它要求按较科学的工作程序,有条不紊地进行。

---

① 惠碧仙,王军旗.市场营销——基本理论与案例分析.北京:中国人民大学出版社,2004:133-134.

市场细分的程序,一般可分为下列七个步骤:

(1)确定营销目标。也就是要确定企业生产经营什么,这是进行市场细分的基础。

(2)列出企业所要进入市场的潜在消费者的全部需求。必须尽可能详细全面地列出消费者的各种需求,特别是处于萌芽状态的需求应着重列出。例如,某企业准备进入服装市场,就必须将消费者对服装的式样、规格、花色、种类、价格等方面的需求全部详细地列出,这是企业进行市场细分的依据。

(3)找出可确定的细分市场。企业通过对不同消费者需求的了解,以各种消费者为典型,分析确定可能会存在的细分市场。如在某一市场上存在着十种不同的消费者需求,而这些需求各自的特点又十分明显,这就意味着在这一市场上可能存在十种细分市场。在寻找可确定的细分市场时,要求企业根据自己营销的经验,做出正确的估计和判断。

(4)筛选消费者需求。对可确定的细分市场,企业应分析在消费者需求中,哪种是最重要的因素,剔除一些消费者需求中的一般要求。如物美价廉这一消费者对所有商品的一般要求,对某一细分市场来说,就不一定是重要因素了。

(5)为各个确定的细分市场初步定名。企业要根据各细分市场消费者的主要特征,初步确定市场的名称,以便说明与分类。在定名时,应注意名称既要简单明确,又要形象化,富于艺术性和感染力。

(6)进一步调查研究可确定的细分市场。这就是对初步确定的细分市场是否科学合理,是否有必要做一些合并或进一步分解,进行调查研究,以使其更加完善。

(7)分析各细分市场的规模。即将细分市场与消费者的地区分布和需求特点结合起来,分析各细分市场规模的大小。也就是分析市场上消费者的数量、购买能力和潜在需求发展程度等,然后选择和确定目标市场。

5.1.7　市场细分的作用

1. 有利于企业发现市场机会

在买方市场条件下,企业营销决策的起点在于发现有吸引力的市场环境机会。这种环境机会能否发展成为企业的市场机会,取决于两点:与企业战略目标是否一致;利用这种环境机会是否能够比竞争者具有优势并获取显著收益。显然,这些必须以市场细分为起点。通过市场细分可以发现哪些需求已得到满足,哪些只满足了一部分,哪些仍是潜在需求,相应地,可以发现哪些产品竞争激烈,哪些产品较少竞争,哪些产品亟待开发,并能从中发现那些需求尚未得到满足的细分市场,这些市场为企业提供了新的极好的市场开拓机会。

营销案例 5-3

北京日化三厂在化妆品市场竞争十分激烈的情况下,通过市场调查,决定以消费者性别、年龄、购买目的、追求利益为依据细分市场(见表 5-6 至表 5-10)。

表 5-6 需求者类别

需求者	市场满足程度	需求者	市场满足程度
儿童	√	中老年	—
青少年	√	老年	—
中青年	—		

注:√表示满足;— 表示未满足。

表 5-7 购买化妆品意向

购买意向	市场满足程度	购买意向	市场满足程度
滋润皮肤	√	祛雀斑、粉刺	√
防晒	√	增白	—
防裂	√	洁面	—
有营养、无刺激	√	延长青春期	—

注:√表示满足;—表示未满足。

表 5-8 购买者情况

年龄	所占比例(%)	性别	所占比例(%)
青年	65	男	15
中年	27		
老年	8	女	85

表 5-9 选购价格　　　　表 5-10 竞争情况

档次	比例(%)
高价	10
中价	65
低价	25

地区	三地区产品占市场比例(%)
北京	28
天津	22
上海	50

资料来源:吕一林.现代市场营销学.北京:清华大学出版社,2004:102-103.

从以上市场细分的分析表明,在化妆品市场中,还有许多尚未开拓的细分市场,中年和中青年以上妇女的需求没有得到满足,且从调查中了解到,妇女希望防止容颜早衰的欲望非常迫切,需求很大。该厂从中发现了新的市场机会,决定开拓以中青年和中年以上妇女为主要服务对象的新市场,研制抗衰老、延缓皱纹增生的抗皱美容霜,满足该目标市场的需要。最终开发出一款名为"奥琪"的抗皱美容霜产品其独树一帜,深受消费者欢迎,风靡国内市场,销量大增。自1983年下半年正式投放市场起,从1984—1986年,每年销售量在全国同类产品中均居第一位,经济效益显著,企业获得很大成功。

2.有利于企业掌握目标市场的特点

不进行市场细分,企业选择目标市场必定是盲目的;不认真地鉴别各个细分市场的需求特点,就不能进行有针对性的市场营销。例如,以前电脑价格昂贵,购买者多以单位为主。随着电脑使用的逐渐普及,电脑的价格不断下降,有一些个人为了满足工作的需要而购买电脑,还有一些家庭和个人为了满足学习或娱乐的需要而购买电脑,基于满足工作的需要而购买电脑的需求与基于满足学习或娱乐的需要而购买电脑的需求之间是有明显差异的。联想电脑公司发现了这个问题,及时将电脑市场细分为"商务电脑""家用电脑"两个子市场,开发出更适合家庭使用的联想家用多媒体电脑"联想 1＋1",配备了成套的适合家庭学习与娱乐需要的软件,并开展了一系列的促销活动,取得了巨大成效。

3. 有利于企业制定市场营销组合策略

市场营销组合策略是企业综合考虑产品、价格、促销形式和销售渠道等各种因素而制定的市场营销方案。就每一特定市场而言,只有一种最佳组合形式,这种最佳组合只能是市场细分的结果。前些年,我国曾向欧美市场出口真丝花绸,消费者是上流社会的女性。由于我国外贸出口部门没有认真进行市场细分,没有掌握目标市场的需求特点,因而营销策略发生了较大失误:产品配色不协调,不柔和,未能赢得消费者的喜爱;低价策略与目标顾客的社会地位不相适应;销售渠道又选择了街角商店、杂货店,甚至跳蚤市场,大大降低了真丝花绸产品的"华贵"品位;广告宣传也流于一般。这个失败的营销个案,从反面说明了市场细分对于制定营销组合策略具有多么重要的作用。

4. 有利于小企业开拓市场,在大企业的夹缝中求生存

顾客的需求是多变的,各不相同。即使是大企业的资源也有限,不可能满足整个市场的所有需求,更何况小企业。为求得生存,小企业应善于运用市场细分原理对整体市场进行细分,拾遗补阙,从中找到适合自己优势的、需求尚未得到满足的细分市场,采取与目标市场相对应的产品、价格、渠道、促销策略,从而获得良好的发展机会,取得较大的经济效益。例如,某小型毛巾厂,在整体毛巾市场上缺乏竞争力,但通过市场细分,发现日本旅馆市场需每日更换盥洗室毛巾,且对质量要求不高,而一般大型毛巾企业对之不屑一顾。于是该厂瞄准此细分市场,作为本企业的目标市场,生产和提供该市场所需的毛巾,获得了很好的经济效益。

5. 有利于企业合理配置和运用资源,提高企业的竞争能力

企业的竞争能力受客观因素的影响而存在差别,但通过有效的市场细分战略可以改变这种差别。市场细分以后,每一细分市场上竞争者的优势和劣势就明显地暴露出来,企业只要看准市场机会,利用竞争者的弱点,同时集中使用有限的人力、物力、财力等资源于少数几个或一个细分市场上,有效地开发本企业的资源优势,就有可能用较少的资源把竞争者的顾客和潜在顾客变为本企业的顾客,提高本企业的市场占有率,增强竞争能力。例如,广西柳州两面针股份有限公司较早以"格外关注防止蛀牙"者为目标顾客群,推出了"两面针药物牙膏",获得很大的经济效益。

6. 较易取得反馈信息,便于调整营销策略

就整体市场而言,一般信息反馈比较迟钝,不易敏感地察觉市场变化。而在细分市场中,企业为不同的细分市场提供不同的产品,制订相对应的市场营销策略,较易得到市场信息,察觉顾客的反应,这有利于企业发掘潜在需求,适时调整营销策略。

5.1.8 关于市场细分值得注意的问题

需要指出的是,企业在进行市场细分时应注意以下问题:

(1)市场调查是市场细分的基础。在市场细分前,必须经过市场调查,掌握顾客需求和欲望、市场需求量等有关信息,营销人员才能据此正确选择市场细分标准。

(2)不同的企业在市场细分时,应采用不同的标准,要根据企业的实力和产品的特性来确定自己的细分标准。

(3)市场特性是动态的、经常变化的。细分标准不能一成不变,应经常根据市场变化,研究分析与调整。

(4)顾客的需求、爱好和购买行为都是由很多因素决定的。市场营销人员可运用单个标准,也可结合运用双指标标准、三维指标标准或多种标准来细分市场。但是,选用标准不能过多,要适可而止,择其主要的,确定少数主要标准和若干次要标准,否则既不实用,也不经济。

(5)细分应适度。市场细分并非分得越细越好,企业应该从对成本和收益的比较出发,对市场进行适度的细分,过度细分市场的结果是每一细分市场容量不大,而企业生产成本、营销成本大幅上升,最终导致企业总收益减少。

(6)必要时应进行深度细分。在如今个性化消费时代,对某些类型的产品而言,依据原有四大类型细分变量将难以对其市场进行有效细分,企业必须引入新的细分变量才能发现新的市场机会,锁定目标顾客,并制定有针对性的市场营销组合策略,确立自己的竞争优势,从而获得好的营销效果,此所谓进行深度细分。例如,某儿童用品公司针对儿童成长性消费的产品在运用常规的市场细分方法确定目标顾客群时遇到了困难,该公司先顺利地将目标市场界定为人口 50 万以上、人均收入××××元以上的大中城市中有 3—9 岁儿童的家庭,但其很快便发现,依据这种笼统的定位根本无法制定相应的市场营销战略,更无法保证市场营销的效率和效益,在引入父母社会阶层、收入水平、受教育程度、购买习惯等变量加以进一步区分时,统计处理的结果表明,目标人群呈混乱分布,无法找出其相近的偏好和行为特征,在对变量进行多次增删调整后,结果仍无改善。后经引入“消费者信息搜索类型”变量后,消费人群被有效地区分为信息搜索主动型、信息搜索随机型、信息搜索被动型三类。结果显示:儿童成长性消费与顾客的信息搜索类型有较高的相关性,而各城市之间的差异也反映了各城市相关文化生活水平的不同。通过调查和研究,该企业最终将目标顾客定位为具有主动信息搜索特征的消费群体,并据此制定了相应的战略,取得了良好的效果。

需要强调的是:深度细分并非市场细分的主流,也并非适用于所有的产品,它是适用于某些特定的行业、特定的局部市场或某些竞争激烈且个性化需求特征不同于以往的产品。

5.2 目标市场策略

5.2.1 目标市场的概念

市场细分是选择目标市场的基础。市场细分后,企业由于内外部条件的制约,并非要把所有的细分市场都作为企业的目标市场,企业可根据对产品的特性,自身的生产、技术、资金等实力大小和竞争能力的分析,在众多的细分市场中,选择一个或几个有利于发挥企业优势、最具吸引力,又能达到最佳经济效益的细分市场作为目标市场。

▶目标市场
的概念

目标市场是指企业打算进入并实施相应营销组合的细分市场,或打算满足的具有某一需求的顾客群体。也即是企业为满足现实或潜在需求而开拓和要进入的特定市场。

细分市场有两种极端的情况:一是把每一个人都定义为一个细分市场,因为每个人的需求都与别人不同;二是把所有的人都定义为一个大的细分市场,因为所有的人均有一些类似的基本需要,如对水和食品的需求。前者需要定制营销或个性化营销,如量体裁衣、理发等。后者所指的市场一般称为整体市场,适合采用标准化的营销组合或大众化营销,比如一个城市对其所有的居民提供同样的自来水。但是,当消费者认识到水污染的严重性及其对人体的危害后,在同质化的需求中便衍生出异质的需求,于是那些具有支付能力的消费者就产生了对更高要求的饮用水的需要,这就为纯净水或矿泉水带来了营销机会。从营销的观点来看,目标市场应该是两个极端的折中,它应该具有一定数量规模的消费者。

5.2.2 目标市场的选择模式

在对市场进行科学细分后,企业应根据自身情况从中选择适合自己的目标市场。目标市场的选择模式通常有以下五种模式,如图 5-1 所示。

1. 市场集中化

市场集中化是指企业从众多的细分市场中只选取一个作为自己的目标市场,且只生产一类产品,进行集中营销,以满足这部分目标顾客群的需求。例如,某饮料公司只生产运动饮料,某护肤品公司只生产婴幼沐浴露,某鞋厂只生产面向青年人的运动鞋。企业选择市场集中化模式一般可能基于以下考虑:

(1)企业由于自身实力有限,只有能力经营一个细分市场;

(2)企业准备打算以此为基础,站稳脚跟后再寻求向更多的细分市场扩展;

(3)企业在该细分市场中有竞争优势甚至没有竞争对手,且市场容量足够大。

这种模式的优点是对于小企业而言,有利于它集中有限的资源投向目标市场,进行

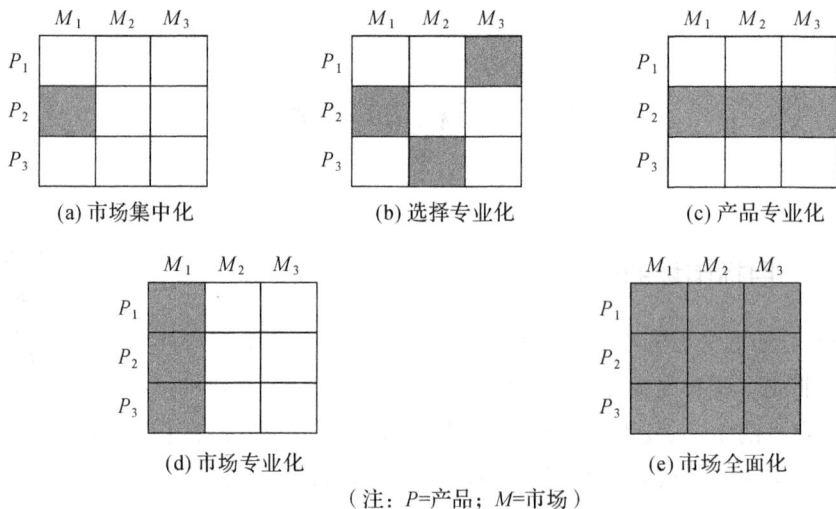

图 5-1　目标市场选择的五种模式

资料来源:吴健安.市场营销学(第二版).北京:高等教育出版社,2004:173.

专业化经营,能满足特定顾客的需求,迅速打开市场,并立住脚,赢得生存和发展的机会。但这种模式有明显的缺陷,即企业面临的风险很高,不符合"别把全部的鸡蛋放在一个篮子里"的商业戒律,一旦消费者偏好发生转变,企业易陷入困境。

2.选择专业化

选择专业化是指企业从众多的细分市场中选取若干个作为自己的目标市场,而每一个被选中的细分市场只生产、提供相对应的一类产品,以满足这部分目标顾客群的需求。例如,某制鞋公司只生产儿童皮鞋、青年旅游鞋、老年运动鞋等。采用选择专业化模式的企业应具有较强的资源和营销实力。

这种模式的优点是可以有效地分散企业的经营风险,即使某个细分市场经营情况不佳,企业仍有可能在其他细分市场取得盈利,收到"东方不亮西方亮"的效果。这种模式的缺点是企业需要为多个需求差异显著的顾客群去量身定做不同的产品,因此不得不将有限的资源进行分散使用,从而在任何一个方面都难以取得较大的竞争优势。

3.产品专业化

产品专业化是指企业试图只生产一类产品,以满足全部顾客群的需求。例如,制鞋公司只生产运动鞋去满足儿童、青年、老年人群体的需要。

这种模式的优点是企业专注于某一种或某一类产品的生产,有利于形成和发展生产与技术上的优势,从而确立竞争优势,在该领域树立强者形象。这种模式的缺点是当该产品的生产出现一种全新的技术,或出现全新的材料,甚至出现可替代产品时,该产品将面临被淘汰的巨大危险。所以,采用产品专业化模式的企业应时刻提醒自己注意不要患"营销近视症",要密切关注新技术、新材料、新产品的出现,提前适应竞争形势的变化;否则,将会毫无悬念地被市场无情淘汰。

4.市场专业化

市场专业化是指企业专门针对某一顾客群生产各种产品以满足其消费需求,例如,制鞋公司将青年人消费群体作为目标市场,针对其生产皮鞋、运动鞋、旅游鞋等。

这种模式的优点是企业生产经营的产品类型比较多,能有效地分散经营风险。这种模式的缺点是由于集中于某一类顾客,当这类顾客的消费偏好发生大的变化,而企业未能及时发现,并提前做好相应准备时,企业将面临巨大挑战,甚至陷入绝境。

5. 市场全面化

市场全面化是指企业生产多种产品去满足各种顾客群体的需要。例如,制鞋公司将儿童、青年、老年人消费群体均作为其目标市场,针对其生产皮鞋、运动鞋、旅游鞋等。一般来说,这种模式的优点是企业生产经营的产品类型比"市场专业化"模式更多,能更有效地分散经营风险。这种模式的缺点是只有实力雄厚的大型企业选用这种模式,才能收到良好效果。

五种模式无所谓哪种最好,都各有其应用价值。企业依据自身情况选择适合自己的目标市场选择模式,就能获得好的效果。

5.2.3 目标市场战略

1. 无差异性营销战略

无差异性营销战略是指企业把整体市场看作一个大的目标市场,不进行细分,用一种产品、统一的市场营销组合对待整体市场。例如,在 20 世纪

▶目标市场战略

60 年代前,美国可口可乐公司一直奉行典型的无差异战略,以单一的品种、标准的瓶装和统一的广告宣传,长期占领世界非酒类饮料市场。此外,美国福特汽车公司也曾经采用过无差异营销战略,只生产黑色的"T 型车",并获得过很大的成功。在中国大陆实行计划经济的那个年代,由于供给不足,工厂都实行无差异营销战略。实行此战略的企业可能基于两种不同的指导思想。第一种是从传统的产品观念出发,强调市场需求的共性,忽略其差异性。在大量生产、大量销售的产品导向时代,企业多数采用无差异性营销战略经营。实行无差异性营销战略的另一种指导思想是:企业经过市场调查之后,认为某些特定产品的消费者需求大致相同或较少差异,例如,人们对电、家庭生活用水、食盐、白糖等产品需求差异很小,因此生产这类产品的企业就可以采用无差异性市场营销战略。

采用无差异性营销战略的最大优点是可以大大降低产品的单位成本。大批量的生产单一品种的产品,能发挥出规模经济的优势,显著降低单位产品生产成本;无差异的广告宣传可以减少促销费用;不进行市场细分,相应减少了市场调研、产品研制与开发,以及制定多种市场营销战略、战术方案等带来的成本开支。

无差异性营销战略的缺点是应变能力差。一旦市场需求发生变化,难以及时调整企业的生产和市场营销策略,特别是在产品生命周期进入成熟阶段后,显得竞争手段过于单一,因而风险较大。

营销案例 5-4

20世纪70年代第一次能源危机发生之后，美国三大汽车公司还都凭以往经验坚信美国人喜欢大型豪华的小汽车，仍采用无差异性市场营销战略，没有注意到此时美国消费者的消费偏好因汽油价格昂贵已发生了变化，消费者已越来越喜欢小型、轻便、省油的小型轿车，这致使一方面大轿车市场竞争"白热化"，造成大量积压，另一方面小型轿车市场却被忽略。日本汽车公司正是在这种情况下乘虚而入的，其向美国市场投放小型、轻便、省油的小型轿车，迅速赢得了美国消费者的欢迎，站稳了脚跟。经过几十年的发展，一些日本汽车公司已成为世界性跨国大公司。据悉，日本丰田汽车公司在2009年已经取代美国通用汽车公司成为世界最大汽车公司。

无差异性营销战略对市场上大多数产品都是不适宜的，因为消费者的需求偏好具有极其复杂的层次，某种产品或品牌能够受到市场普遍欢迎的情况是很少的。它只适宜于企业资源雄厚，产品通用性、适应性强，差异性小，以及市场类似性较高，且具有广泛需求的产品，如通用设备、标准件以及不受季节、生活习惯影响的日用消费品。

2. 差异性营销战略

差异性营销战略是把整体市场划分为若干细分市场，然后根据企业的资源及营销实力选择两个以上甚至全部细分市场作为目标市场，并为各目标子市场分别设计生产不同的产品，采取不同的营销组合手段，制定不同的营销组合策略，有针对性地满足不同细分市场顾客的需求。如宝洁公司就是长期采取差异性营销策略的典范，它的洗发水、洗衣粉、护肤品都有许多品种，针对不同顾客的需要。

采用差异性营销战略的最大优点是面向广阔市场，可以有针对性地满足具有不同特征的顾客群的需求，提高产品的竞争能力，扩大销售量，增强竞争力；企业适应性强，富有周旋余地，不依赖一个市场一种产品，有利于做到"东方不亮西方亮"，与无差异营销战略相比可以降低企业的经营风险。

采用差异性营销战略的缺点是由于小批量多品种生产，要求企业具有较高的经营管理水平；由于品种、价格、销售渠道、广告、推销的多样化，使生产成本、研发成本、存货成本、销售费用、市场调研费用相应增加，降低了经济效益。所以，在选择差异性营销策略时要慎重，应比较运用此战略所能获得的经济效益是否能抵消或超过成本的提高，有时需要进行"反细分"或"扩大顾客的基数"，作为对差异性营销战略的补充和完善。

差异性市场营销战略适合多数企业，但要求企业具有较高的经营管理水平。

3. 集中性营销战略

集中性营销战略也称为"弥隙"战略，即弥补市场空隙的意思。它是指企业在将整体市场划分为若干细分市场后，只选择其中某一细分市场作为目标市场，或将几个性质相似的小型市场归并为一个细分市场，为该市场开发一种理想的产品，实行集中营销。集中性营销战略的指导思想是把企业的人、财、物集中用于某一个细分市场，不求在较多的细分市场上都获得较小的市场份额,而希望在这一目标市场上得到较大的市场份额。

集中性营销战略的优点是有助于企业实行专业化经营,更好地满足特定顾客的需求,还能大大降低生产成本,大大节省营销费用,使企业能增加盈利,并易于取得竞争优势。

集中性营销战略的缺点是对单一和窄小的目标市场依赖性太大,一旦目标市场的需求情况突然发生变化,例如,目标消费者的兴趣突然转移(这种情况多发生于时髦商品)或是市场上出现了更强有力的竞争对手,企业由于周旋余地小,可能就此陷入严重困境,甚至倒闭。

集中性营销战略特别适合于资源有限的小企业,或刚刚进入某个新领域的企业,使企业得以集中运用有限的资源,实行专业化的生产和销售,提供良好的服务,节省营销费用,提高产品和企业知名度,在局部市场的竞争中处于有利地位。条件成熟时,企业还可伺机扩大市场,进一步向纵深发展。因此,集中性营销战略往往会成为新企业战胜老企业,或小企业战胜大企业的有效战略。集中性营销战略是小企业在市场立足乃至发展的一个法宝。

5.2.4 目标市场营销战略的选择条件

1. 企业实力

企业实力是指企业在人力资源、资金、设备、生产能力、技术水平、销售能力、管理能力、竞争能力等方面的总和。如果企业实力雄厚,则可选择采用无差异性营销战略;如果企业实力一般,则可选择采用差异性营销战略;如果企业能力较弱,则宜采用集中性营销战略。

2. 产品特性

企业应依据不同的产品特性和消费者对产品挑选程度不同来确定选择何种目标市场营销战略。对于那些在品质、性能等方面无差异的同质性产品,如家庭生活用水、电、石油等,以及在品质、性能等方面虽有差异但差异很小,消费者挑选性不大的产品如火柴、普通廉价打火机等,企业可采用无差异性营销战略。而对那些规格复杂、性能差异大、消费者挑选性大、产销变化快的产品,如服装、鞋帽、家用电器、食品、工艺品、汽车等,企业则可根据自身资源力量,选择采用差异性营销战略或集中性营销战略。

3. 产品所处的生命周期阶段

企业推出新产品之初由于对产品的市场前景尚不能明确,故往往以较单一的产品探测市场需求与潜在需求,因此企业在新产品的导入阶段可采用无差异性营销战略。当产品进入成长或成熟阶段后,由于市场竞争加剧,同类产品增加,企业必须调整市场营销组合,不断开拓新的市场,此时企业应改用差异性营销战略或集中性营销战略。当产品进入衰退期,企业一般应采用集中性营销战略,以延长产品生命周期。

4. 市场的类同性

如果顾客的需求、偏好、购买行为大致相近,对产品销售方式和服务要求的差别不大,对市场营销刺激的反应差异不大,即市场同质性较强,则企业应采用无差异性营销战略;如果市场需求差别很大,顾客购买的选择性又强,对市场营销刺激的反应差异显著,则企业应采用差异性或集中性营销战略。

5.市场竞争情况

市场竞争包括两方面情况:一是竞争者的数目和市场竞争的激烈程度。当竞争对手很多时,消费者对商品的品牌印象显得很重要,为了在消费者心目中建立较高信誉的品牌形象,增强产品的竞争力,企业宜采用差异性或集中性营销战略;若竞争者很少,本企业基本处于独家销售的情况下,则可以采用无差异性营销战略。二是竞争者的市场营销策略。如果强有力的竞争对手采用无差异性营销战略,则本企业应选择采用差异性营销战略或集中性营销战略,这有利于开拓市场,提高产品竞争能力;如果竞争者已采用差异性营销战略,则企业可以考虑采用集中性营销战略,或在进行深度细分的基础上,采取差异性营销策略;如果竞争对手较弱,则本企业可采用无差异性营销战略。

总之,企业应因地制宜,选择最适合自己的目标市场营销战略。企业可在不同时期,依据自身实力、产品、市场、竞争的不同状况选择不同的目标市场营销战略,万不可墨守成规,该变不变。

5.2.5 理想目标市场的特征

目标市场的优劣,应根据一定的标准进行评价。比较理想的目标市场应具备下列基本条件:

1.有一定的市场规模,其市场容量能达到企业的期望值

作为目标市场,首先应具有一定规模。因为企业要开发一个新市场,无论规模大小都要付出较高的广告与宣传费用。如果市场规模太小,企业会得不偿失,无利可图,这样的子市场则无开发价值。市场规模大,现实和潜在的需求大,企业的机会利益大,企业才有可能向市场提供适销对路的产品,满足消费需求,进而获得盈利。

2.有一定购买力

购买力是实现消费的必要前提,只有具有现实的购买力,才能把潜在需求变为现实需求。因此,评价目标市场,首先要进行消费者购买能力的分析。应当注意,分析消费者购买力,不仅要分析其收入水平和经济实力,而且要研究消费者的不同消费倾向及其变化趋势。

3.市场未被竞争者完全控制

评价目标市场,不仅要分析市场规模和购买力,还要分析掌握竞争对手在该市场上的经营状况。只有竞争对手未完全控制的目标市场,企业才有进入的可能。如果竞争对手已完全控制了市场,除非企业拥有较大的竞争优势,否则不应以此作为目标市场。

4.企业有能力经营

评价目标市场,除上述3条以外,还要考虑企业的营销能力和战略目标。只有当企业的人、财、物及经营管理水平等条件具备时,才能将该子市场作为企业的目标市场。

5.3 市场定位

5.3.1 市场定位的概念

市场定位是指根据竞争者现有产品在细分市场上所处的地位和顾客对产品某些属性的重视程度,塑造出本企业产品与众不同的鲜明个性或形象并将其传递给目标顾客,使该产品在细分市场上占有强有力的竞争位置。市场定位也被称为产品定位或竞争性定位。

知识链接 5-2

"定位"的概念,最先是由广告经理艾尔·列斯(Al Ries)和杰克·特劳特(Jack Trout)在 1969 年提出的,在 1979 年他们出版的《定位:攻心之战》著作中,定位理论进一步得到完善。他们认为:定位的关键并非是要对产品本身做些什么,而是要针对潜在顾客的心理采取行动,使产品或品牌与竞争产品或品牌相比在消费者心目中占据一个适当的位置。定位是以产品为出发点,如一种商品,一项服务,一家公司,一所机构,甚至一个人……但定位的对象不是产品,而是针对潜在顾客的思想。就是说,要为产品在潜在顾客的大脑中确定一个合适的位置。

市场定位一定要把进入潜在消费者的心智作为首要目标。消费者头脑中存在一级级的台阶,可称之为心理阶梯。他们将产品或品牌按某种或多种标准在这一心理阶梯上排序。定位就是要找到甚至创造出某种心理阶梯,并通过营销沟通使产品或品牌能够在这一阶梯上占据首位,如"第一说法、第一件事、第一位置"等。因为只有创立并占据第一,才能在消费者心目中形成难以忘怀、不易混乱的差异化效果。这种差异化不一定就是产品实际的功能性利益,关键是要能够凸显与竞争品牌的区别或不同点,从而赢得竞争优势。优势定位一旦确立,无论何时何地,只要消费者产生了与这种产品或品牌的相关需要或购买欲望时,他就会首先想到这一品牌和这家公司的产品,进而影响其选购行为。所以,从结果来看,定位就是要通过在消费者的心理阶梯上占据首位,使品牌能够成为购买的首选,以先入为主的效果实现营销的目标。产品的特色或个性可以从产品实体上表现出来,如形状、成分、构造、性能等;也可以从消费者心理上反映出来,如豪华、朴素、时髦、典雅等;还可以表现为价格水平、质量水准等。

企业在市场定位过程中,一方面要了解竞争者产品的市场地位,另一方面要研究目标顾客对该产品的各种属性的重视程度,然后选定本企业产品的特色和独特形象,提出自己独特的销售主张,例如,"乐百氏纯净水 27 层净化""农夫山泉有点甜""困了、累了,喝红牛"等,从而完成产品的市场定位。

5.3.2 市场定位的方式

1. 针锋相对式定位

针锋相对式定位策略,是指企业根据自身的实力,为抢占较佳的市场位置,不惜与市场上占支配地位的、实力雄厚或较强的竞争对手进行正面竞争,以使自己的产品进入与竞争者相同的市场位置,同竞争者争夺同一细分市场的策略。显然,这种定位策略具有一定的风险性。实行这种定位策略的企业,必须充分考虑以下条件:本企业能比竞争者生产出更好的产品;该产品市场容量大,能吸纳两个以上竞争者的产品;本企业所拥有的资源不低于竞争者;该市场定位与企业的特长和信誉相适应,企业有较好的竞争优势和信誉。

▶市场定位的方法

2. 取而代之式定位

取而代之式定位策略就是将竞争者赶出原有位置,并取而代之。一些实力雄厚的大企业,为扩大自己的市场范围,通常会采取这种策略。企业要实施这种定位策略,必须比竞争对手有明显的优势,提供比竞争者更加优越和有特色的产品,并做好大量的推广宣传工作,提高本企业产品的形象和知名度,冲淡顾客对竞争者产品的印象和好感。

3. 与竞争者并存式定位

与竞争者并存式定位策略是将本企业的产品位置确定在目标市场上现有竞争者的产品旁。一些实力不太雄厚的中小企业大多采用此策略。采用这种策略的好处是:①企业可仿制竞争者的产品,向市场销售自己品牌的产品;②由于竞争者已开发这种产品,所以本企业可节省大量研究开发费用,降低成本;③由于竞争者已为产品进行了推广宣传,市场开拓,所以本企业既可节省推广费用,又可减少不适销的风险。企业采用并存的市场定位策略的前提是:该市场首先还有很大的未被满足的需求,足以吸纳新进入的产品;其次是企业推出的产品要有自己的特色,能与竞争产品媲美,才能立足于该市场。

4. 填空补缺式定位

填空补缺式定位策略,是一种不与竞争者直接冲突,将企业产品定位在目标市场的空白处,去开拓新的尚未被占领但为许多消费者所重视的潜在市场的策略。如"金利来"进入中国大陆市场,就填补了男士高档衣物的空位。这种定位策略的使用有两种情况:一是这部分潜在市场即营销机会尚未被发现,在这种情况下,企业容易取得成功;二是许多企业发现了这部分潜在市场,但无力去占领,这就需要有足够的实力才能取得成功。

5. 另辟蹊径式定位

另辟蹊径式定位策略,是一种避开强有力的竞争对手、突出自己与众不同个性的定位策略。具体来说,当企业意识到自己无力与同行业的强大竞争者相抗衡,从而获得绝对优势地位时,可根据自己的条件去争取相对优势,突出宣传自己产品与众不同的特色,在某些有价值的产品属性上取得领先地位。如"七喜"汽水,突出宣传自己不含咖啡因的特点,成为非可乐型饮料的领先者。

6. 二次定位(重新定位)

企业产品的市场定位,不是一成不变、一劳永逸的。随着市场情况的变化,有些产品就需要重新定位,即对产品进行二次或再次定位。需二次定位的情况一般是:①当本企业产品定位附近出现了强大的竞争者,导致本企业的产品销售量及市场占有率下降时;②顾客的消费观念、消费偏好发生变化,由喜爱本企业产品转向喜爱竞争者产品时;③当本企业产品在目标市场已逐步走向产品生命周期的衰退期,企业要转移新的市场时。在重新定位前,企业应慎重考虑和评价,企业改进产品特色和转移到另一种定位时,所付出的代价是否小于在此新市场上的销售收入,以保证产品重新定位后仍有利可图。

营销案例 5-5

王老吉初始的市场定位是"凉茶",在广东地区销售得不错。但自 1995 年推出,历时 7 年,一直未能在全国打开市场。公司曾 5 次"北伐",谋求全国扩张,也铺货到成都等地,均铩羽而归。后将产品重新定位为预防上火,明确提出"怕上火,喝王老吉",巧妙引进"上火"这一全国人民都熟悉的中医概念,最终产品红遍大江南北,取得很大成功。

市场定位的方式有多种,但没有绝对的好与不好,适合自己的才是好的。企业只要选择得当,就能取得较好的结果,正所谓"条条大路通罗马"。

5.3.3 市场定位的步骤

企业的市场定位工作一般包括以下几个步骤。

1. 调查竞争者的定位状况

要了解竞争者正在提供何种产品,这些产品在顾客心目中的形象如何,并估测其产品成本和经营状况。在市场上,顾客最关心的是产品本身的属性(质量、性能、花色、规格等)和价格。因此,企业要确认竞争者在目标市场上的定位,将此作为确立自己的市场定位的重要基础。深入、细致的调查是市场定位成功的不可或缺的基础。

2. 了解目标顾客对产品的评价标准

要了解购买者对其所要购买产品的最大偏好和愿望以及他们对产品优劣的评价标准。例如,对服装,目标顾客关心的是式样、颜色,还是质地、价格;对饮料,是重视口味、价格,还是营养、疗效。企业应努力搞清楚顾客最关心的问题,以此作为定位决策的依据。

3. 识别目标市场潜在的竞争优势

通常企业的竞争优势表现在两方面:成本优势和产品差别化优势。成本优势是指企业能够以比竞争者更低的成本生产相同质量的产品,从而能够以比竞争者更低的价格销售相同质量的产品或以相同的价格水平销售更高一级质量水平的产品。产品差别化优势是指企业能向市场提供在质量、功能、品种、规格、外观等诸多方面中有一个方面或更多方面比竞争者更好的产品,且产品独具特色的功能和利益与顾客需求相适应的优势。为了识别目标市场潜在的竞争优势,企业必须进行规范深入的市场研究,切实了解目标市场需求特点以及这些需求被满足的程度,从中发现在目标市场中本企业有可能获得的潜在的竞争优势。

4.明确企业自身核心竞争优势

核心竞争优势是指企业在人力资源、产品研发、生产制造、服务质量、销售能力、品牌知名度等方面与主要竞争对手相比,企业在某一个或某一些方面占据明显优势,并因此可获取明显的差别利益。企业要明确自身核心竞争优势,首先要研究主要竞争者的优势和劣势,这可以从三个方面来进行评估:一是竞争者的业务经营情况,如近 3 年的销售额、利润率、市场份额、投资收益率等;二是竞争者的核心营销能力,主要包括产品质量和服务质量等;三是竞争者的财务能力,包括获利能力、资金周转能力、偿还债务能力等。其次应把企业的全部营销活动加以分类,并将主要环节与竞争者相应环节进行比较分析,以识别和形成核心竞争优势。

5.制定发挥核心竞争优势的战略

企业在市场营销方面的核心能力与优势,不会自动地在市场上得到充分的表现,必须制定明确的市场战略来加以体现。例如,以生产中低档手表为主的丹东手表工业公司认为自己的产品无力与大企业的名牌产品相抗衡,因而避开大城市而选择乡镇市场为目标市场,提出了"走下铁路上公路,离开城市到农村"的营销战略,树立起了适合农村消费者偏好的产品形象,因而取得了连续 3 年利税有较大幅度增长的好成绩。这就是正确地选择定位战略的结果。

6.确立并准确地传播企业的定位观念

在经过上述工作之后,企业可以明确自己的市场定位。企业在做出市场定位决策后,还必须大力开展广告宣传,把企业的定位观念准确地传播给消费者,逐渐形成一种鲜明的市场概念,这种市场概念能否成功,取决于它是否与顾客的需求和追求的利益相吻合。在广告宣传过程中,应避免给消费者造成三种误解:一是产品档次过低,没有自己的特色;二是产品档次过高,名不副实;三是混淆不清,在消费者心目中难以形成共识。比如对同一产品,有人认为其是高档的,有人认为其是低档的。上述三种误解,都是由于定位宣传失误所致,它将会给企业形象和经营效果造成不利影响,应引起企业的注意。准确地传播企业的定位观念是好的市场定位取得成功的必要保障。

5.3.4　市场定位的关键

1.学会牺牲

越是简单明了的信息,越容易被消费者识别和接受。当企业的产品具有多项功能时,市场定位的工作决不能步入试图将产品所有的功能均在市场定位中加以体现的误区,要知道产品说明越多,顾客就越搞不清楚如何在自己的大脑文件柜中存贮它,要明确市场定位的对象不是产品,而是针对潜在顾客的思想,也就是说,要为产品在潜在顾客的大脑中确定一个合适的位置,关键在于能够凸显与竞争品牌的区别或不同点。此时,不妨做些牺牲,简明定位,集中力量于一个重点并将其打入消费者心中。

2.个性化

顾客挑选产品时,他们在理性上考虑产品的实用功能,同时他们也评估不同产品所表现出的个性。当产品表现的个性与他们的自我形象相吻合时,他们就会选择该产品,并用该产品体现自己的个性。20 世纪 50 年代末,福特公司在促销福特牌汽车和雪佛兰汽车时就强调个性的差异。人们认为,购买福特牌汽车的顾客有独立性、易冲动,有男子汉气概,敏于变革并有自信心;而购买雪佛兰牌汽车的顾客保守、节俭,重名望,缺乏阳刚之气,恪守中庸之道。可见,商品应是有个性的。

个性化原则要求市场定位要有创意,要赋予产品或品牌独有的个性,即使这种个性与产品本身并无关联,是人为地赋予上去的,但只要得到消费者认同,它就将是企业战胜对手、赢取消费者芳心的最有利的武器。

3. 动态调整

在变化的环境中,今天处于第一地位的企业不能保证明天是第一,新的变化因素在一夜之间可以把一个看上去占据强有力市场地位的企业摧垮。无论它的广告词多么响亮,即使广告铺天盖地也无法力挽狂澜,王安公司、三株口服液等都是这种快速变化下的牺牲品。因此,企业只有不断调整自己的经营目标、产品种类、技术水平、管理方式、营销策略,才能适应环境,焕发生命力。

动态适应原则就是在要求变化的环境中,抛弃过去传统的以静制动、以不变应万变的静态定位思想,对周围环境保持高度的敏感,及时调整市场定位策略。或是开发产品的新性能来满足消费者的新需求,或是对原有的定位点偏移或扩大,以做到驾驭未来,而非经营过去。标准(Measurex)公司在 20 世纪 70 年代初对造纸厂出售一种数字计算机。工厂使用这种机器后用同样多的原料可以生产出更多的纸张。公司将这种产品定位为"提高生产率的工具"并大加宣传,确立了这一产品的市场地位。3 年后,由于石油禁运,能源紧张,市场环境发生了急剧的变化。这时,节约能源变成每一家公司的当务之急。面对市场环境的重大变化,标准公司在新闻媒体上开展了新的广告攻势,将广告词改为:"使用标准公司的数字计算机,每天可以节约石油 100 桶!"公司把产品重新定义为一种"节能产品",造纸商为了节约能源而购买它们。实际上,产品还是原来的产品,只是在市场上确立了新的节能地位,因而销售量持续增长。

成功的经验告诉我们,在动态的市场环境中,每一家企业都应当严密监视市场环境,随时审时度势,依据环境变化、竞争对手变化、顾客观念态度变化、政府宏观政策的改变,重新定位自己的产品和企业,修正企业的营销策略,以适应不断变化的新市场需要。

5.3.5 市场定位的战略

差别化是市场定位的根本战略,具体表现在以下四个方面。

1. 产品差别化战略

产品差别化战略是指企业从产品质量、产品款式、产品功能等方面寻求与竞争对手的产品有所不同来实现差别。

产品质量是指产品的有效性、耐用性和可靠程度等。一项研究表明:产品质量与投资报酬之间存在着高度相关的关系,即高质量产品的盈利率高于低质量和一般质量的产品,但质量超过一定的限度时,顾客需求开始递减。显然,顾客认为购买过高的质量,需要支付超出其质量需求的额外的价值(即使在没有让顾客付出相应价格的情况下可能也是如此),因而是得不偿失的。企业寻求在产品质量方面拉开与竞争对手的距离,有助于企业获得竞争优势,例如,奔驰汽车靠其高质量获得了成功人士的喜爱。

产品款式是产品差别化的一个有效工具,对汽车、服装、手机等许多产品尤为重要。对服装而言,款式是决定其能否良好销售的关键因素之一;而对手机而言,由手机厂商几乎每半个月就推出一款新机型可以知晓款式对该类产品是多么重要。夏新公司曾靠一款 A6 手机卖得火爆而大赚特赚,企业得以走出困境。

企业若能开发出功能别具一格、填补市场空白且符合消费者需求的产品,就可能获得成功。宏基伟业公司曾推出 PDA 产品"商务通",因其功能强大,加之出色的营销,"呼机、手机、商务通,一个都不能少"的广告几乎家喻户晓,企业获得了极大的成功,创造了一个营销神话。

2. 服务差别化战略

服务差别化战略是指向目标市场提供与竞争者不同的优异服务。企业的竞争力越能体现在顾客服务水平上,市场差别化就越容易实现。如果企业把服务要素融入产品的支撑体系,就可以在许多领域建立"进入障碍"。因为服务差别化战略能够提高顾客总价值,保持牢固的顾客关系,从而击败竞争对手。例如,IBM"蓝色快车"服务,海尔的红地毯服务都深入人心,良好的服务赢得了消费者的信赖,也提高了产品的价值,并成为企业核心竞争力的一个不可或缺的有机组成部分。

服务战略在很多市场状况下都有用武之地,尤其在饱和的市场上。对于技术精密产品,如汽车、计算机、复印机等服务战略的运用更为有效。

3. 人员差别化战略

人员差别化战略是指通过聘用和培训比竞争者更为优秀的人员以获取差别优势。市场竞争归根结底是人才的竞争。一个受过良好训练、具有较高素质的员工可以帮助企业赢得消费者的青睐。例如,某人到国外出差,因公务繁忙,尽管发现鞋子有些破损,但也没有时间去买新的。一日需从某国乘飞机去另一个国家,在机场候机大厅意外发现了有自己喜爱的某品牌的鞋子卖,但恰巧符合自己的尺码的鞋卖完了,经试穿接近该尺码的其他尺码的鞋,却无一双特别合脚,仅有一双稍微有点紧,但无大碍。他打算买下这双鞋,可是服务员坚决不卖,这使他大为光火,因为脚上的那双鞋已经不好意思再穿了。服务员耐心地向他解释说,本公司的宗旨是决不卖让客户有任何不满意的产品给客户,然后她又询问此人准备飞往何处,何时到达,将入住何处,在问清楚后,她高兴地告诉此人,她会通知公司在那里的机构届时将适合他的尺码的鞋送到他住的地方。该公司果然说到做到,让此人感动不已。事后此人十分感慨地说:尽管那个服务员失去眼前的这个客户、损失自己的销售额,但却为公司争取到了一个忠诚的客户。

4. 形象差异化战略

形象差异化战略是指在产品的核心部分与竞争者类同的情况下塑造不同的产品形

象或企业形象以获取差别优势。联想公司的"人类失去联想,世界将会怎样"海尔公司的"真诚到永远"、美的公司的"原来生活是可以更美的"等广告成功地塑造了这些企业与众不同的形象;此外"伊莱克斯冰箱,可以听的冰箱"成功塑造了其不同于其他品牌的冰箱的产品形象。这些都为相应的企业带来了很好的营销业绩。

本章小结

本章主要阐述了企业 STP 战略,即市场细分战略、目标市场选择战略、市场定位战略。通过本章学习,读者可以明确这三种战略的含义及其联系,掌握市场细分标准、市场细分原则与市场细分程序、目标市场选择、目标市场战略与选择、市场定位的方式与步骤等重要内容。本章还特别总结了市场细分应注意的问题、市场定位的关键等内容,并介绍了市场细分的新发展——深度细分概念。

复习思考题

一、名词解释

市场细分、目标市场、市场定位、无差异营销战略、差异性营销战略、集中性营销战略

二、单项选择题

1. 生活消费品市场的细分变量主要有地理环境、人口状况、消费者心理、购买行为等四类,其中使用习惯属于(   )。

A. 购买行为　　　　　B. 人口状况　　　　C. 消费者心理　　　　D. 地理环境

2. (   )是市场细分的条件之一。

A. 竞争性　　　　　　B. 可衡量性　　　　C. 效益性　　　　　　D. 适应性

3. 按照人口的具体变量细分市场的方法就是(   )细分。

A. 地理　　　　　　　B. 行为　　　　　　C. 心理　　　　　　　D. 人口

4. 处于(   )的产品,可采用无差异性的目标市场营销策略。

A. 成长期　　　　　　B. 衰退期　　　　　C. 导入期　　　　　　D. 成熟期

5. 在春节、中秋节、情人节等节日即将来临的时候,许多商家都大做广告,以促销自己的产品。他们对市场进行细分的方法是(   )。

A. 地理细分　　　　　B. 人口细分　　　　C. 心理细分　　　　　D. 行为细分

6. 市场细分的依据是(   )。

A. 产品类别的差异性　　　　　　　　　B. 消费者需求与购买行为的差异性

C. 市场规模的差异性 D. 竞争者营销能力的差异性

7. 企业细分的市场清晰可辨,需求量可以测量。这表明了市场细分的一个有效条件,即( )。

A. 可衡量性 B. 适当而稳定的需求规模

C. 可进入性 D. 明显的差异性

8. 以生活格调作变量细分市场,属于( )法。

A. 人口细分 B. 心理细分 C. 地理细分 D. 行为细分

9. 资源有限,无力顾及整体市场或多个细分市场的企业,宜采用( )目标市场策略。

A. 无差异性 B. 差异性 C. 集中性 D. 多元性

10. 无差异性策略的最大优点是( )。

A. 市场占有率强 B. 成本的经济性

C. 市场适应性强 D. 需求满足程度高

11. 将许多过于狭小的市场组合起来,以便利用较低的价格去满足这一市场较广的需求。这种市场细分战略叫作( )战略。

A. 超细分 B. 反市场细分 C. 地理细分 D. 多数谬误

12. 在普通食盐市场上,消费者所表现的需求、欲望、购买行为以及对企业营销策略的反应都相似,这类产品的市场被称为( )。

A. 同质性市场 B. 异质性市场

C. 消费者市场 D. 目标市场

13. 最适于实力不强的小企业采用的目标市场策略是( )。

A. 选择性营销策略 B. 无差异性营销策略

C. 集中性营销策略 D. 产品开发策略

14. 细分消费者市场可以四大类因素为标准,下列( )不是人口和社会经济状况因素。

A. 年龄 B. 职业 C. 生活态度 D. 家庭生命周期

15. 对于同质产品或需求上共性较大的产品,宜实行( )。

A. 无差异性营销战略 B. 差异性营销战略

C. 集中性营销战略 D. 产品多样化营销战略

三、多项选择题

1. 地理细分变数有( )。

A. 地形 B. 气候 C. 城乡 D. 交通运输

2. 若强大的竞争对手实行的是无差异性营销,企业则应实行( )营销。

A. 大量 B. 产品多样化 C. 集中性 D. 无差异性

3. 按照对某种产品的"使用率"可将消费者划分为( )。

A. 不使用者 B. 潜在使用者 C. 初次使用者 D. 经常使用者

E. 潜在使用者

4. 生产资料市场细分的主要依据是( )。

A. 所有制形式 B. 最终用户要求 C. 顾客的地理分布

D. 用户规模 E. 劳动生产率水平

5. 人口细分的变量有( )。

A. 年龄 B. 性别 C. 个性 D. 收入

E. 生活方式

6. 寻求差异化可以从以下( )着手进行。

A. 产品差异化 B. 构思差异化 C. 服务差异化

D. 人员差异化 E. 渠道差异化 F. 形象差异化

7. 消费者市场的细分变量主要有( )。

A. 地理变量 B. 心理变量 C. 人口变量 D. 消费变量

E. 行为变量

8. 目标市场营销的全过程包括的步骤主要有( )。

A. 市场调查 B. 市场细分 C. 目标市场选择 D. 市场定位

E. 市场预测

9. 按消费者对产品品牌的忠诚程度,可将消费群分为( )。

A. 坚定忠诚者 B. 非坚定忠诚者 C. 名牌忠诚者

D. 转移型忠诚者 E. 非忠诚者

10. 在选择目标市场营销策略时,需考虑的主要因素是( )。

A. 企业的资源特点 B. 产品特点 C. 营销环境 D. 市场特点

E. 竞争者策略

四、判断题

1. 市场细分实际上是对产品进行分类。 ( )

2. 依据消费者对商品的同质需求和异质需求,可以把市场分为同质市场和异质市场。 ( )

3. 消费者需求和购买行为的差异性和同类性,是市场细分的主要依据。 ( )

4. 市场细分是选择目标市场的目的和归宿。 ( )

5. 一个理想的目标市场必须有足够的市场需求。 ( )

6. 在同类产品市场上,同一细分市场的顾客需求具有较多的共同性。 ( )

7. 无差异市场营销策略的优点之一是生产的成本较低。 ( )

8. 容量大、潜量大、竞争对手弱、盈利水平高的细分市场,最适合作企业的目标市场。 ( )

9. 企业在选择市场定位策略时,必须考虑企业自身资源、竞争对手的可能反应、市场的需求特征等因素。 ( )

10. 许多资源有限的小企业都乐于采取差异性营销战略。 ( )

五、简答题

1.市场细分标准有哪些?

2.目标市场战略有哪些?选择目标市场应考虑哪些因素?

3.市场定位的方式有哪些?

4.市场定位的战略有哪些?

六、论述题

1.企业为什么要进行市场细分?

2.企业为什么要进行市场定位?应注意什么问题?

3.随着商品经济的迅速发展和科技文化水平的提高,消费者的消费观念在不断地变化,如对服装的需求,已从原先追求流行色变为追求个性化,"穿出个性"已成为当今人们追求的时尚。面对这种市场形势,企业该选择何种目标市场策略?

七、案例分析题

力琛公司新产品的 STP 战略[①]

力琛公司刚刚成立,它是由两个刚走出校门的博士陈立和袁琛创建的。他们有一个很好的产品,该产品有很大的市场潜力,他们希望这个新产品能迅速打开市场,但由于缺乏市场知识和经验,产品推出后销售并不理想。于是,他们聘请了林逸飞——一位职业经理人做销售总监,帮助公司开拓市场。

林逸飞上任后,即对公司的产品和营销状况进行了分析,认为为公司的新产品制定STP 战略是当务之急。经过市场调查和仔细研究,林逸飞提供了一份详细的报告作为决策的基础。下面是报告的摘要。

1.公司的产品和市场竞争情况

公司的产品是专业洗涤蔬菜、水果的洗涤用品。其主要功能在于能够去除蔬菜水果表面及内部 95% 以上的残余农药,是目前市场上唯一具有去除蔬菜水果内部残余农药功能的产品。产品的主要成分是食品及食品添加剂,呈粉末状,因此不同于市场上一般的厨房洗洁精产品。其主要特点是:专业高效、绝无毒性、使用方便,而且无二次污染。

从目前市场情况来看,所面对的竞争主要来自"厨房洗洁精"这类产品。但它们与公司的产品并非属于一类产品,但是两者却具有功能上的可替代性,因为大部分厨房洗洁精用品标明自己具有去除蔬菜表面农药的功能。厨房洗洁精产品属复合式功效产品,市场目前拥有众多的强势品牌,如"白猫""雕牌""巧手""奇强""活力28"等。这些产品不仅强调对餐具、蔬菜、水果都有较强的清洗效果,并能去除蔬菜水果表面的残余农药,而且价格一般定在 10 元以下,具有价格优势。

公司产品属专业式功效产品,是近几年来新出现的产品种类。公司产品的竞争优势包括:①产品特色鲜明,以去除蔬菜水果内外的残留农药为其唯一功能,特别是能够去除蔬菜水果内部的残余农药,这是其他产品所不具备的;②市场前景广阔,因为蔬菜水果中

---

① 肖丽,朱姝,肖凌.战略营销.北京:电子工业出版社,2003:126-128.

残余农药的问题已引起社会的广泛关注,多起中毒事件已为人们敲响警钟。公司产品最明显的劣势是知名度不高,产品价格相对于一般的复合功效产品偏高(价格为 19.8 元)。

2. 市场细分

由于厨房洗洁精用品一般是以家庭购买使用为主,所以选用受教育程度和收入作为细分变量,下面是对细分市场的描述。

(1)按知识结构分类:对厨房洗洁精用品的需要,一般来讲知识分子家庭和未受过高等教育家庭在购买时有一定的差异,所以把它分为中等以下教育家庭和知识分子家庭两类。

①中等以下教育家庭:他们对厨房洗洁精用品需要一般是功能齐全、价格适中,其中更看重的是价格。由于目前市场上的厨房洗洁精用品大多价格中档,功效一般是复合式的,所以这些家庭一般以购买这类产品为主。此外,品牌也是一个重要的原因。

②知识分子家庭:对厨房洗洁精用品的要求相对较高。除了对品牌十分看重外,对于功效更为看重,如不伤手、去农药效果好等,这是其购买时主要考虑的因素。相对而言他们对价格就不会要求太多,只要价格不是太离谱,一般都能接受。而且对新产品的接受力比中等以下教育家庭更强。

(2)根据家庭收入分类:分为高收入家庭、中等收入家庭、低收入家庭。

①高收入家庭:月收入在 5000 元以上,倾向于功效突出的产品,注重品牌,对于价格方面相对不太看重。且对于新产品、新事物有一定的接受能力。

②中等收入家庭:月收入在 2000~5000 元,追求产品的物美价廉。对于中档复合式产品有很大的需求,但对高档产品有偶然购买行为。

③低收入家庭:月收入在 2000 元以下,倾向于购买多功效且价格在 10 元以下的厨房洗洁精用品。

3. 目标市场战略

最终公司的目标市场定为大中城市的居民,因为大中城市居民素质普遍较高,对蔬菜水果中残余农药的危害认识较强。从目前情况看,这是一个尚需进一步培育的市场,对于蔬菜水果内外残余农药的认识需要一个理性的接受过程。大中城市的居民显然能够较快地接受这一观点,进而较快地接受产品。待企业成功占领大中城市市场后,以大中城市的辐射功能将产品逐步渗入小城市、城镇及部分农村。

如果我们对这一目标市场再细化,应该特别注重知识分子家庭。因为公司产品正需要获得理性而又有知识的消费者的认同,并以其在群体中的特殊地位来传递产品的品质信息,以使企业的促销活动事半功倍。

4. 市场定位

市场定位战略主要从以下两方面考虑:

(1)专业性的功效

专业去除蔬菜水果内外残余农药。从整个市场环境来看,能够洗涤蔬菜水果表面残余农药的厨房洗洁精用品为数不少,但以去除蔬菜水果残余农药为唯一功能的厨房洗洁精用品还没有,能够去除蔬菜水果内部残余农药的产品更是没有出现。公司这一产品正好填补了这一市场空白。同时,由于本产品本身的特性,使其具有专业、高效、可靠的特点,这是其他非专业洗涤蔬菜水果的厨房洗洁精用品所无法比拟的。正是由于产品的这一明显优势和消费者的市场需求,我们认为应强化公司产品能够去除蔬菜水果内外部残余农药的专业功能和安全可靠的特性。

(2)中高档的定位

公司产品与其他具有类似功效的产品存在明显差异,即市场上没有能够完全替代其功能的产品。随着消费者生活水平的不断提高,追求健康生活已成为人们的迫切需要。因此,人们急需高档次的去毒洗涤品,这些都为我们的中高档定位提供了有力的支持。

5.营销计划

公司产品应该通过不断地创新,强化其专业的功能,不断培育并扩展市场总额,市场总额的扩大对市场领导者是非常有利的。作为一个崭新的市场领域的开拓者,应该在创造强有力的消费者知名度和偏好上不吝惜花费。同时努力提高企业及产品的运作效率,降低生产、营销及其他成本,争取在竞争者大量进入之前形成成本优势,为采取成本领先战略打下基础。

总之,公司的营销计划是针对大中城市居民,以知识分子家庭为市场切入点,采用专业功效及高价撇脂战略,并努力强化产品的差异化,迅速扩大市场份额。同时,在实施进入战略时,应该注意聚集企业现有资源,形成局部竞争优势。

【案例思考】

1.评价力琛公司的定位战略,并说明理由。

2.你认为力琛公司的营销计划是否能支持它的STP战略?

3.请讨论力琛公司市场细分的有效性。

八、实践与实训题

(一)实践任务

通过实践活动,深刻理解市场细分、目标市场、市场定位的含义,掌握市场细分标准、目标市场战略、市场定位战略相关内容。

(二)实践步骤

1.分组讨论确定厂家及产品;

2.分析、明确其市场细分变量;

3.明确其目标市场、目标市场战略;

4.明确其市场定位、市场定位战略。

(三)实践要求

1.小组成员分工明确;

2.记录好每一个成员的作用;

3.厂家、产品目前在杭州市场上还在销售;

4.对比分析要具体、深入;

5.提交完整的分析报告。

（四）实践内容

调查某类产品中由两个厂家生产的有明显不同的产品，找出其各自细分市场的变量是什么？其目标市场、市场定位各是什么？分析其运用的目标市场战略、市场定位战略是什么？这样对吗？为什么？

第 6 章　产品策略

学习目标

知识目标	技能目标
1. 了解产品整体概念的内涵	1. 能够运用整体概念分析具体产品，指导营销活动
2. 了解产品组合的含义	2. 学会运用产品组合方法分析具体企业产品构成
3. 了解产品生命周期的概念	3. 运用产品生命周期理论看待企业产品价值
4. 了解产品生命周期各阶段的特点	4. 学会分析产品所处的生命周期阶段
5. 了解产品生命周期各阶段的营销策略	5. 运用产品生命周期分析产品应采用的营销方式
6. 了解产品商标和品牌概念	6. 学会区分产品商标和品牌
7. 了解产品品牌战略	7. 学会运用产品品牌战略
8. 了解产品包装策略	8. 学会运用产品包装策略

知识结构

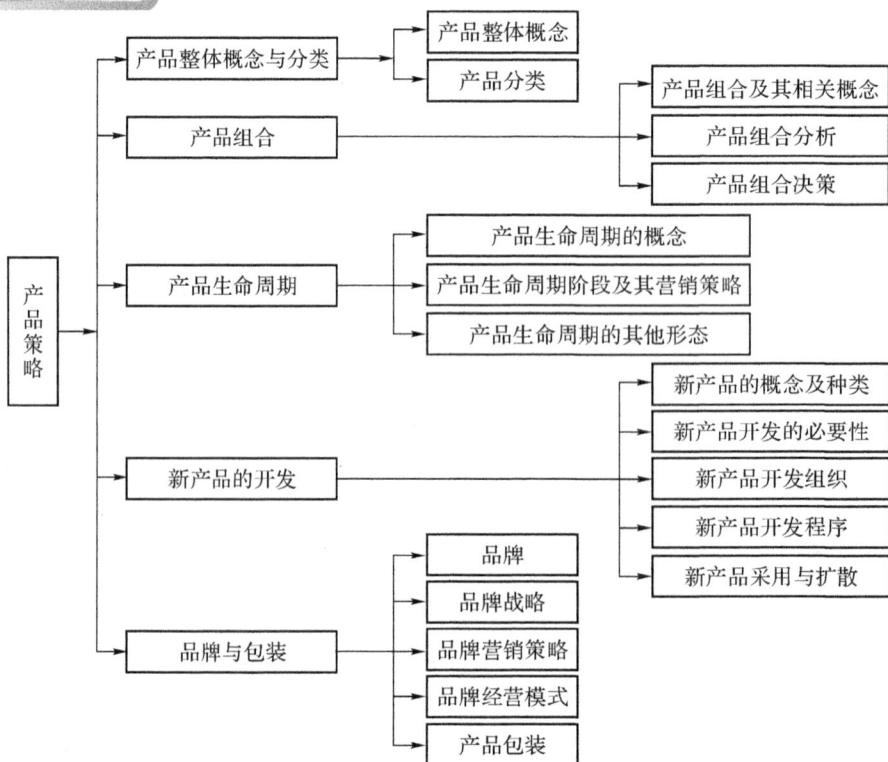

不仅仅是香水

每年,露华浓公司都要销售价值10多亿美元的化妆品、护肤品和香品给全世界的消费者。各种成功的香水产品使露华浓在40亿美元香品市场中的大众价格细分市场上位居第一。从某种意义上说,露华浓的香水只不过是很好闻的油和化学品的精心混合物。但是,露华浓知道出售香水永远不只是出售香水本身,它出售的是芳香的气味给使用香水的妇女带来的魅力。

尽管180美元一盎司的香水的生产成本可能只需10美元,但是对香水消费者来说,这可不仅仅是只值几个美元的配料和好闻的香味。

事实上,在露华浓设计一种新香水时,香味或许是最后开发的部分。露华浓首先调查与妇女不断变化的价值观、理想和生活方式相适应的新香水概念。当露华浓找到一种有前途的新概念之后,就创造和命名某种香味,使其与该构思相一致。

露华浓在20世纪70年代初的调查表明,当时的妇女比男人更具竞争力,她们在努力寻求个性。针对这些70年代的新女性,露华浓开发了"查利"(Charlie)——首种"生活方式"香水,成千上万的妇女把查利当作是勇敢的独立宣言,因此它很快成为世界最畅销的香水。

因此,当一位妇女消费者购买香水的时候,她买的远远不只是一些芳香的液体。香水的形象、允诺、香味、名字和包装以及它的制造公司和销售商店,所有这些都已成为整个香水产品的一部分。所以,当露华浓出售香水的时候,它出售的不仅仅是一种有形的产品,同时也是其所代表的生活方式。

【案例启示】

1. 产品的概念是丰富的,如香水,不仅包括其实体的部分,同时也涵盖消费者购买其真实的目的是体现一种生活方式或个性,另外还包括香水外在包装、品牌、名称等附加内容。

2. 对产品进行全面、正确的认识是非常重要的。要善于发现顾客购买产品的实际利益。

3. 市场上产品竞争制胜的关键在于对产品核心价值的把握。

6.1 产品的整体概念与分类

产品是营销研究的对象和载体,企业的一切生产经营活动都是围绕着产品进行的,企业生产什么产品，为谁生产产品，生产多少产品？其实都是产品策略需要解决的问题。产品策略是市场营销策略中最为重要的内容，直接影响和决定着其他营销组合要素的管理。从市场营销角度认识和学习产品管理，是我们学好市场营销的前提和基础。

6.1.1　产品的整体概念

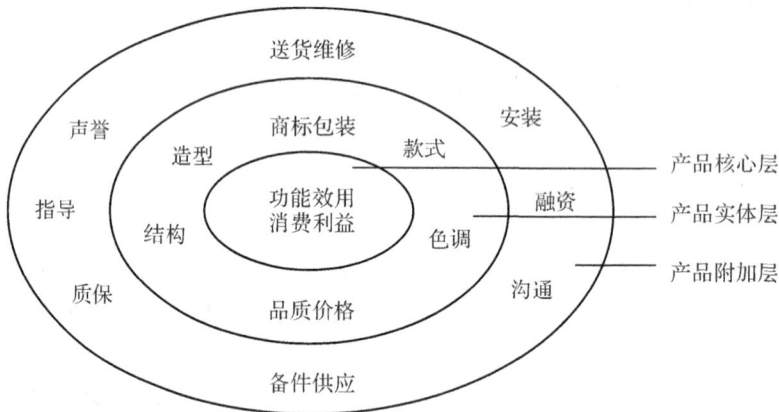

有关产品的概念，不同的研究视角对其有不同的定义，一般性定义认为，产品是"一组将输入转化为输出的相互关联或相互作用的活动"的结果，即"过程"的结果。在经济领域中，通常也可将其理解为组织制造的任何制品或制品的组合。现代市场营销学对产品的定义是：凡是可以通过交换来满足人类需求和欲望的一切事物。

▶产品的整体概念

我们可以从这样几个方面来理解这个定义：第一，应该把产品的概念加以更广泛理解，也就是说这个世界上的许多事物，包括有形的或无形的事物都有可能是产品；第二，产品是能够满足人们需求和欲望的事物，这说明产品是有价值的，可以给人们带来利益，而且这种利益的形态也可以是有形的或无形的；第三，产品是用于交换的或者是通过交换得来的，这句话有两个意思：一个是产品产生和存在的现实目的是为了交换；另一个是交换是获取产品的途径。

从营销视角理解产品，还需要认识到产品的整体概念，即"产品的三层次理论"。这个理论认为，产品是一个整体概念，它包含着三个层次，即产品的核心层、产品的实体层和产品的附加层，如图 6-1 所示。

图 6-1　整体产品示意

1. 产品的核心层

产品的核心层是指产品能够给消费者带来的实际利益或功效，是消费者购买产品的真正目的所在。如购买钻头的顾客不是在购买钻头本身的造型、大小，而是在购买"钻出来的孔"。同理，顾客在旅店住宿，其实是在购买"舒适的睡眠"。因此，市场营销从业人员要善于发现消费者购买产品时所追求的真实利益和核心价值，如果忽略了人们购买产品的核心目的，也就失去了对顾客真正需求的认识和把握。

营销案例 6-1

密封胶的销售

某顾客到五金店去买密封胶,好几家店都说没有这种产品,只有到了最后一家五金店,店员才问了他这么一句话:"你买密封胶是用来做什么的?"这位顾客告诉他只是想把家里的某块玻璃镶嵌到一个木框里,用密封胶使其粘得更紧密一些。这时这个店员说:我们店里虽然没有密封胶,但是有一种玻璃胶同样能起到这种作用。可见,是店员对顾客购买产品核心利益的把握,使其成功促成了一笔交易。

2. 产品的实体层

产品的实体层是体现产品核心利益的基础,是消费者通过自己的感官可以直接接触、感觉到的部分,也是消费者感受消费利益或消费功效的载体。它包括产品的形态、性状、式样、商标、质量、包装、风格、色调等。认识产品的实体层,对企业营销活动有重要指导意义,产品既要货真价实,注重内在质量,也不能忽视商标、包装、外观设计等外在质量。在实体层上寻求突破也可以给企业带来意想不到的功效。如某空调生产企业,当意识到所生产的空调产品在核心层上难以有创新时,他们发现市场上几乎所有同类商品在包装、样式等实体层上都很类似,因此开发出了红色外观的产品,受到了许多中国家庭,尤其是新婚家庭的喜爱。类似的还有联想的红色笔记本,也是外观上的突破获得成功的典范。

3. 产品的附加层

产品的附加层是指消费者在购买、消费产品过程中所获得的全部附加利益,包括提供贷款、免费送货、安装、技术指导、保修等服务和相关承诺。在产品趋于"同质化"的今天,大多数企业的产品在实体层的区别不大,有效的附加产品对于企业提高竞争能力有很重要的意义,有时甚至是企业间决定竞争胜负的关键。

营销案例 6-2

柠檬香皂的失败

早年前,台湾有一家专门生产肥皂的公司推出一种柠檬香皂,它不但以柠檬为原料制造,而且在造型上也和真实的柠檬一模一样,完全以柠檬的形状、颜色、香味取胜,一时引起消费者的好奇,刺激了购买欲。但顾客使用之后发现,它的优点也正是缺点:圆滚的皂身,沾水之后不容易握住,而且凹凸不平的表面擦在身上也不舒适。于是,许多顾客在用过一次之后就不再光顾它了。

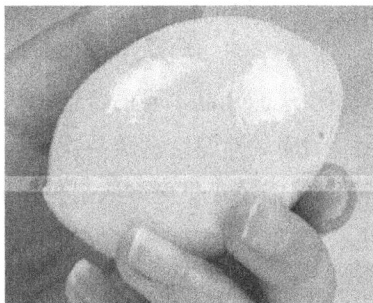

问题:试从产品整体概念的角度分析,款式、造型很新颖的柠檬香皂失败的原因。

6.1.2 产品分类

根据不同的分类标准,产品可以有不同的种类。本书按照产品的有形性、耐用性和产品的用途三个标准进行分类,如图 6-2 所示。

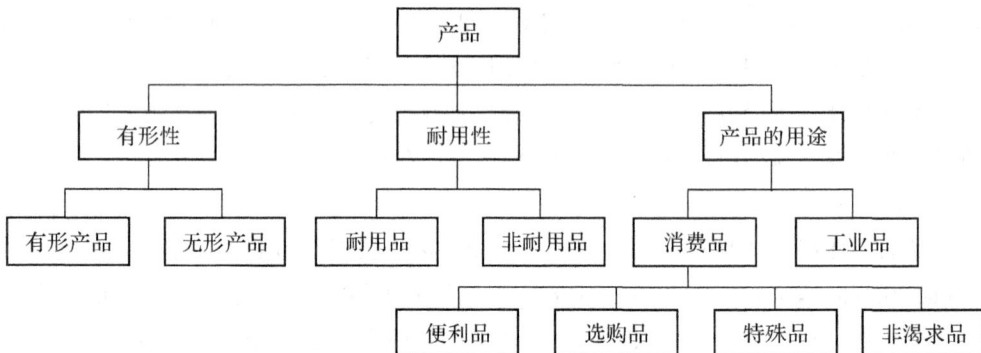

图 6-2 产品的分类示意

1. 有形产品与无形产品

(1)有形产品是指以一定物质形态存在或通过物质形态承载的产品,它可以通过形象思维直接被人们所认识,如机械、电器、房屋、家具、食品、服装、车辆等。

(2)无形产品是指用于市场交换的非物质类产品的总称,以非物质形态存在,必须通过人的抽象思维来认识。无形产品是相对于有形(物质)产品而言的,它包括技术、教育、旅游、金融保险、通信信息、文化、体育、娱乐、医疗保健、健身休闲、中介服务、社区服务等众多的产品。

有形产品和无形产品之间的区别还是比较明显的,因此,在营销活动中,两者之间还是有一定差异性的。如在产品销售过程中,有形产品本身就是一个直接的展示台,消费者可以有直接感性的认识;而无形产品更需要销售人员在销售过程中的解说,才能让消费者对产品有深入的了解。

2. 耐用品与非耐用品

(1)耐用品是指能够长期、多次使用的有形产品,如房屋、设备、汽车、家具等。

(2)非耐用品是指经过一次或少量的几次使用就被消耗掉的有形产品,如燃料、原料、油料、食品、洗涤、卫生用品等。

由于耐用品本身的特性,消费者购买其的频次要远远低于非耐用品,甚至部分耐用品消费者一生只会购买一次。因此,在营销活动中,耐用品更需要采用人员推销和服务的形式,需要提供更多的销售保证条件;而非耐用品要大力做广告宣传,以刺激消费者产生购买欲望。

3. 消费品和工业品

(1)消费品

在消费品中,我们可以按照购买习惯可将消费品分为便利品、选购品、特殊品和非渴求品。

①便利品是指消费者经常购买并不用花费太多精力和时间所购买的产品。许多领域称这种产品为快速消费品。这类产品还可以进一步分成日用品、冲动品和急用品。

日用品是消费者在日常生活中要经常重复购买的产品，如洗涤品、调味品、小食品等。消费者购买日用品的行为特征是习惯性和重复性，如某消费者也许经常购买高露洁牙膏、舒肤佳沐浴露、好丽友饼干等。所以，在经营此类产品时，需要注意两个问题：一是购买要方便；二是要树立品牌。这也是此类产品最喜欢开展各种促销活动的原因。

冲动品是指消费者没有经过计划或寻找而购买的产品。如分布广泛的书报摊、超市上下扶梯两边的膨化食品以及收银台附近的零售大多是冲动品。冲动品的购买特点是随机性，因此需要呈现大量的视觉、听觉冲击和人员推销。

急用品是消费者需求十分紧迫时购买的产品，如大雨来临之际的雨具，发生各类事故时的应急和救护用品。消费者一旦对急用品产生需求，有很强的购买欲望，而且一般不会过于关注价格。经营者一般会将可能成为急用品的产品放在众多供应网点出售，一旦顾客产生购买需求时，快速满足其需求。

②选购品是指消费者为了买到满意的产品，在购买过程中，对产品的性能、样式、价格等基本方面要做出针对性比较。这类产品包括家具、汽车、服装等。

根据比较的侧重点不同，可以将其进一步分为同质品和非同质品。同质品在样式、质量等方面相似，但价格却有不同，因此消费者有必要在购买前对产品的价格进行充分的比较。同质品往往容易引起价格战，所以企业为了避免激烈的价格竞争，同质品的生产者要以差异化手段转移消费者对价格的关注。对于选购非同质品的消费者而言，情况则相反，价格并不是比较的重点，质量和式样比价格更重要。例如，消费者在购买洗衣机时，将会更关注洗衣机的样式、性能、品质等因素是否符合自己的需求，而并不是一味地去购买价格最便宜的产品。因此，非同质品在品牌宣传方面尤其注重强调产品的独特性，如西门子冰箱突出产品保鲜的功能。

③特殊品是指具有明显独有特征或品牌标记的产品。消费者为了购买这些产品愿意付出特殊的努力。特殊品通常包括特殊品牌和特殊式样的商品，如特殊品牌车辆、专业摄影器材、婚纱、高端奢侈品、供收藏的特殊钱币、艺术品（见图 6-3）等。购买者可以不惜远道或花费大量的时间去购买它。因此，经销商不必担忧这类产品的销售地点是否方便，价格也不是主要的问题，只要让购买者知道购买的地点就足够了。

图 6-3 书法作品

④非渴求品是指那些消费者不了解或者虽然了解也不想购买的产品。如一些新产品，消费者可能根本不知道这类产品的存在，或对其缺乏一定的认

知和了解,这种产品也被称为新型非渴求品。例如,目前市场上所存在的无扇叶电风扇,绝大多数消费者对这类产品缺乏了解,自然不会对其产生购买的想法。对于新型非渴求品,重要的是尽快结束"非渴求"状态。与新型非渴求品相对应的是传统非渴求品,如人寿保险、大百科全书等。传统非渴求品的非渴求状态是永久性的。虽然这类产品处于非渴求状态,但并不是没有购买者,消费者对这些产品有潜在的需求,只是没有认真考虑或主动满足这些需求。

消费品按以上标准分成四类,但某种产品到底属于哪一类却没有绝对的标准,当产品面对的目标市场不同时,它就可能属于不同的种类。因此,即使是相同的产品,也要根据所属市场的不同制定不同的营销组合。例如,消费者对自行车的购买,当自行车面对的是第二天一早就需要使用它的消费者,它就可能是急需品;而有的消费者则在购买过程中更看重自行车的样式、品质,价格高低对他们而言没有大的影响,这时自行车就成了选购品;而某些品牌自行车在一些专业领域性能特别强,消费者会不惜时间和金钱去寻找和购买,此时消费者已把它看成是特殊品。

(2)工业品

根据购买者使用方式的不同和产品价格的高低,可以把工业品进一步划分为装备和附属设备,原材料、部件与材料,供应品和专业服务。最适合工业品的推广方式是人员推销。

①装备和附属设备。装备是指建筑物、机电设备、大型运输设备等产品(见图6-4)。这类产品价格昂贵,可以长时间地使用,并且不直接构成最终产品的组成部分。一般情况下,购买者需要在购买时一次性支付货款,然后在一定年限中逐步摊销成本。它在企业经营中所产生的费用往往属于固定成本。装备的可使用时间较长,用户不会经常购买,在选择促销方式时,广告是需要的,但最有效的方式还是人员推销。

图 6-4 机器设备

附属设备包括轻型制造设备、运输和办公设备等,如工艺装备、计算机、汽车、复印机、传真机、办公桌等。附属设备也不构成最终产品的组成部分,它们在生产过程中起辅助作用。这类产品比装备的使用寿命短,但也不会很快报废,购买之后形成企业的资产,其成本在使用年限内摊销。

②原材料、部件与材料。原材料包括农产品和天然产品,如小麦、棉花、家畜、水

图 6-5 打印机

果、蔬菜、木材、铁矿石、原油等。原材料几乎无需处理就可直接进入生产过程,且构成最终产品的一部分,并作为成本一次性支出。

部件与材料也构成最终产品的组成部分,部件如汽车的轮胎、底盘、音响,计算机的显示屏、主板、硬盘等,但与原材料不同的是,部件与材料需要更多的加工处理和更有特色的营销组合。材料是指经过加工处理,但为了成为最终产品的一部分,还需要进一步加工处理的产品。如铝锭、水泥、棉纱等。由于部件和材料是企业生产的产品组成部分,它的品质直接影响企业产品的质量,因此部件和材料的质量及供应的可靠性是用户在购买部件和材料时的决定因素。

③供应品。供应品是指不构成最终产品的那些在生产作业、维护与修理过程中被消耗掉的商品,如油漆、灯泡、工具、润滑油、打印纸(见图 6-5)、燃油、墨盒等。供应品的一个显著特征是消耗量大,而且绝大多数供应品与装备和附属设备构成互补品的关系,如打印纸和打印机,柔滑油和机器等。在产品定价方面,可以将这类产品制定相对较高的价格以获取长期高额利润。

6.2 产品组合

在现代社会,一方面企业通过分工细、大批量生产体现其专业化经营水平,提高劳动生产率,满足社会需求以取得较好的经济效益,如江苏科沃斯公司,以专门生产各类吸尘器而体现其在这一领域的专业性和高品质;另一方面企业又要发展多种产品以适应多样化消费需求,如宝洁公司不仅生产各类日化用品,同时也生产经营某些食品。而如何在做到专业化的同时达到多样化,经营什么品种及怎样搭配产品结构,就成为经营决策中的一个重要问题。而解决这个问题的基础就是产品组合的相关知识。

6.2.1 产品组合及其相关概念

产品组合(product mix)是指企业制造或经营的全部产品的有机构成方式,或者说是企业生产和经销的范围。

(1)产品线和产品项目。产品线,又称产品大类,是指产品类别中具有密切关系的一组产品。产品项目是指某一品牌或产品大类内由规格、价格、外观及其他属性来区别的具体产品。产品组合是由不同类别的产品(也称产品线)构成的,而某一类别的产品又是由不同的产品项目构成的。也就是说,产品项目构成了某一类别的产品线,多种类别的产品线构成了企业的产品组合。

企业的产品组合既包括产品线,也包括具体的产品项目。如米其林公司的产品组合由三条产品线组成:轮胎、地图和餐饮服务;而其中具体的轮胎品种就是这条产品线的产品项目。日本电气公司(NEC)的基本产品组合是通信和计算机产品,通信和计算机就是其公司两条产品线。

（2）产品组合的宽度、长度、深度和黏度。我们用宽度、长度、深度和黏度等概念对企业产品组合进行衡量。

产品组合的宽度是指企业制造或经营多少不同的产品品类，也即产品线的数目。产品组合的长度是指产品组合中所有产品项目的总数。如果以产品组合的长度除以产品线数目，就得出了产品组合的平均长度。产品组合的深度是指产品组合中某一条产品线内产品项目的数量。产品组合的黏度，也即产品线之间的关联性，是指企业产品组合中的各产品品类（产品线）在最终用途、生产条件、目标市场、销售方式以及其他方面的关联程度。

小问题：表6-1是宝洁公司部分产品组合的相关内容，请问该部分产品组合的长度、平均长度、宽度和深度分别是多少？黏度情况又如何？

表6-1　宝洁公司部分产品组合的示意

产品组合宽度（产品线数）	清洁剂	牙膏	条状香皂	纸尿布	纸巾
产品组合深度	象牙雪 德来夫特 奥克雪多 汰渍 快乐 德希 波尔德 圭尼	格利 佳洁士	柯克斯 佳美 保洁净 海岸 玉兰油 象牙 爵士 洗污	露肤 帮宝适	粉扑 旗帜 媚人 绝顶

产品组合决策是企业根据市场需求、竞争情况和自身实力在产品组合长度、深度、宽度以及黏度方面做出决策，从而帮助企业。企业合理地扩展其产品组合的宽度有利于在更大的市场领域提高企业的知名度，挖掘经营潜力；企业若能恰当地挖掘产品组合的长度或深度，可以直接满足更广泛的消费者的需求，吸引更多的顾客；企业的产品组合的相互关联性强（黏度高），就会提高企业工作效率和营销实力，有利于巩固其市场地位。

6.2.2　产品组合分析

分析产品组合，主要是分析产品项目在市场上所处的地位以及其在企业经营中的重要程度，同时也包括对各个不同产品项目的相互关系的分析，其目标是形成和巩固企业在市场上的地位，并以市场控制力表现出来。产品组合分析主要包括以下几个方面的内容：

（1）产品处境分析。企业要对其所生产经营的每一个产品从技术水平、革新潜力、市场竞争、盈利贡献和发展趋势等方面进行全面分析，以此判断产品的处境，然后决定每一个产品项目的发展、被保留和被剔除。并且，还要结合对产品生命周期的研究进行产品处境分析。如浙江台州某集团企业经营的产品线主要有酒店、造船、房地产、金融等，由于企业经营业务庞大,管理成本较高,因此,其打算对企业产品组合进行分析。分析发现对集团利润贡献最大的是房地产,亏损较大的是造船;同时,造船对人员技术要求也最高,管理难度也较大,因此其打算将造船这条产品线剔除。

（2）产品定位分析。产品定位是指企业对选择怎样的产品特征及产品组合来满足特定市场需求的分析。其包括三个方面的内容,即产品本身特征定位、产品组合定位和产品目标市场定位分析。经过产品定位分析明确本企业产品定位的优劣,并提出产品再定位的设想。如某沙发生产企业,在对市场上目前所生产经营的产品项目分析过程中,发现主要有A、B、C 三家企业,生产了多种不同定

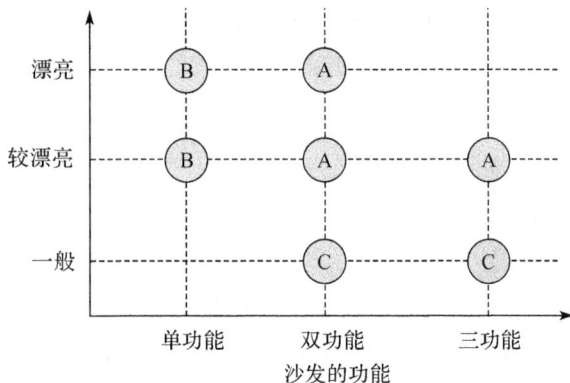

图 6-6　沙发产品的市场定位分析

位的产品,而款式一般、功能单一的产品项目以及款式漂亮、具有三种功能的产品项目在市场上目前仍是空白（见图 6-6）,因此可以从这些空白市场出发,生产满足这些市场需求的产品项目。

6.2.3　产品组合决策

产品组合决策主要表现为对产品线以及产品项目的发展或剔除,为企业制定产品战略提供依据,具体决策包括以下方面:

（1）扩大产品组合。包括增加产品线的数目和产品项目的数量。前者是指扩大经营范围,增加产品组合宽度;后者是指延长产品线,增加产品组合深度。如某生产女性护肤品的企业,在发现男性护肤市场需求逐渐旺盛的背景下,打算增加男性护肤品产品线,以扩大其市场占有率。

（2）缩减产品组合。当企业发现某些产品线或产品项目一直处于亏损或不景气状态的情况下,缩减产品组合反而能使企业增强盈利能力。因为从产品组合中剔除了那些获利能力差其至亏损的产品,可集中力量发展获利能力强的产品线和产品项目,从而提高利润。

（3）延伸产品组合。企业的产品一般都有特定的市场定位,产品延伸策略是指全部或部分地改变企业原有产品的市场定位,使产品向下、向上或双向延伸。

①向下延伸是指在高档产品线中增加低档产品项目,如宝洁公司洗发产品从高端沙宣一直延伸到只卖 9.9 元的飘柔。但采取向下延伸战略时,可能会遇到一些风险,比如:可能影响企业的高档名牌产品的形象、激起原低档产品生产者的强烈反击、遭到来自经销商的消极抵抗等。

②向上延伸是指在原有产品线的基础上增加高档产品项目,如吉利汽车,从最早的 3 万多元一辆的低端车做起,通过成功收购沃尔沃,实现向高端车延伸的目标。采取这种

策略,也要承担一定的风险,比如:竞争风险,引起高档产品生产者的反击,甚至会使其进入低档市场竞争;市场风险,未来的顾客不易相信新进入高档市场的企业能力而带来市场风险;商业风险,企业原有的代理商、经销商缺乏相应的经验和能力而带来的商业风险等。

③双向延伸是指原定位于中档产品市场的企业,在掌握了市场优势以后,决定向产品大类的上、下两个方向延伸,一方面增加高档产品,提高产品形象;另一方面增加低档产品,扩大市场阵地。

营销案例 6-3

吉列公司产品组合决策分析

1962 年,坐在剃刀霸主宝座上的美国吉列公司突然从美梦中惊醒:同行推出新型不锈钢刀片,并迅速侵入吉列公司的市场领地。

吉列公司的决策者们决定要奋力反击,他们痛切地意识到,任何企业若以单一产品为依赖,总有一天会陷入乏力境地。因此,总经理靳克勒一方面千方百计维持刀片的市场占有率,不断进行纵向延伸,即生产高品位的不锈钢刀片与对手抗衡;另一方面积极从事化妆品事业的开发,重点还是开发与刮胡子有关的产品,如刮胡膏、刮胡霜、香水等以及理发工具。

恰逢时代潮流致使男用化妆品的需求猛增,1966 年,吉列公司化妆品部门的营业额已经高达 6000 万美元,占总营业额的 18%。如今,吉列公司已经不再是专门生产、经营剃刀的企业了,其产品目录中已经包括了烫发机、吹风机、原子笔甚至医药品等。虽然它的主要产品还是刀片,但刀片市场上的风吹草动已经动摇不了这一巨人,因为它们的抗风暴能力因产品延伸而大大加强了。

问题:吉列公司在产品组合中做了哪些决策,使企业大大增强了竞争优势?

6.3 产品的生命周期

6.3.1 产品生命周期的概念与周期

1.产品生命周期概念

产品和世间万物一样都是有生命的,产品从构思、开发、制造、投放市场到最后被更好的产品取代而退出市场,整个过程与生物的孕育、诞生、成长、成熟、衰退、死亡的规律一样。理解产品生命周期的概念,可以给经营者提

▶产品的生命周期

供研究产品的新的视角,在产品生命周期的不同阶段,产品的竞争能力以及其所体现的产品市场特征也有所不同,因此相应的产品生命周期阶段应采取的市场营销策略也不一样。任何一个产品的生命都不会无限期地延续下去,所以企业要考虑的是如何尽量延长

产品生命周期并增加利润。

经典人物 6-1

产品生命周期理论提出者——雷蒙德·费农(Raymond Vernon)

雷蒙德·费农,美国经济学家,第二次世界大战以后国际经济关系研究方面最多产的经济学家之一,他有着 20 年在政府部门任职的经历,还在短期内从事过商业活动。从 1959 年开始,他在哈佛大学任教,是克拉维斯·狄龙学院的国际问题讲座教授。

雷蒙德·费农早期曾致力于对区位经济学的研究,后转入对信息和专业化服务的研究,受克拉伍斯(Klar-Vas)和 M. V. 波斯纳(Michael V. Posner)技术差距理论的启发,于 1966 年发表了《产品周期中的国际投资和国际贸易》一文,提出了著名的产品生命周期理论。他认为,产品生命周期理论可以解释发达国家出口贸易、技术转让和对外直接投资的发展过程。他在市场营销方面的主要贡献就是创立了产品周期理论。

产品生命周期(Product Life Cycle,PLC),是指产品的市场寿命,是产品从进入市场到发展直至退出市场的过程,即一种新产品从开始进入市场到被市场淘汰的整个过程。费农认为:产品生命是指产品的营销生命,产品和人的生命一样,要经历形成、成长、成熟、衰退这样的周期。就产品而言,也就是要经历一个开发、引进、成长、成熟、衰退的阶段。而这个周期在不同的技术水平的国家里,发生的时间和过程是不一样的,期间存在一个较大的差距和时差,正是这一时差,表现为不同国家在技术上的差距,它反映了同一产品在不同国家市场上的竞争地位的差异,从而决定了国际贸易和国际投资的变化。

特别提示 6-1

产品的生命周期与产品的使用寿命是两个不同的概念。产品的使用寿命是指产品的耐用程度,如灯泡使用损坏而被遗弃是指该灯泡的使用寿命完结;而产品的生命周期是与市场需求程度密切相关的,如 BB 机、大哥大等产品由于手机的出现而失去市场需求的情况。

2. 产品生命周期阶段

产品的生命周期是从产品进入市场开始算起,到产品退出市场终止。典型的产品生命周期一般可分为四个阶段,即引入期(或称为导入期)、成长期、成熟期和衰退期(见图 6-7)。

我们在讲产品生命周期概念的时候,要记住这样四件事情:

(1)产品有一个有限的生命。

(2)产品销售会经历不同的阶段,而每一个阶段都对销售者提出了不同的挑战。

(3)在产品生命周期不同的阶段,产品利润有高有低。

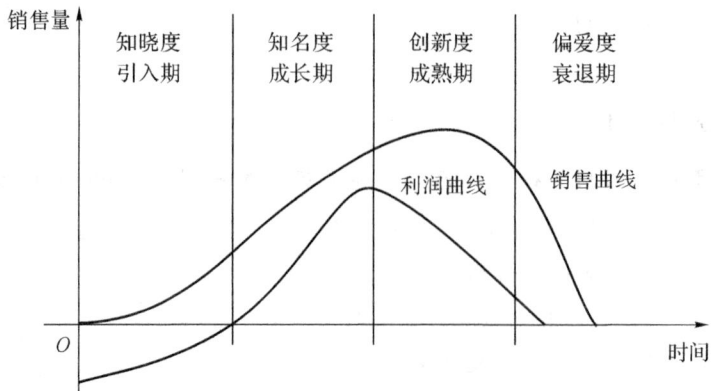

图 6-7 产品的生命周期

（4）在产品生命周期不同的阶段，产品需要不同的营销、财务、制造、购买和人力资源战略。

不同的产品，在市场上所表现出的生命周期是不一样的，如软件产品在市场上的生命周期阶段主要经历是产品规划、技术可行性分析、产品研发、市场推广。如图 6-8 所示为软件产品的生命周期模型。

看图学营销 6-1

图 6-8 软件产品生命周期模型

6.3.2　产品生命周期各阶段的特点及其营销策略

1. 引入期

引入期又称导入期,是指产品从设计、投产直到投入市场的初期阶段。在这个阶段,顾客对产品不了解,产品的市场认知度不高,因而呈现以下特点:

(1)消费者对产品不了解;

(2)产品技术、性能不完善;

(3)分销渠道不理想;

(4)由于同类产品少,价格难以确定;

(5)广告费及其他宣传推广费用较高;

(6)利润少,甚至处于亏损状态。

针对这样的特点,企业工作重心在于不断提高新产品的知名度。在此阶段,企业营销工作主要从确立价格和促销力度两个方面入手,具体可以归纳为以下方面内容,如表6-2所示。

表 6-2　导入期产品可选择的营销策略

促销水平		高	低
价格水平	高	快速—掠取策略	缓慢—掠取策略
	低	快速—渗透策略	缓慢—渗透策略

营销案例 6-4

康师傅方便面的市场导入期

康师傅以 60 亿包的年销量被称为"中国面王",同时也是世界上销售量最大的方便面生产厂商,一年中单用于包装康师傅方便面的塑料薄膜就可以绕地球 12 圈。

20 世纪 90 年代,内地的方便面市场呈现两极化:一极是国内厂家生产的廉价面,几毛钱一袋,但质量很差;另一极是进口面,质量很好,但价格贵,五六元钱一碗,普通大陆人根本消费不起。如果有一种方便面物美价廉,一定很有市场。

康师傅经过上万次的口味测试和调查发现:内地人口味偏重,而且比较偏爱牛肉,于是决定把"红烧牛肉面"作为主打产品,同时考虑内地消费者的消费能力。与此同时,康师傅的广告宣传也全面铺开。当时大陆的电视广告费用相当便宜,在中央电视台黄金时段插播广告只需 500 元人民币。1992 年,当国内企业还没有很强的广告意识时,康师傅的年广告支出就达到了 3000 万元。康师傅在 20 世纪 90 年代中后期,每年的广告投入从不低于 1 亿元。

包装漂亮、广告凶猛的康师傅方便面一经推出便立即打响,并掀起一阵被抢购狂潮。康师傅公司门口甚至一度出现批发商排长队、一麻袋一麻袋订货的罕见场面。

思考:康师傅进入方便面行业,在产品导入市场时采用了怎样的营销模式,从而取得了良好的效果呢?

2.成长期

成长期又称畅销阶段,是指新产品通过试销效果良好,购买者逐步接受该产品,产品在市场上站稳了脚跟,并且打开了市场销路。这一阶段的特点是:

(1)销售量快速增长;

(2)市场竞争加剧;

(3)分销渠道和价格制定日趋理想;

(4)技术工艺逐渐成熟;

(5)利润迅速上升。

在这一阶段,企业必须保证良好的产品质量和服务质量,站稳市场。营销工作重心在于尽可能延长产品的成长期。具体的营销策略如下:

(1)增加产品新用途;

(2)广告宣传的重点从建立产品知名度转向对品牌的建立和宣传,使消费者对该产品产生良好的印象,建立品牌偏好;

(3)加强对分销渠道的建设,提高企业对市场的渗透和控制能力;

(4)不断寻求和开拓新的市场。

3.成熟期

成熟期又称饱和阶段,是指产品进入大批量生产,产品需求也趋向饱和。这一阶段的特点主要有:

(1)市场认知度高,购买者多;

(2)产品在市场上已经普及并日趋标准化;

(3)产量大、成本低,销售量相对稳定;

(4)生产同类产品,企业之间在质量、花色、品种、规格、包装、成本和服务等方面的竞争加剧。

这个阶段市场趋于饱和,市场竞争也最激烈,企业营销活动的重点就在于改良:

(1)市场改良:开发新市场,寻求新用户。

(2)产品改良:改进产品品质或服务后再投放市场。

(3)营销组合改良:改变定价、销售渠道及促销方式,以延长产品成熟期。

营销案例 6-5

新型无线熨斗的诞生

在20世纪80年代,随着电器市场高度饱和,电熨斗也进入了产品滞销的行列。一天,某电熨斗企业产品部经理召集了几十名家庭主妇,让她们对现有的企业熨斗挑毛病,一位妇女提出:"如果熨斗没有电线就方便多了。"科研人员听后,马上成立攻关小组,开始他们想用蓄电池的办法取消电线。但是,研制出来的熨斗底重 5 千克,妇女用起来简直就像在举铅球。

为了解决这一问题,他们把妇女熨衣服过程拍成录像片,分析研究动作规律。结果发现:熨衣服的过程是不需要总拿着熨斗的,而是多次把熨斗竖在一边,调整衣物后再熨。攻关小组马上修正了蓄电池,每次熨衣后可将熨斗放入槽内蓄电,8 秒钟就可蓄足电,熨斗重量大大减轻了。而且,蓄电槽装有自动断电系统,十分安全。

新型的无线电熨斗终于诞生,并成为当年最抢手的畅销货。

4. 衰退期

衰退期又称滞销阶段,是指产品已进入被淘汰和衰亡时期。这时,产品已经老化,不能适应市场新的需求。此时,市场的主要特点是:

(1)销量迅速下降,消费者兴趣已完全转移;

(2)价格降至最低水平;

(3)多数企业无利可图,被迫退出市场;

(4)留在市场上的企业逐渐减少产品附带服务、削减促销预算等,以维持最低水平的经营。

这个阶段的特点决定了企业应采取的主要营销策略有:

(1)弃旧图新,逐步淘汰现有产品,并以新产品代替;

(2)削价处理现有库存,减少企业损失;

(3)调整渠道策略,使分销渠道转移到推销新产品上来。

6.3.3 产品生命周期的其他形态

在现实中,产品生命周期还有许多其他形态。由于不同的产品种类、不同的产品形式、不同的品牌和不同的促销力度等因素,产品的生命周期都各不相同。如图 6-9 所示就是其他类型的产品生命周期形态,如传统产品尼龙,从早期使用于汽车轮胎到后来运用于降落伞、丝袜以及大众用品,每一次产品新用途的发现,使尼龙的产品生命周期完成了几个典型的形态,呈现多循环状态。

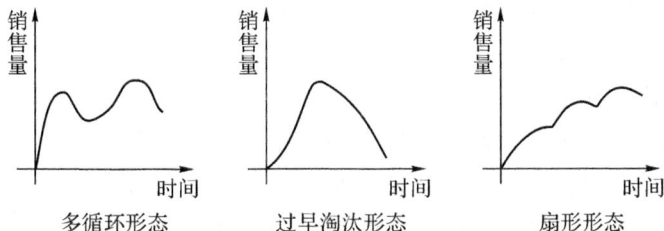

图 6-9 产品生命周期的部分其他形态

大众"甲壳虫"的生命周期形态

1949年,大众的"甲壳虫"汽车(见图6-10)首次在美国亮相,"甲壳虫"设计简单,外观像一只甲虫,设计构造简单不夸张。开起来耗油低,经济又实惠,曾是底特律各种车型中的佼佼者。

随着20世纪70年代,生育高峰期一代人成长起来,"甲壳虫"的热度也渐渐退去,大众也因此放弃了在美国的"甲壳虫"的生产。

随着人们怀旧意识的增强,顺应这股怀旧风潮,大众于1998年引入了新"甲壳虫"车,极大地唤起了人们对旧时光强烈的情感和记忆,销售大获成功。

图 6-10 "甲壳虫"

6.4 新产品开发

6.4.1 新产品的概念及种类

新产品从不同的角度可以有若干种不同的定义,市场营销学中新产品主要是从顾客角度定义,可以理解为:凡是消费者认为是新的、能从中获得新的满足的产品都属于新产品。

新产品基本可分为三大类,即市场型新产品、技术型新产品和混合型新产品。混合型新产品既要求有一定的新技术、新发明作前提,又依赖于市场营销其他因素。

也有人将新产品按以下六种类型划分:

(1)全新产品,即运用新技术或新发明创造出的过去从未有过的产品。如无扇叶的电风扇。

(2)换代产品,指在原有产品基础上采用新材料、新工艺制造出的适应顾客新需求的,具有新用途的产品。如一种新型的喝茶工具——茶棒(见图6-11)。

(3)革新产品,指对现有产品的性能、规格、结构等进行改进,以提高质量或实现功能多样化,从而满足不同消费者需求的产品。如苹果手机四代就是在原有基础上革新改进的产品。

图 6-11 茶棒

(4)新牌号产品,在产品实体微调或不调的基础上改换产品的品牌和包装。如更换新包装的百雀羚润肤霜。

(5)再定位产品,用于进入新的目标市场或改变原有市场定位而推出的产品。如水

晶之恋果冻,改变原先果冻产品针对儿童的目标市场选择,确定年轻人作为其新的目标市场,将产品重新定位为恋人之间表达情感的物品。

(6)引进产品,以买断或合作方式从外部整体引进的产品。

营销寓言 6-1

模　仿

一个人想做一套家具,就到森林里砍倒一棵树,并动手把它锯成木板。这个人锯树的时候,把树干的一头搁在树墩上,自己骑在树干上;还往锯开的缝隙里打了一个楔子,然后再锯,过了一会儿又把楔子拔出来,再打进一个新地方。一只猴子坐在一棵树上看着他干这一切,心想:原来伐木这么简单。这个人干累了,就躺下打了个盹。这时,猴子爬下来骑到树干上,模仿着人的动作锯起树来,锯起来很轻松,但当猴子要拔出楔子时,树一合拢,夹住了它的尾巴。

猴子疼得大叫,它极力挣扎时,把人给吵醒了,最后被人用绳子捆了起来。

营销启示:日本企业是靠模仿欧美产品起家的,但是他们在模仿中有创新,这就促成了日本经济 30 年的兴旺。我国许多企业生产的产品却只有模仿,缺乏创新,大多数产品都是以引进、革新为主,少有自主创新,从而使发展难以有突破性进展,模仿固然重要,但创新更为关键。

6.4.2　新产品开发的必要性

(1)开发新产品是企业适应客观发展规律要求的需要。如果一个企业永远只依赖于某一样产品,不去进行新产品开发,那么当企业的老产品走向衰落的时候,企业也就走到了生命周期的终点。所以,企业开发新产品可以利用新产品占领市场,使企业在任何时期都有产品处于市场成长期或成熟期,从而确保企业持续、健康、稳定地发展。如柯达相机,不改变原有生产品种,仍一味生产胶卷式相机,则随着数码相机的流行,其必然随着胶卷的消亡而消失。

(2)开发新产品是企业适应消费者不断变化的消费需求的需要。随着社会经济的发展和人们生活水平的提高,人们的消费需求也发生了很大的变化,人们更加追求健康、舒适、安全、方便、个性化的产品,如手机、电脑等产品不断推陈出新,才能满足人们需求的变化。

(3)开发新产品是企业适应日趋激烈的市场竞争的需要。在当今的市场上,企业间的竞争不仅表现在产品品质、价格或促销手段方面,还表现在新产品开发上,只有那些能引起消费者新的兴趣、满足消费者新的需求的产品,才能得到消费者的青睐。

(4)开发新产品是将高新科技转化为社会实体财富的需要。现代社会是高新科技迅猛发展的社会。理论上的科技成果虽然也是社会资源,但还不是能够让广大民众直接受益的资源。

营销案例 6-7

食用醋成为清洗剂

美国的海思兹公司原来只是生产普通的食用醋。面对日趋激烈的市场竞争环境,公司希望对产品有所改进和拓宽,以进一步开拓市场。经过调研,他们发现美国 39% 的家庭多多少少都使用醋来清洁东西,一位专门从事家用清洁、修理及食品消费市场研究的专家认为完全可以把醋当成清洁剂,用来清洗木制地板、门窗和地毯污渍,这一发现,使公司豁然心亮。

针对这一市场发现,海思兹公司开发出了醋清洁剂这种高效新型产品,其功效比普通的食用醋高出一倍多,并且带有一种柠檬的清香,能除去强烈气味,让人感到清新。

公司通过开展有效的营销活动,使得产品销售大获成功。

6.4.3 新产品开发的组织

对于企业而言,在新产品的开发时,还需要形成一种良好的产品创新组织管理体系,增强企业在产品创新方面的能力,确保企业新产品开发的目标得以实现及保证开发能力的持续性。为了有效地执行新产品开发活动,企业需要合适的组织来管理和执行新产品开发工作,实践表明:在企业组织中由三层组织来共同完成新产品开发工作效果最佳,三层组织是产品审批委员会、核心小组和相关职能部门。

1.产品审批委员会

产品开发是由决策过程来推动的,产品审批委员会将决定开发什么产品以及如何分配产品开发资源,并授权项目核心小组开发新产品。其主要职责如下:

(1)审批新产品开发需求,把握新产品开发方向;

(2)筛选最适合市场需求的新产品;

(3)确定新产品开发计划;

(4)通过资源分配方式控制新产品开发进度。

2.核心小组

新产品开发的核心小组,是企业从各个部门挑选的有能力的人员组成的负责监督项目进度、协调各方面资源的组织。核心小组的团队成员是经过产品审批委员会认可的,他们需要对产品审批委员会和所在的职能部门负责。其主要的职责是:

(1)推动新产品开发进程,完成单个产品开发项目;

(2)完成阶段性工作任务,并及时向审批委员会提交报告;

(3)根据审批委员会决策完成下一阶段工作。

3.相关职能部门

成功的新产品开发需要职能部门和核心小组成员密切合作,当新产品开发的核心小组成员指导某个项目的日常工作时,职能部门通过提供开发和其他能力以支持所有项目。其主要工作职责是:

(1)选择和分配工作所需要的资源;

(2)开展新产品开发所需要的各种工作;

(3)使跨项目的工作更容易合作和共享知识。

知识链接 6-1

产品开发不只是工程师的事:跨部门团队的高明之处

传统的新产品开发工作往往只被委托给工程师或科学家,即由工程师和科学家共同独立完成开发工作,不仅与外界隔离,而且与公司其他部门也隔离。这虽然可以最大限度地挖掘其智力成果,但是却造成了严重低效率和营销近视者。

20 世纪 80 年代末,克莱斯勒公司开始将各部门的一些人员与购买队伍结盟,组建新产品开发团队,缩短了新车开发周期的 40%,并大大降低了成本。因为公司领导者发现,把其他部门的关键性人物增加进来一方面可以创造更多的知识,另一方面可以大大缩减部门之间的协调成本。

6.4.4 新产品开发的程序

新产品开发不但要有严密的组织和管理,还必须有一套系统的、科学的程序,以避免和减少失误。由于不同企业的生产、经营条件不同,新产品的项目不同,开发程序上也各具特色。一般来说,开发新产品的过程,可大致分为以下几个阶段(见图 6-12)。

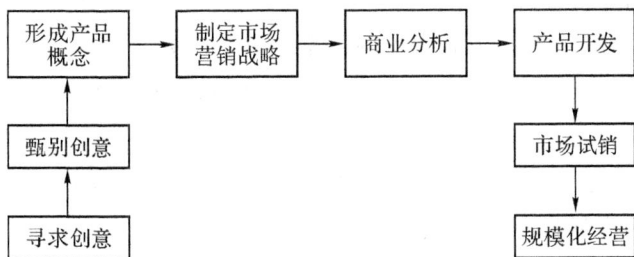

图 6-12 新产品开发的基本程序

(1)提出目标,寻求创意。新产品的开发是从寻求创意开始的。创意就是开发新产品的构想。许多公司通过营造良好、宽松的工作环境,激发员工的创意激情;同时,具有敏锐商业头脑的企业家会在日常生活中寻求创意,获得灵感,发现商机。

营销案例 6-8

香港某护肤品生产商,在江苏太湖游玩的过程中,发现当地人的皮肤明显好于外地游人,这在许多人看来是见惯不怪的事情,却引起了这位商人的注意。他试图找出原因所在,最终发现当地人经常接触的一样东西就是蚕丝,因此,他将蚕丝带回香港进行研究,发现从中提取的蛋白质含量出奇高,对人体的皮肤有显著的影响,从而他备受启发,成功开发出一款深受香港人喜爱的护肤品——维斯美。

（2）甄别创意。企业还要对现有的创意加以评估和研究，选出可行性好的创意，这就是创意的评价与筛选。其目的是淘汰那些可行性较低的创意，使企业有限的资源集中用于成功机会较大的创意新产品上。在甄别创意过程中，主要遵循两条原则：一是避免误舍；二是避免误用。如曾被 IBM 公司和依斯曼·柯达公司忽视的复印技术，却被施乐公司看重，从而使其成为复印机领域的绝对领导者，开创了一块新的市场领域。

（3）初步形成产品概念。有了产品创意以后，还需要将创意发展成消费者可以接受的产品概念。产品概念是指企业从顾客的角度出发，对产品的质量、形状、价格、性能、使用、服务等方面所做的详尽描述。从消费者的角度认识和了解产品特性，通过产品概念来达到理解产品的目的。如某液态珍珠，希望能够被消费者所接受，开发出如图 6-13 所法的产品概念。

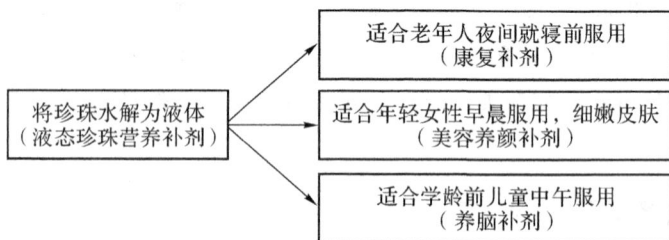

图 6-13　液态水解珍珠的产品概念

（4）制定市场营销战略。产品的营销战略规划主要包括三个方面的内容：第一，描述创意产品的目标市场规模、市场定位、结构、购买行为和方式、预计近期销售额和利润、市场占有率等。第二，简述概念产品的计划价格、分销战略、人力资源需求及营销费用预算。第三，阐述 3～5 年期间的销售计划和销售额度、投资收益率以及不同时期、不同环境下的市场营销组合。

（5）商业分析。此步骤的主要内容是估计产品总销售量，其次是估计产品生产的成本以及将获得的销售利润。

（6）新产品开发。如果概念产品通过了商业分析研究与开发部门及工程技术部门就可以着手把这种概念产品转变成真实产品了。首先，进行产品试制，确定产品概念能否转变为技术和商业上可行的产品；然后，收集相关数据和资料，摸索最佳生产工艺，确保新产品的质量。

（7）市场试销。新产品试销的目的是为了了解消费者和经销商对于使用、经营和再购买该产品实际情况及市场大小，然后再酌情采取适当措施。

（8）批量生产经营。新产品试销成功后就可进入批量生产，把新产品全面推向市场。这时，企业要支付大量的费用，而新产品在投放市场初期的利润很小，甚至亏损。因此，企业应对新产品投放市场的时机、区域、目标市场的选择和市场营销组合等方面问题做出慎重决策。

知识链接 6-2

产品从开发到商品化需要经历六个基本阶段,分别是产品开发、产品测试、市场测试、产品试制、市场试销以及最后的批量上市。

6.4.5 新产品的采用与扩散

新产品决定进入市场后,企业的任务就是抓住时机进行推广,把新产品引进市场并达到使消费者普遍接受的目的。新产品在市场上扩散往往遵循一定的规律,如图 6-14 所示为罗杰斯新产品市场扩散模型。

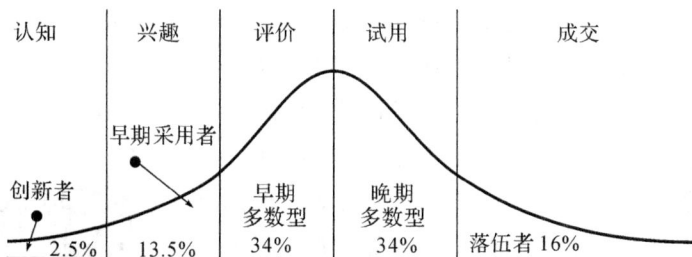

图 6-14　罗杰斯新产品市场扩散模型

经典人物 6-2

创新的扩散——埃弗雷特·M.罗杰斯

罗杰斯认为,创新的扩散总是一开始比较慢,当采用者达到一定数量后,扩散过程突然加快,这个过程一直延续,直到系统中有可能采纳创新的人大部分已经采纳创新,达到饱和点。

在采用新产品的过程中,消费者接受产品具有阶段性。具体包括五个阶段:

(1)感知和认识阶段。要想方设法让消费者知道有这种产品,运用各种手段引起消费者的注意;

(2)注意和兴趣阶段。不仅要引起消费者注意,还要使其感兴趣;

(3)了解和评价阶段。通过展览、示范及试用等办法使消费者不断了解产品,让消费者充分认识产品的优点和价值,诱发消费者的购买欲望。

(4)试用阶段。通过让消费者试用产品,使其对产品有更深入的感性认识。

(5)确信和成交阶段。通过前两个阶段,消费者确信了新产品的价值,进而决定购买并实施了购买行为。

6.5 品牌与包装

6.5.1 品牌

1.品牌的内涵

品牌是产品战略中一个重要的主题,一方面开发一种有品牌的产品需要长期大量的投资,另一方面建立品牌可以使企业拥有更强大的威力。因此,建立品牌对于企业而言是很重要但也是很困难的一件事情。

▶品牌与商标

品牌是一种名称、术语、标记、符号或设计,或是它们的组合运用。其目的是用以识别经营者的产品或服务,并以此区别于其他竞争者的产品或服务。

如李宁品牌就是由名称、符号、术语组成的以区别其他运动品牌的标志(见图6-15)。但是,品牌如果仅仅看作是一个名字和符号,它就忽略了品牌内容的关键点。品牌的关键内容是销售者向购买者长期提供的一组特定的特点、利益和服务。品牌可以传达出产品的质量、企业文化等多方面属性,一个品牌能表达五层含义:

图 6-15 李宁品牌

(1)产品属性。一个品牌可以传递出一个产品的基本属性,如联邦快递表现出的是提供优质的服务、快速的传递速度、高声誉等。

(2)利益。产品属性最终需要转换成功能和利益。如产品耐用可以转化为功能利益:"我可以好多年不用再购买同类产品。"品质高可以转化为情感利益,可以体现一定的社会身份和地位。

(3)价值。品牌还体现了制造商的价值感。如阿里巴巴体现了对社会的一种责任感、安全和威信。

(4)文化。品牌往往蕴含着一定的文化内涵,如淘宝体现了一种积极、向上、充满年轻活力的文化。

(5)个性。品牌体现了一定的个性,如奔驰可以使人想起一位充满干劲、有着强烈事业心的老板,甲壳虫让人想起一个充满青春气息的女孩。

2.品牌资产的特征

品牌是具有资产价值的,但是品牌资产是无形的,它通过对消费者需求的全方位的充分满足,给品牌持有者带来更大、更广泛的利益。品牌资产在被利用中不断增值,但是其资产的具体价值又难以被准确的衡量;同时,品牌资产具有明显的波动性,每个阶段的品牌资产价值会随着客户数量、顾客对品牌认知等而发生变动,它也是企业营销绩效的主要衡量指标。

如图 6-16 所示为 2008—2009 年全球品牌资产价值排名情况。

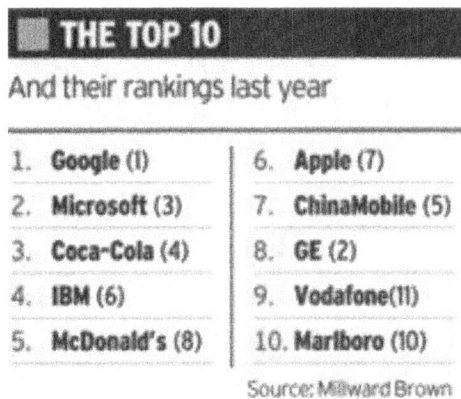

图 6-16 2008—2009 年全球品牌资产价值排名

3. 品牌的作用

(1) 品牌对经营者的作用

首先,品牌有助于促进产品的销售。企业可以借助于品牌让消费者知晓、记住企业产品,并对产品产生偏好。如当一位家庭主妇打算购买亨氏番茄酱,结果走进一家商店发现没有亨氏品牌,她就走出来到其他地方购买。这也是体现了企业高水平的消费者品牌知晓和忠诚度,公司营销成本可以极大降低。其次,品牌有利于保护品牌权利人的合法权益。品牌一经合法注册,取得专有或专用权,任何其他企业未经权利人许可不得使用或仿冒。否则,权利人有权追究其法律责任。最后,品牌有助于约束经营者的不良行为,品牌也是一把"双刃剑",它容易被消费者认知、记忆、监督和挑剔,品牌权利人的行为时刻都在消费者的监督之下而受到约束;再次,品牌是一家企业的主要的、更为长久的资产,往往比公司特定的产品活得更长久、更容易。所以,不论是从企业利益、顾客利益和是社会利益角度来说,品牌都有助于规范经营者的行为和帮助经营者长期立足于市场。

同时,品牌有更高的认知品质,公司可以比竞争者卖更高的价格。例如,在我国生产的领带,贴挂国内商标的,最高卖价为 288 元,贴挂国际名牌的,最高卖价是 1288 元,其价格在市场上翻了几倍。品牌也是国际市场的通行证,是真正的国际语言。不论人种、老少和国籍,在世界各地只要提到著名品牌,比如奔驰、宝马、可口可乐、微软,人们都知道它们代表的是什么。

(2) 品牌对消费者的作用

对于顾客而言,一个品牌就是一种标志,它如同指示牌一样,当顾客因置身于琳琅满目的商品中难以选择而无所适从时,它可以引导顾客消费,促进市场交易。品牌还可以满足消费者的心理需求,高端品牌形象也有助于消费者对价值的追求,赋予消费者精神上的意义,如地位、荣耀等。同时,品牌的建立有助于监督,以提高企业产品的质量。

营销案例 6-9

不做二等公民

1956 年,盛田昭夫带着刚刚问世不久的索尼牌袖珍收音机,满怀信心地飞到纽约,本来好奇心就很强的美国人,一下子就被这个新鲜玩意儿吸引住了。人们接二连三地前来订货,盛田很快就接到了 1 万台的订单。

布罗瓦公司看好这种收音机。他们对盛田昭夫说:"我们要 10 万台。"但他们提出一个条件:要把索尼的牌子换成美国的商标。他们说:"我们的公司的名字是经过 50 年树立起来的牌号,而谁也没听说过你们的牌子,你们为什么不利用一下我们的名牌呢?"

当时的索尼羽翼未丰,在美国更是立足未稳,如果接受了这个建议,肯定会给索尼带来丰厚的眼前利益。这的确是一个巨大的诱惑。

但盛田昭夫深思熟虑后,断然拒绝了这一建议,他说:"50 年以前你们的牌子大约也和我们今天的牌子一样默默无闻,我们现在在推销一样新产品,我们在为本公司今后的 50 年迈出第一步,我保证 50 年以后,我们的牌子会像你们一样赫赫有名。"

盛田昭夫事后认为,这是他有生以来做出的最正确的决定之一。他想,只要有自己的牌子,早晚有一天会将它打响。但如果放弃这个牌子,"索尼"就会从此销声匿迹,今后一切也将徒劳。

6.5.2 品牌战略

1.品牌战略的含义

从一般意义上讲,品牌战略是指通过树立企业及其产品的形象,以建立强势品牌和品牌价值为标志,强化经营者的市场竞争能力,从而实现长期占领市场目的的企业经营战略。品牌战略通常可分为单一化品牌战略、多元化品牌战略和一体化品牌战略三大类。

单一化品牌战略就是所有的目标和资源都承载、聚焦于一个品牌之上的战略类型。其典型特征表现为所有的产品都共用一个品牌名称、一种核心定位、一套基本品牌识别体系。这种品牌战略最大的好处就在于能够集中优势资源强化品牌建设,减少企业管理的压力,壮大企业的声势,提高新产品的成功率,减少顾客的认知不协调,促进规模经济或降低推广费用等。然而,该品牌战略也存在明显的局限性,主要表现为难以对产品档次和产品类型做出合理区分,无法体现产品本身之间的特性和差异性。美国的吉列、日本的三菱和中国的海尔是单一化品牌战略的采用者。

多元化品牌战略是把目标和资源分别承载于不同品牌之上的品牌战略类型。多元化品牌战略的特点是每一个产品或每一个产品群都使用不同的品牌名称、有不同的定位和不同的品牌识别体系。这种品牌战略的好处在于能够在不同的细分市场上满足不同消费者差异化的需求,保证每一个产品都拥有自己的定位和独特的个性,并能降低单个产品的失败对总体的影响等。瑞士制表集团、日本的松下公司、美国的宝洁公司是产品品牌多元化的典型代表。如宝洁在洗发产品群中采用沙宣、潘婷、海飞丝、飘柔及润妍等不同品牌名称,其中虽然润妍这款强调黑发亮发功能的洗发产品在市场上难以立足,但这对其他品牌的洗发产品并不构成任何影响。

一体化品牌战略是品牌从产业链的某一个环节渗透至其他环节甚至全部产业链的战略类型。一体化品牌战略的典型特征是除了在制造上发展品牌之外,在通路上乃至供应上都培育和发展品牌。这种品牌战略的优势是能够整合产业链,提高控制能力,在产业链上、下游之间相互制约关系凸显的今天,如果有机会和能力整合产业链上各环节的资源,是不会有人愿意放弃的,不然就不会出现制药企业去开发药品原料种植业以及家具制造商承包荒山来栽培树木的事情了。如图 6-17 所示,屈臣氏、家乐福和 IKEA 公司是品牌一体化战略的采用者。

知识链接 6-3

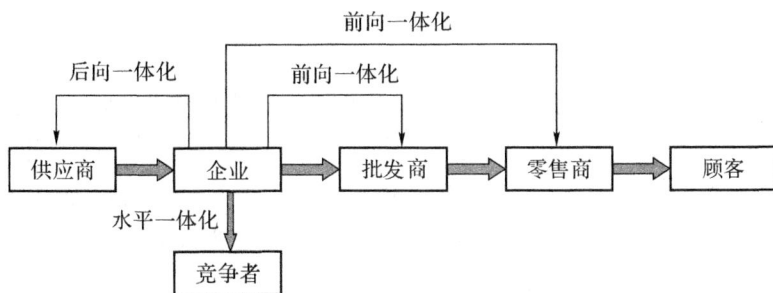

图 6-17　企业一体化成长示意

2. 品牌战略实施的意义

(1)实施品牌战略有助于形成企业核心价值

进入 21 世纪,每一个企业都面临着更加激烈的市场竞争。由于技术进步的加快,加之信息获取渠道及获取速度的增加,竞争的焦点已经不再是资金、技术、设备等硬件要素,更不是传统的产品、价格、渠道和促销等优势。因为,以上竞争优势在新的市场环境下,难以保持或容易被竞争对手模仿。新的竞争焦点已经移到以品牌和人才为核心的较量上,谁拥有了强有力的品牌,谁就具备了竞争对手难以模仿的核心竞争力和人才影响力、吸引力,也就拥有了持续竞争的资本和能力。否则,企业将会在新环境下的竞争中处于被动局面。

如消费者购买可口可乐,并不是因为可乐的味道独特,虽然公司一直对可乐的配方实施严格的保密,但是百事、娃哈哈照样可以生产出类似的产品。因此,消费者购买可口可乐的原因主要是品牌本身体现的价值和文化,这是其他企业难以模仿和替代的。

(2)实施品牌战略有助于打造企业独特的文化

品牌战略反映的不仅是企业间发展方针的差异化,还应该体现企业在行业内的定位,从而打造深层次、明确的和具体的品牌形象。在全球范围内,众多的跨国公司品牌战略已经深入到企业内部,从而形成企业品牌文化。进入企业后,受到企业文化的熏陶,品牌战略深入到每个员工的日常工作中。这样的企业氛围,可以巩固企业的品牌战略实施。

如浙江德意橱柜,打造经典橱柜的市场定位;老板电器则体现家电专家的市场定位,因而强调企业高科技的文化氛围。

(3)品牌是企业的无形资产

品牌建设的确需要投入相当多的资金和精力,所以会使人产生一种错误想法,认为品牌建设会增加企业的成本,提高负债,影响经济效益。其实,品牌建设属于投资性投入,是将企业获得的阶段性资金转换成永久性品牌资产形式长期保存下来,并在这个转换过程中产生增值效应,为企业长期健康发展创造条件,所以品牌是企业的无形资产。品牌资产的商业价值在于它是提高顾客对企业及其产品忠诚度的重要驱动力,会对消费者的市场购买行为产生引导和促进作用。

3.实施品牌战略要注意的问题

(1)品牌建设不能一蹴而就

品牌建设是一个长期、复杂的系统工程,不可能在短时期内一蹴而就。然而,在现实中很多人对这个问题的认识不足,或是有一定认识,但在实际运作中操之过急。西方有一句谚语:培养一个贵族至少需要三代人的努力。其实,品牌建设与培养贵族一样,也是一个长期的甚至需要几代人不断努力的事业。中国品牌建设起步晚、基础弱、环境差,更加需要耐心。另外,品牌建设不仅是长期的事业,还是一个系统工程。管理中的“木桶理论”告诉我们,一只木桶盛水量的多少,并不是取决于最长的木板,而是最短的那块木板。企业管理中任何一个细节的缺陷和漏洞都会导致品牌建设的损失。要培育一个卓越的强势品牌,必须同时注重全方位的细节管理,把它当成一个长期的系统工程进行建设。

(2)不要片面强调单一品牌营销策略,要与其他策略相结合

品牌战略的实施具有严谨的功能和结构,其是由众多相关的品牌营销策略来打造的。任何一种或单一策略都无法成功地实现企业的品牌战略,所以要将这些策略进行优势互补,形成合力,从而不断地提高品牌知名度、巩固品牌战略的竞争实力。在企业确立品牌战略的初期,由于缺乏对实施品牌战略的经验,缺少对策略进展的把握,很容易忽视整体的品牌营销策略,造成不可挽回的损失。

(3)不要将打造品牌和抓销量看作是矛盾的双方

企业在面临市场竞争的时候,总是不能清楚地看待自己的发展方向和发展目标。一味地看重销售量,只要把销售量抓上去,其他事情放在一边。其实盲目地在竞争者之间进行扩销、促销,会使企业发展处于被动之中。恶性循环下去,市场秩序打乱了,消费者的购买力也会转移的。与其这样,还不如抓住机遇、研究品牌战略、寻找企业新的发展方向。品牌战略的成功实施,会吸引更多的消费者的购买行为,从而带来较大的销售量。打造品牌战略与销售量之间的矛盾,是不存在的。

总之,品牌建设和经营要进行系统化和精确化管理,从品牌定位入手,合理配置资源

进行品牌建设,逐步赢得品牌认同和品牌忠诚,并通过企业品牌文化的建设,使品牌战略得到可持续发展。

6.5.3 品牌营销策略

1.品牌使用者策略

企业有三种可供选择的策略:企业品牌策略、中间商品牌策略和介于两者之间的混合品牌策略。企业品牌策略又可以称为生产者品牌策略,就是企业使用自己的品牌;中间商品牌策略也称为自由品牌策略,企业将产品大批量的卖给中间商,而中间商用自己的品牌将货物卖出去;联合品牌策略,意味着企业与企业之间开展合作,共同打造产品品牌的策略。

(1)企业自有品牌策略。随着企业竞争日益加剧,越来越多企业意识到品牌建设的重要性,浙江大量中小企业也开始走上品牌化道路,建设企业自有品牌。如浪莎袜业、吉利汽车、娃哈哈集团等都是建立企业自有品牌的典范。

(2)中间商品牌策略。由于建设品牌不是一蹴而就的事情,需要付出大量的人力、物力成本,甚至需要几代人的努力经营才能真正树立起良好的产品品牌形象。因此,许多中小企业在没有建立品牌的前提下,为了更好拓展市场,会借助中间商的品牌,也就是给中间商做贴牌生产。如浙江许多中小企业为联华、物美、屈臣氏等中间商生产产品,贴上这些企业的牌子销售产品。

(3)品牌联合策略又称为品牌联盟,是指两个或两个以上的企业为了共同利益而使用对方品牌销售产品的策略。比如,世界著名的运动品公司耐克公司(NIKE)的合作伙伴就是美国篮球职业联盟(NBA);IBM 公司和戴尔公司(DELL)、康柏公司、联想公司等都签订了供货协议;索尼和爱立信共同打造索爱手机品牌,以此来稳定和加强自身品牌在市场中的地位。

2.品牌再定位策略

品牌再定位策略是指企业全部或部分改变原有品牌的市场定位,使之适应不断变化的市场要求的策略。品牌虽然没有显著的市场生命周期,但也不能说品牌的生命是无限的。受市场变化和竞争压力的影响,最初定位很好的品牌,也需要重新定位,以适应现实要求。所以,在品牌经营过程中,要适时、适度地做好品牌重新定位工作。

营销案例 6-10

万宝路香烟的品牌再定位

美国菲利普·莫里斯公司,早期将万宝路香烟,根据其配方和口味特点,作为女士专用香烟推向市场,费了不少功夫,销售也未打开。一筹莫展的菲利普·莫利斯公司只得向芝加哥的李奥·贝纳广告公司求助。李奥·贝纳公司经过周密的市场调查,提出彻底改变万宝路形象,使之成为男人所喜爱的香烟的建议,该公司接受建议,积极实施,新的万宝路诞生,使用象征力量的红色作烟盒的主色,在广告宣传上改由马车夫、潜水员、农夫、牛仔等人物来强调香烟的男子汉气概,最后用牛仔形象宣传万宝路香烟投放市场后,一年销量提高了3倍,从一个默默无闻的牌号一跃成为美国销量最大的10种香烟之一,后来销量跃居世界第一。

3.品牌全球化策略和品牌区域化策略

品牌全球化策略是使企业的品牌广泛适应全世界不同地区、民族、宗教和文化环境要求而采取的策略。随着通信技术和互联网技术的发展及经济全球化进程的加快,消费品的标准化生产规模超过了以往任何时候。全球消费者对名牌产品的追求已成为共识。由于消费者偏好的相似,在某一地区具有感召力的品牌产品,在另一个地区也受到欢迎。但是在品牌设计、推广和使用活动中,要特别注意避免发生民族、宗教或文化冲突。

品牌区域化策略是指企业在不同国家或地区使用不同的品牌于同一产品上,使企业的品牌更加灵活地适应当地文化、宗教和习惯的策略。经济全球化迫使我们要扩大企业的经营范围,但是,由于不同国家和地区的文化、宗教和习惯不同,使原本在某一国家或地区有较好品牌知名度的企业,必须在某一产品上使用不同的品牌才能销往其他国家或地区,否则就会失去那里的市场,其至惹来不必要的麻烦。所以,企业也需要品牌区域化策略,在不同区域使用不同品牌,以更加灵活的方式适应不同的市场氛围,增强企业竞争能力。

4.品牌技术创新策略和品牌形象整合传播策略

品牌代表了企业的实力,反映了经营者的信誉和管理水平。但是,每个产品都有市场生命周期,都会由兴盛逐渐走向衰落。国内的许多企业在产品创新方面能力不强,但是品牌的生命力又主要来自于产品的创新,所以很多在某一时期有较大影响力的品牌都败落了,其至连拥有品牌的企业都走上了破产的道路。而那些百年品牌如西门子、杜邦能持续下来的真正魅力不是品牌,而是产品随着时代的发展不断得以创新,从而使其生命力得以延续,才使品牌百年不倒。所以,技术创新是品牌经营的重要策略。

品牌形象整合传播策略是指在市场传播中,由过去以商业广告运作为核心让位于现在以整体的传播为核心的传播策略。它通过广告、公共关系、大型活动、促销、形象设计及整合,面向市场进行全方位的立体传播,加深消费者对品牌形象的认知,从而建立消费者与品牌的长期忠诚关系。

6.5.4 品牌经营模式

1.无品牌模式

品牌建设并不是所有企业都必须要经历的过程,因为企业建设品牌会受到诸多因素的影响和制约,因此,国内许多中小企业仍采用无品牌模式。这些企业主要包括以下类型:一是难以形成产品差别,用户对产品的品牌要求并不高的机械制造、中间部件制造的企业;二是质量难以统一保证和衡量,或消费者对质量要求不高,无需进行特别辨认的企业,如电力、采矿、供水企业等;三是制造日常生活中经常接触的、不需要特别专业知识就能够辨别其真假好坏商品的企业,如低档服饰、食品企业等。

每个企业在产品开发、生产制造、市场开拓上都得投入大量的人力和物力,尤其是创建品牌的过程是一个耗费大量人力、物力和财力的奋斗过程。一些企业为了建设自身品牌,不顾企业的实际,结果往往是得不偿失,甚至会加速企业的衰落。因此,某些创业或成长阶段的中小企业,不妨选择放弃品牌战略,以价格优势或其他核心竞争力构筑自己的市场地位。

2. 贴牌模式

贴牌模式是指品牌生产者不直接生产产品,而是利用自己掌握的关键的核心技术负责设计和开发新产品,控制销售渠道,具体的加工任务通过合同订购的方式委托同类产品的其他厂家生产。这种委托他人生产的合作方式简称 OEM(Original Equipment Manufacturer),承接加工任务的制造商被称为 OEM 厂商,其生产的产品被称为 OEM 产品。因此,定点生产属于加工贸易中的"代工生产"方式,在国际贸易中是以商品为载体的劳务出口。

在现阶段,我国尤其是浙江的大量中小企业都处于为品牌生产者"贴牌生产"阶段,这也是相对更为务实的一种战略。如浙江湖州一带存在着大量羽绒服生产加工厂,它们自身并没有经营品牌,而是作为"波司登""艾莱依"等名牌企业的生产加工厂。

3. 品牌共享互利模式

品牌共享互利模式就是若干家企业共同使用同一品牌,组成一个品牌联合体。通过品牌共享,企业可以突破企业规模不够、资金力量薄弱、产品类型单一的限制,集零为整,为品牌宣传和扩大知名度创造条件。全面共享是品牌共享战略的基点和核心,这种共享不仅有着品牌价值的共享,还有着销售渠道、客户资源的共享等。

实施品牌共享战略,不是随意地、无条件地将企业联合在一起,而必须基于各自产品的某种相关性。比如,以婴儿系列产品为中心,生产婴儿尿布、婴儿服饰、婴儿护理品、婴儿玩具等产品的企业形成品牌联合体,共用一个品牌。如金六福是典型的商业网络与生产厂家联合打造的共享品牌,它在中国白酒行业下滑阶段创造了一个奇迹。

4. 自创品牌模式

许多知名品牌是随着企业的发展而不断成长的,如袜子行业的"浪莎"、皮鞋行业的"森达"、领带行业的"金利来",都是跟随企业壮大而自创品牌成功的典范。企业自创品牌,需要具有前瞻性眼光、国际化视野和深厚文化内涵,能够投入大量的成本,建立相对完善的品牌战略体系和品牌发展计划。

5. 贴牌和创牌交融模式

根据自身的实际情况,针对不同的目标市场采取贴牌与创牌并行、使两者相得益彰战略,是成长型企业的务实做法。格兰仕、长虹、小天鹅、澳柯玛等家电知名品牌走的就是这条路。这些品牌的实践证明,做品牌与做 OEM 并不矛盾,通过 OEM,企业可以变竞争为竞合(即竞争与合作相互交融),既可以向拥有著名品牌的大公司(即品牌输出者)学习经验、技术和管理,为锻造自己的品牌积累资源,并争取缩短自创品牌的时间;同时,还可以借着名品牌的商誉,快速实现低成本扩张,从而达到双赢的目的。

6. 虚拟品牌模式

虚拟品牌模式就是自己拥有一个品牌和品牌整合的概念,然后围绕这个核心,通过完整的价值链去驾驭每一个环节,带动更多的社会资源来参与运作。在中国加入WTO后的今天,将会有更多的中国企业实行虚拟品牌战略,以便将有限资金集中到品牌经营和产品设计上,迅速提升品牌的市场影响力和竞争力。恒基伟业公司在预测到掌上电脑市场的光辉前景后,整合了一批生产掌上电脑的中国企业,利用自己的渠道和网络,推出商务通这个品牌,并一举抢占了国内掌上电脑最大的市场份额。国际上一些知名企业如耐克、苹果等,往往只是掌握核心技术和品牌经营,生产加工就外包给全球劳动力等生产要素较低的区域。国内的美特斯·邦威就是虚拟品牌战略最好的典范,企业主要掌握的就是品牌及销售渠道两个关键环节,其他内容则与外部企业开展合作,借助其他企业的生产资源为企业生产产品。

7. 品牌租借模式

既然有些品牌可以实行虚拟经营,对尚无品牌的企业来说,同样可用租借品牌的方式快速打入市场。在全球经济一体化的今天,国内某些企业完全可以利用自己拥有的一些优势(如低廉的劳动力成本、通畅的经销渠道、丰富的客户资源等),租借某一国际品牌,使自身优势与国际品牌巧妙结合起来,借国际品牌的影响力迅速拓展销售市场,扩大自身的规模和实力,同时也能帮助国际品牌登陆中国市场,如中威公司租赁美国迪士尼公司的米奇妙、史努比、米奇小队友、卡通天地、芝麻街等品牌15年,针对国内大中城市独生子女大做广告,最终在市场上获得了巨大成功,比自创品牌省钱省力,利润也不菲。

6.5.5 产品包装

如果把商标比作商品的"脸面",那么包装可谓商品的"外衣"。古时候的寓言故事"买椟还珠",也很好地说明了包装对吸引消费者眼球的重要作用。随着产品流通方式的发展,作为产品重要组成部分的包装在营销中占有越来越重要的地位。西方有些市场营销理论学者把包装列为市场营销组合"4P"之外的第五个"P",构成"5P",即产品(Product)、价格(Price)、渠道(Place)、促销(Promotion)和包装(Package),以强调包装的重要性。不过目前大多数营销专业人士还只是把包装视为产品策略中的一个要素。

1. 包装及其作用

包装是指产品的盛装器和保护器,也可以说是产品的组成部分或延伸部分。一般将产品整体包装分为三层:第一层是内包装,也称为直接包装,是指最接近产品的部分,比如盛装液体产品的瓶子。第二层是中包装,也即间接包装,主要是保护第一层包装的物品,这层包装除了保护功能以外,还给企业提供了信息承载空间,经营者可充分利用这个空间传递企业经营信息,比如酒类产品的纸板盒。第三层是外包装,又称为运贮包装,是指产品贮存、运输和辨认时所必需的包装,如装有一定数量的酒类产品的硬纸箱。

当今社会,市场竞争日趋激烈,竞争范围也远远超出了产品本身,延伸到方方面面。产品包装在市场营销活动中的地位越来越重要,其功能与作用可概括为以下几方面:

（1）产品盛装作用。"盛装"是包装最基本、最起码的功能和作用。现代社会的产品种类繁多、状态各异、产品属性也日益复杂，使得有些产品必须使用相应的容器盛装才能进入使用和消费阶段。比如气体类产品（氧气（见图 6-18）、氢气、氮气等）、液体类产品（各类饮料、油品、流体药剂等），即使是固体产品也要有相应的盛器包装，如固体药品等。

（2）产品保护作用。多数产品在生产和消费之间存在较长的运输和贮存期，为有效地保护商品，以实现其效用，包装起着避免其遭污染、腐蚀、损坏、散失、变质、老化、褪色、变形的作用。为此，要求包装材料适宜，结构合理，坚实可靠，如各种新鲜液态奶的包装、食品的真空包装等。

图 6-18　氧气瓶

（3）促进方便使用作用。生产企业不仅要考虑到运输贮存等产品经营方面的要求，还要考虑销售企业售卖商品和用户使用方面的要求。产品包装需要附有相应的使用说明，让消费者能够从包装说明中了解产品的构造、成分、性能、用途、使用方法和注意事项；同时还要根据消费者的消费习惯，设计出使用方便的包装和包装量，如现有许多婴幼儿食品的包装中，按照每次合理食用量的多少采用小分量包装；另外，还要使消费者易于携带、开启、保管、处理等，如当前酒瓶包装都附有开启器和开启的使用方法；某饮料公司开发出一款易于携带的饮料产品，并以此作为其产品卖点，开拓了市场空间。

（4）促进销售作用。产品包装还有促进销售的作用，因为它不仅能够保护商品、方便消费，还有诸如识别功能、信息传递功能、诱发购买功能和产品增值功能等。

①识别功能。通过采用各种不同的包装装潢，如材料不同、造型不同、色彩和图案不同等，会使消费者易于区分同类产品中不同厂商的产品或不同档次的产品，从而选择理想的产品。

②信息传递功能。包装上针对消费者的心理要求，印有产品的成分、特点、用途、使用方法、出产厂家、服务措施等方面的说明，能及时、广泛、准确地为顾客传递信息，促进经营者与消费者之间的信息交流。

③诱发购买功能。包装设计中装潢新颖独特，给人以美感。造型美观、制作精细、颜色协调鲜明，都有可能随时诱发消费者的购买欲望。许多消费者在一定程度上是受包装的吸引而产生购买欲望的，包装所起到的促销作用是其他手段不能代替的。如香奈儿 5 号香水，许多消费者都是为了能够收藏其香水瓶而做出了购买行为。

④增值功能。改进商品的包装不但可能扩大销售量，还可以增加商品本身的价值。同种商品包装的精致程度不同，市场对其价格的认可度也不同。精致包装产品市场价格的提高额，往往高于用于改进包装的费用。因此，采用精美的包装可以增加企业的利润。

营销案例 6-11

榨菜的包装与销售

榨菜,原产四川,大坛装运,获利甚微;上海人买入,改为中坛,获利见涨;香港人买入,小坛出售,获利倍之;日本人买之,破坛,切丝,装铝箔小袋,获利又倍之,与四川大坛榨菜相比较,获利翻番又翻番矣。

2.企业产品的包装策略

可以这样说,包装策略也是产品决策的重要组成部分或产品策略的延伸。一个好产品必须要有好的包装,而好的包装不仅来源于好的设计和制作,还取决于正确的包装策略。

(1)类似性包装策略。企业对其生产的产品采用相同的图案、近似的色彩、相同的包装材料和相同的造型进行包装,便于顾客识别出本企业产品。对于忠实于本企业的顾客,类似包装无疑具有促销作用,企业还可因此而节省包装的设计、制作费用。但类似包装策略只能适宜于质量相同的产品,对于品种差异大、质量水平悬殊的产品则不宜采用。如康师傅方便面,虽然产品种类不同,但企业采用类似性的包装策略以区别于其他企业产品,如图6-10所示。

图6-19 康师傅方便面

(2)等级性包装策略。等级性包装策略是指为了区别不同产品的不同质量,按其质量等级采用相应包装。这是一种常用的包装策略,其目的在于给消费者一种便宜感、节约感。比如,价值越大,包装就越精美,将产品内在的质量差别体现在包装的等级上。但采用此策略要注意把本企业的产品与市场上的同类、同值产品做比较,正确决定等级之间的差异程度。如许多产品分普通装和礼盒装,以此区别产品的不同档次和用途。

(3)组合式包装策略。也叫"多品种包装策略",是指按照消费习惯,将多种有关联的不同商品集中装于一个包装物中的包装策略。如"六一"儿童节礼品袋,有的包装是将不同的玩具、学习用品装在一个袋子里的,也有将各种糕点、糖果等食品装在一个包装中的。又如成人用的"洗漱袋"中装有牙具、香皂、洗发水、护肤品、毛巾等,就像一个"大拼盘"。这种包装策略既可以方便消费者购买和使用,还可以引发连锁性消费,有利于新产品的上市推广。

(4)再使用包装策略。再使用包装策略是指包装内的产品使用完后,包装物还有其他的用途。如各种形状的香水瓶可作装饰物,某些精美的饼干盒包装,不仅可以作为装饰,也可作储存物品之用。这种包装策略可使消费者感到一物多用而引起购买欲望,而且包装物的重复使用也起到了对产品的广告宣传作用。但是也需要谨慎使用该策略,避免因成本加大引起商品价格过高而影响产品的销售。

(5)附赠品包装策略。附赠品包装策略是指在包装里面附有赠品来吸引顾客购买,扩大销售量的策略。如有些白酒生产企业,就在包装中赠送精美的打火机以吸引顾客购买;有些生产化妆品的公司在其产品的瓶盖上镶一粒珍珠,许多女性在对化妆品基本满意的前提下,能坚持使用此产品数年之久,目的在于追求那颗珍珠以将其串成一条项链。附赠品包装还可以作为在市场上介绍新产品和进行市场调查时的手段。

(6)改变包装策略。改变包装策略是指企业放弃产品的旧包装,改换新包装的包装策略。在以下情况下适用此策略:原包装有明显的缺点,并应该和可以改进;为吸引顾客而更新包装,以崭新的面貌再现于市场;包装材料落后,影响产品保护和销售;为更好地满足顾客对包装物的要求。实行这一策略的优点是:弥补不足,以新面貌出现,对促销有积极作用。改变产品包装应注意配合产品质量的提高,使消费者有表里如一的感觉。名牌产品包装的改变要慎重,以免给消费者造成假冒名牌、质量下降等错误印象。

营销案例 6-12

X.O.白兰地的档次要比一般白兰地高得多,因此它多为高级宴会所选用。怎样继续提高它的知名度与美誉度,让它的高贵品质更为人们所熟知呢?X.O.白兰地的策划人员为此煞费苦心。经过对若干方案的筛选之后,他们的思路集中到了酒瓶的设计上。既然它的内在质量高,其外观上也该将此直观地体现出来。沿着这条思路,经由不断地挖掘与拓展,产生出了我们现在所看到的富有特征的、非同一般的 X.O.酒瓶。它的瓶颈特别长,相形之下,就显示出一种极为高贵的气派。与之相适应,广告语也发生了变化,更为亲切而响亮:"长颈 X.O.,高人一等。"

包装策略是企业整体策略的一个组成部分,所以要服从和配合企业整体策略和其他相关策略。在这方面我们必须学习和借鉴发达国家企业的经验,如可口可乐公司为配合其整体策略,在设计饮料的瓶子上不惜花费、绞尽脑汁、避免雷同,创造出了独一无二的"瓶型"包装,达到了"在黑暗中伸手一摸就能知道是可口可乐的玻璃瓶"的特有效果,很好地配合了可口可乐的产品策略,使产品畅销不衰。如图 6-20 所示。

图 6-20 可口可乐

本章小结

1.产品的整体概念：产品包括产品实质层、产品实体层、产品附加层三个层次，三个层次是一个互相联系的统一系统，共同构成产品的整体。

2.产品组合的宽度、长度、深度和相关性，是企业进行产品组合决策所要关注的最主要内容。

3.产品的生命周期包括引导期、成长期、成熟期和衰退期。不同的生命阶段具有不同的特点，企业应采取不同的营销策略。

4.新产品是企业适应市场变化和市场竞争的重要手段，要掌握新产品的概念、新产品的分类、新产品开发的组织和程序。

5.了解品牌战略的含义、实施品牌战略的重要意义和如何实施品牌战略。

6.熟悉包装的作用和企业产品的包装策略。

复习思考题

一、判断题

1.市场营销学上的产品是指能够满足人们需求和欲望的一切事物。　　　（　　）

2.产品根据用途可以分为工业品和消费品。　　　（　　）

3.进入衰退期的产品在特定的条件下还有可能进入新的成长期。　　　（　　）

二、多项选择题

1.产品组合包括四个变数（　　　）。

　A.产品组合策略　　　B.产品组合的宽度　　　C.产品组合的长度

　D.产品组合的深度　　　E.产品组合的关联度

2.产品市场生命周期包括（　　　）四个阶段。

　A.投入期　　　　B.高峰期　　　C.成长期　　　　D.成熟期

　E.衰退期

3.产品整体概念主要包括（　　　）。

　A.核心层　　　　B.附加层　　　C.实体层　　　　D.品牌层

　E.概念层

4.以下（　　　）属于消费品的范畴。

　A.便利品　　　　B.供应品　　　C.选购品　　　　D.非渴求品

　E.特殊品

三、简答题

1. 系统(整体)产品概念只是为了强调产品的核心价值,这句话对吗?

2. 什么是新产品? 新产品开发的程序是什么?

3. 什么是优化产品组合? 通过哪些途径实现产品的优化组合?

四、案例分析题

润妍退市,宝洁无奈

宝洁公司始创于1837年,是世界最大的日用消费品公司之一。2002—2003财政年度,公司全年销售额为434亿美元。在《财富》杂志最新评选出的全球500家最大工业/服务业企业中,宝洁公司排名第86位,并位列最受尊敬企业第7位。宝洁公司全球雇员近10万人,在全球80多个国家设有工厂及分公司,所经营的300多个品牌的产品畅销160多个国家和地区,其中包括洗发、护发、护肤用品、化妆品、婴儿护理产品、妇女卫生用品、医药、食品、饮料、织物、家居护理及个人清洁用品。

1987年,自从宝洁公司登陆中国市场以来,在中国日用消费品市场可谓是所向披靡,一往无前。仅用了10余年时间,就成为中国日化市场的第一品牌,虽然后来者联合利华、高露洁等世界日化巨头抢滩中国市场后曾经一度在某些产品线有超过宝洁的表现,但宝洁却丝毫不减其颜色。时至今日,宝洁公司的系列产品,特别是号称"三剑客"的飘柔、潘婷、海飞丝洗发水系列更是一枝独秀,出尽风头。

世界著名消费品公司宝洁的营销能力早被营销界所传颂,但2002年宝洁在中国市场却打了败仗。其推出的润妍洗发水一败涂地,上市后不久就黯然退市。

润妍是宝洁公司在中国本土推出的第一个也是唯一一个原创品牌。因此,无论是宝洁公司总部还是宝洁(中国)高层都对润妍寄予了厚望,满心希望这个原汁原味倡导"黑发美"的洗发水品牌,能够不负众望,在中国市场一炮而红,继而成为宝洁向全亚洲和世界推广的新锐品牌。宝洁公司为这个新品牌的推广倾注了极大的心力和大量的推广经费。为了扩展"润妍"的产品线,增加不同消费者选购的空间,润妍先后衍生出6个品种以更大程度覆盖市场,可是市场的反映却大大出乎宝洁的意料。

据业内的资料显示,润研产品在2001到2002两年间的销售额大约在1亿元,品牌的投入大约占到其中的10%。两年中,润妍虽获得不少消费者认知,但据有关资料,其最高市场占有率,不超过3%——这个数字,不过是飘柔市场份额的1/10。

一份对北京、上海、广州和成都女性居民的调查也显示,在女性最喜爱的品牌和女性常用的品牌中,同样是定位黑头发的夏士莲排在第6位,而润妍榜上无名,同样是宝洁麾下的飘柔等四大品牌分列1、2、4、5位——调查时间是2001年3月,润妍上市的半年之后。另一份来自白马广告的调查则表明,看过夏士莲黑亮去屑洗发水广告的消费者中有接近24%愿意去买或者尝试;而看过润妍广告的消费者中,愿意尝试或购买的还不到2%。

2001年5月,宝洁收购伊卡璐,表明宝洁在植物领域已经对润妍失去了信心,也由此宣告了润妍的消亡。2002年4月,在经历了中国市场两年耕耘后,润妍全面停产,逐渐退出市场。润妍的退市是宝洁在中国洗发水市场的第一次整体失败，面对染发潮流的兴起，在"黑头发"这块细分市场中，润妍没能笑到最后。

润妍的失利真的意味着宝洁引以为豪的品牌管理能力开始不适应新经济时代的需要了吗？我们可以回过头去看当时的市场背景。1997年，重庆奥妮洗发水公司根据中国人对中药的传统信赖，率先在全国大张旗鼓地推出了植物洗发全新概念，并且在市场上表现极为优秀，迅速取得了极为显著的市场份额。其后，夏士莲着力打造黑芝麻黑发洗发露，利用强势广告迅速对宝洁的品牌形成新一轮的冲击。一些地方品牌也乘机而起，就连河南的鹤壁天元也推出了黛丝黑发概念产品，欲争夺奥妮百年润发留下的市场空白。

在"植物""黑发"等概念的进攻下，宝洁旗下产品被竞争对手贴上了"化学制品""非黑头发专用产品"的标签。为了改变这种被动的局面，宝洁从1997年调整了其产品战略，决定为旗下产品中引入黑发和植物概念品牌，提出了研制中草药洗发水的要求，并且邀请了许多知名的中医，向来自研发总部的技术专家们介绍了传统的中医理论。

在新策略的指引下，宝洁按照其一贯流程开始研发新产品。先做产品概念测试，找准目标消费者的真正需求，研究全球的流行趋势。为此，宝洁公司先后请了300名消费者进行产品概念测试。

——"理想中的黑发是什么？"

——"具有生命力的黑发。"绝大多数消费者如是说。

——"进一步的心理感受是什么？"

——"我就像一颗钻石，只是蒙上了尘埃，只要将她擦亮，就可以让钻石发出光芒。"

在调查中，宝洁公司又进一步了解到，东方人向来以皮肤白皙为美，而头发越黑，越可以反衬皮肤的白皙美。

经过反复3次的概念测试，宝洁公司基本上掌握了消费者心目中的理想护发产品——滋润而又具有生命力的黑发最美。

经过了长达3年的市场调查和概念测试，宝洁公司终于在中国酝酿出一个新的产品：推出一种全新的展示现代东方女性黑发美的润发产品，取名为"润妍"，意指"滋润"与"美丽"。在产品定位上，宝洁舍弃了已经存在的消费群体市场而独辟蹊径，将目标人群定位于18—35岁的城市高阶女性中。宝洁认为，这类女性不盲目跟风，她们知道自己的美在哪里。融传统与现代为一体、最具表现力的黑发美，也许就是她们的选择。但是，重庆奥妮最早提出了黑头发的利基，其购买人群经由调研得出的购买原因却是明星影响和植物概念，而夏士莲黑头发的概念更是建立在"健康、美丽夏士莲"和"黑芝麻"之上，似乎都没有着力强调"黑发"。

并且，润妍采用的是和主流产品不同的剂型，采取洗发和润发两个步骤，将洗头时间延长了一倍。然而，绝大多数中国人已习惯使用二合一洗发水，专门的护发产品能被广泛接受吗？宝洁公司认为，专门用润发露护发的方法已经是全球的趋势，发达国家约有80%的消费者长期使用润发露。在日本这一数字则达85%，而在中国专门使用润发露的消费者还不到 6%，因此，宝洁公司认为润发露在中国有巨大的潜在市场。针对细分市场的需求，宝洁公司的日本技术中心又研制开发出了冲洗型和免洗型两款润妍润发产品。其中，免洗型润发露是专门为忙碌的职业女性创新研制的。

产品研制出来后，宝洁公司并没有马上投放市场，而是继续请消费者做使用测试，并根据消费者的要求，再进行产品改进。最终推向市场的"润妍"倍黑中草药润发露强调专门为东方人设计，在润发露中加入了独创的水润中草药精华（含首乌），融合了国际先进技术和中国传统中草药成分，能从不同层面上滋润秀发，特别适合东方人的发质和发色。

宝洁还通过设立模拟货架让消费者检验其包装的美观程度，即将自己的产品与不同品牌特别是竞争品牌的洗发水和润发露放在一起，反复请消费者观看，然后调查消费者究竟记住什么、忘记什么，并据此进行进一步的调整与改进。

在广告测试方面，宝洁让消费者选择她们最喜欢的广告。公司先请专业的广告公司拍摄一组长 6 分钟的系列广告，组织消费者来观看；然后请消费者选择她们认为最好的 3 组画面；最后，根据绝大多数消费者的意见，将神秘的女性、头发芭蕾等画面进行再组合。广告片的音乐组合也颇具匠心，现代的旋律配以中国传统的乐器古筝、琵琶等，进一步呼应"润妍"产品的现代东方美的定位。

在润妍广告的最终诉求上体现的是：让秀发更黑更漂亮，内在美丽尽释放，即润妍信奉自然纯真的美，并认为女性的美就像钻石一样熠熠生辉。"我们希望能拂去钻石上的灰尘和沙砾，帮助现代女性释放出她们内在的动人光彩。"对产品具体的介绍是：润妍蕴含了中国人使用了数千年的护发中草药——首乌，是宝洁公司专为东方人设计的，也是首个具有天然草本配方的润发产品。

在推广策略上，宝洁公司润妍品牌经理黄长清认为，杭州是著名的国际旅游风景城市，既有浑厚的历史文化底蕴，富含传统的韵味，又具有鲜明的现代气息，受此熏陶兼具两种气息的杭州女性，与润妍要着力塑造的既现代又传统的东方美一拍即合。于是，宝洁公司选择从中国杭州起步再向全球推广，并在润妍产品正式上市之前，委托专业的公关公司在浙江进行了一系列的品牌宣传。如举办书法、平面设计和水墨画等比赛和竞猜活动等，创新地用黑白之美作为桥梁，表现了现代人对东方传统和文化中所蕴含的美的理解，同时也呼应着润妍品牌通过乌黑美丽的秀发对东方女性美的实现。

从宝洁的产品研究与市场推广来看，宝洁体现了它一贯的谨慎。但在 3 年漫长的准备时间里，宝洁似乎在为对手创造蓄势待发的机会。奥妮败阵之后，联合利华便不失时机地将夏士莲"黑芝麻"草本洗发露系列推向市场，借用了奥妮遗留的市场空间，针对大众人群，以低价格快速占领了市场。对于黑发概念，夏士莲通过强调自己的黑芝麻成分，让消费者由产品原料对产品功能产生天然联想，从而事半功倍，大大降低了概念传播难度。而宝洁在信息传播中似乎没有大力强调它的首乌成分。

并且，宝洁因为四大品牌的缘由，已经成为主导渠道的代表，每年固定 6% 左右的利润率成为渠道商家最大的痛。一方面，润妍沿袭了飘柔等旧有强势品牌的价格体系；另一方面，经销商觉得没有利润空间而对其消极抵抗，也不愿意积极配合宝洁的工作，致使产品没有快速地铺向市场,甚至出现了有广告却见不到产品的现象。润妍与消费者接触的环节被无声地掐断了。

【案例思考】

1.宝洁作为一个大公司,其新产品的开发过程体现了严格的规范性和程序性,这样做有什么利弊? 请结合案例分析。

2.润妍从产品研究到推广上市的过程中有什么值得称道的地方? 润妍的退市说明要使新产品成功公司还应考虑哪些因素?

第7章 定价策略

知识目标	技能目标
1. 了解影响定价的主要因素	1. 能正确分析企业定价是基于何种考虑
2. 了解定价的一般方法	2. 学会运用定价的一般方法
3. 了解定价的基本策略	3. 灵活应用定价策略进行商品定价
4. 了解企业的价格变动反应及价格调整	4. 熟悉企业价格变动的原因及应对策略

知识结构

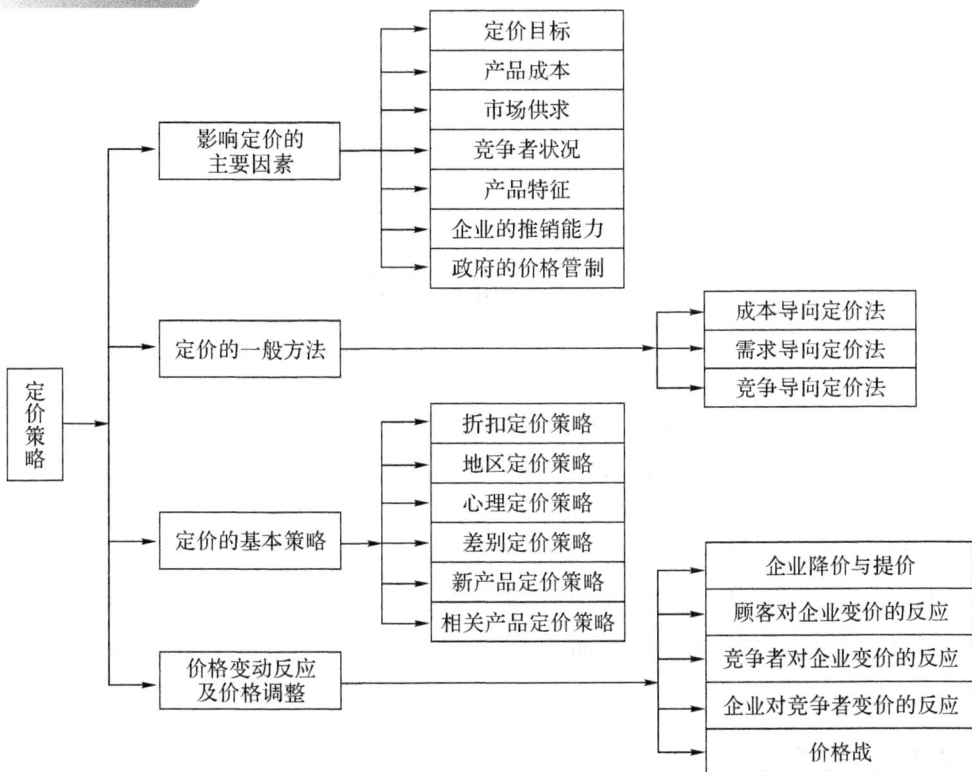

211

导入案例

绿宝石的故事

美国亚利桑那州有一家珠宝店,购进了一大批漂亮的绿宝石。谁都知道,宝石生意虽然利润可观,但占用资金很大。所以,绝大部分珠宝店老板都想尽快将货物脱手。这家店的老板对这一常识当然不会不知晓。恰好进货后,他有事外出,出于对销售缓慢、资金周转的担心,他在临行前留下一句话:"如果我走后销路还是不畅,你们可按原价的二分之一尽快把这批货卖出去。"岂知他的下属听他话时有点漫不经心,把话听错了。误以为老板说以原先价格的两倍销售出去。一段时间后,宝石销路不看好,他想起老板留下的话,要以两倍价格卖出去。偏偏就发生了一件怪事:提价后,销量大增,等老板回来时,宝石早已销售一空了。

案例启示:有时候,在消费者看来价格是产品品质的一种体现,会影响消费者对产品的判断。

从整体营销的角度来看,价格策略是企业市场营销策略的重要组成部分。价格的合理与否直接关系着市场对产品的接受程度,影响着商品的市场销售,涉及生产者、经营者、消费者等各方面的利益。价格十分敏感且又不能随心所欲地制定,价格的制定之所以复杂,不是因为成本和利润的计算困难,而是因为价格的制定还受各种非成本因素的影响,如消费者的需求和消费偏好,替代产品的价格水平和竞争对手的定价策略,价格调整后企业市场占有率的变化和对企业形象地位的影响等。因此,企业定价策略的制定,必须充分考虑各种影响因素。

7.1 影响定价的主要因素

价格是商品价值的货币表现,价值是价格形成的本原性因素,是商品交换的基础。以货币表示的产品和服务的价值被称为价格。给企业产品和服务确定货币表示的价值就是制定价格,简称定价。产品成本是价格的底线,只有价格高于成本,企业才能赢利,低于成本就意味着企业要承受亏损。制定价格不是供应商一厢情愿的事情,只有顾客也能认同并愿意交易的价格,才是有效的市场定价。影响定价的因素是多方面的,如企业的定价目标、成本、需求、竞争者产品和价格、国家法律法规和产业政策、市场竞争形势等。

7.1.1 定价目标

企业的定价目标是指企业通过定价期望达到的效果,规定了企业定价的目的和水平。现实中,任何企业都不能孤立地定价,而必须按照企业的市场定位和竞争战略来进行合理定价。不同企业有不同的定价目标,不同定价目标对产品的价位又有不同的要求。一般来讲,企业具有以下定价目标。

1. 维持生存的目标

如果企业产量过剩,或面临激烈的竞争,或试图改变消费者需求,则需要把维持生存作为企业主要的经营目标。为了确保工厂继续开工和使存货出手,企业必须制定较低的价格,并希望价格是敏感型的。在这种情况下,企业的生存要比利润重要很多。只要企业制定的价格能够补偿可变成本和部分固定成本,生存就可以维持。

2. 追求盈利最大化

追求盈利最大化是所有企业的基本目标。由于价格不仅影响单位产品的净收益,而且影响企业产品的总销售量,最终影响企业的总利润。所以,追求盈利最大化目标并不意味着企业要制定很高的价格,而是要实现销售额和成本之差的最大化。在此目标下,企业管理者在制定价格时应主要考虑按照何种价格出售产品和服务可以获得最大利润,而对可能的竞争结果、产品和服务在顾客、社会上的影响考虑较少。因此,当企业及其产品在市场上享有较高声誉,在竞争中处于比较有利地位时,追求盈利最大化是可行的,也是以往一切努力的应有回报和收获。由于市场供求和竞争态势不断变化,任何企业都很难一直保持领先地位,从容地追求盈利最大化。所以,企业往往把追求盈利最大化作为一个长期定价目标,同时,因时因势地选择一些短期追求作为定价目标。

营销故事 7-1

定价的无限力量

"给我一个支点,我就能撬动地球!"阿基米德的豪言壮语,充分说明了杠杆的作用,那种无限放大的力量,一直都令人激动不已! 在管理上,有没有什么东西,有如杠杆一样的放大魔力呢?

美国针对 2483 家企业做了调研分析:当这些企业产品的价格上涨 1%,利润会上涨 11.1%! 而销量上涨 1%,利润仅仅上涨 3.3%。

定价是能充分体现杠杆作用的一种管理工具! 任何一个企业,只要有产品、有交易,就必须定价,定价这个动作看似简单,产生的效果却迥然不同。我们同样可以充满豪情地说:给我一个恰当的定价,我就能平定天下!

当我们在不断思考怎么去追求利润的时候,想到的更多的是挖空心思去追求销量。但是,增加销量给你创造的利润,根本无法与合适的定价相提并论。

3. 当期利润最大化的目标

如果企业的生产经营目标是当期利润的最大化,企业便通过预测需求和估计成本来制定价格,并使确定的价格能产生最大的当期利润、现金流量或投资报酬率。如果企业对其产品的需求函数和成本函数有充分的了解,则借助需求函数和成本函数便可制定确保当期利润最大化的价格。

4.市场占有率最大化的目标

有些企业希望通过定价来取得控制市场的地位,即使市场占有率最大化。因为企业确信赢得最高的市场占有率之后将享有最低的成本和最高的长期利润,所以企业一般通过制定比较低的价格来追求市场占有率上的领先地位。在企业的营销实践中,如果具备下列条件之一,便可考虑通过低价策略来提高企业的市场占有率:

(1)市场对价格高度敏感,因此低价能刺激需求的迅速增长;

(2)生产与分销的单位成本会随着生产经验的积累而下降;

(3)低价能吓退一些现有的和潜在的竞争对手。

5.产品质量的最优化目标

有些企业还以产品质量的领先作为自己的经营目标,并在生产和市场营销过程中始终贯彻产品质量最优化的指导思想。这就要求用高价格来弥补产品研究开发和质量提升的成本。

6.适应价格竞争

价格竞争是企业竞争的基本手段,也是最重要手段。处于激烈市场竞争中的绝大多数企业,经常将行业领导者或主导企业、主要竞争对手的价格策略作为定价目标,以适应价格竞争。实力雄厚、成本领先的企业利用降低价格的方式,甚至不惜通过发动价格战来排挤竞争者,以便提高市场占有率和控制市场;实力弱小、处于从属地位的中小企业则把追随行业领导者的价格作为无奈的选择。

7.1.2 产品成本

任何企业都不是随心所欲或想当然地来制定价格的。成本是定价的基础,如果说某种产品的最高价格取决于市场需求的话,那么最低价格就取决于这种产品的成本费用。从长远看,任何产品的销售价格都必须高于成本费用,只有这样,企业才能以销售收入来抵偿生产成本和经营费用,否则就无法持续经营。因此,企业在制定价格时必须估算成本。

1.成本与成本函数

单位产品成本不是一成不变的,相反,却是不断变化的。即使能源、原材料、外购配件价格稳定,不同的产量也意味着不同的单位产品成本。我们可借助成本函数反映产品成本 C 与产品产量 Q 之间的关系:

$$C = f(Q)$$

企业产品的成本函数取决于产品的生产函数和投入要素的价格。生产函数表明投入与产出之间的技术关系。这种技术关系与投入要素的价格相结合,就决定了产品的成本函数。成本函数可以分为两种:短期成本函数和长期成本函数。按照现代西方经济学的解释,短期指的是这样一个时期:在这个时期内,企业不能自由调整固定生产要素的投入和组合,不能选择各种可能的生产规模,只能根据市场需求对投入的可变成本进行调节,在现有最大产量下进行产量的有限调整。因此,短期成本也分为固定成本与可变成本。长期指的是这样一个时期:在这个时期内,企业可以自由调整生产要素的投入和组合,可以选择最有利的生产规模。在这个时期内,一切生产要素都是可以变动的。因此,长期成本中不存在固定成本,一切成本都是可变成本。

2.短期成本函数

在短期成本函数中,有以下三种成本十分重要。

(1)总固定成本(TFC)

总固定成本是在一定时期内产品固定投入的总和,包括厂房、机器设备、基础设施、部分管理成本等。在一定的生产规模内,产品固定投入的总量是不变的,只要不超过这个限度,不论产量是多少,总固定成本都不变。

(2)总可变成本(TVC)

总可变成本是在一定时期内产品可变投入的总和,包括原材料、能源、工资、低值易耗品等费用。企业的产量越大,总可变成本也越大;反之,产量越小,总可变成本也越小;停止生产,总可变成本为零。总可变成本边际递减现象,是企业定价时可以运用的战术工具之一。

(3)总成本(TC)

总成本等于总固定成本和总可变成本之和,是企业生产产品的总费用。

$$TC = TFC + TVC$$

3.短期平均成本

平均成本(AC)是指平均单位产品的成本。短期平均成本包括平均固定成本、平均可变成本和平均总成本三个成本要素。

(1)平均固定成本(AFC)

平均固定成本是总固定成本被平均分配到单位产品上的份额。在现有产能下,由于短期固定成本是一个常数,所以,随着产量增加,平均固定成本不断减少。提高企业产能利用率,可以达到节省平均固定成本的效果。

(2)平均可变成本(AVC)

平均可变成本是总可变成本被平均分配到单位产品上的份额。在某一产量区间内,随着产量增加,平均可变成本趋于减少。超出了这一产量区间,随着产量增加可能出现平均可变成本增加。

(3)平均总成本(ATC)

平均总成本是产品成本被平均分配到单位产品上的份额。不论产量大小,平均总成本始终等于平均固定成本和平均可变成本之和。企业提高管理水平,实现固定成本和可变成本的良好匹配与节约,可以提高生产效率,达到节省平均总成本的效果。

短期成本与短期平均成本的对比如图 7-1 所示。

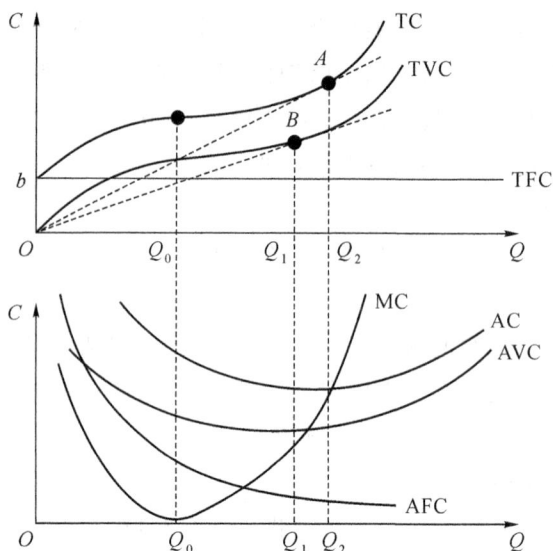

图 7-1 短期成本与短期平均成本

4.短期边际成本

短期边际成本是指企业固定投入不变的情况下,增加一个单位产量相应增加的总成本。一般来说,边际成本(MC)的变化取决于产量的大小。在企业产量提高的开始阶段,由于可变生产要素与固定生产要素的配合效率提高,边际成本呈现下降趋势;在产量达到一定程度后,由于增加的可变生产要素无法获得足够的固定生产要素的配合,这时,随着产量的增加,边际成本出现递增现象。

边际收益(MR)是指企业每多出售一件产品所增加的收入,也就是最后一件产品的卖价。在短期内,企业要实现利润最大化,必须让价格(边际收益)等于边际成本。所以,只要边际成本小于平均总成本,而产品销售又可以增加时,企业就要增加产量,以增加利润。面对竞争压力,企业也可能被迫降低价格,使产品价格等于边际成本,以实现最佳获利产量。

在短期竞争条件下,有两种价格非常重要。一种是能弥补成本支出的最低价格,处在平均总成本曲线的最低点,此时,企业短期利润为零。另一种是根据平均可变成本曲线的最低点确定的价格,这种价格下总收入只能补偿总可变成本,但不能弥补固定成本。因此,企业制定的价格必须等于或高于平均可变成本,市场价格低于平均可变成本,企业就必须停产。

5.长期平均成本

不论生产规模大小,利用长期平均成本函数都有助于使生产一定量产品的平均成本最小。如果长期内市场需求量较小,那么应该选择小批量生产规模。中批量或大批量生产规模适合于长期内有很大产品市场需求量的情况。

长期平均成本函数曲线的走向在很大程度上取决于行业的规模效益情况。规模效益是指各种生产要素投入都作等比例增加时,对产量变动的影响程度。如果企业的产出增加比例大于各种生产要素投入增加比例,称存在规模经济。如果企业的产出增加小于各种生产要素投入增加比例,称存在规模不经济。如果产出与各种生产要素投入增加以同样的比例增加,则称规模效益不变。

长期状况下的企业管理和产品定价,必须做到通过调整产量,改变长期和短期边际成本,同时调整价格,使长期边际成本等于价格,以实现长期利润最大化。

7.1.3 市场供求

市场营销经验表明,产品价格的确定在相当程度上需考虑市场供求状况以及供求关系的变化。一般而言,成本是制定价格的下限,而市场供求则是制定价格的上限。

市场供给是指在一定价格水平下,市场所能提供的产品总量。现实市场下的产品供给需同时具备在一定价格水平下有出售的意愿和有产品供应能力的条件。产品供给与价格之间一般呈同方向变化,即市场价格越高,产品供给越多;市场价格越低,供给就越少。

市场需求是指在一定价格水平下,市场对一定产品有支付能力的需求量。经济学意义上的需求要求同时具有购买的意愿和货币支付能力。通常需求与价格呈反方向运动,即价格越高,需求量越小;价格越低,需求量越大。影响需求变化的因素既包括经济因素,又包括社会、历史、文化、风俗习惯等多种因素。从价格角度看,需求量的大小主要取决于产品的价格、消费者收入与偏好及相关产品的价格,即需求函数。

价格影响供求,供求也影响价格,这一相互关系称为供求规律。供求规律表明,产品供求调节价格波动,价格变动引起供求变化,供求变化与价格变化以相反的方向形成循环。现实市场运行中,市场供求规律直接决定着市场价格的变动方向及变动程度,决定着价格运动偏离价值的方向。供不应求,价格在价值的基础上朝偏高的方向运动;供过于求,价格在价值的基础上朝偏低的方向变化。而供求之间的不平衡程度又决定着价格与价值的偏离程度。

为了更进一步了解供求与价格的关系,还需认识供求弹性问题。供求弹性是指供给量或需求量对应于价格变动而发生反应的敏感程度。不同种类的产品,其供求弹性存在一定差异。一般地,日用品及用于人们生活必需的粮棉油等大宗农产品,需求缺乏弹性,而供给有弹性;保健食品、名优特新农产品以及用于轻工业、食品工业的农产品,供需均有弹性。掌握产品不同的供求弹性,对于理解市场价格的形成和制定合理的价格都具有重要意义。

1. 需求弹性

需求弹性主要有需求价格弹性和需求交叉价格弹性。

(1)需求价格弹性

需求价格弹性是指需求量变动对价格变动做出反应的敏感程度,即价格变动幅度与由价格变动引起的相应产品需求的变动幅度之间的比值。需求量的相对变动比率,与价格相对变动比率的比值称为需求价格弹性系数。其计算方法有两种:一种是点弹性系

数;另一种是弧弹性系数。以 E_d 代表点弹性系数,以 E_h 代表弧弹性系数,则:

$$E_d = \frac{\Delta Q}{Q} \div \frac{\Delta P}{P}$$

式中:Q 表示需求量;ΔQ 表示因价格变动而引起的需求量的变动数,即增量;P 表示价格;ΔP 表示价格的增量。

$$E_h = \frac{\Delta Q}{\frac{1}{2}(Q_1 + Q_0)} \div \frac{\Delta P}{\frac{1}{2}(P_1 + P_0)}$$

式中:Q_0 表示基期需求量;Q_1 表示报告期需求量;P_0 表示基期价格;P_1 表示报告期价格。

由于需求量与价格呈反方向变动,故 E_d、E_h 的值为负数。在实际工作中,为计算方便一般取绝对值。采用弧弹性计算的优点在于:可以进行逆运算,即同一个绝对值的价格变动幅度和需求量变动幅度,无论计算价格由高到低或由低到高的变化,其引起的需求弹性系数均能保持一致。而点弹性的计算则不能进行逆运算,尤其是在价格波幅较大时,点弹性的计算结果不太准确。

影响需求价格弹性的因素较多,主要有:①产品本身对人们日常生活的影响程度。一般地,生活必需品弹性较小,非必需品弹性较大。②产品的可替代性。易于替代的产品,其弹性大,不易替代的产品,其弹性小。③产品的供求状况。供不应求的产品弹性较小,供过于求的产品则弹性较大。

(2)需求交叉价格弹性

需求交叉价格弹性是指具有互补或替代关系的某种产品价格的变动,引起与其相关的产品的需求量发生相应变动的程度。具体可用下列公式表示:

$$E(x,y) = \frac{\Delta Q_y}{Q_y} \div \frac{\Delta P_x}{P_x}$$

式中:x、y 分别表示 X 产品与 Y 产品。在它们之间具有互补或替代关系,公式表示 Y 产品对 X 产品的交叉价格弹性。具有不同性质的产品间的需求交叉弹性存在根本差别。通常具有互补关系的产品(如照相机与胶卷、手电筒与电池等)之间,X 产品价格变动与 Y 产品需求变动呈反方向运动,即 X 产品的价格下降会引起 Y 产品需求量的增加。而在具有替代关系的产品(如毛料服装与化纤服装、猪皮皮鞋与牛皮皮鞋等)之间,X 产品的价格变动则与 Y 产品的需求变动呈同方向变化,即 X 产品价格的上涨会引起 Y 产品需求的增加;X 产品价格的下降,会引致 Y 产品需求的减少。

2. 供给弹性

供给弹性又称供给的价格弹性,是指供给对价格变动做出反应的敏感程度,用供给量的变动幅度与价格变动幅度的比值来表示。若以 E_s 代表供给弹性系数,则有:

$$E_s = \frac{\Delta Q}{Q} \div \frac{\Delta P}{P}$$

式中:Q 表示供给量;ΔQ 表示因价格变动而引起供给量的变动值,即供给增量;P 表示价格;ΔP 表示价格的变动值,即价格增量。因供给量与价格呈同方向变动,故供给弹性系数为正值。

影响供给弹性的因素与影响需求弹性的因素存在差别。产品生产的需求比例状况、生产技术条件、生产周期长短等直接影响产品的供给弹性。一般地，劳动密集型行业由于行业经营规模改变相对容易，其产品供给弹性较大；资金技术密集型行业的产品则供给弹性较小。生产周期长的产品供给弹性较小；生产周期短的产品则供给弹性较大。

经典人物 7-1

企业产品定价领域全球最重要的专家：赫尔曼·西蒙

赫尔曼·西蒙（Hermann Simon）是著名的管理学思想家，"隐形冠军"之父，是世界极负盛名的管理大师，出生于德国，1976 年获波恩大学博士学位，被誉为企业产品定价领域全球最重要的专家，定价学三大模型之一——西蒙模型的创立者。其著作《定价圣经》（Power Pricing）在企业定价领域具有广泛影响。

赫尔曼·西蒙模型由赫尔曼·西蒙于 1979 年提出，是一个与品牌生命周期相关联的价格弹性动态模型。西蒙的研究发现对于企业根据价格弹性的变化制定最优定价政策具有重要意义。西蒙在定价方面的著作颇丰，包括《价格管理：理论、战略与实务》《新产品的价格策略》《思维管理：目光远大的公司与价格管理》《定价圣经》等。

7.1.4 竞争者状况

市场竞争是影响产品定价的直接因素之一。竞争因素对定价的影响取决于不同市场的竞争程度。市场竞争程度由产业中竞争者的数量和竞争环境所决定。

1. 竞争者

产品生产经营者在做出价格决策时，需要考虑竞争者的成本、价格及对自身价格变动可能做出的反应等。一个消费者当想要购买一箱蒙牛软包装纯牛奶时，往往会将蒙牛的这种纯牛奶价格与伊利、光明、夏进、庄园、好为尔等相近纯牛奶的价格进行比较，最后才做出是否购买蒙牛纯牛奶的决定。此外，产品价格策略还可能影响到其所面对的竞争性质。若蒙牛奉行高价格、高利润策略，就可能吸引更多的竞争者与之相抗衡；而低价格、薄利润策略则可以阻止竞争者，甚至将这些竞争者赶出市场。

在营销实践中，产品生产经营者需对照竞争者的成本来检查分析自己产品的成本，以决定是按有利的成本经营还是按不利的成本经营。同时，还需了解市场主要竞争者的同类产品的价格和质量。在此基础上，做出定价决策。如果与竞争者相似，就可制定一个与竞争者相近的价格，否则销量就会受到影响；如果产品优于竞争者，就可制定较高的价格。

2. 竞争环境

产品生产经营者所处的价格竞争环境不同,其可能对价格的控制程度也不同。控制价格的环境主要有以下两个。

(1)市场控制价格环境。市场处于高度竞争状态,产品供应种类相近,产品营销者对价格的控制力较弱。在此价格环境下,营销者想制定一个高于现行价格的价格将不会吸引太多的购买者,因为如果价格提高,购买者就会转而购买其他生产经营者的产品。这时,任何一个营销者都不会有足够的需求。同样,如果一个营销者想以低于其竞争者的价格销售其产品,其应获的利润就会减少,因为本来按市场价格就可售出其产品。

(2)营销者控制价格环境。市场存在适度竞争,产品有较大差异,各营销者对价格的控制力较强。在此价格环境中,对产品定高价可以获得成功,因为消费者认为所供应的产品与众不同,有独特性。营销者对价格的选择取决于其经营策略和目标市场。

7.1.5 产品特征

产品特征是产品自身构造形成的特色,它可以指产品的外形设计、款式颜色、功能效用、质量品牌、商标包装以及附加在产品上的服务等,或者是全部或者是其中的一部分。这些特征能反映产品对消费者的吸引力。一种产品一旦有了某些方面的特征,就能满足消费者某些方面的特殊偏好或需要,从而有可能成为名牌产品、时尚产品、高档产品或满足消费者需求的个性化产品,就能刺激消费者的购买欲望,进而达到理想的效果。由于差异特色显著的产品在市场上有较高的吸引力,因此在定价中一般处于比较有利的地位。

7.1.6 企业的推销能力

企业的推销能力一般包括选择分销渠道与开展促销活动。企业在定价时,必须考虑自身的推销能力。推销能力强的企业,可通过高价策略完成推销任务,即企业具有使价值增值的手段。因此,企业更具有定价的主动权。推销能力弱的企业,可采用低价营销的策略来进行产品促销,即企业在自主定价方面缺乏主动权。

7.1.7 政府的价格管制

价格是政府调控经济的重要手段之一。按照政府对价格管制的宽严程度可分为政府定价、政府指导价、市场调节价。在政府价格管制下,生产经营者不能自主定价。

1. 政府定价

政府定价是指由县或县级以上人民政府所属的物价管理部门、业务主管部门按照国家规定的权限制定价格。政府定价属于指令性价格,它的制定和调整权属于政府,需要依据政府规定的权限和程序进行。因此,政府定价具有可控性、严肃性和相对稳定性。实行政府定价的是那些对国民经济与社会安定影响重大的产品。

2. 政府指导价

政府指导价是指由县或县级以上人民政府物价部门、业务主管部门按照国家规定权限,通过规定基准价和浮动幅度、差率、利润率、最高限价和最低保护价等,指导产品生产经营者制定某些产品的价格。在 20 世纪 50 至 80 年代,我国因长期存在农副产品供应紧缺等问题,为了保障城镇居民生活安定,政府曾对粮、棉、油等大宗农副产品实行最高限价政策。而从 20 世纪 90 年代至 2002 年,我国又对大宗农副产品,如粮、棉、油等采取最低保护价收购政策,其目的是在这些大宗农副产品丰收时,避免因供给过多使价格出现下跌的情况,从而损害农民利益。

3. 市场价格

市场价格是指由产品的生产经营者根据市场需求变化制定的价格,它属于自由价格性质。其价格的形成基本上受价值规律和市场供求规律的调节,政府主要通过经营手段间接地对其指导和影响。市场价格具有竞争性强、反应灵敏、自发波动等特点。

名人名言 7-1

定价是一种微妙的艺术,其成分构成扑朔迷离,俗称"黑三角",即 1/3 的事实、1/3 的猜测、1/3 的经济理论。我们的工作是摆脱这一"黑三角",根据事实进行价格决策。

——詹姆士·诺特

7.2　定价的一般方法

7.2.1　成本导向定价法

成本导向定价法就是企业在商品定价时以商品的价值为基础,即以商品的成本或投资额作为制定价格的主要依据。在具体定价时,首先考虑的是收回企业在生产经营中花费的全部成本,以成本作为商品定价的最低界限,这种方法通常被称为成本导向定价法。

▶定价的方法

成本导向定价法又分为成本加成定价法和目标收益定价法。

1. 成本加成定价法

成本加成定价法就是以产品的单位成本为基础,再加上一定百分比的加成来具体制定产品售价的方法。加成的含义实际上是一定比率的利润。其计算公式为:

产品售价＝产品的单位完全成本×(1＋成本加成率)

或　　　　　　$P = C(1 + R)$

式中:P 为单位产品售价;C 为单位产品成本;R 为成本加成率。

例如,某手机制造商生产的"精灵"牌手机的单位成本为 1250 元,若成本加成率为 20%,则按成本加成定价法确定的"精灵"牌手机的销售价格就为 1500 元。

将一个固定的、惯例化的加成率加在成本上来定价,是否合理呢?回答是否定的。因为想用一种不考虑当前需求和竞争的定价方法,来制定一个最合理的价格显然是不切实际的。但由于这种定价方法操作简便,在现实中却被许多企业所采用。此外,还有人认为,如果行业的所有企业都采用这种定价方法,同质商品的价格就会趋于一致。

营销案例 7-1

哈根达斯是否采用成本定价?

"爱她,就请她吃哈根达斯。"这句广告语,让多少囊中羞涩的小伙子,为了追求心仪的姑娘,鼓起勇气,硬着头皮带她进店里,被"狠宰一刀"。然而,也许很多人不知道,号称"冰激凌之最"的哈根达斯,在中国的价格,是在产地美国的 2~4 倍!而中国的人均收入是美国的 1/20!请问:哈根达斯在中国是否采用成本定价?

在楼市疯狂的时候,那些攫取高额利润的地产商,他们采用成本定价吗?

耐克运动鞋在中国生产,总成本不会超过 100 元人民币,那我们买是多少钱?翻了近8 倍!

牛奶的成本高于依云矿泉水和漱口水,但卖得却比后两者都便宜。你可能还会告诉我,沃尔玛商场中物品非常便宜,推出天天低价,它是成本定价吗?如果它的商品是成本定价的话,在 20 年的时间里,它能持续荣登全球利润排行榜吗?沃尔玛对供应商要求成本报价,自己却不采用成本定价。

如果企业真的都采用成本定价,国家的价值怎么创造?企业的利润怎么积累?竞争力怎么确立?

我们的服务,我们的员工培训,我们的研发和技术革新,如果都是用成本加一点利润得来的,那都无法完成了!

2.目标收益定价法

目标收益定价法,就是根据估计的总销售收入(销售额)和估计的产量(销售量)来制定商品价格的方法。这种方法一般要用损益平衡图这一分析工具。损益平衡图描述的是在不同销售水平下预期的总成本与总收入之间的关系。

图 7-2 描述的是某厂商生产某种产品的损益平衡图。无论该产品的销售量是多少,固定成本都是 6 万元。企业决策部门的任务是:

(1)估计各种产量(销售量)水平上的总成本。总成本曲线按固定速率上升,直到最大产能为止。

(2)估计未来一期的产能水平。假定企业预期的产能为 80%,即产能为 10000 件时,销售量为 8000 件,生产这一产量的总成本为 10 万元。

(3)确定目标利润率。若该厂商希望生产该产品的利润为成本的 20%,则利润目标为 2 万元。因此,在产能为 80% 时,总收入必须是 12 万元。总收入曲线上的另外一点为零产能时,其对应值也为零。将点(80,12)与点(0,0)连成一条直线,便是总收入曲线。

总收入曲线的斜率就是所要制定的价格。本例中总收入线的斜率为 15,且售出 8000 件,按此价格便可实现 2 万元的利润,成本利润率则为 20%。

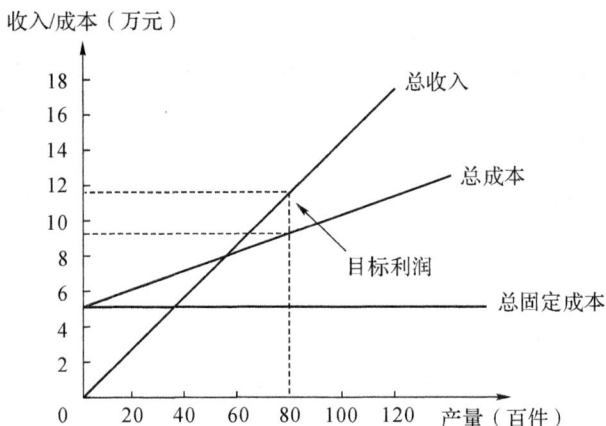

图 7-2 目标收益定价法示意图

与成本加成定价法相类似,目标收益定价法也是一种只考虑生产者利益而未考虑市场竞争状况和消费者需求的定价方法,且这种方法根据销售量倒过来推算价格,颠倒了价格与销量的因果关系,把销售量看成是价格的决定因素,在实际中很难行得通。尤其是对于那些需求价格弹性较大的商品,用这种方法制定出来的价格,无法保证销量的必然实现,那么预期的销售收入、目标利润就只能是一句空话。目标收益定价法只有在市场占有率很高、具有垄断性质的企业,供不应求且价格弹性比较小的商品,以及大型的公用事业、劳务工程、服务项目上,在能科学地预测价格、销量、成本和利润的前提下,才不失为一种有效的定价方法。

综上所述,成本导向定价法是以生产者为导向的定价方法。它忽略了商品的市场需求、竞争状况,并通过对商品销量的主观预测来制定价格,从而降低了价格制定的科学性。因此,科学的价格制定不仅要以商品的价值为基础,以成本为底线,而且还要充分考虑该商品的市场需求和竞争状况。

7.2.2 需求导向定价法

需求是影响商品定价的主要因素。需求导向定价法是以商品的市场需求强度及消费者对商品认知价值的大小为依据来进行定价的方式方法。

需求导向定价法包括认知价值定价法、区分需求定价法和反向定价法三种具体方法。

1.认知价值定价法

认知价值定价法是企业依据顾客对产品的认知价值来制定商品价格的方法。这种方法的基本指导思想认为,决定商品价格的关键因素是顾客对商品价值的认知水平,而不是卖方的成本。企业在具体定价时,必须首先估计测量营销组合中各种非价格变量(如产品性能、用途、质量、款式、颜色等)在顾客心目中建立起来的认知价值,然后根据顾客对商品认知价值的大小来具体确定商品的价格。认知价值定价应与现代市场营销观念相一致。企业在为目标市场开发新产品时,必须在品质、价格、服务等多个方面体现特定的市场定位。因此,首先,要决定新产品所能提供的价值及价格;其次,企业要估计在此价格下所能达到的销售量;再次,依据这一销售量决定所需要的生产条件、投资额度以及单位成本;最后,管理人员还要计算在此价格和成本下能否获得期望的利润。若能获得期望的利润,就开发此产品。

认知价值定价法与现代产品的定价思想很好地结合起来,成为当代一种全新的定价方法,现已被越来越多的企业所接受,其基本步骤如下:

(1)确定顾客的认知价值。即确定顾客对企业产品的性能、用途、质量、品牌、款式、服务以及市场营销组合因素等在顾客心目中的认知价值。

(2)根据确定的认知价值,决定商品的初始价格。

(3)预测商品的销售量。即在初始价格条件下可能达到的销售量。

(4)预测目标成本。具体公式为:目标成本总额＝销售收入总额－目标利润总额－税金总额,或单位产品目标成本＝单位产品价格－单位产品目标利润－单位产品税价。

(5)决策。即把预测的目标成本与实际成本进行对比来确定价格。当实际成本不高于目标成本时,这说明,在初始价格条件下,目标利润可以保证,因而初始价格就可定为商品的实际销售价格。当实际成本高于目标成本时,这说明,在初始价格的条件下,目标利润得不到保证,需要进一步做出选择,要么降低目标利润,要么设法进一步降低实际成本,使初始价格仍可付诸实施;否则,只有放弃原有方案。

认知价值定价法的关键是准确地确定消费者对所提供商品价值的认知程度。若企业对自己商品的认知价值估计过高,则会使他们的产品定价过高;反之,如果企业对自己产品的认知价值估计过低,则会使他们的产品定价达不到商品应该达到的价值。为了正确估计顾客对商品价值的认知程度,企业常用以下方法进行商品认知价值的确定。

(1)直接评议法。即邀请有关人员,如顾客、经销商、营销中介等,对企业商品的价值进行直接评议,进而得出商品的认知价值。

(2)相对评分法。即邀请顾客等有关人员,用某种评分方法对多种同类产品进行评分,然后再按分值的相对比例和现行平均市场价格推算评定产品的认知价值。

(3)诊断评议法。即分别对产品的各种属性如功能、效用、质量、外观、信誉、品牌、安全性、方便性以及提供的服务等多项指标进行具体评分,找出各种因素指标的相对认知价值,再以各种属性的相对重要程度为依据计算出产品总的认知价值。

例如,设有甲、乙、丙三家企业均生产同一种白炽灯,现抽样选取一组用户为对象,要求他们分别对三家企业的产品进行评比。这里有三种方法可供使用:

第一,直接评议法。运用直接价格评议法,要求选取的用户对三家企业的产品估计一个能代表它们产品价值的价格。如他们评议的结果是:分别将甲、乙、丙三家企业生产的白炽灯定价为 3.82 元、3.18 元和 2.09 元。

第二,相对评分法。运用相对评分法,要求选取的用户根据他们对甲、乙、丙三家企业白炽灯价值的认知情况,将 100 分在三种不同的产品之间进行合理分配,假设分配的结果为 42、35、23。如果这种白炽灯的平均市场价格为 3.00 元,依据平均分值(100/3≈ 33 分),则可得到三个反映其认知价值的价格为:3.82 元(42/33×3.00)、3.18 元(35/33 ×3.00)和 2.09 元(23/33×3.00)。

第三,诊断评议法。诊断评议法,要求选取的用户以产品的主要属性(如产品的耐用性、质量的可靠性、交货的可靠性、服务的到位程度等)为依据对甲、乙、丙三家企业生产的白炽灯分别予以评分,并对每一种属性,分配 100 分给三家企业的产品,同时根据各种属性的相对重要程度,也将 100 分分配给各种属性。假设结果如表 7-1 所示。

表 7-1　购买者对不同企业产品的认知价值

重要性权数	属性	白炽灯		
		甲企业	乙企业	丙企业
0.24	产品的耐用性	42	44	14
0.32	质量的可靠性	34	34	32
0.28	交货的可靠性	48	26	26
0.16	服务的到位程度	46	37	17
1.00	认知价值	41.76	34.64	23.60

注:(42×0.24+34×0.32+48×0.28+46×0.16)=41.76

把每个企业产品属性的评分乘以重要性权数,我们发现:甲、乙企业提供的产品的认知价值分别约为 42 和 35,均高于平均数 33,而丙企业提供的产品的认知价值约为 24,低于平均数 33。甲企业能为其白炽灯确定一个较高的价格,因为它被认知能提供较多的价值。如果企业想根据其产品的认知价值的比例定价,则可能定价为 3.82 元(假定平均价格为 3.00 元)。

若三家企业都按其认知价值的比例定价,则每家企业都可享受到部分的市场占有率,因为它们提供的价值与价格之比均相等。如果某一家企业的定价低于其认知价值,则它将得到一个高于平均数的市场占有率,因为当购买者与企业进行交换时,其支付的货币可换回更多的价值。这时,该企业的定价将冲击到其他两家企业的市场占有率,尤其是与其认知价值较近的企业。认知价值较低的企业将被迫降价或提高其认知价值。提高认知价值的措施主要包括:增加服务项目、提高服务质量、增加产品的功能效用、提升产品质量、凸现产品的差异特色、进行更有效的沟通与信息传播等。如果这样做的成本低于因降价而引起的收入损失,则该企业就有可能通过增加投资来提高其认知价值。

营销案例 7-2

10 元变 48 元

浙江有一家工业企业,生产垫圈,它们通过技术创新,把垫圈的寿命延长到原来的 3 倍,也就是说,这个垫圈的价值比以前大大提高了。

那么,这家企业是如何进行定价的呢?首先,新产品的使用寿命是原来的 3 倍,如果老产品卖 10 元一个,那么一个新产品的使用时间顶三个老产品,你买三个老产品,要花 30 元。其次,新产品的使用寿命长了,也节省了人工费用,因为它不需要频繁更换,不需要停机,不需要检验了。老产品 1 次安装、2 次更换的人工费用,每次 5 元,合计 15 元,现在就不需要了。另外,产品使用周期长、质量好,可以节省管理费用,你在用这个产品过程中,有相当长一段时间不需要随时检修,算出来,又是 15 元。同时,因为推出新产品,要增加服务,甚至还可以进行产品使用培训,追加服务和培训的价值都还没有算进来,已经是 60 元了!60 元可以让利打 8 折,最后报价 48 元。原来可能只卖 10 元的东西,现在卖成 48 元!

价格取决于消费者感知到的商品价值。然而,怎么让消费者感知我们产品的价值呢?我们可以通过上述方式,为消费者把价值算出来,因为计算的有理有据,消费者是可以认同我们产品的这个价值的。

2.区分需求定价法

区分需求定价法又称差别定价法,是指企业在给产品定价时可根据不同需求强度、不同购买力、不同购买地点和不同购买时间等因素,对同一产品或同一服务制定不同的价格。具体包括以下几种:

(1)以顾客为基础的差别定价。同一产品或服务对不同的购买对象,可采取不同的价格。例如,对老顾客和新顾客,同一产品可采用不同的价格,对老顾客可给予一定的优惠;同一产品卖给批发商、零售商或消费者,可采用不同的价格等。

(2)以产品式样为基础的差别定价。例如,同等质量档次的产品,因花色或式样的新旧程度不同,可采用不同的价格。花色或式样新颖的可制定较高的价格,而花色或式样相对陈旧或落伍的可以较低的价格销售。

(3)以地区(或销售场所)为基础的差别定价。例如,同一产品或服务对不同地区的购买者可采用不同的价格。同一地区的影剧院、运动场、球场或游乐场等因地点或位置的不同,要价一般不同。

(4)以时间为基础的差别定价。即同一产品或服务在不同季节、不同日期,可制定不同的价格。例如,新鲜蔬菜在旺季和淡季的销售价格差别很大;旅游景点、宾馆、饭店等在旅游旺季和淡季收费标准不同;火车、汽车、飞机等在节假日和平时的票价不同;公用事业如电话、电报、出租汽车等在白天和夜间的收费标准不同等。

采用这种定价方法一般有比较苛刻的条件:①市场必须是可细分的,细分后的子市场都有其不同的需求强度;②企业按不同的价格把同一产品或服务卖给不同的顾客,不会形成顾客间的相互倒卖;③企业按不同的价格把同一产品或服务卖给不同的顾客,竞争者也不可能低价竞销;④细分或控制市场的成本费用不得超过因实行区分定价所得到的额外收入;⑤价格歧视不会引起顾客的反感。

营销故事 7-2

松茸变成了鹿茸

我国云南出口一种野生蘑菇,叫松茸。日本人是主要的收购者之一。日本人到当地去收购松茸,是按千克计算的,但是,他们带回国去,就不是按千克销售,而是将其按枝分成上百种等级。从长相、色彩、完整性等各方面,日本人对其进行量身定制的包装,起不同的名字,按枝定价,总价是原来收购价的 100 倍!

3. 反向定价法

反向定价法是指企业根据消费者能够接受的最终销售价格,计算自己的经营成本和利润后,逆向推算出产品的批发价和零售价。这种定价方法不以实际成本为主要依据,而是以市场需求为定价出发点,力求使产品或服务的价格为消费者所接受。分销渠道中的批发商和零售商多采取这种定价方法。

例如,某零售企业欲从某养殖场购进一批大闸蟹,平均每只重约 150 克,经考察,该蟹的市场价在 12.50 元左右/只,预计销售利润率为 20%,则该企业购进此蟹的批发价(进价)可按反向定价法来定价。具体定价过程如下:

若设购进此蟹的批发价(进价)为 x 元/只,则有:

$$x + 12.50 \times 20\% = 12.50(\text{元/只})$$

故:

$$x = 12.50 \times (1 - 20\%) = 10.00(\text{元/只})$$

7.2.3 竞争导向定价法

现实生活中的企业,不管处于哪个行业,也不管生产销售何种产品,所承受的竞争压力越来越大,企业若想获得有利的市场地位和竞争优势,就必须通过研究竞争对手的生产条件、价格策略、服务状况以及市场营销模式,并结合自身的竞争优势、成本水平和消费者对其产品的置信度来制定合理的销售价格。根据竞争对手的价位水平来制定企业产品价格的方法就叫竞争导向定价法。这一方法的主要特点是:商品的价格与商品的成本和需求不发生直接关系,商品的成本或需求变化了,但竞争者的价格未变,就应维持原价。反之,虽然成本或需求都没有变,但竞争者的价格变动了,则必须对企业同类产品的价格做相应调整。

竞争导向定价法又包括随行就市定价法、产品差别定价法和密封投标定价法。

1. 随行就市定价法

在垄断竞争和完全竞争的市场结构条件下,任何一家企业都无法凭借自己的实力在市场上取得绝对的竞争优势。为了避免竞争特别是价格竞争带来的损失,大多数企业都采用随行就市定价法。随行就市定价法是指企业按照目标市场上的平均现价水平来制定商品价格的方法,即将本企业某产品的价格保持在市场平均价格水平上,利用这样的价格来获得平均利润。在下列情况下企业多采取这种定价方法:

(1)难以估算制造成本;

(2)企业打算与同行和平共处;

(3)对另行定价后出现的购买者和竞争者对本企业的价格反应很难把握时。

采用随行就市定价法,最重要的就是确定目前的"行市"。在实践中,"行市"的形成有两种途径:一是在完全竞争的环境里,每个企业都无权决定价格,通过对市场的无数次试探,相互之间取得一种默契而将价格保持在一定的水准上。二是在垄断竞争的市场条件下,某一部门或行业的少数几个大企业首先定价,其他企业或厂商参考定价或追随定价。

2.产品差别定价法

从根本上来讲,随行就市定价法是一种防御性的定价方法,它在避免价格竞争的同时,也抛弃了价格这一竞争的"利器"。产品差别定价法则反其道而行之,是指企业通过不同的营销努力,使同种同质的产品在消费者心目中树立起不同的产品形象,进而根据自身的特点,选取低于或高于竞争者的价格作为本企业产品的价格。因此,产品差别定价法是一种进攻性的定价方法。

产品差别定价法的运用,首先,要求企业生产销售的产品必须具备一定的差异特色,且在某一行业或某一区域市场占有较大的市场份额,消费者能够将企业的产品与企业本身联系起来。其次,在产品质量大体相同的条件下实行差别定价是有限的,尤其对定位于"优质高价"形象的企业来说,必须支付较大的广告、包装和售后服务方面的费用。因此,从长远来看,企业只有通过产品的不断创新和质量的大幅提升,才能满足消费者多元化、个性化的需求,才能真正赢得消费者的信任与支持,才能在激烈的竞争中立于不败之地。

3.密封投标定价法

密封投标定价法一般采用公开招标的办法,即采购一方(买方)在媒体上刊登广告或发出函件,说明拟购商品的品种、花色、规格、型号、数量等具体要求,邀请供应商(卖方)在规定的期限内投标。政府采购机构在规定的日期内开标,选择报价最合理、最有利的供应商成交,签订采购合同。某供货企业如果想进行交易,就要在规定的期限内填写标单,上面填明可供商品的名称、品种、规格、价格、数量、交货日期等内容,密封送达招标人(政府采购机构)处,这叫作投标。这种价格是供货企业根据对竞争者的报价估计确定的,而不是按供货企业自己的成本费用或市场需求来确定的。供货企业的目的在于赢得合同,所以它的报价应低于竞争对手(其他投标人)的报价。这种定价方法被称为密封投标定价法。

在招标投标方式下,投标价格是企业能否中标的关键性因素。高价格固然能够带来较高的利润,但中标的概率却比较低。反之,低价格,低利润,虽然中标机会大,但其机会成本可能大于其投资成本。那么,企业究竟应该怎样确定投标价格呢?

（1）企业根据自身的成本水平，确定几个备选的投标价格方案，并依据成本利润率计算出企业可能盈利的价格区间。

（2）分析竞争对手的实力和可能报价，确定本企业各个被选方案的中标机会。竞争对手的实力包括产销量、市场占有率、信誉、产品声望、质量特色、服务等，其可能报价则在分析历史资料的基础上得出。

（3）根据每个方案可能的盈利水平和中标机会，计算每个方案的期望利润，即每个方案的期望利润＝每个方案可能的盈利水平×中标概率。然后根据企业的投标目的来选择具体的投标方案。

例如，某电脑经销商（卖方）欲参与某大学微机室的工程投标，该经销商根据招标单位某大学（买方）的要求，通过对其他投标人（竞争对手）和企业自身情况的分析，具体设计了以下几种不同报价及中标的可能性方案，结果如表 7-2 所示。

表 7-2　经销商在不同报价情况下的中标概率与期望利润

方案	企业报价（万元）	利润（万元）	中标的概率（％）	期望利润（万元）（利润×中标概率）
方案 1	90	15	80	12.0
方案 2	100	18	70	12.6
方案 3	105	22	40	8.8
方案 4	110	25	20	5.0

由于方案 2 的期望利润最高为 12.6 万元，因此企业可考虑报价为 100 万元。

营销案例 7-3

定价失误的泥沼

浙江一家做木门生意的公司成立得早，5 年前，当市场上别的对手还没成长起来的时候，它们就已经在规模和质量上处于领先地位了。因为对对手不屑一顾，所以他们一开始用成本定价，锁定的目标利润只有 10％～30％，犯了定价太低的错误，在大好形势下却没赚到钱，因此也没有更多资金扩大规模，提升品质，创造品牌。

后来，市场上的竞争对手多了，它们开始关注对手的价格，从成本加成定价转而实行竞争导向定价。竞争对手在压价，它们也压价，价格战开打，大家日子都不好过，它们本来在市场上的优势荡然无存，失去了大好机会，直到学了定价的课程，这家公司的老板才意识到，自己陷入了很多企业都无法跳出的定价失误泥沼。

竞争导向定价，就是以竞争者定价为标杆，比直接竞争者的价格低一点、高一点，或者保持一致。实际上是把对手的价格当作市场接受度，而不是以顾客为导向。假设你的竞争对手没有做过定价策略分析，他的定价本身就不科学，你跟着他去定，新进入的企业再跟着你定，那么，你们这些定价错误的企业都会被更强的对手吃掉。

7.3　定价的基本策略

7.3.1　折扣定价策略

折扣定价策略是指企业为鼓励客户尽早付清货款、大量购买、淡季购买,或鼓励渠道成员积极推销本企业的产品,在基本价格的基础上按一定的折扣率给予买方的一种优惠措施,是企业进行产品促销、发展稳定客户的一种价格策略。折扣让价的形式很多,在现实营销实践中,企业常用的有以下几种。

1. 现金折扣

现金折扣(cash discount)是指企业为了加速资金周转,减少坏账损失或收账费用,给现金付款或提前付款的顾客在价格方面所给的一种优惠。折扣常常在应付金额的 1% ~ 3%。例如某企业规定提前 10 天付款的顾客,可享受 2% 的价格优惠,提前 20 天付款的顾客,可享受 3% 的价格优惠等。在国外称为"2/10,信用净期 30",其意思是购买者须在 30 天内付清货款,但如果在交货后 10 天内提前付清的话,则可打 2% 的折扣。这种折扣不是对某固定客户,而是保证必须给所有符合这些条件的客户都给予同样的待遇,这种折扣在许多行业内都已成为惯例。

2. 数量折扣

数量折扣(quantity discount)是企业给那些大量购买某种产品的顾客给予的一种价格折扣。例如,购买西瓜在 50 千克以内,每千克价格为 1.2 元;购买西瓜在 50 千克以上,则每千克为 1.0 元。同样道理,数量折扣也必须辐射所有顾客,但是折扣额不能超过销售者大量销售所节省的成本,这些节省包括销售、储存和运输降低的费用。数量折扣又分为累计折扣和非累计折扣。累计折扣是指同一顾客购买某商品达到一定数量后所给予的价格折扣。采用这种策略可鼓励顾客经常购买本企业的商品,有利于稳定顾客,与顾客建立长期互信互利关系。非累计折扣则是指顾客一次购买商品达到一定数量或一定金额所给予价格折扣。采用这种策略可鼓励顾客大量购买,扩大销售,同时又能减少交易次数和时间,有利于减少人力、物力方面的费用。

3. 功能折扣

功能折扣(functional discount)又称贸易折扣(trade discount)。这是产品生产者和加工者给予中间商(批发商、零售商等)的一种价格折扣。其目的是激励中间商积极主动地执行某种市场营销功能(如广告、储存、融资、服务等)。这种折扣不是将价格作为竞争手段来使用,而是把制造商因减少功能节约下来的开支,以折扣的形式让给中间商,以密切同中间商的友好合作关系。这一折扣一般根据不同类型的中间商在不同分销渠道中所提供的不同服务以及所发挥的不同作用,给予不同的折扣,而制造商则必须在每一交易渠道中提供相同的功能折扣。例如,某企业某商品的零售价目表注明每单位 500 元,商业折扣为 10％～40％。它所表示的含义是:

零售商进货价:500×(1－40％)＝300(元)

批发商进货价:300×(1－10％)＝270(元)

4. 季节折扣

季节折扣(season discount)是企业给那些购买过季商品或服务的顾客给予的一种价格折扣,目的是使企业的生产和销售在一年四季都保持相对稳定。例如,旅馆、航空公司等在营业额下降时给旅客以季节折扣;羊毛衫的经销商在夏季给顾客以较优惠的价格;滑雪橇制造商在春季和夏季给零售商以季节折扣,以鼓励零售商提前订货等。

5. 折让

折让(allowances)是制造商或经销商根据价目表给顾客价格折扣的另一种形式。常见的有以旧换新折让、促销折让等。例如,一台全自动洗衣机的标价为 2260 元,顾客以一台旧的双杠洗衣机折价 160 元购买,则只需支付 2100 元,这叫以旧换新折让。如果经销商同意参与制造商的促销活动,制造商为报答经销商参与广告和支持销售活动所支付的款项,制造商卖给经销商物品时可打折扣,这种折扣叫作促销折让。如在牛奶的销售中,制造商经常给经销商一定的折让,以答谢经销商在销售本公司牛奶中所做出的贡献。

6. 折扣定价策略的利弊分析

折扣定价作为一种价格策略,长期以来一直被企业视为增加销售额的基本方法。但在运用折扣定价方法时,必须注意折扣战术和折扣战略的区别。

在我国,折扣定价方法多被企业用作战术目标,即在一定时期内,生产经营者用折扣定价方法来达到增加短期销售量的目的。折扣定价用作战术目的时,一般持续时间较短,手段相对独立,没有其他策略相配合,只要达到增加短期销售量的目的就算成功。

但是,折扣定价被企业用作战略目的就不同了。由于其持续时间较长,要求企业有其他销售活动与之配套,同时还要对竞争对手的市场动向有所考虑,既要了解竞争者的经济实力,又要对折扣定价实行后的直接经济后果做全面估计。从营销渠道看,折扣定价被用作战略目的时,企业营销对象的着眼点主要是批发商和零售商,而不是直接消费者。运用折扣定价战略时,要有意识地把小订单的客户和零散顾客、直接消费者引向中间商,才能为中间商留下利润空间,取得中间商对企业折扣定价战略的支持。如果不分对象、不区别购买量多寡,一概采取同样的价格折扣,会把市场价格搞乱,使中间商无利可图,从而失去中间商的配合,最终会因渠道紊乱而使销售陷于瘫痪。

因此,在运用折扣定价战略时必须区分采取的是折扣战术还是折扣战略,然后分别采取不同的运作方式。

7.3.2 地区定价策略

随着经济全球化进程的加快和经济外向化程度的提高,企业产品的销售范围越来越广,由于产品在不同地区销售,物流成本、促销费用以及面对的消费群体不同,因此,从差别营销上来讲,就需要企业灵活制定适宜不同地区的价格策略。这种价格形式在对外贸易中应用更为普遍。现实中可供选择的地区定价策略有以下五种。

1.产地定价策略

在国际市场上通用的 FOB 原产地定价,又称为离岸价格,是顾客在产地按照厂价购买某种产品,卖主只负责将产品运至某种运输工具上交货。交货前的各种费用由卖方负担,交货后的有关费用包括保险费由买方负担。这种策略不仅简化了卖方的定价工作,也减轻了卖方的运输负担,但增加了远方买主的运费负担,很容易失去远地顾客。

2.统一交货定价策略

统一交货定价策略就是企业对于卖给不同地区顾客的某种商品,都按照相同的厂价加相同的运费(按平均运费计算)定价,即对全国不同地区的顾客不论远近,都实行一个价格。采用这一定价策略实质上是让近处的消费者承担远处买主的一部分运费。这种计价虽然便于管理,但它只适用于运费占总价比重较小的商品。

3.分区定价策略

分区定价策略是企业将全国(或某些地区)分为若干个价格区,对于卖给不同价格区顾客的同一种商品,分别制定不同的地区价格。距离企业远的价格区,价格定得较高;距离企业近的价格区,价格定得较低。

4.基点定价策略

基点定价策略是企业首先选定某些城市作为基点,然后按一定的出厂价加从基点到客户所在地的运费来定价(不管货物实际上是从哪个城市起运的)。有些企业为了增加灵活性,选定许多个基点城市,按照顾客最近的基点计算运费。

5.运费免收定价

有些企业因为急于和某些地区做生意,愿意负担全部或部分实际运费,这种定价方法称为运费免收定价法。这些卖主认为,如果生意扩大,其平均成本就会降低,因此足以抵偿这些费用开支。采取运费免收定价,可以使企业加强市场渗透,并且能在竞争日益激烈的市场上站得住脚。但不利情况也很明显,就是企业会为销售到较远处的产品支付大量与运输相关的费用,得不偿失。

7.3.3　心理定价策略

心理定价策略是应用心理学原理,根据不同消费者在购买商品时的不同心理要求来定价的策略。这一定价策略必须以分析研究目标顾客的消费心理为前提。

▶心理定价策略

1.声望定价策略

声望定价是企业利用消费者仰慕名牌商品或名店声望的心理来制定商品价格的策略。这种策略把企业的商品价格有意识地定得比一般商品高,以迎合消费者崇尚名牌的心理。如金利来的箱包、领带、皮具、饰品等,价格一般要高出同类商品几倍甚至几十倍。现实中,质量不易鉴别的商品,常采用此定价策略,而消费者常以价格判断质量,认为高

价代表高品质。

营销案例 7-4

好药不便宜

1983 年，葛兰氏推出一个名叫瑞坦的抗癌新药，推出前，市场上已经有一个竞争产品，叫泰胃美，而且泰胃美在市场上已经是领导品牌。当时，研究人员在定价前，因为泰胃美已经有很大知名度和市场占有率，所以在推瑞坦时，初始设定的价格是低于泰胃美的。但是，仔细研究后发现：第一，泰胃美的服用方式是每天 4 次，服用量很大，而瑞坦每天只需服用 2 次，很方便；第二，量小意味着功效大，针对性强；第三，药物服用的量小，副作用也小。

基于这些价值，葛兰氏没有走低价，而是定价比泰胃美高 50%！这个定价非常成功。瑞坦上市后，利润达到了 6.5 亿英镑。它成功的关键在于：它给消费者一个成功的暗示——更好的药。而消费者希望得到的是更好的药，不是便宜的药。价格高 50%，没有让人感到不合理。

大多数产品的价格和销量成反比，但也有许多例外。价格越高，销量越高。这时候，你不要犹豫，要勇敢祭出你的价格大棒！

2. 整数定价策略

整数定价就是企业在定价时，把商品的价格定为整数，不带尾数，使消费者产生"一分价钱一分货"的联想。这种策略主要适应于高档消费品或消费者不太了解的商品。例如，法国派思音系列化妆品的定价基本都是整数定价，高档进口汽车的定价也是整数定价。

3. 尾数定价策略

尾数定价策略正好与整数定价策略相反，就是企业在具体定价时利用消费者对数字认知的特殊心理，有意识地将商品的价格定成带有零头的价格，使消费者产生真实可信的心理错觉，进而促使消费者做出购买决策的一种价格策略。这种策略实质上针对的是消费者求廉的购买心理，一般用于多次购买的基本生活用品或日用品。如一包洗衣粉 4.98 元就比 5.00 元更受欢迎。因为在消费者看来，4.98 元是经过精心核算的价格，是不能再低的价格，容易使消费者对产品的价格产生信任感。

看图学营销 7-1

非整数法

差之毫厘，失之千里。

这种把商品零售价格定成带有零头结尾的非整数的做法，销售专家们称之为"非整数价格"。这是一种极能激发消费者购买欲望的价格。这种策略的出发点是认为消费者在心理上总是存在零头价格比整数价格低的感觉。

有一年夏天,一家日用杂品店进了一批货,以每件1元的价格销售,可购买者并不踊跃。无奈商店只好决定降价,但考虑到进货成本,只降了2分钱,价格变成0.98元。想不到就是这2分钱之差竟使局面陡变,买者络绎不绝,货物很快销售一空。售货员欣喜之余,慨叹一声,只差2分钱呀,如图7-3所示。

图7-3 非整数法

图片来源:http://sz.k7c.cn/Tread_view_105.html

实践证明,"非整数价格法"确实能够激发出消费者良好的心理呼应,获得明显的经营效果。因为非整数价格虽与整数价格相近,但它给予消费者的心理信息是不一样的。

营销故事 7-3

数字的心理暗示

在举重运动中,500磅的重量曾一直被认为是人类不可逾越的极限。苏联运动员阿历克谢以及其他人,以前都举起过离这个界限相差无几的重量,但从未超过。

有一次,教练告诉他,他将举起的是一个新的世界纪录——499.9磅。结果他举了起来!教练称了重量,并指给他看,实际上是501.5磅!教练把500磅以上故意说成499.9磅,让阿历克谢没有了心理负担,完成了飞跃。这个例子说明,数字对人的心理暗示作用是如此巨大!同样的道理,这种心理暗示也适用于消费者。

当顾客花9.98元买一个打火机时,他觉得只花了几块钱,而当他花10.02元买一个打火机时,他的心理感觉是花了十多块钱,而实质的价格差异只有几分钱。

知识链接 7-1

弧形数字法

"8"与"发"虽毫不相干但消费者宁可信其是,不可信其无。满足消费者的心理需求总是对的。据国外市场调查,在生意兴隆的商场、超级市场中商品定价时所用的数字,按其使用的频率排序,先后依次是 5、8、0、3、6、9、2、4、7、1。这种现象不是偶然出现的,究其根源是顾客消费心理的作用。带有弧形线条的数字,如 5、8、0、3、6 等似乎不带有刺激感,易为顾客接受;而不带有弧形线条的数字,如 1、7、4 等相对而言就不大受欢迎。所以,在商场、超级市场商品销售价格中,8、5 等数字最常出现,而 1、4、7 则出现次数少得多。在价格的数字应用上,应结合中国国情。很多人喜欢"8"这个数字,并认为它会给自己带来发财的好运;"4"字因与"死"同音,被人忌讳;"7"字,人们一般感觉不舒心;"6"字、"9"字,因中国老百姓有"六六大顺、九九长远"的说法,所以比较受欢迎。

4. 招徕定价策略

招徕定价策略是指企业利用部分顾客求廉的消费心理,特意将某几种商品的价格定得较低以吸引顾客。如某商场随机推出降价商品,每天、每时都有一两种商品降价出售,通过广告宣传,吸引顾客经常来购买廉价商品,进而带动其他正常价格商品销售的策略。

营销案例 7-5

精明的富士

1984 年 7 月,日本富士公司业务主管藤野先生飞抵东南亚的一个发展中国家,计划与该国某公司签订一个从日本进口复印机的合同。不料却被告知,他们不打算签合同了。藤野先生知道其中一定有原因,于是马上回日本了解情况。

调查得知,另一家日商以较低的价格抢走了他们的生意。3 天后,藤野先生再次坐在这家公司老板的面前,开门见山地说:"我们提供的 B 型复印机价格比他们低三成。"这家公司老板暗喜,重新与富士签订了进口 1500 台 B 型复印机的合同。此后,藤野先生立即飞回日本,以再加一成价格的优惠,与专门生产 B 型复印机的厂家签订经销权合约。同时,签订了由富士独家经营该公司 B 型复印机的辅助材料和设备。

1500 台复印机如期运往东南亚,由于价格低,富士亏了不少。而就在这家公司买回复印机时才恍然大悟,因为还需要大量的辅助材料和设备。他们只好再次与富士合作。这次,富士主动权在握,售出的辅助设备和材料不仅弥补了先前的亏损,还取得了可观的利润。

有些黑心商家,经常以次充好赚黑心钱,有句俗语,叫"挂羊头卖狗肉"。然而,吆喝羊头卖狗肉,却是一种经典的定价策略和销售策略。

由于消费者普遍存在喜欢占便宜的心理,所以商家可以在定价上做更多的发挥。很多商家都会以特价商品作为诱饵来吸引消费者。吆喝的是特价商品,做大力宣传的是特价商品,而商家实际想让消费者购买的却是特价商品之外的东西,即利润更高的东西!这就是吆喝的技巧。特价品是诱饵,其他产品才是赚钱的!

5. 习惯定价策略

对于某些消费者经常重复购买的商品,消费者对其价格也已形成习惯。企业在对这些商品定价时,就必须考虑消费者的习惯倾向,不能随意变动价格。调高价格,消费者就会转移购买;调低价格,消费者又会认为商品有问题。因此,企业在定价时必须遵从消费者业已形成的习惯。如果确实需要调整价格,则应预先做好宣传,让顾客充分了解调价的原因,先让价格被消费者所接受,然后再进行调价。

6. 对比定价

消费者购买商品时通常会"货比三家",把握购买时间,最后与价格低的商家进行交易。企业可以据此对同一商品的不同价格做对比标价,刺激消费者的购买欲望。对比定价有以下几种具体方法:

(1)原价与现价对比定价。企业在降价销售产品时,可以同时标明原价和现价,以便于消费者了解降价幅度,增强购买欲望。即使在企业产品涨价时也可以采取这种定价方法,以便于消费者了解涨价幅度。这样可以给消费者一种商家涨价有理由是光明正大的,现在不买将来可能进一步涨价的感觉。

(2)优惠价和零售价对比定价。在节假日和营销旺季,企业往往降价促销。如果企业能够同时标明优惠价和正常价,就可以达到刺激消费者抓住时机赶快购买的目的。

(3)不同花色、质量对比定价。同一商品有质量和花色差别,采用花色、质量对比定价更容易被消费者认同。对花色新颖、质量完好的商品定高价,对花色陈旧、质量残次的商品定低价,可以促进整体销售业绩。

(4)不同顾客对比定价。对老顾客、关系户定低价,对新顾客定相对较高的价格,可以巩固老顾客、吸引新顾客。

7.3.4　差别定价策略

差别定价也叫价格歧视,是企业根据交易对象、交易时间、交易地点等的不同,对同一种产品制定两种或两种以上的价格,以满足各种顾客的不同需要,从而达到扩大销售、增加利润的目的。常见的差别定价策略主要有以下四种形式。

1. 顾客差别定价

顾客差别定价就是企业按照不同的价格把同一种产品或服务卖给不同的顾客。例如,某玩具经销商按照价目表的价格把某种类型的玩具卖给顾客甲,同时按照较低价格把同一类型的玩具卖给顾客乙。再例如,某旅游景点的门票价格,对本国游客和外国游客的收费不同。这种价格歧视表明,顾客对商品与服务的需求强度和了解程度不同。

2. 时间差别定价

时间差别定价就是企业对于不同季节、不同时期甚至不同钟点的产品或服务也分别制定不同的价格。如有些公园门票、游乐场门票、旅馆定价甚至车船票价等,周末价格高于平时价格,节日价格高于平时价格;有的国家白天用电的收费标准高于夜晚等。

3. 部位差别定价

部位差别定价就是企业对于处在不同位置的产品或服务分别制定不同的价格,即使这些产品或服务的成本费用没有任何差异。如同一剧院或体育场馆内,前、中、后排的票价不一;卧铺车厢内上铺的价格低,下铺的价格高;飞机普通舱的票价低,豪华舱的票价高等。

4. 形式差别定价

形式差别定价就是企业对不同型号(形式)的产品分别制定不同的价格。但是,不同型号(形式)产品的价格之间的差额和成本费用之间的差额并不成比例。如成本和质量完全相同的服装,因花色款式的不同,其售价不同。一般当年的流行色和消费者喜欢的式样定价要高一些。

5. 实施差别定价策略的条件

企业采取需求差别定价或歧视价格必须具备以下条件:

(1)市场必须是可以细分的,而且各个市场部分必须表现出不同的需求程度和明显差异。

(2)产品不能串换,即以较低价格购买某种产品的顾客,没有可能以较高价格把这种产品倒卖给其他人。

(3)竞争者没有可能在企业以较高价格销售产品的市场上进行低价竞销。

(4)细分市场和控制市场的成本费用不能超过因实行价格歧视所得到的额外收入。

(5)价格歧视不会引起顾客感觉受到严重不公平待遇,进而放弃购买,影响销售。

(6)采取的需求差别定价或价格歧视形式不能违犯法律和行业规定。

7.3.5 新产品定价策略

在激烈的市场竞争中,企业研制开发的新产品能打开销路、获得满意的市场绩效,不仅与企业正确的产品策略有关,而且还需要企业其他营销措施的配合。其中,新产品的定价策略就是一种必不可少的营销策略。现实中,可供选择的新产品的定价策略有以下三种。

1. 撇脂定价策略

撇脂定价策略就是企业在新产品投放市场的初期,将其价格定得很高,利用新产品的显著特点和无竞争对手的有利条件,尽可能在短期内赚取更多的利润,尽快收回投资。以后,随着产量和销量的增加及成本的降低,再逐步降低价格。这种定价方法如同从牛奶中撇取奶油一样,利用顾客对新产品价格意识不太强烈,愿意花高价购买这些新产品的消费心理,从中获取高额回报。市场撇脂定价是一种追求短期利润最大化的营销策略,可在短时期内获取高额利润,迅速补偿新产品的研究开发成本,并掌握调价的主动权。但这种方法不是在任何情况下都可运用的,一般需具备三个条件:①产品的质量与高价相符;②有足够多的顾客能接受这种高价并愿意购买;③短期内不易出现竞争者。

从营销的实践经验来看,撇脂定价策略一般在以下情况下被采用:①拥有专利技术或生产诀窍。企业研制这种产品的难度较大,采用高价销售也不怕竞争者迅速进入市场。②即便是高价销售仍有较大的现实需求,而且具有需求弹性不同的顾客。例如,初上市的数字液晶电视,可先满足部分价格弹性较小的顾客,然后再把产品推向价格弹性较大顾客。由于这种产品是一次性购买,较长时期享用,因而价格高也能被消费者接受。③现有的生产能力有限或者生产企业无意扩大规模。尽管低产量会造成高成本,高价格又会减少一些需求,但由于采用高价格比之低价格增效,企业仍有较多的收益。④对新产品未来的需求或成本无法估计。定价低则风险大,因此先以高价格投石问路。⑤高价格可使新产品一投放市场就树立高档次、高品质、与众不同的市场形象。

特别提示 7-1

产品的高价格必须获得顾客的价值认同,顾客数量足以构成当前的高需要。

2. 渗透定价策略

渗透定价策略与撇脂定价策略恰好相反,就是企业在新产品投放市场的初期,将价格定得比较低,使新产品能够在尽可能短的时间内被消费者所接受,以迅速打开销售局面,扩大市场销量,在价格上取得明显的竞争优势。其优点是利用资金雄厚,批量生产,单位产品成本低,需求弹性大的特点,依靠薄利多销的促销模式迅速占领市场,并与竞争对手较量。其缺点是价低利微,需要较长时间才能收回投资,并且容易使消费者在心目中形成产品档次低、一般化的印象。采用这种定价策略需要具备两个条件:①产品需求的价格弹性大,目标市场对价格敏感;②生产和分销成本会随着生产规模和市场销量的增加不断降低。

新产品的撇脂定价策略与渗透定价策略是企业最为常见的两种定价策略。现实营销活动中,企业究竟采用哪一种定价策略更为合适,应根据市场需求、竞争状况、市场潜力、生产能力和成本水平等因素综合考虑。各因素的特征及影响可用表 7-3 表示。

表 7-3　撇脂定价策略与渗透定价策略的选择标准

考虑因素	撇脂定价策略	渗透定价策略
市场需求水平	高	低
与竞争产品的差异性	较大	不大
价格需求弹性	小	大
生产能力扩大的可能性	小	大
消费者的购买水平	高	低
市场潜力及未来的发展前景	不大	大
仿制的难易程度	难	易
投资回收期的长短	较短	较长

看图学营销 7-2

低价法

便宜无好货,好货不便宜,这是千百年的经验之谈,你要做的事就是消除这种成见。

这种策略则先将产品的价格定得尽可能低一些,使新产品迅速被消费者所接受,优先在市场上取得领先地位。由于利润过低,能有效地排斥竞争对手,使自己长期占领市场。这是一种长久的战略,适合于一些资金雄厚的大企业。

对于一个生产企业来说,将产品的价格定得很低,先打开销路,把市场占下来,然后再扩大生产,降低生产成本。对于商业企业来说,尽可能压低商品的销售价格,虽然单个商品的销售利润比较少,但销售额增大了,总的商业利润会更多。如图 7-4 所示。

在应用低价格方法时应注意:①高档商品慎用;②对追求高消费的消费者慎用。

图 7-4 低价法示例
图片来源:http://sz.k7c.cn/Tread_view_105.html

3.适中定价策略

适中定价策略也叫满意定价策略,是介于撇脂定价策略与渗透定价策略之间的一种定价策略。所定的价格一般比撇脂定价策略价格低,比渗透定价策略价格高。这种价格是企业在进行充分市场调查的基础上,认真权衡了制造商、经销商及消费者三方经济利益后所制定的价格,因此能使各方都满意。这常被称为"君子价格"或"温和价格"。

7.3.6 相关产品定价策略

产品组合是指一个企业在一定时期内生产经营的全部产品大类和产品项目的组合。对于多品种、多项目生产经营的企业来说,各种产品有需求和成本之间的内在联系并受不同程度竞争的影响。企业如何从整体利益的提升出发,为每一种产品定价,发挥每一种产品的相关作用,就需要企业研究制定出一系列的价格,从而使产品组合的整体利润最大化。这种定价策略被称为产品组合定价策略。

1.产品大类定价策略

产品大类是一组相互关联的产品,产品大类中的每一个产品都有不同的差异特色。确定这类商品的价格差额,一般要分析各种产品成本之间的差额、顾客对商品的评价、竞争者的价位水平等。在大多数情况下,企业在对产品大类定价时,首先应确定某种产品的最低价格,它在产品大类中充当领袖价格,吸引消费者购买产品大类中的其他产品;其次要确定产品大类中某种商品的最高价格,它在产品大类中充当品牌质量和收回投资的角色;最后产品大类中的其他产品应分别依据其在产品大类中的角色地位制定不同的价格。在许多行业中,企业都为产品大类中的某一种产品事先确定好了价格点。

2.任选品定价策略

任选品是指那些与主要产品密切关联的可任意选择的产品。现实生活中,许多企业在提供主要产品的同时,还会附带提供一些可供选择的产品。例如,顾客去饭店吃饭,除了要饭菜之外,可能还会要烟酒、饮料等。在这里,饭菜是主要商品,烟酒、饮料等就是任选品。企业为任选品定价有两种策略可供选择:一种是为任选品定高价,靠它来赢利;另一种是定低价,把它作为招徕顾客的项目之一。例如,有的饭店的饭菜定价较低,而烟酒、饮料等任选品定价很高,饭菜收入用来弥补饭菜的成本和饭店的其他成本,而烟酒、饮料的收入则可作为饭店的经营利润,这就是为什么服务员极力要求顾客消费烟酒和饮料的原因。当然也有饭店将烟酒等任选品的价格定得较低,而将饭菜的价格定得较高。

3.连带产品定价策略

连带产品又叫附属产品或补充产品,如胶卷是照相机的连带产品,汽油是汽车的连带产品,剃须刀片是剃须刀的连带产品。大多数企业采用这种定价策略时,经常将主要产品的价格定得较低,而将连带产品的价格定得较高。以高价的连带产品获利,以补偿主要产品因低价销售造成的损失。例如,柯达公司给它的照相机定低价,胶卷定高价,增强照相机在同行业中的竞争实力,又通过胶卷的销售保证了原有的利润水平。而那些不生产胶卷只生产照相机的厂商为了获取同样的利润,就不得不对照相机定高价。

4.副产品定价策略

在生产加工肉类、石油产品和其他化工产品的过程中,常有副产品产生。如果副产品价值很低且处理费用很昂贵,就会影响到主产品的定价。企业确定的主产品价格必须能够弥补副产品的处理费用。如果副产品对某一顾客群体有价值,就应该按其价值定价。副产品若能带来一定收入,企业就可以降低主产品的价格,有利于提升主产品的市场竞争力。

5.产品系列定价策略

企业常以某一价格出售一组产品,如化妆品、计算机、假期旅游公司为顾客提供的一系列活动方案等。这一组产品的价格低于单独购买其中一个产品的费用总和。因为顾客可能并不打算购买所有的产品,所以这一组合的价格必须有较大的降幅,以此来推动顾客购买。但是,有时候有些顾客不需要整个产品系列,如一家医疗设备公司免费提供送货上门和培训服务,某顾客可能要求免去送货和培训服务,以便获取较低的价格。这时,顾客要求将产品系列拆开。在这种情况下,如果企业节约的成本大于向顾客提供其所需商品的价格损失,则公司的利润会上升。例如,供应商不提供送货上门可节省100元,这时向顾客提供的价格的减少额为80元,则其利润就增加了20元。

7.4 价格变动反应及价格调整

7.4.1 企业降价与提价

公司经常因为经营成本或市场需求变化而面临是否需要降价或提价的变价问题。

1. 发动降价

降低价格往往在下述情形下采用。

(1)应付来自竞争者的价格竞争压力。在绝大多数情况下,反击直接竞争者价格竞争见效最快的手段就是"反价格战",即制定比竞争者的价格更有竞争力的价格。

(2)调低价格以扩大市场占有率。在企业营销组合的其他各个方面保持较高质量的前提下,定价比竞争者低的话,能给企业带来更大的市场份额。对于那些仍存在较大的生产经营潜力,调低价格可以刺激需求,进而扩大产销量,降低成本水平的企业,价格下调更是一种较为理想的选择。

(3)市场需求不振。在宏观经济不景气或行业性需求不旺时,价格下调是许多企业借以渡过难关的重要手段。比如,当企业的产品销售不畅,而又需要筹集资金进行某项新产品开发时,可以通过对一些需求价格弹性大的产品予以大幅度降价,从而增加销售额以满足企业回笼资金的目的。

(4)根据产品生命周期阶段的变化进行调整。这种做法也被称为阶段价格策略。在从产品进入市场到其被市场所淘汰的整个生命周期过程中的不同阶段,产品生产和销售的成本不同,消费者对产品的接受程度不同,市场竞争状况也有很大不同。阶段价格策略强调根据生命周期阶段特征的不同,及时调整价格。例如,相对于产品导入期时较高的价格,在其进入成长期后期和成熟期后,市场竞争不断加剧,生产成本也有所下降,下调价格可以吸引更多的消费者,能大幅度增进销售,从而在价格和生产规模之间形成良性循环,为企业获取更多的市场份额奠定基础。

(5)生产经营成本下降。在企业全面提高了经营管理水平的情况下,产品的单位成本和费用有所下降,企业就具备了降价的条件。对于某些产品而言,由于彼此生产条件、生产成本不同,最低价格也会有差异。显然,成本最低者在价格竞争中拥有优势。

2. 发动提价

具体地说,企业往往在下述一种或几种情形同时出现时需要提高现有价格。

(1)生产经营成本上升。在价格一定的情况下,成本上升将直接导致利润的下降。因此,在整个社会发生通货膨胀或生产产品的原材料成本大幅度上升的情况下,抬高价格就是保持利润水平的重要手段。

(2)需求压力。在供给一定的情况下,需求的增加会给企业带来压力。对于某些产品而言在出现供不应求的情况下,可以通过提价来相对遏制需求。这种措施同时也可为企业获取比较高的利润,为其以后的发展创造一定的条件。

(3)创造优质优价的名牌效应。为了企业的产品或服务与市场上同类产品或服务拉开差距,作为一种价格策略,可以利用提价营造名牌形象。充分利用顾客"一分价钱、一分货"的心理,使其产生高价优质的心理定式。通过创造优质效应,提高企业及产品的知名度和美誉度。

常用的几种提价方法如下:

(1)采用延缓报价方法。公司在临到产品制成或者交货时才制定最终价格,通常价格要高于前一时期。生产周期长的产业如房地产、工业建筑和重型设备制造业等,普遍采用延缓报价定价法。

(2)使用价格自动调整条款。公司要求顾客按当前价格付款,并且支付交货前因通货膨胀而增加的全部或部分费用。通常,合同中的价格自动调整条款会事先规定,根据某个物价指数计算提高价格幅度。在施工时间较长的工业工程方面,许多合同中都有价格自动调整条款。

(3)分别处理产品价目。公司为了保持其产品价格,将先前供应的免费送货与安装的产品分解为各个零部件,并分别为单一的或多个的构件定价出售。许多饭馆已把按餐定价转为菜单定价。

(4)减少折扣。公司要求销售人员按目录价格报价,不得随意提供现金和数量折扣。

公司还可以决定是一次性地大幅度提价还是小幅度多次提价。通常,顾客喜欢有规律地小幅度提价而不是一次性大幅度涨价。

在涨价时,公司应该避免落下价格骗子的形象。为了避免这种形象,需要采取一些技术性手段:

(1)偏高的涨价要向顾客做出合理解释。对于长期项目合同或投标采用条款调整价格,调价基础应以被公认的国民价格指数为准。总之,要把价格上涨与公平、公正联系在一起,以减少顾客的怨恨。

(2)在提价前,先通知顾客,以便他们事先采购以减少冲击。

(3)先使用不引人注目的价格技术,包括取消折扣、限量供应、削减低利润产品产量等。

公司还可以采取变相提价的方法,弥补高额成本或满足大量需求。可行的方法有以下几种:

(1)压缩产品分量,价格不变。

(2)使用便宜的材料或配方作为代用品。

(3)减少或者改变产品特点,以降低成本。

(4)改变或者减少服务项目,如取消安装、免费送货。

(5)使用价格较为低廉的包装材料,促销更大包装产品,以降低包装的相对成本。

(6)缩小产品的尺寸、规格和型号。

(7)创造新的经济的品牌。如珍宝食品商店向重视价格的顾客推出 170 种未注册食品,价格比全国性品牌低 10%～30%。

7.4.2　顾客对企业变价的反应

适当的价格调整能够产生良好的效果。但是,若调整不当,则适得其反。无论是调高价格还是降低价格,企业都必须要注意到各个方面的反应。衡量定价成功与否最重要的标志是消费者将如何理解价格调整行为;企业所确定的价格能否为消费者所接受。企业打算向顾客让渡利润的降价行为可能被理解为产品销售状况欠佳、企业面临经济上的困难等,一个动机良好的价格调整行为就可能产生十分不利的调整结果。因此,企业在进行调整前,必须慎重研究顾客对调整行为可能的反应,并在进行调整的同时,加强与顾客的沟通。

1. 顾客对企业的提价行为的反应

(1)普遍都在提价,这种产品价格的上扬很正常;

(2)这种产品很有价值;

(3)这种产品很畅销,将来一定更贵;

(4)企业在尽可能牟取更多的利润。

2. 顾客对企业的降价行为的反应

(1)产品的质量有问题;

(2)这种产品老化了,很快会有替代产品出现;

(3)企业财务有困难,难以经营下去;

(4)价格还会进一步下跌。

7.4.3　竞争者对企业变价的反应

在竞争市场上,企业制定某种价格水平、采用某种价格策略的效果还取决于竞争者的反应。在竞争者的策略不会做任何调整的情况下,企业降低价格就可能起到扩大市场份额的效果;而若在企业降低价格的同时,竞争者也降低价格,甚至以更大的幅度降低价格,企业降价的效果就会被抵消,销售和利润状况甚至不如调整前。同样,在企业调高价格后,如果竞争者并不提高价格,则对企业来说,原来供不应求的市场可能变成供过于求的市场。鉴于此,企业在实施价格调整行为前,必须分析竞争者的数量、可能采取的措施及其反应的剧烈程度。

企业面对的竞争者往往不止一家,彼此不同的竞争位势,会导致不同的反应。比如,如果是在竞争对手认为其实力强于本企业,并认定本企业的价格调整目的是争夺市场份额的情况下,竞争对手必然会立即做出针锋相对的反应;反之则不反应,或采取间接的反应方式。一般而言,面对企业的降价行为,竞争对手的反应可能会有以下情况:

(1)如果降价会损失大量利润,竞争者可能不会跟随降价;

(2)如果竞争者必须降低其生产成本才能参与竞争的话,则可能要经过一段时间才会降价；

（3）如果竞争者降价导致其同类产品中不同档次产品间发生利益冲突的话，就不一定会跟随降价；

（4）如果竞争者的反应强烈，其一定会跟随降价，甚至有更大的降价幅度。

由于环境是复杂的，竞争者的反应又会对企业的价格调整产生重大的影响，因此企业在变价时必须充分估计每一个竞争者的可能反应。

7.4.4　企业对竞争者变价的反应

在市场经济条件下，企业不仅自己可以用价格调整参与市场竞争，同时也会面临着竞争者价格调整的挑战。如何对价格竞争做出正确、及时的反应，是企业价格策略中的重要内容。

1. 企业应变必须考虑的因素

为了保证企业做出正确反应，企业应该了解：竞争者进行价格调整的目的是什么？这种变价行为是长期的还是暂时的？如果不理会竞争者的价格调整行为，市场占有率会发生什么变化？如果做出相应的变价行为，对本企业存在什么影响？竞争者和其他企业又会有什么反应？

2. 企业应变的对策

在同质产品市场上，如果竞争者降价，企业必须随之降价，否则顾客就都会购买竞争者的产品；如果某一个企业提价，其他企业也可能随之提价，但只要有一个不提价的竞争者，那么这种提价行为只能被取消。

在异质产品市场上，企业对竞争者的价格调整的反应有更多的自由。因为在这种市场上，顾客选择产品不仅考虑价格因素，还会考虑产品的质量、性能、服务、外观等多种因素。顾客对于因较小价格差异而并不在意的条件，使得企业面对价格竞争的反应有了更多的选择余地。

7.4.5　价格战

1. 对价格战的基本认识

价格战就是卖方为了挤占市场而采取的一种竞争手段。而今某些强势企业为了打击竞争对手而采取薄利多销的手段，甚至某些企业为了把对手彻底挤出竞争市场，依靠自身的经济实力以低于成本的价格销售商品，从而达到垄断的地位或者是寡头市场。

目前的"价格战"实际上是指价格竞争，是企业应用价格战略的一个突出表现。价格竞争实际上是市场经济下最基本的竞争形式，也是最容易应用的竞争形式。

近年来的价格战，是我国市场在长期发展中积累而成的多种矛盾的碰撞和反映，有着深厚的市场基础。企业在稳定质量的基础上展开降价角逐，为消费者提供真正物美价廉的产品，这是市场经济的真谛。

无论是哪个行业，挑起价格战的企业都得到了不小的好处，有的市场份额大幅上升，确立或稳固了行业龙头老大的位置；有的知名度迅速提高，赢得了消费者倾心，这正是降价策略的魅力所在。技术的、服务的、品牌的竞争是企业制胜的法宝，但这只能满足消费者对产品价值的追求，却无法满足消费者追求实惠的心理，物美还需价廉。在激烈的竞争环境下，在多种多样的营销策略面前，价格仍是企业掌握的一张竞争王牌。

面临市场的严峻挑战和各行业内部结构上的矛盾，价格战是时势所致，不可阻挡，它是国内市场转轨时期的必然，也是企业在市场转型期逐步适应市场，从幼弱走向成熟的必经阶段。它所带来的利是长远的、根本的，带来的弊是暂时的、必要的。

2. 企业应尽量避免打价格战

(1)过度的价格战会损害消费者利益

任何价格战的选择都是以成本降低为前提的，一般情况下，挑起价格战的企业在短期内打败竞争对手之后就会将价格恢复到原先的盈利水平。例如，对于移动和联通来讲，在市场上任何一方都不可能迅速地击败另一方，为维持低价，双方就会过度降低成本，从长远来看会造成服务质量的下降，同时价格战引发双方互相设置障碍，引起互联互通纠纷，导致服务质量下降，影响消费者利益。如在某些地区就会出现联通用户给移动用户打不通电话，移动用户给联通用户打不通电话的现象。

(2)过度的价格战会导致产品质量的下降

企业为弥补降价造成的损失，很容易以偷工减料等方式来降低成本，这必然会造成产品质量的下降，损害企业自身的信誉。如 2002 年，电信行业价格大战硝烟四起，不少企业由于疲于应付价格大战，无暇顾及服务和管理，导致服务质量下降，用户不满，严重损害了企业自身的信誉。

(3)过度的价格战会扰乱市场秩序

价格战只是低层次的竞争手段，稍有过头就将造成整个市场的无序和混乱，搅乱整个市场的公平、有效和有序竞争，同时也扭曲了市场正常的发展态势。

(4)过度的价格战会导致市场环境恶化造成企业利润下降

一些企业为了快速打开市场，拥有自己的消费群，抢占市场份额，展开规模性产品的促销，在市场的终端上展开激烈的价格战。例如，一些大卖场和连锁超市，为了促销产品，你买二送一，我买一送一，你送毛巾我送浴巾，有时在市场，我们站在商品的货架前都不知道主要是在卖什么。这样会引起市场环境恶化，最后导致企业利润下降。

3. 企业在价格战中的应对策略

当今，通过大幅度降低价格以吸引价格弹性较高的消费者已经成为大多数企业面对疲软市场需求以及渗透进入市场的不二法宝。那么当进入者渗透进入市场或者竞争对手单方面降低价格时，企业应如何应对？通常有以下几种应对策略。

(1)价格跟随策略

价格跟随策略也就是消极应战策略，当挑衅者挑起价格战时，被挑衅者随着对手降价的幅度降价，以降低竞争对手对自己市场份额的侵蚀。这种策略常常被市场跟随者所采用，特别是在本行业领头企业发起价格战时。另外，当新企业进入市场采用大幅降价策略来获取广告效应时,原有的企业为了抵挡其广告效应,常常也会采用相应幅度的降价策略,以防止顾客被全部吸引到新企业,避免与新企业形成鲜明的对比。

（2）采取灵活方式积极应对策略

企业要想在价格战中掌握主动权,争得市场也争得利润,则应积极施以相应策略,当进则进,当退则退,确保立于不败之地。首先,企业应知理而后举兵,即战前分析,探究价格战的动因及相关利益者的反应。其次,通过战前分析,企业可用以下几种方式应对价格战:

①不战而屈人之兵,即通过正确的信号把价格战消灭在萌芽状态。比如,可以通过披露自己的战略意图,如价格跟进战略、每日低价,公开表明本公司将利用所有可获得的资源应对价格战;还可以通过披露自己的成本优势威慑对手让其知难而退等方法。

②避实击虚,即采用非价格竞争手段。当价格战发生之后,很多企业首先想到的是以其人之道还治其人之身,别人降价我也降价。其实,不同的消费者细分市场对同一产品的价格和质量的敏感度是不同的,充分理解其中的缘由,有助于管理者在面对价格战时出奇制胜,而不必被牵着鼻子走。

③有选择性的局部价格战。其具体形式包括只调低特定产品的价格或对特定地区的顾客予以价格折扣,也可以引进战斗性品牌。比如,当美国西部航空公司为了抢西北航空公司繁忙的明尼阿波利斯至洛杉矶这条航线的生意而将其票价降低50美元时,西北航空公司并没有直接应对,而是采用迂回战术,以类似幅度降低西部航空公司最赚钱的航线菲尼克斯至纽约的航线价格,最终双方握手言和。

④全面价格战。采取该策略唯一适合的条件是:竞争对手弱小,进攻成本合理。

⑤以牙还牙,迎头痛击,即实施报复性降价。尽管直接的报复性降价是迫不得已才采取的措施,但是有时要躲避价格战几乎是不可能的。假如,当竞争对手威胁到自己的核心业务时,就应该选择报复性降价,以表明本企业将奉陪到底的决心。

⑥以退为进,有时候放弃可能是更好的选择。在少数情况下,小心即大勇。有些企业在面对竞争对手的降价风潮时,宁愿主动让出部分"地盘",也不愿意进行一场代价高昂的战争。例如,在20世纪80年代,当英特尔公司面临来自台湾生产商的激烈价格竞争时,决定停止生产动态随机存储器（DRAM）芯片,而将主要精力放在计算机中央处理器芯片上,结果大获成功。

（3）差别化策略

差别化策略包括产品差别化策略和市场差别化策略。

产品差别化策略是指企业为避开价格战而努力使自己的产品与价格战产品区别开来,突出自己的产品与价格战产品的不同特色,从而维持高价与高利润。这种特色既可以是质量上的,也可以是服务、形象、外观上的。产品差别化包括品牌战略,但品牌战略需要更多的投入和更高的管理水平,建立品牌的时间也较长。例如,夏新公司的手机设计理念追求产品的精致感,在2001年底夏新A8手机一经面世,便受到好评,其产品供不应求,创下了每部3880元,连续4个月不降价的骄人业绩。2002年,其以24万部的销售业绩位居手机型号的四强之列。

市场差别化是指企业按照顾客的不同对市场进行细分,如果价格战只是集中于其中某一个细分市场,那么企业就可以适当地避开该细分市场,而集中精力做好其他市场。产品差别化策略和市场差别化策略既可以回避价格战,又是一种积极进取的策略。因此,这种策略应该是企业发展的方向所在,适用于绝大多数行业和企业。

(4)以价值战取代价格战策略

纵观中国家电的发展史,恐怕没有比"降价、降价再降价"更为合适的了。但如今的家电业,似乎再也"降"不下去了。从 2004 年的空调"洗牌年"中,我们能得到一些有益的启示。据国家信息中心的统计数据显示,2004 年国内空调市场品牌淘汰率高达 60% 以上,原因是价格战所导致的企业利润急速下滑。尤其随 2004 年能源、原材料价格的上涨,无理性的促销降价已与"自杀"无异。

在经济发展的不同时期,顾客对产品的需要有不同的要求,构成产品价值的要素以及各种要素的相对重要程度也会有所不同。例如,我国在计划经济体制下,由于产品长期短缺,人们把获得产品看得比产品的特色更为重要,因而顾客购买产品时更看重产品的耐用性、可靠性等性能方面的品质,而对产品的花色、式样、特色等却较少考虑;在市场商品日益丰富、人们生活水平普遍提高的今天,顾客往往更为重视产品的特色质量,如要求功能齐备、质量上乘、式样新颖等。由此可见,价值战代替价格战将是企业发展的必然趋势。

(5)附加价值战略

附加价值战略是指当发生价格战时,企业对其产品不直接降价,但是通过增加服务或赠送礼品等方式,使顾客获得更多的实惠。这种策略特别适合于品牌产品,品牌产品常常和高价优质相联系,企业为了维护其品牌形象,不能对其产品降价过多,如果价格战损害了其市场份额,企业只有通过这种附加价值的方式来进行竞争。这样既维护了产品的品牌声誉,又获得了价格战的效果,可以说两全其美。

(6)法律保护策略

当行业内的某个企业大到一定程度时,其他企业就无法与其进行竞争。这时如果该企业发起价格战,其他企业就会有倒闭的危险,在这种情况下,企业应该积极地拿起法律武器保护自己。因为垄断损害竞争,所以现在一般国家都制定了《反垄断法》。另外,当价格战发生时,有些企业采用劣质产品,而消费者短时间内不一定能分辨得出,这就会对正规产品造成极大的冲击,这时企业就应该积极行动起来,协助政府对市场进行整顿。

本章小结

价格策略的制定和执行是市场营销活动中很重要的部分,价格对市场营销组合中的其他策略会产生很大影响,并与其他营销策略相结合共同作用于营销目标的实现。价格是企业参与竞争的重要手段,其合理与否会直接影响企业产品或服务的销路。由于价格对市场供求的影响总存在某些不确定因素,因此营销活动中的价格策略必须是以科学规律为依据,以实践经验为手段的统一过程。

复习思考题

一、名词解释

需求的价格弹性、成本加成定价法、声望定价

二、单选题

1. 需求导向定价法是以( )对商品价值的理解和需求程度为出发点的定价方法。

   A. 企业   B. 竞争者   C. 政府   D. 顾客

2. 在完全竞争情况下,企业只能采取( )定价法。

   A. 成本加成   B. 随行就市   C. 拍卖   D. 边际成本

3. 某种产品本应定价90元,厂商定价时实际订为89.88元,这种定价策略为( )

   A. 声望定价   B. 尾数定价   C. 招徕定价   D. 整数定价

4. 企业产品定价的最终目的是( )。

   A. 获得最大利润   B. 使顾客满意   C. 价格具有竞争力   D. 符合政策要求

5. 当市场上有足够的购买者,他们的需求缺乏弹性时,应采用( )。

   A. 折扣定价   B. 渗透定价   C. 尾数定价   D. 撇脂定价

6. 某商场规定,顾客一次性购买其产品满200元,给予10%的折扣,这种折扣属于( )。

   A. 数量折扣   B. 现金折扣   C. 季节折扣   D. 以旧换新

7. 当企业的用户相当集中时,较适合使用( )的技巧。

   A. 原产地定价   B. 区域定价

   C. 统一交货定价   D. 任何方法都可以

8. 在企业定价法中,目标定价法属于( )

   A. 成本导向定价法   B. 需求导向定价法

   C. 竞争导向定价法   D. 市场导向定价法

三、多项选择题

1. 差别定价的主要形式有( )。

   A. 顾客差别定价   B. 产品包装差别定价

   C. 产品部位差别定价   D. 销售时间差别定价

   E. 产品形式差别定价

2. 影响企业定价的主要因素有( )等。

A.定价目标   B.产品成本

C.市场需求   D.经营者意志

E.竞争者的产品和价格

3.地区定价的形式有( )等。

A.FOB原产地定价   B.分区定价

C.补充产品定价   D.基点定价

E.运费免收定价

4.企业定价目标主要有( )等。

A.维持生存   B.当期利润最大化

C.市场占有率最大化   D.产品质量最优化

E.成本最小化

5.价格折扣主要有( )等类型。

A.现金折扣   B.数量折扣

C.功能折扣   D.季节折扣

E.价格折让

四、判断题

1.竞争导向定价法包括随行就市定价法和需求差异定价法。   ( )

2.分销渠道中的批发商和零售商多采取反向定价法。   ( )

3.运用认知价值定价法时,有直接价格评比法、直接认知价值评比法和诊断法等方法可供使用。   ( )

4.基点定价是企业选定某些城市作为基点,然后按一定的厂价加上从基点城市到顾客所在地的运费来定价,按照顾客最远的基点计算运费。   ( )

5.当采取认知定价法时,如果企业过高地估计认知价值,便会定出偏低的价格。

    ( )

五、简答题

1.价格决定要受到哪些因素的影响?如何影响?

2.请举例说明价格决定程序。

3.什么叫理解价值定价法?如何进行理解价值定价?

4.心理定价有哪些具体策略?

5.什么是竞争导向定价法?

六、论述题

试述中国家电行业企业应如何避免价格战?

七、扩展阅读

多兰—朱兰德模型概述

多兰(Robert J. Dolan)和朱兰德(Abel P. Jeuland)(照片为朱兰德)于1981年提出了将成本动态和扩散过程动态考虑在内的最优价格模型。他们分别对静态需求和动态需求情况下的最优价格问题进行了研究。

多兰—朱兰德模型反映了在计划期内最优价格的时间轨迹，对于创新企业在激烈竞争中灵活选择渗透战略和撇脂战略具有重要的启示，即当需求曲线随时间的推移呈稳定状态（无扩散）且生产成本随累计价值的增加而下降时，采取撇脂战略（即先高价后低价）为最优选择；在以扩散过程为特征的耐用品需求情况下，采取渗透战略（即以低价格、低成本进入市场）为最优选择。

资料来源：http://wiki.mbalib.com

八、案例分析题

亚马逊公司差别定价案例分析

1. 亚马逊公司实施差别定价试验的背景

1994 年，当时在华尔街管理着一家对冲基金的杰夫·贝佐斯（Jeff Bezos）在西雅图创建了亚马逊公司，该公司从 1995 年 7 月正式营业，1997 年 5 月股票公开发行上市，从 1996 年夏天开始，亚马逊极其成功地实施了联属网络营销战略，在数十万家联属网站的支持下，亚马逊迅速崛起成为网上销售的第一品牌，到 1999 年 10 月，亚马逊的市值达到了 280 亿美元，超过了西尔斯（Sears Roebuck Co.）和卡玛特（Kmart）两大零售巨人的市值之和。亚马逊的成功可以用以下数字来说明：

根据 Media Metrix 的统计资料，2000 年 2 月，亚马逊在访问量最大的网站中排名第8，共吸引了 1450 万名独立的访问者，亚马逊还是排名进入前 10 名的唯一一个纯粹的电子商务网站。

根据 PC Data Online 的数据，亚马逊是 2000 年 3 月最热门的网上零售目的地，共有 1480 万独立访问者，独立的消费者也达到了 120 万人。亚马逊当月完成的销售额相当于排名第二位的 CDNow 和排名第三位的 Ticketmaster 完成的销售额的总和。在 2000 年，亚马逊已经成为互联网上最大的图书、音乐唱片和影视碟片的零售商，亚马逊经营的其他商品类别还包括玩具、电器、家居用品、软件、游戏等，品种达 1800 万种之多。此外，亚马逊还提供在线拍卖业务和免费的电子贺卡服务。

但是，亚马逊的经营也暴露出不小的问题。虽然亚马逊的业务在快速扩张，亏损额却也在不断增加，在 2000 年头一个季度中，亚马逊完成的销售额为 5.74 亿美元，较前一年同期增长 95%，第二季度的销售额为 5.78 亿，较前一年同期增长了 84%。但是，亚马逊第一季度的总亏损达到了 1.22 亿美元，相当于每股亏损 0.35 美元，而前一年同期的总亏损仅为 3600 万美元，相当于每股亏损为 0.12 美元，亚马逊 2000 年第二季度的主营业务亏损仍达 8900 万美元。

亚马逊公司的经营危机也反映在它在股票市场上的表现。亚马逊的股票价格自 1999 年 12 月 10 日创下历史高点 106.6875 美元后开始持续下跌，到 2000 年 8 月 10 日，亚马逊的股票价格已经跌至 30.438 美元。在业务扩张方面，亚马逊也开始遭遇到了一些老牌门户网站如美国在线、雅虎等的有力竞争，在这一背景下，亚马逊迫切需要实现赢利,而最可靠的赢利项目是它经营最久的图书、音乐唱片和影视碟片,实际上,在 2000 年第二季度亚马逊就已经从这三种商品上获得了 1000 万美元的营业利润。

2.亚马逊公司的差别定价实验

作为一个缺少行业背景的新兴的网络零售商,亚马逊不具有巴诺(Barnes Noble)公司那样卓越的物流能力,也不具备如雅虎等门户网站那样大的访问流量,亚马逊最有价值的资产就是它拥有的 2300 万注册用户,亚马逊必须设法从这些注册用户身上实现尽可能多的利润。因为网上销售并不能增加市场对产品的总的需求量,为提高在主营产品上的赢利,亚马逊在 2000 年 9 月中旬开始了著名的差别定价实验。亚马逊选择了 68 种 DVD 碟片进行动态定价试验,试验当中,亚马逊根据潜在客户的人口统计资料、在亚马逊的购物历史、上网行为以及上网使用的软件系统确定对这 68 种碟片的报价水平。例如,名为《泰特斯》(Titus)的碟片对新顾客的报价为 22.74 美元,而对那些对该碟片表现出兴趣的老顾客的报价则为 26.24 美元。通过这一定价策略,部分顾客付出了比其他顾客更高的价格,亚马逊因此提高了销售的毛利率,但是好景不长,这一差别定价策略实施不到一个月,就有细心的消费者发现了这一秘密,通过在名为 DVDTalk(www.dvdtalk.com)的音乐爱好者社区的交流,成百上千的 DVD 消费者知道了此事,那些付出高价的顾客当然怨声载道,纷纷在网上以激烈的言辞对亚马逊的做法进行口诛笔伐,有人甚至公开表示以后绝不会在亚马逊购买任何东西。更不巧的是,亚马逊前不久才公布了它对消费者在网站上的购物习惯和行为进行了跟踪和记录,因此,这次事件曝光后,消费者和媒体开始怀疑亚马逊是否利用其收集的消费者资料作为其价格调整的依据,这样的猜测让亚马逊的价格事件与敏感的网络隐私问题联系在了一起。

为挽回日益凸显的不利影响,亚马逊的首席执行官贝佐斯只好亲自出马做危机公关,他指出亚马逊的价格调整是随机进行的,与消费者是谁没有关系,价格试验的目的仅仅是为测试消费者对不同折扣的反应,亚马逊"无论是过去、现在或未来,都不会利用消费者的人口资料进行动态定价"。贝佐斯为这次的事件给消费者造成的困扰向消费者公开表示了道歉。不仅如此,亚马逊还试图用实际行动挽回人心,亚马逊答应给所有在价格测试期间购买这 68 部 DVD 的消费者以最大的折扣,据不完全统计,至少有 6896 名没有以最低折扣价购得 DVD 的顾客,已经获得了亚马逊退还的差价。

至此,亚马逊价格试验以完全失败而告终,亚马逊不仅在经济上蒙受了损失,而且声誉也受到了严重的损害。

【案例问题】

1.亚马逊差别定价试验失败的原因是什么?

2.亚马逊差别定价试验给我们什么启示?

九、实践与实训题

如果在大学附近有一家大型超市,它可以采用哪些心理定价的技巧?将全班同学按每组 5 人左右,分为若干组,选出组长和记录员、发言代表。要求每个小组独立完成任务,在调查讨论的基础上,列举出具体的操作方案,并分析应用各种技巧的依据与结果。

第8章 分销策略

学习目标

知识目标	技能目标
1. 了解分销渠道的含义与职能	1. 明确分销渠道的内涵与类型
2. 了解分销渠道的类型	2. 掌握分销渠道设计的步骤和方法
3. 了解影响分销渠道选择的因素	3. 熟悉分销渠道管理的基本内容
4. 了解分销渠道设计	4. 熟悉分销渠道冲突的解决思路
5. 了解分销渠道管理	5. 熟悉各类中间商的具体形式
6. 了解渠道冲突与管理	
7. 了解中间商概念及作用	
8. 了解批发商、零售商、代理商和经纪人	

知识结构

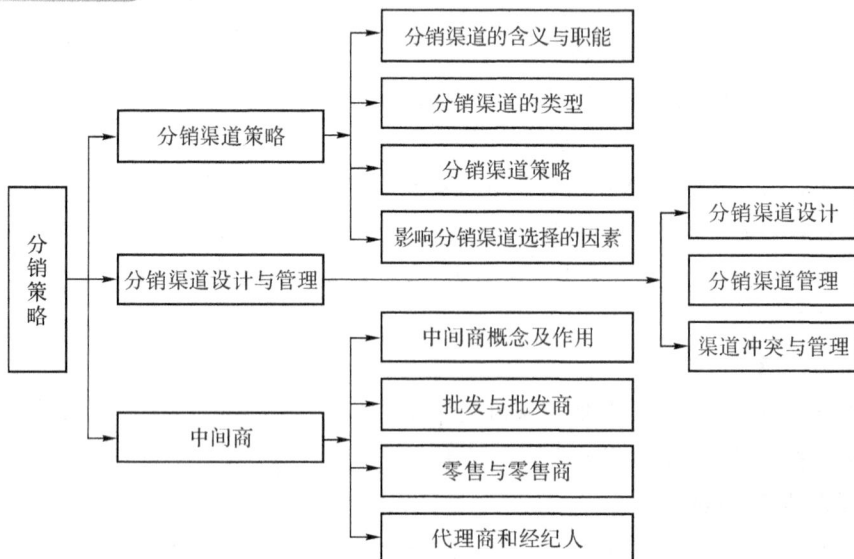

导入案例

娃哈哈的非常渠道战略

20 世纪 80 年代,美国可口可乐、百事可乐以雷霆之势杀入中国,导致中国饮料市场几乎全军覆没。然而尽管外资攻势凌厉,却不能回避一个产自中国本土的品牌——娃哈哈。在强手如林的饮料市场,娃哈哈能打拼出一片天地,这很大程度上得益于其杰出的分销渠道策略。

纵观娃哈哈发展历程,其渠道模式经历了三个不同的阶段。

第一阶段,娃哈哈开始摈弃原有的粗放式的营销路线,开始编织"联销体"网络。联销体网络结构是这样的:总部—各省区分公司—特约一级批发商—特约二级批发商—二级批发商—三级批发商—零售终端。其运作模式是:每年开始,特约一级批发商根据各自经销额的大小打一笔预付款给娃哈哈,娃哈哈支付与银行相当的利息,然后每次提货前,结清上一次的货款。特级一级批发商在自己的势力区域内发展特约二批商与二批商,两者的差别是,前者将打一笔预付款给特约一级批发商以争取到更优惠的政策。娃哈哈保证在一定区域内只发展一家特约一级批发商。同时,公司还常年派出一到若干位销售经理和理货员帮助经销商开展各种铺货、理货和促销工作。在某些县区,甚至出现这样的情况:当地的特约一级批发商仅仅提供了资金、仓库和一些搬运工,其余的所有营销工作都由娃哈哈派出的人员具体完成。

第二阶段,2000 年起,娃哈哈悄然开始了一场雄心勃勃的营销网络建设工程——"蜘蛛战役",意为学习蜘蛛织网,要在未来 3 年内构筑起一个全封闭式的全国营销网络,并且将重心下移,将最具实力的县级饮料销售商聚集到自己旗下,变自然性流向为控制性流向。娃哈哈对销售人员考核也由过去的"一条加业绩"改变为"业绩加过程"。娃哈哈还拟对网络实施量化管理:5 万人口一个二批商,30 平方公里一个特约一级批发商,把有实力的县级批发商全部吸引到旗下。另外,针对大城市销售终端的广告伞、路牌、店牌、POP 等促销工具大部分被可口可乐和百事可乐占领,自动饮料机、体育场、网球场、食堂、商场等休闲与购物场所本土品牌信息极少,大超市进入不力的现象,集团要求经销商"精耕细作"加大终端促销力度。

第三阶段,通路升级作战,决胜终端和反攻一线市场。娃哈哈总结了一个成功的经验:营销渠道模式的好与坏,不仅仅体现在对经销商的控制,也体现在对终端的争夺上。娃哈哈的策略就是打通中间的流通环节,让产品在终端可以畅通无阻。首先,加大渠道维护和终端建设方面力度。以前娃哈哈 2000 个营销人员销售 60 亿元,现在娃哈哈要将这个队伍扩展到 8000 人甚至更多,这些人主要会被用在渠道维护上。其次,娃哈哈开始转攻一线城市,通过推出新品功能饮料"激活",激活大城市市场。自 2002 年开始,娃哈哈发动一场针对两乐系、台资系的大决战,是为"三全战役"——全面开发市场、全面开发品种、全面启动市场。

娃哈哈得益于其不断创新的营销策略和不断改进完善的分销策略,于 2006 年成为全球第五大饮料生产企业,仅次于可口可乐、百事可乐、吉百利、柯特 4 家跨国公司;其 2010 年实现营业收入 550 亿元,已成为中国饮料业当之无愧的老大。

讨论题:为什么娃哈哈要投入大量精力在渠道建设上?娃哈哈分销策略给你什么 启发?

资料来源:娃哈哈市场营销案例剖析.世界工厂网,http://edu.ch.gongchang.com, 2010-06-25,有改动。

所谓"得通路者得天下""得终端者得天下"。自 20 世纪 60 年代,分销策略这一概念 被提出以来,分销渠道就成为公认的最为重要的营销要素之一。作为整个营销系统的重 要组成部分,分销策略对降低企业成本和提高企业竞争力具有重要意义,是营销规划中 的重中之重。如何规划一个分销渠道,如何管理分销渠道,如何解决渠道冲突,是营销工 作者们必须了解和掌握的内容。

8.1 分销渠道策略

生产者和消费者或用户之间存在空间分离、时间分离、所有权分离、供需数量差异以 及供需品种差异等方面的矛盾。而分销渠道就起着连接生产者和消费者之间的桥梁的 作用,同时影响着其他所有的营销决策。分销渠道的决策是企业面临的最重要的问题 之一。

8.1.1 分销渠道的含义与职能

1.分销渠道的含义

美国营销协会对渠道的定义是:公司内部的组织单位和公司外部的代 理商、批发商与零售商的结构。科特勒则提出,分销渠道(也被称为贸易渠 道或营销渠道)是促使产品或服务顺利地被使用或消费的一整套相互依存

▶分销渠道
与内容

的组织,它们是一个产品或服务在生产以后经过的一系列途经,从而使产品或服务经过 销售到达最终使用者手中。

有的中间机构(如批发商和零售商)买进产品、取得产品所有权,然后再出售,被称为 买卖中间商。其他中间机构(如经纪人和代理人)则寻找顾客,有时也代表生产商同顾客 谈判,但是不取得产品所有权,被称为代理商。还有一些中间机构(如运输公司、独立仓 库、银行和广告代理商)则支持分销活动,但他们既不取得产品所有权,也不参与买卖谈 判,被称为辅助机构。

特别提示 8-1

科特勒曾强调过分销渠道与营销渠道的差异;但近年来,人们专注于研究渠道系统及价值网络的共通性,对两者区别不再加以强调。

分销渠道包含着以下几点内涵(见图 8-1)。

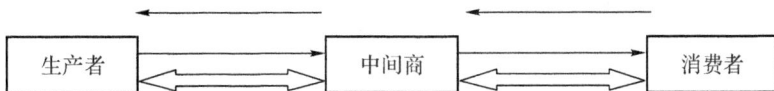

图 8-1 分销渠道简单示意

(1)分销渠道的起点是生产者,终点是消费者或用户。生产企业的供应商并不被包括在内。

(2)分销渠道是一整套相互依存的组织,其中很多时候中间商起着重要的桥梁作用。

(3)在分销渠道中,产品从生产者到消费者的转移过程中,所有权至少转移一次。

(4)在分销渠道中,在生产者与消费者之间还隐含多种流动形式,如由生产者向消费者流动的物流;由消费者向生产者流向的资金流以及双向流动的信息流等。

知识链接 8-1

渠道策略理论的演进

(1)20 世纪 50 年代,"市场营销组合"这个概念第一次出现。尼尔·鲍顿提出了旨在指导企业营销实践的 12 因素"营销组合"策略,其中尼尔·鲍顿第一次总结了市场营销活动中与渠道有关的各项活动内容,界定了营销渠道策略理论的研究范围,指出在渠道方面应该如何做好有关"供销路线、人员销售、陈列、扶持、实体分配"等活动,并须与其他七个要素相配合。

(2)20 世纪 60 年代中第一次提出"渠道策略"概念。20 世纪 60 年代,麦卡锡在尼尔·鲍顿研究的基础上,进行了归纳,将营销实践的 12 个因素概括为四种策略,即"产品策略、价格策略、渠道策略和促销策略"的 4P 组合策略,其中第一次提出"渠道策略"的概念。渠道策略的内容包括:为使目标顾客能接近和得到其产品而进行各种活动的策略。概念提出必须有效地利用各种中间商和营销服务设施,以便更有效地将产品和服务提供给目标市场,指出厂家必须了解各种类型的零售商、批发商和从事实体分销的公司以及他们是如何进行决策的。

(3)20 世纪 90 年代强调渠道的便利。由于市场营销的发展,原来的 4P 组合逐渐由 4C 组合取代,即"顾客、成本、便利和沟通"这四个要素的新的营销组合策略;在渠道策略方面更多地强调便利,要求从消费者的角度来考虑渠道建设,为消费对象提供尽可能方便的消费通道,使其消费的非货币成本降低。贯彻这个渠道策略,是个复杂的系统工程,不仅仅是观念的改变,更涉及流程重组、组织重组。

(4)进入 21 世纪开始强调关系营销。美国学者舒尔茨(Don E. Schultz)提出了新的 4R 营销组合理论,即市场营销应包含以下四个要素:关联、反应、关系和回报。在渠道策略方面强调关系营销,强调厂商应当与顾客建立长期、稳定且密切的关系,降低顾客流失率,建立顾客数据库,开展数据库营销,从而降低营销费用。现在的市场经济中,商业合作伙伴之间强调合作、双赢;而在厂商与顾客之间,也是如此。渠道的目的就是为了厂商与客户建立联系,从而实现商品的流通。从这个意义上说,强调关系营销的渠道战略开始回归营销渠道的核心和本义。

资料来源:MBA 智库百科,有改动。

经典人物 8-1

4P 理论的创始人:杰罗姆·麦卡锡

杰罗姆·麦卡锡(E. Jerome McCarthy)是密西根州立大学教授,20 世纪著名的营销学大师,1958 年获明尼苏达大学博士学位。他于 1960 年在其第一版《基础营销学》中,第一次提出了著名的 4P 营销组合经典模型,即产品(Product)、价格(Price)、通路(Place)、促销(Promotion)。

4P 理论的提出,是现代市场营销理论最具划时代意义的变革。从此,营销管理成为公司管理的一个部分,涉及了远远比销售更广的领域。今天,无论有多少新的营销名词,无论有多少关于 4P 过时的说法,4P 都是营销管理理论的基石。

2.分销渠道的职能

分销渠道填补了产品、服务与需求在时间和空间上的差距,执行了一系列重要的职能,包括调研、促销、接洽、调节、谈判、物流、融资、风险承担和监督等职能。

(1)调研,即收集市场中的潜在和现有顾客以及竞争者和其他相关群体的信息。

(2)促销,设计和传播具有说服力的沟通方式来刺激购买。

(3)接洽,即寻找可能的购买者并与其进行沟通。

(4)调节,即按照顾客的要求调整供应的产品,包括分等、分类、包装等活动。

(5)谈判,即达成有关产品的价格和其他条件的最终协议,以实现所有权的转移。

(6)物流,提供连续的存货和实务产品的运输。

(7)融资,即取得和支用资金,以负担渠道工作的部分或全部成本费用。

(8)风险承担,即承担与渠道工作有关的风险。

(9)监督,即监督所有权从一个组织或个人到另一个组织或个人的实际转移。

特别提示 8-2

这些职能都必须执行,重点在于由谁执行。这些职能在渠道成员之间是可以自由转换的,因此生产者愿意放弃某些控制力以获取更好的效力和效率。

8.1.2 分销渠道的类型

依据不同的角度,分销渠道可以划分成多种不同的类型。

1.依据中间商是否介入分为直接渠道与间接渠道

(1)直接渠道是生产者将产品直接供应给消费者或用户,没有中间商介入的渠道类型,其表现形式为:生产者→用户。直接渠道是工业品分销的主要类型。例如大型设备、专用工具及技术复杂等需要提供专门服务的产品,都采用直接分销,消费品中有部分也采用直接分销类型。近年来企业直销的比重明显增加。

(2)间接渠道是生产者利用中间商将商品供应给消费者或用户,中间商介入交换活动,其典型表现形式是:生产者→中间商→消费者。间接渠道是生产商将部分功能转移给了中间商,对企业分销起着重要作用。该渠道在消费品分销中被广泛采用。

知识链接 8-2

直 销

直销起源于中国的清末民初。有史料记载,早在 1929 年中国内地的王星记扇庄的第二代当家王子清就曾用一种类似直销的方式招揽生意:无论什么人只要给王星记介绍业务,均可得到成交额中的 5%～10% 的佣金。这是世界上最早有史料记载的直销,也是直销的起源。

现代直销起源于美国,直销最早的萌芽始于 20 世纪 50 年代,由犹太人卡撒贝创立,随着信息化社会的迅速发展和人们求方便快捷购物心理而兴起。现在直销几乎遍及全球所有市场经济成熟和发达的国家。虽然直销可以说是人类最早的商业配销方式,但是直销并没有被人好好地了解,至今对直销的定义一直没有定论。

世界直销联盟将直销定义为以面对面且非定点之方式,销售商品和服务,直销者绕过传统批发商或零售通路,直接从顾客接收订单。2005 年 11 月 1 日,我国《直销管理条例》出台,此条例所称的直销是:本条例所称直销,是指直销企业招募直销员,由直销员在固定营业场所之外直接向最终消费者推销产品的经销方式。

2.依据渠道层次的数目分为长渠道与短渠道

在产品从生产者转移到消费者的过程中,经过的一个中间机构,就成为一个渠道层次。分销渠道的长短一般按照渠道层次(中间机构层次)的数目来划分,渠道层次的数目越多,渠道越长,一般有两个或两个以上的中间机构的分销渠道称为长渠道。常见的渠道层次构成如图 8-2 所示。

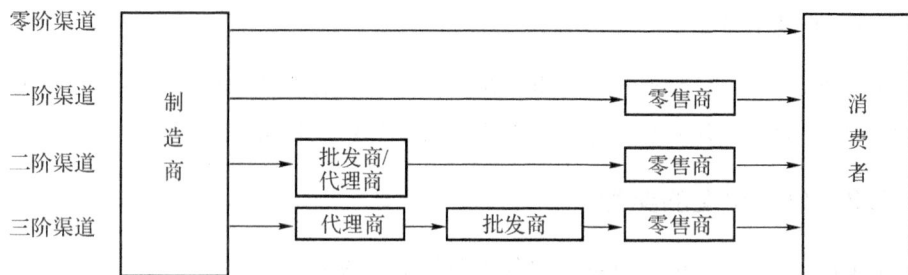

图 8-2　分销渠道结构

(1)零阶渠道,也叫直销渠道,指产品直接由生产者供应给消费者,没有中间商的参与。主要方式是上门推销、邮购、电话营销、电视直销和网络厂商直销等。

(2)一阶渠道,仅有一个中间机构的渠道,在消费市场上通常是零售商,在产业市场上则可能是销售代理商或佣金商。采用这种分销渠道的企业通常生产耐用消费品和高级选购品。

(3)二阶渠道,包括两个中间机构的渠道,在消费者市场通常是批发商和零售商,在产业市场则可能是销售代理商和批发商。

(4)三阶渠道,包含三个中间机构的渠道。制造商经由代理商与批发商发生联系,再通过批发商、零售商到达消费者。

3.依据某层次中间商数目的多少分为宽渠道与窄渠道

销售渠道的宽窄,取决于分销渠道的每个层次(环节)适用同种类型的中间商的数目多少。企业渠道某个中间商层次使用同种类型中间商数目较多,则为宽渠道,如一般的日用消费品等;企业渠道某个中间商层次使用同种类型中间商数目较少,则为窄渠道,它一般适用于专业性强的产品或贵重品。

常见的渠道宽度选择有以下三种策略:

(1)密集性分销,是指运用尽可能多的中间商分销,使渠道尽可能加宽,以便消费者能随时随地买到产品,通常适用于零食、软饮料、糖果和口香糖等便利品。

(2)选择性分销,是指生产企业在某一地区仅通过少数几家经过精心挑选的、比较合适的中间商来经营其产品。选择性分销适用于所有产品,但是相对而言,消费品中的选购品和特殊品更适合采用这种策略。

(3)独家分销,是指在某一时期,某一地区只选定一家中间商经销或代理,实行独家经营。独家分销是最窄的分销渠道,通常双方订有书面契约,规定生产者在特定的市场区域不能再请其他中间商来销售该产品,而中间商也不能再经销其他竞争性的产品。独家分销通常只对某些特殊的消费品或名牌适用。

4.依据渠道种类的多少可分为单渠道和多渠道

单渠道是指企业选择的销售渠道单一,比如全由经销商包销,或者完全由自己直接销售等。多渠道是对同一或不同的细分市场,采用多条渠道组合的分销体系,既可以采取直接渠道与间接渠道组合,又可以采取多级渠道组合。比如在本地区采用直接渠道,在外地则采用间接渠道;有些地区独家经销,在另一些地区多家分销等。

5.传统分销系统与现代分销系统

传统分销系统由一个或多个独立制造商、批发商和零售商组成。每个都是独立的企业,寻求自身的利益最大化,渠道中没有一个成员可以对其他成员进行控制,也没有正式的划分职能和解决冲突的方式。

20 世纪 80 年代以来,分销系统突破了由生产者、中间商和消费者组成的传统模式和类型,有了新的发展,统称为现代分销系统,主要包括垂直分销系统、水平分销系统和混合分销系统。

(1)垂直分销系统。它是由生产者、批发商或零售商组成的一个统一系统。它的特点是专业化管理,集中计划,销售中的各成员为共同的利益目标努力,都采用不同程度的一体化经营或联合经营。垂直分销系统主要有三种类型:公司型垂直分销系统、契约型垂直分销系统和管理型垂直分销系统。

(2)水平分销系统。同一层次的两个或多个公司联合起来,可实行暂时或永久的合作。通过共同工作,各公司将资产、生产能力或营销资源结合起来,发挥群体作用,共担风险,获取最佳效益。

(3)混合分销系统。企业采用两个或两个以上的分销渠道为某个或多个消费者细分市场服务时,就产生了多渠道营销。

知识链接 8-3

垂直分销系统

垂直分销系统包括三种形式:统一式、契约式和管理式。

(1)公司型垂直分销系统(corporate vertical marketing system)。其是指一家公司拥有和统一管理生产部门和销售部门,控制分销渠道的若干层次。当国际企业对分销系统欲施加高度的控制时,在确定好各环节的渠道成员后,通过购买其股票以控股方式取得部分所有权、支配权,最终将整个分销系统融制造、批发、零售为一体。这种国际企业可使渠道全体成员为一共同的利益而尽心尽力。选择建立这种分销系统,需要国际企业拥有巨大的经济实力。

(2)契约型垂直分销系统(contractual vertical marketing system)。其是以契约为基础的较为松散的联营关系。一般由不同层次的各自独立的生产商和分销商组成,以求获得比其独立行动时所能得到的更大的经济效益。在国际企业掌握某种产品的制造生产权力,确信以联合经营可以使双方获得比独立经营更多的收益后,对批发商或零售商发放特许证,以此来建立分销系统。例如,福特汽车公司利用发放许可证的方式,让经销商经销福特汽车而建立的分销系统;可口可乐公司向位于不同地区的灌装厂发放许可证,并售予糖浆浓缩液,经过碳化处理、装瓶后再出售给零售商,从而建立起通往世界各地的分销系统。是否采用这种方式建立分销系统,取决于国际企业是否掌握有很大场前景的生产制造生产权。

(3)管理型垂直分销系统(administer vertical marketing system)。其是由某一家规模大、实力强的企业出面组织的分销系统。国际企业利用自身所具有的规模、信誉或自己产品的品牌知名度来管理或协调其他渠道成员的行为。例如,柯达和吉利等公司不仅可以对其所确定的各分销渠道成员的行为,做出有效的协调,并且可以从这些经销商那里得到诸如产品陈列、提供最佳货架、主动采用各种促销手段和价格政策等各方面的积极合作。所以,这种分销系统被许多企业认为是最理想的分销渠道形式。

8.1.3　分销渠道策略

分销渠道策略是一种综合性的决策,需要在渠道模式、渠道长度和渠道宽度等方面做出决策。

1.确定渠道模式

企业分销渠道设计首先是要决定采取什么类型的分销渠道,是采取直接渠道还是间接渠道。直接渠道和间接渠道有各自的优缺点,如表8-1所示。企业因根据自身实际进行比较选择。

表 8-1　直接渠道与间接渠道优缺点比较

渠道模式	直接渠道	间接渠道
优点	有利于产、需双方沟通信息 可以降低产品在流通过程中的损耗 有利于产需建立长期关系	有助于产品广泛分销 缓解生产者人、财、物等力量的不足 有利于企业之间的专业化协作
缺点	市场覆盖面受限 核心优势不突出 人、财、物压力增大	可能形成"需求滞后差" 可能加重消费者的负担,导致抵触情绪 不便于直接沟通信息

如果企业决定采取直接渠道,则需要进一步选择采取何种方式销售,比如派推销人员上门推销或以其他方式自销;如果企业选择采取间接渠道,则要进一步决定选用什么类型和规模的中间商。

营销案例 8-1

戴尔的直销模式

所谓戴尔直销方式,就是由戴尔公司建立一套与客户联系的渠道,由客户直接向戴尔发订单,订单中可以详细列出所需的配置,然后由戴尔"按单生产"。戴尔所称的"直销模式"实质上就是简化、消灭中间商。

戴尔直销模式成功的主要原因在于:第一,快速反应,按需生产强大的订单处理系统和生产体系;第二,强大的数据处理能力和先进的信息化管理技术;第三,优秀的客户服务,强大的呼叫中心服务;第四,强大而高效的供应链;第五,低成本和价格战。正是这五种因素的完美结合,使得戴尔成为世界性的 IT 巨头。

然而,戴尔直销模式在新兴国家甚至一些欧洲发达国家却一直发展不顺利。戴尔的渠道模式在美国之外面临着转型,比如 2008 年戴尔在中国就确定了 1000 家合作伙伴,直接覆盖到国内 1200 个地市。

2.确定渠道长度

虽然从节省商品流通费用、加速社会再生产过程的要求出发,应当尽量减少中间环节,选择短渠道。但是,并不是中间环节越少越好,在多数情况下,批发商的作用是生产者和零售商无法替代的。长短渠道都有其各自的优缺点,如表 8-2 所示。

表 8-2 长渠道与短渠道的优缺点比较

渠道类型	长渠道	短渠道
优点	市场覆盖面广 占有的分销资源多 可以借用分销渠道的资源	与消费者接近,反应快 企业对渠道的控制程度高
缺点	控制程度低,管理难度大 服务难度大 易造成渠道成员的矛盾	承担了大部分分销渠道的职能 需要大量的资源投入 市场覆盖面较窄

因此,分销渠道长短选择的关键在于,具有较高的分销效率和经营效益,必须综合考虑商品的特点、市场的特点、企业本身的条件以及策略实施的效果等。

3.确定渠道宽度

不同的渠道宽度具有各自不同的优缺点,也没有一定的适用模式。在进行渠道宽度决策时,同样需要在比较不同渠道宽度优缺点的情况下,结合市场和企业等因素的具体实际做出决策。不同渠道宽度的优缺点如表 8-3 所示。

表 8-3 不同宽度渠道优缺点比较

渠道类型	独家分销	密集分销	选择分销
优点	价格易控制 政策易实施 企业和中间商关系紧密	市场覆盖率高	介于两者之间
缺点	市场覆盖率低 缺乏竞争 分销商不易控制	竞争激烈,易发生渠道冲突 分销渠道的管理成本高	介于两者之间

8.1.4　影响分销渠道选择的因素

影响分销渠道选择的因素很多,主要包括以下四大类影响因素:

(1)市场因素。市场因素包括市场规模、地理分布、消费者购买习惯等多方面。

(2)产品因素。产品因素包括产品单价、体积重量、易损性、时尚性、标准化程度、技术和售后服务以及产品生命周期等多方面。

（3）企业自身因素。企业自身因素在渠道选择中扮演着十分重要的角色，包括企业规模、管理能力、渠道控制愿望等多方面。

（4）其他因素。其他因素主要包括经济状况、竞争状况、政策法律等多方面。

企业在制定分销渠道策略前，必须对多种影响因素进行综合分析，以便做出正确的决策，因为不同的实际情况有不同的渠道要求。其主要影响因素及渠道决策汇总如表8-4所示。

表 8-4　主要影响因素及渠道选择的汇总

影响因素		渠道适应性	
		长而宽	短而窄
市场因素	市场规模	大	小
	地理分布	分散	集中
	购买习惯	零星、频繁购买	大量、少次购买
产品因素	单位价值	低	高
	体积重量	小而轻	大而重
	易损性	易储运	易腐易损
	时尚性	弱	强
	标准化程度	高	低
	技术和售后服务	低	高
	产品生命周期	成熟产品	新产品
企业因素	企业规模	大	小
	管理能力	弱	强
	渠道控制愿望	弱	强
其他因素	经济状况	景气	萧条
	竞争状况	正面对抗/错位竞争	

特别提示 8-3

渠道的长短、宽窄都是相对的，不能仅从形式上来判定渠道的优劣；渠道策略应根据相关影响因素进行设计和调整。

营销故事 8-1

<h3 style="text-align:center">小卖店的价值创造者</h3>

老张在杭州文三路一栋写字楼的底层开了一家不到 10 平方米的小卖部,经营饮料、口香糖等杂货,也给来来往往的白领们卖手机充值卡。但是,从 2008 年老张和浙江连连科技有限公司合作后,那些来充值的神州行手机用户只需报出自己的手机号码,老张通过自己手机里内置的程序发送一条短信给移动运营商,旋即顾客便会收到充值成功的短信。

"这对顾客来说很方便,以前他们总是找我借硬币把充值卡上的密码刮开,在手机上输入一连串的数字才能充值。"老张说。他的杂货铺里挂着一个白底红字的牌子,上面写着"空中充值"。像老张这样与浙江连连科技有限公司合作的杂货铺或便利店,目前在全国超过了 40 万家,其规模相当于全国邮局营业网点的 6 倍。

在连连科技的网站上,你只能看到简单的介绍,知道它是"一家提供便利支付服务的网络服务商",但你很难一下子弄明白连连科技的具体业务和商业模式。然而这家企业却在以惊人的速度成长着,从 2004 年 8 月成立以来,它犹如坐上了高速火箭,2007 年其营业额已经达到 160 亿元人民币,2008 年超过了 300 亿元。如今,连连科技实现了跨地域发展,从其大本营浙江省挺进到了广东、山东等 11 个省区市。

作为电信行业的收费渠道商,连连科技因为其独特的模式,利润率超过行业平均的 1‰～2‰。值得一提的是,连连科技的所有员工加起来只有 1200 多人,而 2008 年成功卖给国美电器的大中电器,其年销售额为 100 亿元,员工却超过 1 万人。

在连连科技,你很难在他们公司找到实体的资产,最值钱的资产便是服务器和 IT 系统,这也是连连科技商业模式的基础。这家企业犹如一个组织者,将超过 40 万家终端渠道商组织起来,凭借强大的渠道和市场能力,从而拥有了与强势的移动运营商议价的能力。

在传统的充值卡价值流向里,每个环节的利润被层层盘剥。吴火根是淘宝网的手机卡超级卖家,每年他的网店里卖出的手机充值卡超过 30 万张。与大多数手机充值卡销售商一样,吴火根的店是移动收费传统渠道价值链中的一环。吴火根与上海 100 多家移动充值卡经销商一样,需要先向上海移动购买一定额度的充值卡,然后再进行分销,他将一部分卡通过批发市场销售给类似老张这样的杂货店或小超市等终端渠道,作为中间经销商,吴火根的利润只有 5‰;吴火根对另一部分手机充值卡采用了直销模式,直接在淘宝网上进行销售,这样他可以获得比终端杂货铺高一些的利润,扣完税后大约是 1‰～2‰。

"所有经销商都要先向移动运营商交钱才能拿到卡。"吴火根说。移动运营商对于他们这类收费渠道商来说,非常强势,"吴火根们"在价值链上根本没有太多的话语权。尽管这个行业整体利润不高,但是一旦形成规模效应,利润仍然十分客观,这也是吴火根要在人气火爆的淘宝网开店的原因。

然而,同样拥有网上支付渠道的连连科技,却与传统手机充值卡渠道商们有着截然不同的商业模式——无论是线下渠道还是网上渠道,都是移动运营商先授权连连科技对手机用户代收费,再通过后台的 IT 系统与运营商进行实时结算。

那么,如何能保证 40 万家杂货铺将手机充值费交给连连科技? 实际上,连连科技与渠道终端合作伙伴采用的是预收费方式,连连科技为每家杂货铺开设了账号。后台结算是基于连连科技的运营系统进行的,上面连接了银行、移动运营商、渠道终端等各类合作方。每个杂货铺店主的手机 SIM 卡整合了连连科技的移动支付解决方案,店主可以很方便地完成手机充值收费的操作,每一笔结算都是无缝完成的。

每一笔充值费在连连科技都会经历这样的流程:当顾客成功充值后,连连科技的后台会自动与移动运营商、杂货铺进行结算,运营商收到自己应得的充值费,而位于渠道终端的杂货铺也会立即按比例获得自己的利润。

在传统的手机充值卡分销模式中,移动运营商是占主导地位的价值链利益分配者,比如一张 100 元的充值卡,移动运营商给吴火根这类一级经销商的价格大约是 98.3 元,加上应交的税金等费用,吴火根和他的下游渠道商将再次分配剩余的利润空间。

连连科技却凭借着超过 40 万家的渠道终端,成为移动运营商收费渠道价值链中新的利益分配者,这不仅仅体现在它与移动运营商的合作更为平等,可以拥有先向用户收费、再付费给移动的"特权",而且在连连科技自己的价值链中,每个成员的利益空间都被放大。

在移动运营商与连连科技的合作中,由于渠道层级少,连连科技获得的充值卡成本价更低,因此终端渠道商的利润也比传统渠道 1% 左右的利润更高。最为重要的是,在规模效应和无中间层级的渠道架构下,连连科技自身也能获得更高的利润空间。

案例来源:李黎,杜晨.轻公司.北京:中信出版社,2009

8.2 分销渠道设计与管理

8.2.1 分销渠道设计

分销渠道设计是指根据产品特性以及目标市场等因素,按照一定的标准来确定中间商的类型、每层中间商的数量以及中间商的权责等;设计一个分销渠道系统一般会经过以下几个步骤,如图 8-3 所示。

1.分析顾客需要

渠道设计的本质在于发现顾客想从渠道中获得什么,并通过改进和创新更好地为顾客服务。因此在设计分销渠道中,营销人员首先必须了解目标顾客的需要,主要是他们

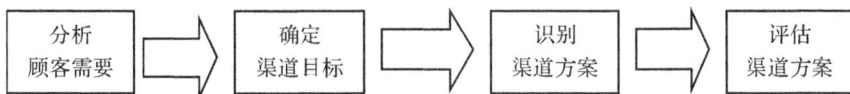

图 8-3 分销渠道设计流程

的渠道服务产出需要,即人们在购买一个产品时想要和所期望的服务的类型和水平。这些需要主要集中在以下五个方面:

(1)批量大小。批量是营销渠道在购买过程中提供给典型的客户的单位数量。

(2)等候时间。渠道的客户在等待收到货物的过程中所耗费的平均时间。客户一般喜欢快速交货渠道,而快速服务则要求一个高的服务产出水平。

(3)空间便利。空间便利是营销渠道为客户购买产品所提供的方便程度。

(4)产品品种。产品品种是营销渠道提供的商品花色品种的宽度。一般来说,企业应该提供较宽的花色品种,因为这使得客户有更大的机会找到他想要的产品。

(5)服务支持。服务支持是渠道提供的附加的服务(信贷、交货、安装、修理),服务支持越强,渠道提供的服务工作越多。

2.确定渠道目标

设计营销渠道是为了更好地达到分销目的,完成分销任务。渠道设计问题的中心环节是确定到达目标市场的最佳途径。因此有效的渠道设计,应先明确企业的分销目标,并明确该分销目标是否与营销组合中其他领域的分销目标相一致,是否与企业的整体目标和策略相一致。企业的分销目标不同,所需要的渠道模式自然也不会完全相同。每个生产者都必须在产品、顾客、中间商、竞争者、企业政策和环境等所形成的限制中,确定其渠道目标,即企业预期达到的顾客服务水平及中间商应执行的职能等。

3.识别主要渠道方案

确定渠道目标后,下一步工作是明确各主要渠道选择方案。分销渠道选择主要考虑三方面的内容:确定分销渠道(中间商)类型、所需中间商数目以及渠道成员的权利和责任。

(1)确定分销渠道类型,即确定渠道模式或渠道长度。企业分销渠道设计首先要决定采取何种类型的销售渠道,是直销还是通过中间商分销。如果决定利用中间商分销,还要进一步决定运用何种类型和规模的中间商。

(2)确定中间商数目,即决定渠道宽度。这主要取决于产品本身的特点、市场容量的大小和需求面的宽窄,可在密集分销、选择分销和独家分销中进行选择。

(3)规定分销渠道成员的条件与责任。分销渠道成员的交易条件和责任主要包括价格政策、销售条件、经销区域权、各方应承担的责任等方面。在生产者同中间商签约时应包括以上内容。

特别提示 8-4

企业在制定分销渠道策略前,应该评估一系列将会影响到各类渠道结构的因素,以便做出正确的决策,因为不同的实际情况有不同的渠道要求。

4.评估主要渠道方案

渠道管理者应该按照一定的评估标准从各备选方案中选出最佳的渠道结构。这一结构应该能在最低的成本基础上,有效地完成各项分销任务。评估标准一般有三个,即经济性、可控制性和适应性。

(1)经济性标准

在三项标准中,经济标准最重要。在分销渠道评估中,首先应该将分销渠道决策所可能引起的销售收入增加同实施这一渠道方案所需要花费的成本做一比较,以评价分销渠道决策的合理性。通常可在同一时点对各种不同方案可能产生的经济效益进行比较,从中选择经济效益较好的方案。

(2)控制性标准

企业对分销渠道的设计和选择不仅应考虑经济效益,还应该考虑企业能否对其分销渠道实行有效的控制。这将会直接影响到生产企业的切身经济利益。企业对于自销系统是最容易控制的,但是由于成本较高,市场覆盖面较窄,不可能完全利用这一系统来进行分销。而利用中间商分销,就应该充分考虑所选择的中间商的可控程度。一般而言,特许经营、独家代理方式比较容易控制。如果利用多家中间商在同一地区进行销售,企业利益风险比较小,但对中间商的控制能力就会相应削弱。

(3)适应性标准

企业还必须根据环境选择相应的渠道。一要注意地区适应性,在某一地区建立产品的分销渠道,应充分考虑该地区的消费水平、购买习惯和市场环境,并据此建立与此相适应的分销渠道;二要注意时间适应性,由于市场营销环境的不断变化,每一种分销网络模式都只能持续一段时间,而不能一劳永逸、长久地发挥作用。根据产品在市场上不同时期的适销状况,企业可采取不同的分销渠道与之相适应。

知识链接 8-4

评估渠道方案的方法

从理论上讲,渠道设计者会理所当然地选择最佳的渠道结构。但在现实中,选择最佳渠道结构,是不可能的,但可以通过一些手段或方法来估算和比较备选的渠道设计方案。

1.财务评估法

财务评估法(financial approach)由兰伯特(Lambeit)于 20 世纪 60 年代提出:财政因素才是决定选择何种渠道结构的最重要的因素。因此,选择一个合适的渠道结构类似于资本预算的一种投资决策。这种决策包括比较使用不同的渠道结构所要求的资本成本，以得出的资本收益来决定最大利润的渠道。并且，用于分销的资本同样要与使用这笔资金用于制造经营相比较。除非公司能够获得的收益大于投入的资本成本，而且大于将该笔资金用于制造时的收益，否则应该考虑由中间商来完成分销功能。

2. 交易成本评估法

交易成本分析(Transaction Cost Analysis, TCA)，是威廉姆森将传统的经济分析与行为科学概念以及由组织行为产生的结果综合起来，考虑渠道结构的选择问题。

威廉姆森主要考虑这种情况下的取舍，即制造商是通过垂直一体化体制完成所有的分销任务，还是通过独立中间商来完成一些分销任务或者大部分的分销任务。

交易成本分析方法的经济基础是：成本最低的结构就是最适当的分销结构。关键就是找出渠道结构对交易成本的影响。因此，TCA 的焦点在于公司要达到其分销任务而进行的必需的交易成本耗费。交易成本主要是指分销中活动的成本，如获取信息，进行谈判，监测经营以及其他有关的操作任务的成本。

为了达成交易，需要特定交易资产。这些资产是实现分销任务所必需的，包括有形与无形资产。无形资产，指为销售某个产品而需要的专门的知识和销售技巧，销售点的有形展示物品、设备则是有形的交易特定资产。

如果需要的特定资产很高，那么公司就应该倾向选择一个垂直一体化的渠道结构。如果特定交易成本不高(或许这些资产有许多其他用途)，制造商就不必担心将它们分配给独立的渠道人员。如果这些独立的渠道人员的索要变得太过分，那么可以非常容易地将这些资产转给那些索要条件较低的渠道成员。

3. 经验评估法

经验评估法(heuristic approach)是指依靠管理上的判断和经验来选择渠道结构的方法。

(1) 权重因素记分法

由科特勒提出的"权重因素法"是一种更精确的选择渠道结构的直接定性方法。这种方法使管理者在选择渠道时的判断过程更加结构化和定量化。这一方法包括五个基本步骤：

- 明确地列出渠道选择的决策因素。
- 以百分形式列举每个决策因素的权重，以准确反映它们的相关重要性。
- 每个渠道选择依每个决策因素按 1—10 的分数打分。
- 通过权重(A)与因素分数(B)相乘得出每个渠道选择的总权重因素分数(总分)。
- 将备选的渠道结构总分排序，获得最高分的渠道选择方案即为最佳选择。

(2) 直接定性判定法

在进行渠道选择的实践中，这种定性的方法是最粗糙但同时是最常用的方法。使用这种方法时，管理人员根据他们认为比较重要的决策因素对渠道结构选择的变量进行评估。这些因素包括短期与长期的成本以及利润，渠道控制问题，长期增长潜力以及许多其他的因素。有时这些决策因素并没有被明确界定，它们的相关重要性也没有被清楚界定。然而，从管理层的角度看，选出的方案是最适合决策因素的内、外在变量。

（3）分销成本比较法

分销成本比较法可估计不同的销售渠道的成本及收益，并通过这些数字对比获得成本低、收益大的渠道结构。比如，一家公司，进入一个中等城市市场之前，对比采用两种不同渠道结构的成本和收益：直销的渠道结构与使用一级分销商的渠道结构。

知识链接 8-5

"用户导向渠道系统"设计模型

斯特恩（Stern）等学者总结出"用户导向渠道系统"设计模型，将渠道战略设计过程分为 5 个阶段、共 14 个步骤，如图 8-4 所示。

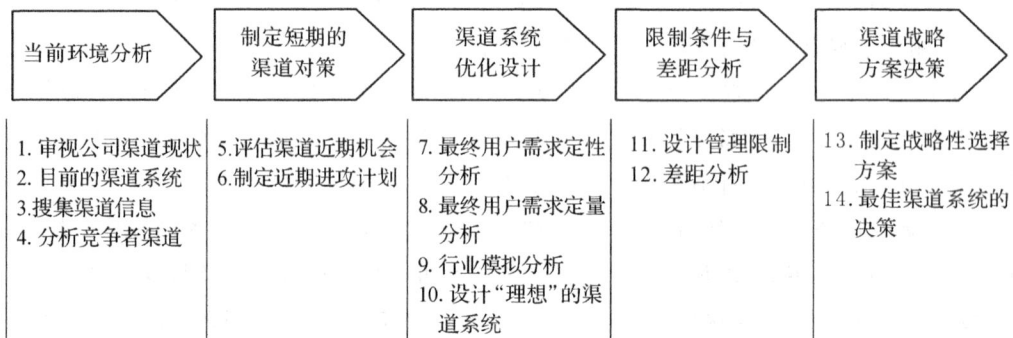

当前环境分析	制定短期的渠道对策	渠道系统优化设计	限制条件与差距分析	渠道战略方案决策
1.审视公司渠道现状 2.目前的渠道系统 3.搜集渠道信息 4.分析竞争者渠道	5.评估渠道近期机会 6.制定近期进攻计划	7.最终用户需求定性分析 8.最终用户需求定量分析 9.行业模拟分析 10.设计"理想"的渠道系统	11.设计管理限制 12.差距分析	13.制定战略性选择方案 14.最佳渠道系统的决策

图 8-4 用户导向渠道系统

8.2.2 分销渠道管理

分销渠道管理是指企业为实现分销目标而对现有渠道进行管理，以确保渠道成员间、公司和渠道成员间相互协调和合作的一切活动。

分销渠道管理主要包括：选择渠道成员、激励渠道成员、评估渠道成员和调整渠道系统。

1. 选择渠道成员

生产者必须谨慎选择渠道成员，因为对于顾客来说，渠道成员就意味着公司。选择渠道成员一般应考虑以下几点条件：

（1）中间商的市场范围。市场是选择中间商最关键的原因。首先要考虑预先定的中间商的经营范围所包括的地区与产品的预计销售地区是否一致；其次要考虑中间商的销售对象是否是企业所希望的潜在顾客，这是最根本的条件。

（2）中间商的产品政策。中间商承销的产品种类及其组合情况是中间商产品政策的具体体现。选择时一要看中间商有多少"产品线"（即供应来源），二要看各种经销产品的组合关系，是竞争产品还是促销产品。

（3）中间商的地理区位优势。区位优势即位置优势。选择零售中间商最理想的区位应该是顾客流量较大的地点。选择批发中间商则要考虑它所处的位置是否利于产品的批量储存与运输，通常以交通枢纽为宜。

（4）中间商的经验。许多中间商被规模巨大，而且有名牌产品的生产商选中，往往是因为它们对销售某种产品有专门的经验。选择对产品销售有专门经验的中间商就会很快地打开销路。因此，生产企业应根据产品的特征选择有经验的中间商。

（5）预期合作程度。中间商与生产企业合作得好就会积极主动地推销企业的产品，对双方都有益处。有些中间商希望生产企业也参与促销，扩大市场需求，并相信这样会获得更高的利润。生产企业应根据产品销售的需要确定与中间商合作的具体方式，然后再选择最理想的合作中间商。

（6）中间商的实力，包括财务状况及管理水平。中间商能否按时结算包括能否在必要时预付货款，取决于财力的大小。整个企业销售管理是否规范、高效，关系着中间商营销的成败，而这些都与生产企业的发展休戚相关。因此，这两方面的条件也是必须考虑的。

营销案例 8-2

爱普生公司如何选择中间商

日本的爱普生公司（Epson）是一家生产电脑打印机的大型企业。在公司准备扩大其产品线时，公司总经理杰克·沃伦对现有的中间商有些不满意，也对他们向零售商店销售其新型产品的能力有一些怀疑，他准备秘密招募新的中间商以取代现有的中间商。为了找到更适合的中间商，沃伦雇用了一家招募公司，并给他们这样的指示：

· 寻找在经营褐色商品（如电视机等）和白色商品（如冰箱等）方面有两层次（从工厂到分销商，再到零售商）分销经验的申请者；

· 申请者必须具有领袖风格，他们愿意并有能力建立自己的分销系统；

· 他们每年的薪水是 8 万美元底薪加奖金，公司提供 375 万美元帮助其拓展业务，他们每人再出资 25 万美元，并获得相应的股份；

· 他们将只经营爱普生公司的产品，但是可以经销其他公司的软件；

· 每个中间商都配备一名培训经理并经营一个维修中心。

招募公司在寻找候选人时遇到了很大的困难。虽然他们在《华尔街日报》上刊登广告（没有提及爱普生公司）后，收到了近 1700 封申请书，但大多数不符合爱普生公司的要求。于是，招募公司通过黄页，得到了一份中间商的名单，再通过电话联系，安排与有关人员见面。在做了大量的工作之后，招募公司列出了一份最具资格的人员名单，沃伦与这些人员一一见面，并为其 12 个配销区域选择了 12 名最合格的候选者，替换了现有的中间商，并支付了招募公司 25 万美元的酬金。

由于招募是暗中进行的，因此原有中间商对此事一无所知。当杰克·沃伦通知他们须在 90 天内完成交接工作时，中间商感到非常震惊。他们与爱普生公司共事多年，只是没有订立合同。但是，沃伦必须更换中间商，因为他认为现在的中间商虽然干了很多年，但是缺少经营爱普生新产品和拓展新渠道的能力。

案例来源:张传忠.分销渠道管理.广州:广东高等教育出版社,2004

(2)激励渠道成员

一个公司应该用看待其最终用户的方式来看待它的中间商,需要对中间商采取激励措施,常用的方法有直接激励和间接激励。

直接激励是指通过给予物质和金钱奖励来肯定中间商在销售量和市场规范操作方面的成绩,常用的形式有:返利政策、价格折扣、开展促销活动、设立市场基金、设立奖项和补贴等。

间接激励就是通过帮助中间商进行销售管理,以提高销售的效率和效果,来激发中间商的积极性。常用的形式有:帮助中间商建立进销存报表、帮助中间商实行进销终端管理、帮助中间商建设客户网、库存保护、开拓市场、产品及技术支持等。

生产者必须尽量避免激励过分与激励不足两种情况。激励过分会导致销售量提高,而利润量下降;激励不足的结果是销售量降低,利润减少。所以,生产者必须确定应花费多少力量以及花费何种力量,来鼓励中间商。

2. 评估渠道成员

除了选择和激励渠道成员外,还必须定期按一定的标准评估他们的表现。评估中间商表现首要的依据是销售绩效。测量中间商的绩效主要有两种办法:一是将每一中间商的销售绩效与上期的绩效进行比较,并以整个群体的升降百分比作为评价标准。二是将各中间商的绩效与该地区的销售潜量分析所设立的配额相比较。

此外,评估渠道成员还考虑以下几个因素:各级经销商资信情况;销售配额完成情况;平均存货水平;对损坏与遗失货物的处理;店头摆设;人员促销水平;与企业的促销和培训计划的合作情况;向顾客的交货时间;中间商提供给顾客的服务等。

如果中间商不能达到标准,必须迅速找到主要原因,采取改进措施。如果在一定期限内无法改进,就要考虑放弃或更换中间商。

3. 调整渠道系统

成功的渠道模式不是一成不变的,一个企业必须定期地检查它的渠道安排,根据实际情况、渠道成员的实绩,对渠道结构加以调整,如增减渠道成员、增减销售渠道、变动分销系统等。

营销案例 8-3

娃哈哈是怎样控制分销渠道的

(1)建立科学稳固的经销商制度。精选合作对象(筛选出那些缺乏诚意、职业操守差、经营能力弱的经销商),并签订了严明的合同,在合同中明确加入了"禁止跨区销售"的条款,将经销商的销售活动严格限定在自己的市场区域范围之内。

(2)实行双赢的"联销体"制度。娃哈哈采用保证金的方式,要求经销商先打预付款,按时结清货款的经销商,公司偿还保证金并支付高于银行同期存款利率的利息。娃哈哈的"联销体"以资金实力、经营能力为保证,以互信、互助为前提,以共同受益为目标指向,具有持久的市场渗透力和控制力,能大大激发经销商的积极性和责任感。

(3)实行级差价格体系。娃哈哈为每一级经销商制定了灵活而又严明的价格,根据区域的不同情况,分别制定了总经销价、一批价、二批价、三批价和零售价,在销售的各个环节上形成严格合理的价差梯度,使每一层次、每一环节的经销商都能通过销售产品取得相应的利润,保证各个环节有序的利益分配,从而在价格上堵住了窜货的源头。

(4)全面的激励措施。除了返利激励这样的直接激励外,还采取包括间接激励在内的全面激励措施。娃哈哈各区域分公司都有专业人员指导经销商,参与具体销售工作;各分公司派人帮助经销商管理铺货、理货以及广告促销等业务。公司会根据一定阶段内的市场变动和自身产品的配备,经常推出各种各样针对经销商的促销政策,以激发其积极性。

(5)与经销商建立深厚的感情。娃哈哈和经销商的关系是非常融洽的,感情是深厚的,有许多经销商都是与娃哈哈一起成长起来的。娃哈哈以下的一些制度和做法无疑能维持和加深与经销商的感情:①对经销商信守诺言。②为经销商提供销售支持。③每年举行全国联销体会议。④把经销商当朋友。在工作上把经销商当作是很好的合作伙伴,在生活上则把经销商当朋友。

资料来源:中国食品机械设备网,http://www.foodjx.comNewsDetail/69626.html,有改动。

8.2.3　渠道冲突与管理

1.渠道冲突的种类

渠道冲突是指渠道中各成员由于利益或其他方面的矛盾而产生的摩擦、对立和不合作行为。常见的渠道冲突有垂直渠道冲突(vertical channel conflict)、水平渠道冲突(horizontal channel conflict)和多渠道冲突(multi-channel conflict)。

▶分销渠道的
冲突与管理

垂直渠道冲突也称作渠道上下游冲突,是指同一渠道中不同层次之间的利害冲突,这类冲突很常见。比如,当企业采取直销与分销相结合的方式销售商品,就不可避免要同下游经销商争夺客户,大大挫伤了下游渠道的积极性;而当下游经销商的实力增强以后,希望在渠道系统中有更大的权利,也可能向上游渠道发起挑战。

水平渠道冲突是指存在于渠道同一层次的中间商之间的冲突,即在同一渠道模式中,同一层次中间商之间的冲突。产生水平冲突的原因大多是生产企业没有对目标市场的中间商数量、各自的分管区域做出合理的规划,使中间商为各自的利益互相倾轧。

多渠道冲突,指的是生产企业建立多渠道营销系统后,不同渠道服务于同一目标市场时所产生的冲突。

2.引起渠道冲突的原因

渠道冲突的存在具有客观性,从本质上说,营销渠道中的购销业务关系本身就存在

且容易产生矛盾。产生渠道冲突的原因有很多种,常见的有:

(1)目标不一致。厂商与渠道成员有不同的发展目标与方向。而对于制造商来讲,其特定品牌产品的销售量和市场占有率决定其"生死存亡",其品牌销售观与零售商有着天壤之别。若厂商感到零售商无视其品牌,零售商的行为就会被厂商视为对其所定目标的阻碍,由此也就埋下了目标冲突的种子。

(2)资源稀缺。渠道成员要实现其各自的目标,在一些贵重资源的分配问题上产生了分歧,此时也会产生冲突。不同渠道成员之间的价差水准、存货水平以及厂商与不同渠道成员对大客户的争夺等都是导致产生渠道冲突的直接原因。

(3)角色对立。角色是对某一岗位的成员的行为所做的一整套规定。应用于营销渠道中,任一渠道成员都要实现一系列他或她应该实现的任务。特许权授予者应该向特许经营者提供广泛的经营协助以及促销支持;反之,特许经营者也应该严格按照特许权授予者的标准经营程序来经营。如果有一方偏离其既定角色,冲突就产生了。

(4)决策分歧。渠道成员的任务与权利不明确。许多零售商认为价格决策属于他们的决策领域,而有的制造商则认为他们才有权定价。

3.渠道冲突的解决方法

(1)超级目标法。超级目标法是指为渠道系统中的渠道成员设立一个共同的发展目标,这个共同目标通常只有在渠道系统中的所有成员通力合作的情况下才能实现。渠道成员有时会以某种方式签订一个他们共同寻找的基本目标的协议,其内容包括渠道生存、市场份额、高品质和顾客满意。一般只有当渠道一直受到威胁时,共同实现超级目标才会有助于冲突的解决,才有建立超级目标的必要。

(2)沟通。为存在冲突的渠道成员提供沟通机会,如果一个渠道成员取得领导地位并赢得了其他成员的信任,便可能奠定减少冲突可能性和更快解决冲突的基础。

(3)协商谈判。谈判是渠道成员间讨价还价的一种方法。在谈判过程中,通常每个渠道成员都会放弃一些东西,从而避免冲突发生或避免已发生的冲突愈演愈烈。

(4)法律策略。渠道冲突有时需要借助法律策略来解决,比如仲裁、诉讼等。一旦采用了法律手段,另一方可能会完全遵守其意愿改变其行为,但是会对诉讼方产生不满,这样的结果可能是双方的冲突增加而非减少。从长远看来,双方可能会不断发生法律的纠纷问题而使渠道关系不断恶化。

(5)退出。当水平性冲突、垂直性冲突或者不同渠道间的冲突处在不可调和的情况下时,退出某一营销渠道是解决冲突的普遍方法。从现有渠道中退出可能意味着中断与某个或某些渠道成员的合同关系。

营销案例 8-4

雅芳的转型之痛

几十名雅芳内部经销商聚集于广州天河时代广场的雅芳总部。但这次,他们不是如往常一样来提货的,而是因为"公司开展直销损害到专卖店销售利益",从而要向雅芳高层为直销"开闸"后专卖店的生存讨个"说法"。专卖店经销商"群访"雅芳广州总部的事件意味着,首获直销试点的雅芳,开始面临一场新的转型"阵痛"。

目前,雅芳拥有 6000 多家专卖店以及 1700 多个商店专柜,但是,它们大部分是由经销商投资的。一开始,雅芳通过让出 34%～40% 的利润空间来说服经销商们进行前期的投资,但是自从雅芳方面透露将开展直销以来,经销商们生意明显下降,甚至在广州、上海等一些地方的旺铺生意也是一落千丈,从而出现了经销商集体"逼宫"、到雅芳总部"讨说法"的局面。

试讨论:雅芳公司存在的矛盾属于哪种渠道冲突? 主要是什么原因引起的? 有什么解决方案?

4. 渠道管理中的窜货现象及其整治

(1)窜货及其原因

所谓窜货,就是由于经销网络中的各级代理商、分公司等受利益驱动,置经销协议和制造商长期利益不顾,将所经销的产品进行跨区域降价销售或倾销,造成价格混乱,从而发生其他经销商对产品失去信心、消费者对品牌失去信任的营销现象。

产生窜货的原因主要有以下几点:

①多拿回扣。经销商为多拿生产企业的返利资金和奖励资金,是导致窜货的最主要原因。为了提升销售业绩从而获得返利和奖励,经销商在公司规定的销售区域内无法达到销售目标时,往往就很自然地选择跨区域销售,从而导致窜货现象产生。

②抢占市场。为了抢夺更大市场,获得更大的销售利润,一些实力强的经销商常常向周边市场区域扩张,蚕食、挤占弱小客户市场。对于那些大型的省级、市级代理商更易产生这种现象。

③差价诱惑。企业给予渠道的优惠政策各不相同,分销商利用地区间差价窜货;或者由于运输成本不同引起窜货,如一些经销商自己到厂家提货,其费用低于厂家送货费用,从而使得经销商可以窜货。

④货物积压。辖区销货不畅,造成积压,厂家又不予退货,经销商只好拿到畅销市场销售。

⑤市场报复。一些经销商在自己的利益受到冲击时,便以窜货来破坏对方的市场秩序,这是恶意报复对方。这是一种纯粹的市场秩序破坏行为,在厂家更换经销商时最容易出现此类恶性事件,不可不防。

(2)窜货的种类

依据窜货的性质,窜货可以分为恶性窜货、自然性窜货和良性窜货。

①恶性窜货:经销商为了牟取非正常利润,蓄意向非辖区倾销货物。

②自然性窜货:一般发生在辖区临界处或物流过程中,非供销商恶意所为。

③良性窜货:经销商流通性很强,货物经常流向非目标市场。

通常所讲的窜货主要指恶性窜货,即经销商为了获取非正常的利润,蓄意向自己辖区之外的市场倾销产品的行为。窜货的危害是很大的：对于经销商来说，窜货使经销商对产品品牌失去信心，利润下降，价格混乱，积极性严重挫伤；对于生产厂家来说，窜货的最直接结果是导致市场秩序混乱，市场管理严重失控，厂家的销售网络受到严重破坏。销售网络实质是厂商之间，经销商与批发商、零售商之间通过资信关系形成的一种利益共同体，窜货使厂家网络内部的通路价格受到骚扰，级差价格体系遭到毁坏，产品销售价格下降，各层次利益受到损害，甚至发生危机。

（3）窜货现象的整治

企业必须从销售网络体系建设、价格政策的制定及维护管理、经销商管理制度的制定及实施等多方面入手，维护销售通路的正常秩序，保持整个营销网络的健康发展，并产生优质的网络效益。

①实施划区经营，签订不窜货乱价协议，用法律来约束。按照品种的销售区域划区经营是一个较好的预防措施。通过划区方式规定每个经销商的分销范围，并用法律来约束企业内部业务员和经销商的分销行为，从销售通路体系上堵住产生跨区销售行为的漏洞。

②严格产品价格管理制度，实行价格级差体系，构建合理的级差利润分配体系及制度，确保销售通路各层次、各环节经销商都能通过销售产品获得相应满意的利润；同时，加强对销售通路各环节的销售价格监督与控制，实行销售区域统一零售价格，禁止改变零售价格进行销售，确保销售通路的正常利润和正常运转。

③采用外包装区域差异化来控制窜货乱价。可以通过文字标识，如在每种产品的外包装印上"专供××地区销售"。也可在不同地区，将同种产品的商标，在其他标识不变的情况下，采用不同颜色加以区别。此外，还可以实行"代码"销售，对自己生产的产品进行序列编码，在外包装上印刷条形码，对销售到各个销售网点的产品进行详细的登记，以备窜货时追查源头。

④强化市场监督与管理，强化对业务员市场行为的监督、管理，制订规范的跨区销售处罚措施，严惩窜货销售行为。

知识链接 8-6

水货知识

行货就是得到生产厂商的认可，由某个商家取得代理权或者直接由该生产厂商的分支机构在某个指定的地区进行销售的产品。水货就是在某地区没有正规销售代理的情况下直接在该地区销售的产品。因此，水货并非不合法的产品。不过水货因为没有正式的代理销售商，因此售后服务往往没有保障，而且产品的驱动程序、说明书和操作系统的语言版本，甚至电源插头的构造往往和销售地区的不同。

水货可以包括电器、手机、电脑、汽车、服装、玩具、手表、香烟、奶粉等任何产品。有些人认为水货就是指手机，这也是不正确的。

有人错误地认为,水货就是非法的。其实无论是水货还是行货,都是正规厂家生产的。水货不代表产品掺了水分造了假,不要把水货等同于冒牌产品或者假冒产品。

最早期的概念,水货原指水路运输的走私货,曾经也泛指对外贸易中通过非正常途径和不正当手段销售的货物。但现在这个陈旧的概念已经过时了。水货并非走私货,而是说该产品在某国家或地区没有原生产厂家所指定的销售代理。

水货都没有保修这是错误的概念,现在国内有部分手机是经香港过来的,能提供正规的机打发票,那么这款手机可以在中国大陆享受与行货一样的质保服务,但是此类商品和国内的行货价格相差不大,最小 50 元左右,最高 500 元左右。这个根据购买的地方不同会有差价。

8.3 中间商

8.3.1 中间商概念及作用

1. 中间商概念

中间商是指处于生产者和消费者(或使用者)之间,参与产品交换,促进买卖行为发生和实现的,具有法人资格的经济组织或个人。

中间商的分类有两种方法:一种是根据销售对象来划分,分为批发商与零售商。批发商不直接服务于个人消费者;而零售商是将商品直接销售给最终消费者的中间商,是相对于生产者和批发商而言的,处于商品流通的最终阶段。另一种是根据产品所有权有无转移划分,分为经销商与代理商。其中经销商是指从事产品买卖活动的批发商或零售商。产品经过经销商交易一次,产品的所有权将经过一次转移。而代理商不同于经销商,他们不拥有产品的所有权。

2. 中间商的作用

(1)提高销售活动的效率。如果没有中间商,商品由生产制造厂家直接销售给消费者,工作将非常复杂,而且工作量特别大。对消费者来说,没有中间商也会使购买所花的时间大大增加。

(2)储存和分销产品。中间商从不同的生产厂家购买产品,再将产品分销到消费者手中,在这个过程中,中间商要储存、保护和运输产品。

(3)监督检查产品。中间商在订购商品时就考察了厂家在产品的设计、工艺、生产、服务等方面的质量保证体系,或者根据生产厂家的信誉、产品的名牌效应来选择产品;进货时,将按有关标准严格检查产品;销售产品时,一般会将产品划出等级。这一系列的工作起到了监督检查产品的作用。

(4)传递信息。中间商在从生产厂家购买产品和向消费者销售产品中,将向厂家介绍消费者的需求、市场的信息、同类产品各厂家的情况；也会向消费者介绍各厂家的特点。这无形中传递了信息，促进了竞争，有利于产品质量的提高。

特别提示 8-5

中间商本身也需要制定营销策略，争取出色的营销表现，从而获得利益。

营销故事 8-2

把品牌代理当作创品牌的捷径

2009 年，"易川运动"在全国开出 400 多家连锁店，在总部金华上缴税收近 4000 万元。"我们没有厂房，没有污染，却创造了许多工业企业都做不到的税收贡献，解决了 2000 多人的就业。"浙江易川体育用品连锁有限公司董事长郦文斌如是说。

郦文斌毕业于金华技工学校电子专业，原是金华车辆厂电工。1989 年，仅有一年工龄的郦文斌下海摆起了地摊。1994 年，郦文斌在市区开出服装店"牛仔风"。这是他自己创立的品牌，但没有自己的加工厂，由服装厂为其贴牌加工。起初生意不错，但后来他发现利润空间不大。

1997 年，郦文斌在新华街开设市区首家品牌专卖店——堡狮龙，走上了"代理"之路。此后堡狮龙引进了"耐克""阿迪达斯""锐步""彪马"等国际顶尖运动品牌和国内著名运动品牌。2003 年，浙江易川体育用品有限公司注册成立。

"渠道为王"是郦文斌的信条。截至 2009 年年底，"易川"开出 400 多家专卖店。"现在我们代理'阿迪达斯'和'耐克'的销量已居全国第七位，'李宁'的销量为全国第八位。""易川"已跻身全国同行业前 10 位。

但这远非郦文斌的最终目标。有一次，MBA 课程班的老师问郦文斌："你的核心竞争力是什么？"郦文斌回答："我有 400 多家专卖店，掌握着销售渠道。"老师反问："这 400 多家店是你的吗？你卖的不是自己的品牌'易川'，你的成本是由人家控制的。你其实只是一个搬运工……"

郦文斌没有恼怒，反而暗自窃喜：这位老师的观点与自己的最终目标是如此吻合，那就是"易川"店里要卖"易川"品牌。"我把代理国际品牌当作创建品牌的捷径。"郦文斌说，这就是他卖的是"阿迪达斯"或"耐克"、包装袋上写的却是"易川运动"的主要原因。

此外，他还从国际顶尖品牌身上学到了许多管理经验。比如，许多国内品牌的代理会将某个区域交给哪一家代理商，但"阿迪达斯"不会这样做。"他们会在某个区域寻找多家代理商，在一种开放的竞争平台上，充分挖掘市场，并验证这个市场是否饱和。"

渠道有了，品牌有了，管理经验有了，"易川"推出自己产品的时机便到了。郦文斌说，2010 年"易川"将针对 15 岁左右青年这一特定群体推出一些时尚、潮流的运动产品。与 16 年前的"牛仔风"一样，与"阿迪达斯"和"耐克"一样，"易川"不打算建工厂。"设计与品牌是自己的,渠道也是自己的,但制造环节采用外包式生产。"他说,他所从事的还是现代服务业。

金华市国内贸易与粮食局商业处处长张建华对此评价说,传统商贸业如何改造提升为现代商贸业,"易川"是一个成功范例,即通过商业模式的创新,成功创建自主品牌;通过营销网络的创新,掌握营销渠道,以更好地满足市场需求。

案例来源:邵雪廉.现代服务业:改革进行时.金华日报,2010 年 5 月 25 日

8.3.2 批发与批发商

1. 批发的含义及特点

批发是为转售或加工服务的大宗产品交易行为,是指一切销售给为了转卖或商业用途而进行购买的组织或个人的活动。

批发具有以下特点:

(1)批发购销双方易于保持稳定的合作关系。一般来说,批发交易的对象是专门的经营者和使用者,其每次购进商品的种类和数量变化不大,基本稳定,这就使交易双方易于确立长期稳定的合作关系。

(2)批发交易的对象不以最终消费者为目标。批发交易一般不以大量的最终消费者为目标,相反它主要是向零售商、贸易商、承包商、工业用户、机构用户和商业用户销售产品。

(3)批发业务向专业化发展的趋势越来越明显。随着高科技和信息技术在企业领域里的广泛应用,商品的种类和数量迅速增多,同一商品的可替代品越来越多,选购者的选择余地越来越大,这就使得批发业务的专门化趋势日益明显。

2. 批发商及其分类

批发商是指那些主要从事批发业务的公司,他们是向生产企业购进产品,然后转售给零售商、产业用户或各种非营利组织,不直接服务于个人消费者的商业机构,位于商品流通的中间环节。

根据不同的分类标准,批发商可分为不同的类型。常见批发商类型如下:

(1)根据销售区域的不同划分,批发商可以分为地方性批发、区域性批发和全国性批发三类。

①地方性批发。地方性批发是指在一个较小的交易区域内进行批发贸易的批发商。一般来说,地方性批发易于与最终消费者接触,能够及时准确地了解地方市场的需求状况,有利于为最终消费者提供适销对路的产品。但地方性批发一般规模不大,不利于大量采购和充分备货。

②区域性批发。区域性批发是介于地方性批发和全国性批发之间的批发商。区域性批发的经营范围比地方性批发大,比全国性批发小。区域性批发贸易既可以是大众化商品,也可以是专门性的商品。采用这种批发模式的好处在于:既可以用大量采购降低成本,又可以尽可能多地接触最终消费者,为最终消费者提供适销对路的商品。

③全国性批发。全国性批发是指在全国范围内进行批发贸易的批发商。一般来说，全国性批发往往只经营大众化商品，很少经营特殊商品。全国性批发往往在全国设有若干分支机构或经营网点，也就是说具有全国性的销售网络。与地方性批发和区域性批发相比，全国性批发可以通过大批量采购来降低成本，从而取得规模效益；但如果管理者不注重对各地市场信息的收集，不注重对消费者最终需求的了解，就很难为消费者提供适销对路的商品。

(2)根据批发商交易经营范围的不同，批发商可分为普通批发和专业批发两类。

①普通批发。普通批发是指经营范围广，商品种类和规格相对较多的批发商。普通批发大多是指综合批发贸易或百货批发贸易，这种批发模式的有利之处在于能够适应各种综合性零售贸易的需要。

②专业批发。专业批发是指专业程度较高，专门经营某种或某类商品的批发商。专业批发的对象主要为专业商店及生产消费单位。

(3)根据商品流通环节的不同，批发商可分为一道批发、二道批发和多道批发三类。

①一道批发。又叫头道批发，是指直接从生产企业采购商品的批发商。头道批发的流通环节相对较少，易于形成价格优势。

②二道批发。二道批发是指从一道批发采购商品的批发商。

③多道批发。多道批发是指从二道批发或二道以上批发采购商品的批发商。

一般来说，多道批发由于流通环节较多，流通费用会适当增加，最终导致商品价格上涨，因此一般不宜采用此类模式。

营销故事 8-3

浙江小老板在东北二级市场的成功案例

1999 年，年仅 25 岁的浙江小老板何国伟携"金×"品牌进入抚顺，6 年之后，他不仅继续巩固了金×品牌在各大商场、专营店销售的良好态势，而且还开了自己独立的门店，批发生意也做得红红火火，在抚顺热水器市场销量始终稳居前列。

奇招之一：以商场做形象，以批发扩展业务

在何国伟进入××百货大楼之前，"×××"品牌是该商场的销售老大，很多品牌因为不能与之竞争而纷纷败下阵来。其实论质量、论实力，它没有"金×"好，但是因为它进入得比较早，所以在老百姓心目中形成了一种思维定式，所以说二级市场的口碑效应非常重要。

如果单独靠价格与服务与之竞争，很难改变老百姓传统的认知意识，于是何国伟决定开辟第二战场。他开始到当时抚顺仅有的两个二级批零市场——裕民商城和电子城找经营商。2000 年的时候，经销商发展迅速，网络遍布全市各大商场。"经销商支持我，我也要给经销商超值的回报"，何国伟说到做到，最高一年得到返利 6 万多，而这也仅仅是几平方米的经营面积。而"以商场做形象，以批发扩展业务"的经营策略也成为何国伟立足二级市场的一条成功经验。

奇招之二:"精耕细作",做好终端

国美进入抚顺后,何国伟凭借着良好的客情关系,无论是在终端形象,还是在销售业绩上都取得了很大的突破。何国伟说:"虽然我们的品牌没有海尔等大品牌叫得响,但我们专做热水器,专业化、高品质是我们的优势,所以我们要充分利用卖场的商品陈列和广告宣传来吸引顾客关注的眼球,形成有效的磁力点。"数据也验证了他的努力,在进驻国美第一个月,金×的销量占热水器总销量的 38%,第二个月为 30%,而同期海尔分别为 20% 和 25%。

在做深的同时,他坚信只靠单一品牌是不会在市场中拥有持续竞争能力的,于是他在 2001 年选择了在市内较繁华地段开设了独立的门店,并先后引进了奥普浴霸,方太、樱奇烟灶系列产品,康宝消毒柜,九阳电磁炉、豆浆机,苏泊尔炊具等业内知名品牌商品,扩展自己的经营业务,在做深、做精金×热水器的同时,向扩大广度方向努力。而这些品类的引进,不仅扩大了他的经营辐射能力,而且还带动了热水器的销售。在金×品牌做精、做深的同时,何国伟的门店各品牌百花齐放,呈现了良好的经营态势。

奇招之三:在服务、便利上下足功夫

抚顺市场上的热水器在价格上始终竞争不过沈阳,只能在服务、便利上下足功夫。何国伟说,我们不能拿自己的短处去和人家的长处竞争,一个地区有一个地区的特点,像抚顺这种二级市场是不可能做到一级市场的销售价格,所以我们只有在服务上做足功夫,才能让顾客信赖我们。在业内"金×"比较早地引入了导购服务,并坚持给予营业员保底工资加提成的奖励方式,刺激了一线销售人员的销售、服务热情。同时在经销商的返点上,何国伟也毫不吝啬,在高额利润的诱惑下,经销商也分外卖力。

金×品牌热水器截至 2004 年在全国热水器销量排名中位列前五,其实这与"二级市场做效益,一级市场做形象"的市场不二法则一致。回顾这几年来的商海搏击,何国伟说:1999—2002 年我是在为远航做准备,2003—2005 年是在小心航行,2006 年面临着难得的业内洗牌年,我将扬帆远航,破浪前行。何国伟坚信只要善于把握市场机遇,苦练内功,二级市场同样潜力巨大,而且贡献率不逊于一级市场。

资料来源:王震、浙江小老板在东北二级市场的成功案例分析.中国营销传播网,2006-01-13.有删减

8.3.3 零售与零售商

1.零售的含义及特点

零售是向最终消费者个人或社会集团出售生活消费品及相关服务,以供其最终消费之用的全部活动。零售业务与批发业务的本质区别在于零售面对个人消费者市场。

零售是商品流通的最终环节、商品分销渠道的出口。零售商的基本任务是以商品直接供应最终消费者,通过销售商品满足消费者的需要。因此,零售商在营业地点、营业时间、服务项目、购物环境等方面应尽量方便顾客购买。

零售具有以下几个特点：

(1)零售是将商品及相关服务提供给消费者作为最终消费之用的活动。如零售商将汽车轮胎出售给顾客，顾客将之安装于自己的车上，这种交易活动便是零售。若购买者是车商，而车商将之装配于汽车上，再将汽车出售给消费者则不属于零售。

(2)零售活动不仅向最终消费者出售商品，同时也提供相关服务。零售活动常常伴随商品出售提供各种服务，如送货、维修、安装等。多数情形下，顾客在购买商品时，也买到了某些服务。

(3)零售活动不一定非在零售店铺中进行，也可以利用一些使顾客便利的设施及方式完成，如上门推销、邮购、自动售货机、网络销售等。无论商品以何种方式出售或在何地出售，都不会改变零售的实质。

(4)零售的顾客不限于个别的消费者，非生产性购买的社会集团也可能是零售顾客。如公司购买办公用品，以供员工办公使用；某学校订购鲜花，以供其会议室或宴会使用。所以，零售活动提供者在寻求顾客时，不可忽视团体对象。在我国，社会集团购买的零售额平均达 10% 左右。

知识链接 8-7

手风琴理论

手风琴理论早在 1943 年就有人提出了，1960 年又有人对其进行了完善。它是用拉手风琴时风囊的宽窄变化来形容零售组织变化的产品线特征。手风琴在演奏时不断地被张开和合起，零售组织的经营范围与此发生相似的变化，即从综合到专业，再从专业到综合，如此循环往复，一直继续下去。拉尔夫·豪尔说："在整个零售业发展历史中(事实上，所有行业都如此)，似乎具有主导地位的经营方法存在着交替现象。一方面是向单个商号经营商品的专业化发展，另一方面是从这一专业化向单个商号经营商品的多元化发展。"

根据这一理论，美国等西方国家零售业大致经历了五个时期：一是杂货店时期；二是专业店时期；三是百货店时期；四是超市、便利店时期；五是购物中心时期。

2.零售商的类型

零售商是指将商品直接销售给最终消费者的中间商，是相对于生产者和批发商而言的，处于商品流通的最终阶段。零售商的基本任务是直接为最终消费者服务，它的职能包括购、销、调、存、加工、拆零、分包、传递信息、提供销售服务等，在分销途径中具有重要作用。

零售商的类型千变万化，新组织形式层出不穷，创新不断出现。国家质检总局、国家标准化委员会于 2005 年 10 月 1 日正式实施的新版《零售业态分类》，将我国零售业态划分为 17 种，即食杂店、便利店、折扣店、超市、大型超市、仓储会员店、百货店、专业店、专卖店、家居建材店、购物中心、厂家直销中心、电视购物、邮购、网上商店、自动售货亭、电话购物。

常见的零售商有如下几种：

（1）专业商店

专业商店经营的产品线较窄，但花色品种较为齐全，特别适合购买频率不高的选购品，如服装店、鞋店、体育用品商店、书店等。这类商店能给消费者较广泛的商品选择，能满足各种特殊需求。随着商品品种的丰富和人们需求的多样化，专业商店获得了迅速发展。

（2）百货商店

百货商店通常规模较大，经营范围宽且深，商品档次较高。一般主要经营服装、家庭日用品、五金商品、文化用品、家电用品等，每一条产品线都作为一个独立部门由专门的采购员和营业员管理。百货商店起源于 19 世纪中期的欧洲，20 世纪 30 年代发展达到顶峰，成为都市商业中心的核心。目前，传统百货商店正面临新型零售形式的巨大竞争压力，加上百货业内部的激烈竞争，因此不得不调整自己的经营战略，重新定位以图发展。

（3）超级市场

超级市场是规模大、成本低、毛利低、销售量大的自我服务的经营机构，主要经营各种食品、洗涤剂和家庭日常用品等。自 20 世纪 90 年代中后期以来，超级市场在中国也获得了极大的发展和普及，如北京的物美、上海的联华等。目前，超级市场已经成为城市居民购买食物和日用品的主要场所。在大中型城市，综合性的食品超级市场正逐步取代传统的副食店和菜市场。超级市场的主要竞争对手是方便食品店、折扣食品店和超级商店。

（4）便利商店

便利商店是设在居民区附近的小型商店，销售品种主要是范围有限、周转率高的便利品，如饮料、食品、日用杂品、报纸杂志等。便利商店营业时间长，每周营业 7 天，顾客随时可买到商品，因此受到顾客的欢迎。消费者主要利用他们做"填充"式采购，因此其营业价格要稍高一些。

（5）折扣商店

折扣商店是第二次世界大战后兴起的有影响的零售业态，其主要特点是商品售价便宜，开架售货。商店突出销售全国性品牌，因此价格低廉并不说明商品的质量低下。为了降低成本，商店在自助式、设备最少的基础上经营，店址趋向于在租金低的地区，但因商品售价低，仍能吸引众多远处的顾客。

（6）无门市销售

虽然大多物品和服务是由商店销售的，但是无门市零售却比商店零售发展更快。无门市销售涵盖的领域很广，大致可分为邮政、上门推销、自动售货机和网上购物等几大类。

知识链接 8-8

中国零售业的变革历程

1. 第一阶段:改革开放初至1989年年底,传统百货商店占零售市场绝对主导地位。

2. 第二阶段:1990—1992年底,超级市场开始涌现,动摇了百货商店的市场基础。

3. 第三阶段:1993—1995年底,各种新型零售组织崭露头角,出现百花齐放的局面。

4. 第四阶段:1996—1999年,跨国零售商进入,加速了零售业现代化进程。

5. 第五阶段:1999年以后,零售竞争日益加剧,连锁经营趋势增强。

8.3.4　代理商和经纪人

1. 代理商及其特点

代理商是指帮助产品转移,但不取得产品所有权,赚取企业代理佣金的经济组织或个人。

代理商一般具有以下几个特点:

(1)代理商是渠道的中间商。

(2)代理商不一定是独立机构。

(3)代理商不拥有商品的所有权(代理制造商的产品/服务)。

(4)代理商赚取佣金(提成),经营活动受供货商指导和限制。

(5)代理商可以分担厂商的风险,使厂商与代理商共同拉动市场,从而降低厂商的经营风险。

2. 代理商的类型

(1)按代理权是否具有排他性分类

①总代理商,是指代理权具有排他性,被代理人不得再行指定其他代理商的情形。

②普通代理商,是指代理权不具有排他性,被代理人可以再行指定其他代理商进行代理活动的情形。

(2)按代理商是否有权处理法律行为分类

①媒介代理商,是指仅有代理被代理人进行媒介行为之权,无权与第三方订立合同,一般只处理非法律行为的业务。

②订约代理商,是指拥有与第三方订立合同之权,可以处理具有法律行为的业务。

(3)按代理商是受被代理人委托还是受其他代理商委托分类

①上级代理商,受被代理人委托进行代理业务活动。

②次级代理商,受上级代理商委托进行代理业务活动。

(4)按代理业务的不同分类

①制造代理商。制造代理商也称制造商代表,比其他代理批发商人数多。他们代表两个或若干个互补的产品线的制造商,分别和每个制造商签订有关定价政策、销售区域、订单处理程序、送货服务和各种保证以及佣金比例等方面的正式书面合同。

②销售代理商。销售代理商是在签订合同的基础上,为委托人销售某些特定商品或全部商品的代理商,他们对价格、条款及其他交易条件可全权处理。

③采购代理商。采购代理商一般与顾客有长期关系,代他们进行采购,往往负责为其收货、验货、储运,并将货物运交买主。

④佣金商(或称商行)。佣金商又称佣金行,是指对商品的实体具有控制力并参与商品销售协商的代理商。其通常备有仓库,主要从事农产品代销业务、提供市场信息。

3.经纪人及其特点

经纪人,按我国《辞海》说法,是买卖双方介绍交易以获取佣金的中间商人。1995 年 10 月 26 日,国家工商行政管理局颁布《经纪人管理办法》,指出:"本办法所称经纪人,是指依照本办法的规定,在经济活动中,以收取佣金为目的,为促成他人交易而从事居间、行纪或者代理等经纪业务的公民、法人和其他经济组织。经纪人是指为市场上买卖双方提供中介服务并从中收取佣金的人。经纪人专门从事购买、销售或两者兼备的洽商工作,但不取得所有权。

经纪人最基本的特点为:

(1)经纪人是渠道的中间商,主要是为买卖双方牵线搭桥;

(2)不拥有商品的所有权;

(3)与委托方签订经纪人合同,确立双方的权利和义务

(4)经纪人都是某一行业的专家,他们能够理性地评估一项业务。

(5)促成双方交易的成功,收取佣金,不卷入财务。

4.经纪人的类型

经纪人可划分为一般经纪人和特殊行业经纪人。

特殊行业经纪人是指从事金融、保险、证券、期货、科技、房地产等行业的专业经纪人,必须通过专业培训,经考核合格获得专业经纪人员资格证书后才能上岗。

一般经纪人是指从事国家允许公开交易,又不属于特殊行业的商品交易的中间商。一般经纪人在国外经纪业发达地区,亦称为商业经纪人,就其意而言,就是为用户商品交易提供中介服务,包括房地产买卖,生产资料、生活资料等交易,转让、闲置设备出租或出售、运输等方面的中介服务。

本章小结

分销渠道决策直接关系着企业的生存与发展。本章主要介绍了分销渠道的概念、类型,分销策略及其影响因素,渠道设计决策的过程和内容以及渠道管理与实施渠道控制的基本方法。本章还介绍了各种中间商,包括批发商、零售商、代理商与经纪人的相关知识。

复习思考题

一、名词解释

分销渠道　中间商　选择性分销　渠道冲突

二、单项选择题

1. 以下不属于分销渠道的是（　　）。

    A. 供应商　　　　　　B. 生产者　　　　　　C. 消费者　　　　　　D. 代理商

2. 以下不属于分销渠道评价标准的是（　　）。

    A. 经济性标准　　　　B. 适应性标准　　　　C. 控制性标准　　　　D. 动态性标准

三、多项选择题

1. 以下适合密集分销的产品有（　　）。

    A. 名牌化妆品　　　　B. 娃哈哈纯净水　　　C. 口香糖　　　　　　D. 手机

    E. 家具

2. 影响渠道选择的因素有（　　）。

    A. 市场因素　　　　　B. 产品因素　　　　　C. 企业自身因素

    D. 环境因素　　　　　E. 地理因素

四、判断题

1. 渠道的长短是相对而言的，不能仅从形式的不同来判断渠道的优劣。　　　　（　　）

2. X 空调的专卖店与国美卖场之间的冲突属于垂直渠道冲突。　　　　　　　（　　）

五、简答题

1. 分销渠道有哪些主要类型？

2. 分销渠道管理包括哪些内容？

六、论述题

查找某公司的分销策略资料，了解其现状，分析其优缺点。

七、扩展阅读

书　名：渠道为王

作　者：影响力中央研究院教材专家组

出版社：电子工业出版社

出版时间：2009-01-01

本书通过选渠、开渠、护渠三部曲，深入剖析了渠道结构设计、渠道成员选择、渠道产品线梳理、渠道价格引擎启动、渠道终端铺货、渠道成员管理、渠道物流管理、渠道账款管理及渠道绩效评估等现实问题，为在渠道管理中陷入困境的企业提供了实战经验和系统解决方案。

八、案例分析题

方太：品牌为王 渠道为后

方太成立之初，还没有如今的家电连锁、电子商务等渠道形式，企业却成为渠道的直接控制者。随着家电连锁等新渠道模式的兴起，仅 3 年的时间，作为供销者的企业逐渐失去对传统渠道的控制力，而渠道对企业来说也不断表露出其不可控性的一面。这也是当时家电行业面临最艰难的一段时间。

在方太集团总裁茅忠群看来，真正要谈渠道这个问题，就必须跳出渠道。方太自 15 年前创业伊始就走的是高端品牌＋高端市场这条道路，但这跟渠道有什么关系呢？方太用 15 年的时间成就中国高端厨具的第一品牌，并且比大多数国际著名品牌在高端市场做得更好。高端市场的标准就是同类产品卖得更贵，销量更多更持久。而品牌作为企业核心价值的直接体现及高附加值，则自然就为渠道的拓展带来了可能性。

为了配合方太高端品牌的定位，方太的渠道选取标准均为高端渠道。这主要包括：①加快专卖店的开设；②走进房产精装修领域，重点与国内知名房企合作承接一些高端楼盘的精装修工程；③重新进入高端品质的百货卖场。"事实上，凡是能够体现高端品牌的渠道，方太正在加快建设，当然，这是方太高端品牌定位的需要。"茅忠群说。

所以在开展多品牌经营的过程中，方太力求通过与品牌相匹配的营销渠道，将品牌的独特定位准确无误地传递给消费者，不能让消费者感觉混淆，同时又要控制品牌之间的冲突，避免成本重叠和资源浪费。建立品牌之间的内在相关性，充分利用采购、生产、营销、财务、人力等各个环节的协同效应，形成良好的资源整合和共享机制。

方太品牌运营过程中注重渠道交叉互补。因为方太集团三个品牌的定位不同，因此在销售渠道的选择上也有所不同。方太厨电的渠道比较多样化，传统 KA 渠道、专卖店、房地产工程项目和网络渠道共同构成了方太的营销渠道。在此之上，方太也在努力拓展新的渠道，比如正在建设的方太全国呼叫中心，就包含电话营销、网络 B2B 营销；方太柏厨以专卖店的形式进行销售，并在传统 KA 渠道上与方太有部分资源共享，部分消费者会经由方太的 KA 导入到柏厨专卖店；米博借鉴了方太渠道当中的专卖店、高档商场两个渠道，放弃占方太销售额近一半的传统 KA 渠道，这意味着为保证用户高端体验，米博已经放弃某些现成可达到的销量和利润。

为了体现方太的服务品质，方太甚至拒绝网络销售，杜绝方太渠道商在淘宝之类的网站上开展 B2C 交易。即使和京东商城开展的 B2C 试点合作，方太在后端也有相应的服务机构进行匹配。方太自己的网上营销平台，只进行品牌推广和售前营销咨询，不开展在线订购和在线发货业务。方太非常重视渠道的形象建设，比如终端的形象设计、展示形式、展示理念，这些都是方太必须亲力亲为的。这方面方太的高标准和高努力，在整个行业中也是走在最前的。在 B2B 方面，方太早就先于竞争对手开展了尝试。

方太的 ERP 平台不仅仅是管理企业自身的采购、生产制造、库存和分销，其接口在

某些区域甚至已经和苏宁、国美的 ERP 进行了无缝对接,可以随时监控这些大型 KA 的库存,提供低库存预警。在新增渠道方面,整体精装修服务是方太极为看重的未来发展重点。目前,方太和全国十大地产公司都建立了战略合作伙伴关系,大多都达成了优先采购方太成套化产品的长期合作意向。在向这些地产商提供信息渠道方面,方太也走在了行业的前面,甚至在地产设计期间,方太就能介入,协同设计厨房装修与嵌入式厨电规划。这些努力,无不体现了方太在服务方面的深思熟虑和远见卓识。

由于厨电行业的特殊性,尽管渠道已然受到严重冲击,但方太对渠道控制最核心的表现却是做了一件似乎与渠道无关的事:坚持品质,即不断地满足客户的需求,不断地满足消费者对使用功能及服务的诉求。每年第一、二季度家电行业市场需求特别旺盛,经销商要解决旺季储备问题,方太也要应付众多竞争对手价格战难题。虽然此时要与经销商进行价格和供货量的博弈,但由于方太产品品质已有保障,不贸然将底牌押到一家经销商身上,因而方太实际上在每一次博弈中都没有突破自身的价格底线,成为最后赢家。而实际上方太对渠道的把控效果也越来越好。

茅忠群认为,企业的健康快速发展,单纯看渠道并没有价值。比如娃哈哈的核心竞争力就是渠道,600 万个终端市场,但不是每一个企业都是娃哈哈:网点铺设过多,耗费大量时间、精力、人力、物力,企业不堪重负;网点铺设过少,又不能形成规模,不能提高产品市场竞争力。"所以说,渠道离不开品牌,光是讲渠道为王,其实还是一元化思维,因为战略的落地需要系统化的思维。"

用中国古人的阴阳思维,则渠道为阴:渠道是看得到的,摸得着的;品牌是阳:阳是看不见也摸不着的,但是能感受到;阴阳要配合,阴离不开阳,阳离不开阴。从这个意义上,方太认为在企业运作过程中,渠道为王并不妥当,渠道固然很重要,但品牌更重要。茅忠群认为,方太是品牌为王,渠道在后;真正实现阴阳互补,方太才能在未来走得更远。

资料来源:库峥.方太:品牌为王 渠道为后.凤凰网财经,2011 年 1 月 5 日。有改动

【案例思考】

1. 试分析方太的渠道类型。

2. 方太在渠道管理方面有哪些措施?

3. 方太在渠道建设上有哪些优点?你是否有更好的建议?

九、实践与实训

1. 参观不同的中间商,如批发市场、超市、便利商店等,分析和比较各自的特点。

2. 选择某一产品,设计其分销渠道。注意考虑:相关因素的影响;其是否能通过与众不同的渠道制胜?

第9章 促销策略

学习目标

知识目标	技能目标
1. 掌握促销的定义和促销策略的分类 2. 掌握促销组合的构成要素及营销组合策略应该考虑的因素 3. 掌握广告、人员推销、公共关系、营业推广的基本概念与特点	1. 掌握制定促销组合需要考虑的因素 2. 掌握人员推销、广告方案、销售促进和公共关系决策制定与实施的具体步骤 3. 掌握网络促销的几种主要手段

知识结构

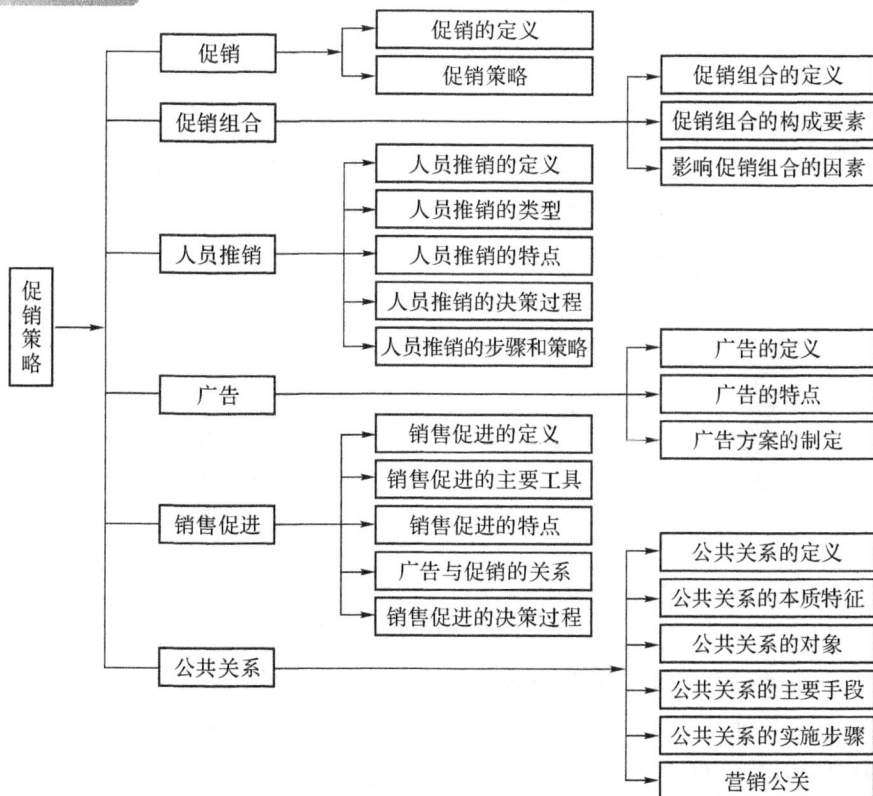

导入案例

农夫山泉酸碱测试

不满于某公司在自来水基础上添加了矿物质成分就伪装成"多一点更健康",2007年4月,农夫山泉在全国投放了"酸碱篇"的电视广告,并在主要城市开展饮用水的酸碱测试活动,以证实"多一点"未必更健康,以简单的方法武装自己,从而使消费者辨别什么才是真正有益健康的好水。

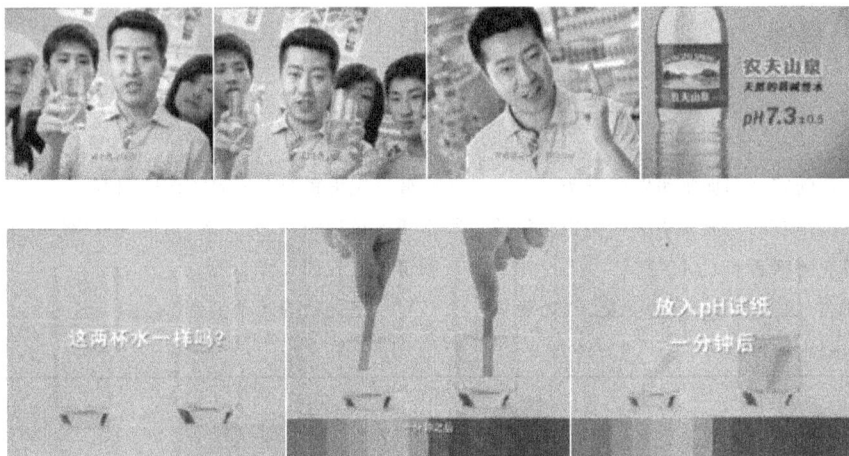

电视广告:两杯看起来一样的水,有酸碱性的不同

店头海报:提示"你喝的是天然的弱碱性水吗?"

瓶挂:免费提供ph试纸,邀请消费者"测一测你喝的水"。

酸碱测试活动刚开始的时候,各方都持质疑和观望的态度,但农夫山泉坚持了下来,把酸碱活动坚持进行了3年,通过这样的系列活动,农夫山泉的知名度、美誉度大为提升,成为中国天然饮用水第一品牌。

卖场路演:现场测试各种水的 pH 值

农夫山泉活动招募

参观农夫山泉的水厂

水源现场采水进行酸碱测试

这是一则综合了广告、公共关系、人员促销、消费者促销等各种促销手段的经典促销案例。

当然酸碱测试之战还不仅于此,农夫山泉乘胜追击进而带领消费者体验水源,使消费者感受到,源头好,才有天然的弱碱性水。

促销是现代营销的利器。不管是在新产品上市阶段,还是在产品成熟期阶段,促销都有着不可替代的重要作用。商战在战术层面很多时候都表现在残酷的促销战上。

但促销又是双刃剑,企业用得好,柳暗花明,用得不好,自掘坟墓。如何让促销发挥最大效用,不仅实现短期销售增长的目的,还不损害品牌的长远利益,是我们学习本章的目的。

9.1 促 销

9.1.1 促销的定义

促销,是促进产品销售的简称,有广义和狭义两层含义。

广义的促销(promotion),是一种营销组合策略,与产品(product)、价格(price)、渠道(place)等并称为4P。它包括人员推销、广告、公关宣传、消费者活动等各种能促进销售的手段。

狭义的促销,常被翻译成销售促进(sales promotion)或营业推广,是指除人员推销、广告、公关宣传之外,一切能刺激顾客购买或经销商交易的行销活动,它包括消费者促销、通路促销、业务人员促销(激励)。

美国市场营销学会认为,促销是在人员推销、广告和公共关系之外的,用以增进消费者购买和交易效益的那些促销活动,如抽奖、展示会等非周期性发生的销售努力。

菲利普·科特勒说:销售促进是营销活动的一个重要组成部分,包括利用各种短期性的激励工具,以激励消费者和贸易商较迅速或较大量地购买某一特定产品或服务。如果说广告为消费者提供了购买的理由,那么销售促进则对消费者产生了购买的激励。

9.1.2 促销策略

1. 促销策略的定义

促销策略是市场营销组合的基本策略之一,是指企业如何通过人员推销、广告、公共关系和营业推广等各种促销方式,向消费者或用户传递产品信息,引起他们的注意和兴趣,激发他们的购买欲望和购买行为,以达到扩大销售的目的。

2. 促销策略的分类

促销策略根据促销手段的出发点与作用的不同,可分为以下两类。

(1)推式策略。这种促销策略的对象一般是中间商,即企业运用人员推销或返利等手段,把产品推向销售渠道,促使销售渠道愿意卖该产品。其作用过程为:企业的推销员把产品或劳务推荐给批发商,再由批发商推荐给零售商,最后由零售商推荐给最终消费者,如图9-1所示。在这个过程中,往往是针对不同的对象,要求采取不同的促销方法和技巧。如制造商给予批发商返点,给零售商一箱搭赠一瓶的好处,零售商对消费者试行特价或买赠促销等。

(2)拉式策略。这种促销策略的促销对象是终端消费者,即企业通过广告和公共宣传等措施吸引终端消费者,使消费者愿意买该产品,如图9-2所示。其作用过程为:企业将消费者引向零售商,将零售商引向批发商,将批发商引向生产企业。

图 9-1　推式策略

图 9-2　拉式策略

推式策略,解决渠道愿意卖的问题;拉式策略,解决消费者愿意买的问题。实践中,企业往往采取推、拉组合的方式,根据具体情况使两种策略各有侧重,又互相配合。

营销案例 9-1

快消品一般都采用推拉结合的促销策略。如可口可乐,每年夏天既用播出专门主题的促销广告,告知促销活动,同时又会对一二级经销商采取返点、对终端小店采用搭售的促销政策。

家电零售连锁企业苏宁,则会选择国庆、春节等节点,以密集型的电视广告形式,告诉消费者促销信息。

9.2　促销组合

▶促销组合的
选择及影响因素

根据促销过程所用的手段区分,促销又可以分为人员推销、广告、公共关系和销售促进。这几种方式各有各的长处和短处。在促销过程中,应取长补短、综合协调,才能发挥最佳效果。

9.2.1　促销组合的定义

促销组合是指企业在促销过程中,根据产品特点和营销目标,综合各种影响因素,把人员推销、广告、销售促进和公共关系等促销方式进行有机结合、综合运用,以实现更好的整体促销效果。如图 9-3 所示。

9.2.2　促销组合的构成要素

1. 人员推销

人员推销,又称人员销售,是企业通过派出推销人员或委托推销人员亲自向顾客介绍、推广、宣传,以促进产品的销售。人员推销可以是面对面交谈,也可以通过电话、信函交流。推销人员的任务除了完成一定的销售量以外,还必须及时发现顾客的需求,并开拓新的市场,创造新需求。

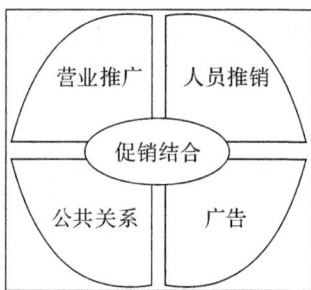

图 9-3　促销组合方式

2. 广告

广告是企业以付费的形式，通过一定的媒介，向广大目标顾客传递信息的有效方法。现代广告不应只是一味地单向沟通，而应是形如单向沟通的双向沟通，即应把企业与顾客共同的关心点结合起来考虑广告的制作和传播。

3. 营业推广

营业推广又称销售促进，是由一系列短期诱导性、强刺激的战术促销方式所组成的。它一般只作为人员推销和广告的补充方式，其刺激性很强、吸引力大。与人员推销和广告相比，营业推广不是连续进行的，只是一些短期性、临时性的，能够使顾客迅速产生购买行为的措施。

4. 公共关系

公共关系是企业通过有计划的长期努力，影响团体与公众对企业及产品的态度，从而使企业与其他团体及公众取得良好的协调，使企业能适应它的环境。良好的公共关系可以达到维护和提高企业的声望，获得社会信任的目的，从而间接促进产品的销售。

在这四种促销方式中，人员推销最根本的特点是：推销员"人的表现"是促进销售的主要原因；广告促进销售最主要的原因是"告知"；销售促进最主要的特点是与日常营业活动紧密结合，起到催化交易活动的作用，产生"短期效益、快速反应、购买高潮"的效果；公共关系促销最主要的原因是"关系好""形象好""人缘好"，追求的是远期效益。这四种促销方式各具特点，企业根据需要综合应用，才能制定出一套行之有效的组合方案。

9.2.3　影响促销组合的因素

企业在制定促销组合和促销策略时，主要应考虑以下几个因素。

1. 产品的类型

一般来说，按照促销效果由高到低的顺序，消费品企业的促销方式为广告、销售促进、人员推销和公共关系；工业品则为人员推销、营业推广、广告和公共关系。

2. 产品所处的生命周期阶段

一般来说，当产品处于投放期，促销的主要目标是提高产品的知名度，因而广告和公共关系的效果最好，销售促进也可鼓励顾客试用。在成长期，促销的任务是增进受众对产品的认识和好感，因而广告和公共关系需加强，销售促进可相对减少；到成熟期，企业可适度削减广告,应增加销售促进,以巩固消费者对产品的忠诚度;到衰退期,企业的促销任务是使一些老用户继续信任本企业的产品,因此,促销应以销售促进为主,辅以公共关系和人员推销。

3. 购买者所处的阶段

顾客的购买过程一般分六个阶段,即知晓、认识、喜欢、偏好、确信和行动。在知晓阶段,广告和公关的作用较大;在认识和喜欢阶段,广告作用较大,其次是人员推销和公共关系;在偏好和确信阶段,人员推销和公共关系的作用较大,广告次之;在购买阶段,人员推销和销售促进的作用最大,广告和公共关系的作用相对较小。

4. 目标市场的特点

企业目标市场的不同特征也影响着不同促销方式的效果。在地域广阔、分散的市场,广告有着重要的作用。如果目标市场窄而集中,则可使用更有效的人员推销方式。此外,目标市场的其他特性,如消费者收入水平、风俗习惯、受教育程度等也都会对各种促销方式产生不同的影响。

5. 费用预算

人员推销、销售促进、广告和公共关系四种促销方式的费用各不相同。总的说来,广告宣传的费用较大,人员推销次之,销售促进花费较少,公共关系的费用最少。企业在选择促销方式时,要综合考虑促销目标、各种促销方式的适应性和企业的资金状况再进行合理的选择,符合经济效益原则。

9.3　人员推销

人员推销是一种古老的推销方式,也是一种非常有效的推销方式。

9.3.1　人员推销的定义

人员推销是指企业利用推销人员与顾客直接接触,传递企业及其产品的有关信息,以促进产品销售的一种营销活动。

9.3.2　人员推销的类型

人员推销的形式很多,将其归类后,主要有以下四种类型。

(1)生产厂家的人员推销。即生产厂家雇用推销员向中间商或其他厂家推销产品。日用消费品生产厂家的推销员往往将中间商作为他们的推销对象;而工业品生产厂家的推销员则以把他们的产品作为生产资料的其他生产厂家为推销对象。

(2)批发商的人员推销。批发商往往也雇用成百上千名推销员在指定区域向零售商推销产品。零售商也常常依靠这些推销员来对商店的货物需求、货源、进货量和库存量等进行评估。

（3）零售店的人员推销。这类推销往往是顾客上门，而不是推销员拜访顾客。

（4）直接针对消费者的人员推销。虽然这类推销在零售推销中所占比重不大，但却是推销力量中的一个重要部分，有其特殊优点和作用。

9.3.3 人员推销的特点

相对于其他促销形式，人员推销具有以下优点：

（1）针对性。推销员可以根据各类顾客的不同需求，设计有针对性的推销策略，容易诱发顾客的购买欲望，促成购买。

（2）互动性。通过一对一的沟通（见图9-4），推销员可以及时观察潜在顾客对产品和劳务的态度，并及时予以反馈，从而迎合潜在消费者的需要，及时促成购买。

图9-4 超市工作人员向顾客介绍产品

（3）有助于发展和维持长期的客户关系。在一对一的沟通中，通过与顾客情感的交流与培养，必然会使顾客产生惠顾动机，从而与企业建立稳定的购销关系。

（4）营销功能具有多样性。推销员在推销商品过程中，也承担着寻找客户、传递信息、销售产品、提供服务、收集信息、分配货源等多重功能，这是其他促销手段所没有的。

相对于其他促销方式，人员推销也有一些不足：

（1）费用支出较大。由于人员推销直接接触的顾客有限，销售面窄，人员推销的开支较多，增大了产品销售成本。

（2）对推销人员要求较高。人员推销的成效直接决定于推销人员素质的高低。尤其随着科技的发展，新产品层出不穷，对推销人员的要求越来越高。

9.3.4 人员推销的决策过程

企业进行人员推销，事先必须做好以下决策。

1. 确定推销目标

人员推销的目标主要包括以下几个：

（1）开拓市场。即发现并培养新顾客。开拓市场是推销员担负的重要任务，推销员不仅要千方百计巩固和老顾客的关系，还要善于发现和培养潜在用户，使企业的新用户能够源源不断地增加。

（2）传递信息。即将企业有关产品和服务的信息传递给顾客，为推销产品打下基础。

（3）推销产品。即将产品推销给顾客。这是推销员的最基本职责。推销员要善于接触消费者，运用灵活的推销技巧，向顾客推荐产品，解答顾客的问题，以促成交易的实现。

（4）提供服务。向用户提供各方面的服务也是推销员义不容辞的责任。如向用户提供咨询和技术协助，帮助解决财务问题，并及时办理交货等。

（5）分配货源。推销员要协调好供需关系，特别是在货源不足的情况下，要尽可能合理安排有限的货源，并向用户做好解释工作，以巩固同用户的业务往来和友好关系。

（6）搜集信息。即进行市场调研，搜集市场情报。推销员要及时了解市场的变化和顾客对商品的反映，为管理者决策提供有价值的信息。因此，搜集情报、信息反馈也是推销员的一项重要任务。有些企业还要求推销员定期写出市场情况报告书。

2. 选择推销方式

人员推销主要有以下三种方式：

（1）上门推销。上门推销是最常见的人员推销形式。它是由推销人员携带产品样品、说明书和订单等走访顾客，推销产品。这种推销形式可以针对顾客的需要提供有效的服务，方便顾客，故为顾客广泛认可和接受。

图 9-5　门市

（2）柜台推销。又称门市（见图 9-5），是指企业在适当地点设置固定门市，由营业员接待进入门市的顾客，推销产品。门市的营业员是广义的推销员。柜台推销与上门推销正好相反，它是等客上门式的推销方式。由于门市里的产品种类齐全，能满足顾客多方面的购买要求，为顾客提供较多的购买方便，并且可以保证产品完好无损，故顾客比较乐于接受这种方式。企业也可以在商场、超市设置柜台，以更好地为顾客服务，如图 9-6

所示。

图 9-6　柜台推销

（3）会议推销。会议推销是指利用各种会议向与会人员宣传和介绍产品，开支推销活动。譬如，在订货会、交易会、展览会、物资交流会等会议上推销产品，如图 9-7 所示。这种推销形式接触面广、推销集中，可以同时向多个推销对象推销产品，成交额较大，推销效果较好。

图 9-7　会议推销

3. 构建推销队伍的组织结构

一般说来，推销队伍的组织结构的形式主要有以下几种：

（1）按产品划分：即将企业的产品分成若干类，每一个推销员（或推销组）负责推销其中的一类或几类产品。这种结构适用于产品结构类型较多且技术性较强、产品间缺少关联的情况。

（2）按区域划分：将企业的目标市场分成若干区域，让每个推销人员负责一定区域内的全部推销业务，并定出销售指标。采用这种结构有利于推销人员与顾客建立良好的人际关系,并且有利于节约交通费用。

(3)按顾客类型划分:按照目标客户的不同类型(如所属行业、规模大小、新老客户等)组织推销人员,即每个推销员(或组)负责向同一类顾客进行推销活动。采用这种结构有利于推销人员了解同类顾客的需求特点。

(4)综合型结构:即综合考虑产品、区域和顾客等因索,来组成推销人员队伍。采用这种结构时,每个推销员的任务都比较复杂。

4.组建推销队伍

(1)确定推销队伍的规模。合理确定推销人员的规模,是人员推销管理的首要问题。确定推销人员规模的方法有两种:一是销售能力分析法。通过测量每个推销人员在不同范围、不同市场潜力区域内的推销能力,计算在各种可能的推销人员规模下,企业的总销售额及投资收益率,以确定推销人员的规模。二是推销人员工作负荷量分析法,即根据每个推销人员的平均工作量及企业所需拜访的客户数目来确定推销人员的规模。

西方企业一般采用工作负荷量法确定推销队伍的规模。设某企业有 250 个客户,若每个客户每年平均需要 20 次登门推销,则全年就需要 5000 次登门推销。若平均每个推销员每年能上门推销 500 次,则该企业就需要 10 名推销员。

(2)选拔、培训推销员。企业的推销员主要有两个来源,即企业内部选拔和向外部招聘。

不管推销员来自何方,一个合格的推销员都要具备良好的思想政治素质、文化修养和较强的实际工作能力,以及胜任推销工作的个人素质。西方营销专家麦克墨里给超级推销员列出了五项特质:"精力异常充沛,充满自信,经常渴望金钱,很勤奋,并有把各种异议、阻力和障碍看作是挑战的心理状态。"

企业必须对推销员进行专业培训。推销员培训的一般内容包括:企业历史、现状、发展目标,产品知识,市场情况,推销技巧,法律常识,有关产品的生产技术和设计知识等。

培训的方法主要有三种:课堂教学培训、模拟培训和实践培训。

通过培训使之熟悉产品情况,了解市场上同类产品的基本情况并能正确地进行比较和鉴别;熟悉了解企业情况,以便随时回答顾客的咨询;掌握市场营销的基本理论和技能,在市场上灵活地开展推销活动;掌握各种政策法规,以便使自己的推销行为符合政策法规的要求,避免违法违纪现象。

5.建立评估和考核体系

对推销员的合理评价决定了推销员的积极性。企业必须建立一套合理的评估指标体系,并随时注意收集有关的信息和资料。

对推销人员进行评价的主要指标是:销售量增长情况;毛利;每天平均访问次数及每次访问的平均时间,每次访问的平均费用,每百次访问收到订单的百分比;一定时期内新顾客的增加数及失去的顾客数目;销售费用占总成本的百分比。

合理的报酬制度是调动推销员积极性的关键。推销人员的报酬主要有两种形式:一是销售定额制,即规定销售人员在一年中应销售多少数额并按产品加以确定,然后把报酬与定额完成情况挂起钩来。二是佣金制。即企业按销售额或利润额的大小给予销售人员固定的或根据情况可调整比率的报酬。佣金制度能鼓励销售人员尽最大努力工作,并使销售费用与现期收益紧密相连,同时企业还可根据不同产品、工作性质给予销售人员不同的佣金。但是,佣金制度也有不少缺点,如管理费用过高、导致销售人员短期行为等。所以,它常常与薪金制度结合起来运用。

调动推销员的积极性除了对推销员的绩效进行合理评价以及合理的报酬制度外,对推销员的激励也必不可少。一般对推销员的激励手段主要有:奖金、职位的提升、培训机会、表扬及旅游度假等。

9.3.4 人员推销的步骤和策略

人员推销一般经过以下七个步骤。

1.寻找潜在顾客

寻找潜在顾客,即寻找有可能成为潜在购买者的顾客。潜在顾客是一个"MAN",即具有购买力(Money)、购买决策权(Authority)和购买欲望(Need)的人。

寻找潜在顾客线索的方法主要有:①向现有顾客打听潜在顾客的信息;②培养其他能提供潜在顾客线索的来源,如供应商、经销商等;③加入潜在顾客所在的组织;④从事能引起人们注意的演讲与写作活动;⑤查找各种资料来源(工商企业名录、电话号码黄页等);⑥用电话或信件追踪线索;等等。

发现潜在顾客后,推销员还要进行初步的顾客分析,分析的主要目的是,进一步确认潜在顾客成为现实顾客、实施购买行为的可能性有多大。

2.访问准备

在拜访潜在顾客之前,推销员必须做好必要的准备,掌握三方面的知识,做到知己知彼,不打无准备之战:

产品知识——关于本企业、本企业产品的特点、用途、功能等各方面的情况。

顾客知识——包括潜在顾客的个人情况,所在企业的情况,具体用户的生产、技术、资金情况,用户的需要,购买决策者的性格特点等。

竞争者知识——竞争者的能力、地位和它们的产品特点。同时,还要准备好样品、说明材料,选定接近顾客的方式、访问时间、应变语言等。

3.接近顾客

在做好接近顾客的准备工作后,推销员就要设法与顾客进行接触。

接近顾客又分约见和接近两个环节。约见是推销员事先征得顾客同意接见的行动。约见可以采取当面约见、书信约见、电话约见、托人代约、广泛约见(利用大众传媒,约见大众顾客)等方式。具体要确定约定的时间、地点、人物等。接近顾客就是正式接触推销对象,引起顾客兴趣,以顺利转入面谈导购阶段的行动。接近的方法有利益接近法、好奇接近法、介绍接近法、产品介绍接近法、问题接近法、调查接近法、直接接近法等。

这一阶段推销员要注意:① 给顾客一个好印象,并引起顾客的注意。因而适宜的穿着、举止、言谈和自信而友好的态度都是必不可少的。②验证在准备阶段所准备的全部情况。③为后面的谈话做好准备。在接近时,注意使自己有一个正确的心态:友好,自信。友好表明:自己与对方是进行利益交换,是互惠互利的交换;自信表明:自己不是低人一等求别人,自己的企业的产品是经得起考验的。

4. 洽谈沟通

洽谈沟通,即推销员与潜在顾客正式接触,引导与指导购物阶段。这是推销过程的中心。

推销员向准客户介绍商品,不能仅限于让客户了解你的商品,最重要的是要激起客户的需求,产生购买的行为。养成 JEB 的商品说明习惯,能使推销事半功倍。

"JEB",简而言之,就是首先说明商品的事实状况(Just fact),然后将这些状况中具有的性质加以解释说明(Explanation),最后再阐述它的利益(Benefit)及能带给客户的利益。熟练掌握商品推销的三段论法,能让推销变得非常有说服力。

营销人员在向潜在顾客介绍商品时可采用五种策略:①正统法,主要强调企业的声望和经验;②专门知识,主要表明对产品和对方情况有深刻了解;③影响力,可逐步扩大自己与对方共有的特性、利益和心得体会;④迎合,可向对方提供个人的善意表示,以加强感情;⑤树立印象,在对方心目中建立良好的形象。

5. 释疑解惑

购买者在听取产品介绍后,可能提出一些异议,如怀疑产品的价值,不接受交易条件或价格,对企业或产品缺乏信心等。推销员应有巧妙的语言能力并提供有说服力的论据。如通过详细介绍产品等工作,说服顾客,克服障碍,达到预期的销售目标。

6. 达成交易

人员推销工作的重要环节是促使顾客采取购买行动,这也是推销工作最困难的阶段。推销员在认为时机成熟时,应抓住有利时机,或者提出购买建议,或者提供价格优惠,或者提供便利的服务,或者归纳销售的重点,以促进顾客做出购买决策。

7. 售后跟踪

产品销售后,并不意味着整个推销过程的终止,现代推销认为,成交是推销过程的开始。

如果推销员希望确保顾客满意并重复购买,就必须对顾客进行"跟踪服务",如安装、退换、维修、培训及顾客访问等,还要搜集顾客对于产品的改进意见,及时向有关部门反映,以调整营销措施,并帮助顾客解决使用中的问题。这些工作,有利于树立企业信誉,密切双方关系,促成重复购买。

对于 VIP 客户,推销员还要特别注意与之建立长期的合作关系,实行关系营销。

知识链接 9-1

推销的 3H 1F

推销是由三个 H 和一个 F 组成的。第一个"H"是"头"(Head)。推销员需要有学者的头脑,必须深入了解顾客的生活形态、顾客的价值观以及购买动机等,否则不能成为推销高手。第二个"H"代表"心"(Heart)。推销员要有艺术家的心,对事物具有敏锐的洞察力,能经常地对事物感到一种惊奇和感动。第三个"H"代表"手"(Hand)。推销员要有技术员的手。推销员是业务工程师,对于自己推销产品的构造、品质、性能、制造工艺等,必须具有充分的知识。"F"代表"脚"(Foot)。推销员要有劳动者的脚。不管何时何地,只要有顾客、有购买力,推销员就要不辞劳苦,无孔不入。

因此,"学者的头脑""艺术家的心""技术员的手"和"劳动者的脚"是推销员必须具备的基本条件。

9.4 广 告

"商品如果不做广告,就好像一个少女在黑暗中向你暗送秋波。"西方流行的这句名言充分表现了广告在营销中的独特地位。

9.4.1 广告的定义

广告(advertising)是广告主以付费的方式,通过一定的媒体有计划地向公众传递有关商品、劳务和其他信息,借以影响受众的态度,进而诱发或说服其采取购买行动的一种大众传播活动。

▶广告与需求、产品定位

9.4.2 广告的特点

1. 广告传播效果的特点

(1)传播面广

广告是借助大众媒体传播信息的,它的公众性和普及性赋予广告突出的"广而告之"的优点。广告主可以通过电视、报纸、广播、杂志等大众传媒在短期内迅速地将其信息告之众多的目标消费者和社会公众,这是人员推销等其他促销方式无法与之比拟的。

(2)传递速度快

广告是利用大众媒体传递信息的,大众传媒是一种迅捷的信息传播途径。它能使广告主发布的信息在很短的时间内传达给目标消费者。因此,在现代信息化社会,它是一种富有效率的促销方式。

（3）表现力强

广告是一种富有表现力的信息传递方式。它可以借助各种艺术形式、手段与技巧，提供将一个企业及其产品感情化、性格化、戏剧化的表现机会，增大其说服力与吸引力。

2. 广告费用支出具有投资的特点

广告费用作为一种投入，产出是增加了销售利润。在销售扩大带来利润扩大的过程中广告虽没有直接带来利润，但起了重要的作用。广告效果有时产生的虽不是即时效应，但是一种积累效应。

9.4.3 广告方案的制定

对于广告在促销中的作用尽管存在争论，尽管中国的企业家对做不做广告表现得非常无奈，发出"不做广告是等死，做广告是找死"的感叹。但在市场上，中国企业对广告却始终情有独钟。这从中央电视台每年黄金时段的广告招标金额节节攀升可见一斑。

显然，在市场早已走出了"酒好也怕巷子深"的时代，当代企业所要考虑的并不是要不要做广告的问题，而是如何做出精品广告，从而赢得消费者对广告的信任的问题，这需要企业进行科学的广告决策。

在制定广告方案时，首先必须确定目标市场和购买者动机，然后才能做出制定广告方案的五项主要决策，即"5M"：

1. Mission 任务

Mission，即广告的目标是什么。企业广告决策的第一步就是确定广告目标。广告目标是指在一个特定时期内，对于某个特定的目标受众所要完成的特定的传播任务和所要达到的沟通程度，例如，在 3000 万拥有自动洗衣机的家庭中，认识到品牌 X 为低泡沫洗涤剂并相信这种洗涤剂有较强去污力的人数所占的比例，在一年中从 10% 上升到 40%。

企业的广告目标取决于企业的整个营销目标。根据产品生命周期不同阶段中广告的作用和目标的不同，一般可以把广告大致分为告知性广告（information advertising）、说服性广告（persuasive advertising）、提醒性广告（reminder advertising）、强化性广告四大类。

（1）告知性广告

告知性广告主要用于向市场推销新产品，介绍产品的新用途和新功能，宣传产品的价格变动，推广企业新增的服务以及新企业开张等。告知性广告的主要目标是为了促使消费者产生初始需求，如黄金搭档送礼篇广告，黄金酒（见图 9-8）送礼篇广告等，大量的广告投放目的只是告诉消费者有这么一种产品。

（2）说服性广告

在产品进入成长期、市场竞争比较激烈的时候，消费者的需求是选择性需求。此时企业广告的主要目标是促使消费者对本企业的产品产生"偏好"。具体包括，劝说顾客购买自己的产品，鼓励竞争对手的顾客转向自己，改变消费者对产品属性的认识，以及使顾客有心理准备乐于接受人员推销等。说服性广告一般通过现身说法、权威证明、比较等

图 9-8　黄金酒

手法说服消费者。如汰渍洗衣粉广告（见图 9-9），通过与其他产品进行对比说明汰渍的
清洁效果更强劲。

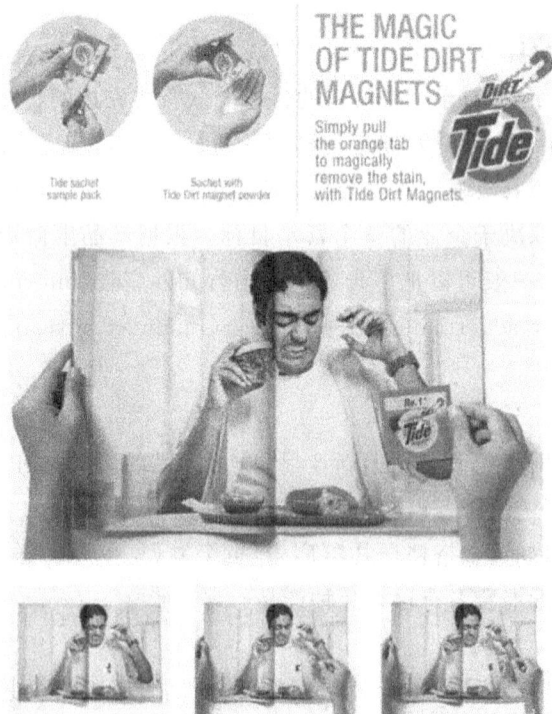

图 9-9　汰渍洗衣粉

（3）提醒性广告

提醒性广告是在产品的成熟期和衰退期使用的主要广告形式，其目的是提示顾客购买。比如提醒消费者购买本产品的地点，提醒人们在淡季时不要忘记该产品，提醒人们在面对众多新产品时不要忘了继续购买本产品，或消费者容易忽视的事项予以提醒，以使之关注本产品（见图 9-10）。

图 9-10　养生堂

（4）强化性广告

强化性广告的目的在于说服现有的购买者相信他们购买这种商品的决定是正确的。如汽车广告经常描绘满意的顾客如何享受自己新汽车的种种舒适（见图 9-11）。

图 9-11　汽车广告

2. Money 预算

广告目标确定后,企业必须确定广告预算。广告预算是否合理对于企业来说是一个至关重要的问题。预算太少,广告目标不能实现;预算太多,又造成浪费,广告预算有时甚至决定企业的命运。

制定广告预算的方法主要有四种,即量力支出法、销售额百分比法、目标任务法和竞争对等法。

在制定广告预算时,要考虑以下五个特定的因素:

(1)产品生命周期。产品在投放期和成长期前期的广告预算一般较高,在成熟期和衰退期的广告预算一般较低。

(2)市场占有率的高低。市场占有率越高,广告预算的绝对额越高,但面向广大消费者的产品的人均广告费用却比较低;反之,市场占有率越低的产品,广告预算的绝对额也较低,但人均广告费并不低。

(3)竞争的激烈程度。广告预算的多少与竞争激烈程度的强弱成正比。

(4)广告频率的高低。广告频率的高低与广告预算的多少成正比。

(5)产品的差异性。在差异化很小或品类接近的产品类别中的品牌(如香烟、啤酒、饮料等)需要做大量广告,以树立有差别的形象。

3. Message 信息

Message,即广告要传送什么信息。广告的效果并不主要取决于企业投入的广告经费,关键在于广告的主题和创意表现形式。广告主题决定广告的内容,广告创意决定广告表现的形式和风格。只有广告内容迎合目标受众的需求,广告表现具有独特型,广告才能引人注意,并使目标受众产生美好的联想,并促进销售。

广告的信息决策一般包括三个步骤:

(1)确定广告的主题

广告主题是广告所要表达的中心思想。广告主题应当显示产品的主要优点和用途以吸引消费者。对于同一类商品,可以从不同角度提炼不同的广告主题,以满足不同消费者的需要和同一消费者的不同需要。

广告信息的产生,可以通过对顾客、中间商、有关专家甚至竞争对手的调查获得创意。

西方的营销专家认为,消费者购买商品时期望从中获得四种不同的利益:理性的、感性的、社会的和自我实现的。产品使用者从用后效果的感受、使用中的感受和附加效用的感受等三种途径中实现这些满足。将上述四种利益和三种途径结合起来,就产生了12种不同的广告信息,从每一广告信息中可以获得一个广告主题。在企业广告活动中,常用的广告主题主要有快乐、方便、传统、健康、3B(宠物、小孩和美女)等。根据国外广告专家的调查结果,广告的主题主要有食欲、健康、快乐、名望、安全、经济等44种。

(2)对广告信息的评估与选择

一个好的广告总是集中于一个中心的促销主题,而不必涉及太多的产品信息。"农夫山泉有点甜",就以异常简洁的信息在受众中留下深刻的印象。如果广告信息过多过杂,消费者往往不知其所云。

广告信息的载体就是广告文案。对广告文案的评价标准有许多,但好的广告文案一般要符合三点要求:其一,具有吸引力,即广告信息首先要使人感兴趣,引人入胜;其二,具有独特性,即广告信息要与众不同,独具特色,而不要人云亦云;其三,具有可靠性,广告信息必须从实际出发,实事求是,而不要以偏概全,夸大其词,甚至无中生有。只有全面客观的广告传播,才能增加广告的可信度,才能持久地建立企业和产品的信誉。

（3）对信息的创造性开发和表达

广告信息的效果不仅取决于"说什么",更在于怎么说,即广告信息的表达。广告表现的手段包括语言手段和非语言手段。

语言在广告中的作用是其他任何手段所不及的,因为语言可以准确、精炼、完整、扼要地传达广告信息。如铁达时手表的"不在乎天长地久,只在乎曾经拥有"、统一润滑油的"多一份润滑,少一份摩擦"、中国移动通信公司的"我的地盘听我的"等,既简明扼要,又朗朗上口,都取得了意想不到的效果。

非语言就是语言以外的、可以传递信息的一切手段,主要包括构图、色彩、音响、体语等。

进行广告表现,要做到图文并茂,善于根据不同产品的不同广告定位,把语言手段和非语言手段有机地结合起来。

广告信息的表达方式一般有以下几种:

①生活片断。表现出人们在日常生活中正在使用广告中的产品（见图 9-12）。

图 9-12　广告一

②生活方式。强调本产品如何适应人们的生活方式（见图9-13）。

图9-13　广告二

③音乐化。把企业或产品形象用广告歌表达，歌词反复强调产品名称（见图9-14）。

图9-14　广告三

④想象与情趣。为产品制造一个能够唤起人们美好联想的气氛与形象（见图9-15）。

图9-15　广告四

⑤拟人化。使产品人格化,让其能说话。一些日用品和儿童用品的广告经常采用此方法表达(见图 9-16)。

图 9-16 广告五

⑥科学证明,显示调查证明或科学实验。表明产品符合科学标准,一些家庭用保健品的广告常用此方法(见图 9-17)。

图 9-17 广告六

知识链接 9-2

世界经典广告语

雀巢咖啡：味道好极了

这是人们最熟悉的一句广告语，也是人们最喜欢的广告语。简单而又意味深远，朗朗上口。

M&M 巧克力：只溶在口，不溶在手

这是著名广告大师伯恩巴克的灵感之作，堪称经典，流传至今。它既反映了 M&M 巧克力糖衣包装的独特 USP，又暗示 M&M 巧克力口味好，以至于我们不愿意使巧克力在手上停留片刻。

百事可乐：新一代的选择

在与可口可乐的竞争中，百事可乐终于找到突破口，它从年轻人身上发现市场，把自己定位为新生代的可乐，邀请新生代喜欢的超级歌星作为自己的品牌代言人，终于赢得青年人的青睐。

大众甲壳虫汽车：想想还是小的好

20 世纪 60 年代的美国汽车市场是大型车的天下。伯恩巴克提出"think small"的主张拯救了大众的甲壳虫。运用广告的力量，大从甲壳虫汽车改变了美国人的观念，使美国人认识到小型车的优点。

耐克：just do it

耐克通过以 just do it 为主题的系列广告和篮球明星乔丹的明星效应，迅速成为体育用品的第一品牌。

4. Media 媒体

在选择信息后，广告商的下一个任务是选择负载信息的媒体。

(1)广告媒体的主要类型

广告媒体的主要类型有广播、电视、报纸和杂志，这是传统的四大大众传播媒体。互联网被称为第五大大众媒体。

除大众传播媒体以外，广告媒体还有招牌、墙体（见图 9-18）等户外媒体，车身（见图 9-19）、车站等交通媒体，信函、传单等直接媒体等众多种类。

图 9-18　遍布农村的墙体广告

图 9-19　创意车身广告

知识链接 9-3

直邮(Direct Mail,DM),是具有个人资讯的功能,通过 DM 的媒体进行寄递,创造顾客的一种方式。

DM 的特点在于"直接、快速",更兼有成本低、认知度高的优点,为商家宣传自身形象和商品提供了良好的载体。

直邮的派发形式主要有:

(1)邮寄:按会员地址邮寄给过去 3 个月内有消费记录的会员(邮寄份数依各店实际会员数而定)。

(2)夹报:夹在当地畅销报纸中进行投递(夹报费用为 0.10~0.20 元/张)。

(3)上门投递:组织员工将 DM 投送至生活水准较高的生活社区居民家中。

(4)街头派发:组织人员在车站、十字路口、农贸市场进行散发。

(5)店内派发:快讯上档前两日,由客服部组织员工在店内派发。

DM 的发展前景:

DM 广告在欧美国家发展十分迅速,是仅次于电视的第二大媒体。目前,在奥地利,DM 已占全国广告的第一名。在美国,DM 广告占到市场份额的 20% 左右;在日本,DM 广告的占有量也超过了 12%。直邮广告在国外已成为传媒业发展的增长亮点。而目前 DM 广告在中国广告市场中所占的份额仅仅只有 1%,这个数字说明 DM 广告在我国还有巨大的成长空间。

为了加强对 DM 广告的管理,国家工商行政管理局于 2005 年专门出台了《印刷品广告管理办法》,提高了 DM 广告的准入门槛,使行业发展更加规范有序。

(2)各种广告媒体的特点

各种广告媒体的特点如表 9-1 所示。

表 9-1 各种广告媒体的特点

媒体类别	优　点	局　限
报纸	灵活性高,迅速及时,成本低,地理选择性好,可信度高	保存性较差,内容庞杂,易分散注意力,清晰度也较差
电视	能够把形象、声音与动作结合起来的媒介,能够较好地吸引观众的注意力,在短时间内给人留下深刻的印象	成本高,时间短,对象缺乏可选性
广播	传播迅速及时,不受场所限制,成本较低	速度快不易记忆,无处查阅,没有视觉上的刺激,不易加深印象
杂志	对象明确,收效好,保存率高,阅读率也较好,可采用套色印刷有利于吸引读者注意	传递信息的延迟性较大,读者也有一定局限
户外媒体	选择好地理位置,利用各种美术、造型等艺术手段,使广告鲜明、醒目、美观、简明,容易记忆	受空间限制,复杂的内容无法表达

续表

媒体类别	优　点	局　限
邮寄媒体	对象明确,选择性好,迅速及时	不易生动化、形象化,广告比较呆板,所涉及的范围也有限

(3)选择媒体时应考虑的因素

①产品的特征。一般生产资料适合选择专业性的报纸、杂志、产品说明书;而生活资料则适合选择生动形象、感染力强的电视媒体和印刷精美的彩色杂志等媒体。

②目标市场的特征。全国性市场适合选择全国性媒体,如中央电视台、《经济日报》等。区域性市场适合选择地区性媒体,如《广州日报》、广州电视台等。目标市场的地理区域,农村市场需要选择适合农民的媒体,如《南方农村报》等;城市市场则选择适合都市类媒体,如《南方都市报》等。每种媒体都有自己独特的定位,每类消费者也都有自己的媒体习惯。所以,媒体选择要有针对性。如针对中产阶级的广告,适合选择《新快报》等时尚类媒体。

③广告目标。以扩大市场销售额为目的的广告应选择时效性好、表现性强、针对性强的媒体;树立形象的广告则适合选择覆盖面广、有效期长的媒体。

④广告信息的特征。情感诉求的广告适合选择广播、电视等媒体;理性诉求的广告适合选择报纸、杂志等印刷类媒体。

⑤竞争对手的媒体使用情况。一般情况下,应尽可能避免与竞争对手选择同一种媒体,特别是同种媒体的同一时段或同一版面。如果中国移动和中国联通的广告登在同一种报纸的同一版面上,或者在电视的同一时段投放,两者的效果都可能大打折扣。

⑥成本。电视广告费用非常昂贵,而报纸广告则比较便宜。

⑦国家广告法规。国家广告法规关于广告媒体的规定是选择广告媒体的重要依据。

(4)制订广告媒体计划的指标

媒体选择,就是找到能以预期展露次数和展露形式向目标受众传达的成本收益最佳的媒体。

为了正确地选择各种广告媒体,实现广告目标,企业在选择媒体之前,必须对媒体的接触度、频率和效果做出决策。

接触度决策,是企业必须决定在一定的时期内要使多少人接触广告。

频率决策,是企业决定在一定时间内,平均使每人接触多少次广告,过多费用太高,过少又难以加深受众的记忆。

效果决策,是企业决定广告要显露的效果。

5. Measurement 评价

Measurement,即如何评价广告效果。广告的效果主要体现在传播效果、促销效果和社会效果三方面。其中传播效果是前提和基础,销售效果是核心和关键,当然企业的广告活动也不能忽视对社会风气和价值观念的影响。所以,对广告效果的评估也主要来自三个方面：

（1）传播效果的评估

传播效果评估主要评估广告是否将信息有效地传递给目标受众。这种评估在传播前和传播后都应进行。传播前进行的测试叫预先测试，有三种主要的方法：一是可采用专家意见综合法，由专家对广告作品进行评定；二是采用消费者评判法，聘请消费者对广告作品从吸引力、易读性、好感度、认知力、感染力和号召力等方面进行评分；三是传播后，可再邀请一些目标消费者，向他们了解广告的阅读率或视听率、对广告的回忆状况等。

（2）促销效果的评估

促销效果是广告的核心效果。广告的促销结果，主要测定广告所引起的产品销售额及利润的变化状况。测定广告的促销效果，一般可以采用比较的方法。在其他影响销售的因素一定的情况下，比较广告后和广告前销售额的变化；或者在其他条件基本相同的甲和乙两个地区，在甲地做广告而在乙地不做广告，然后比较销售额的差别，以此判断广告的促销效果等。

（3）社会效果的评估

社会效果评估主要评定广告的合法性以及广告对社会文化价值观念的影响。其一般可以通过专家意见法和消费者评判法进行。

9.5　销售促进

9.5.1　销售促进的定义

销售促进（sales promotion）是营销活动的一个重要组成部分，是为了刺激消费者迅速购买商品而采取的各种促销措施。其目的是扩大销售和刺激人气。

▶销售促进（营业推广）主要工具

由于市场竞争的激烈程度加剧、消费者对交易中的实惠的日益重视、广告媒体费用上升、企业经常面临短期销售压力等原因，销售促进受到越来越多企业的青睐。

销售促进比较适合于对消费者和中间商开展促销工作，一般不太适用于产业用户。

对于个人消费者，销售促进主要吸引三类人群：一是已经使用本企业产品的消费者，促使其消费更多；二是已经使用其他品牌产品的消费者，吸引其转向本企业的产品；三是未使用过该产品的消费者，争取其试用本企业的产品。

对于中间商，销售促进主要是吸引中间商更多地进货和积极经销本企业的产品，增强中间商的品牌忠诚度，争取新的中间商。

在产品处于生命周期的投放期和成长期时,销售促进的效果较好;在成熟阶段,销售促进的作用明显减弱。对于同质化程度较高的产品,销售促进可在短期内迅速提高销售额,但对于高度异质化的产品,销售促进的促销作用相对较小。

一般来说,市场占有率较低、实力较弱的中小企业,由于无力负担大笔的广告费,所以对所需费用不多又能迅速增加销量的销售促进情有独钟。

有时,企业也可以将销售促进与广告、公共关系等促销方式结合起来,以销售促进吸引竞争者的顾客,再用广告和公共关系使之产生长期偏好,从而争取竞争对手的市场份额。

▶ 营销案例 9-2

美国运通公司的一次"试验"

某年,在圣诞节期间,美国运通公司选择新泽西州业务量最大的地区 Short Hill 商厦进行了一次本地促销,为疲惫的购物者提供休息场所。休息室内有免费的娱乐设施:成堆的杂志、咖啡、小吃、互联网、私人休息室,甚至还有一些免费赠送的礼包。不过,进入休息区的人都需要出示或申请运通卡。公司活动负责人说:"这是一个试验,我们告诉顾客为什么将运通卡时时刻刻放在钱包里是十分重要的。"

9.5.2 销售促进的主要工具

销售促进的主要工具有以下几项:

(1)消费者促销(consumer promotion),如样品、优惠券、现金返还、减价、赠品、奖金、光顾奖励、免费试用、产品保证、产品陈列盒示范。

(2)贸易促销(trade promotion),如购买折让、广告和展示折扣、免费产品。

(3)业务和销售队伍促销(business and sales-force promotion),如贸易展览会、销售竞赛和纪念广告。

9.5.3 销售促进的特点

销售促进的特点如下:

(1)效果明显。

(2)仅是一种辅助性的促销方式。

(3)长期使用会降低顾客对品牌的认知价值。

9.5.4 广告与销售促进的关系

10 年前,广告与促销的比例是 60∶40。如今,在日用品行业中促销占到了 75%(大约 50% 是贸易促销,25% 是消费者促销)。企业的促销开支逐年增长。

销售促进之所以出现这么迅速的增长,特别是在消费者市场,原因有:①作为有效的推销工具,现在销售促进更多地为高层管理人员所接受;②因品牌数量在增加,竞争对手在频繁地使用销售促进手段,许多产品处在相类似的状态;③消费者更看重价格优惠,经销商要求制造商给予更多的优惠,以便能给消费者更多实惠。

但应注意,销售促进的不断应用,会使购买者认为产品在贬值。一个知名品牌如果有 30% 以上的时间在打折,那就可能存在危险,故有优势的品牌只能偶尔地运用打折的方法。我们应该区分价格促销和增加值促销的区别,因为某些类型的促销实际上能提升其品牌形象。

忠诚的品牌购买者不会轻易地由于竞争性的优惠而改变他们的购买模式。广告能增加顾客对品牌的忠诚,故广告依然很有价值。

营销案例 9-3

养生堂的一次促销活动

新产品上市时,往往需要做促销活动以迅速打开市场。

2003 年,养生堂天然维生素 E 软胶囊上市,这是一个有美容祛斑功能的保健品,而当时市场上大多数维生素 E 产品都是合成的,属于 OTC 药品,走的是医生推荐的推广方式。养生堂天然维生素 E 为了打开市场,让消费者认识到天然相对于合成的好处,就在几个主要的市场开展了一个主题是"石油换大豆,美丽要天然"的促销活动。

为了让促销活动能吸引更多的消费者到场,开展活动的地区,一般都在当地的报纸上投放了平面广告(见图 9-20),一方面告知消费者天然维生素 E 是从大豆中提取的,而合成维生素 E 是从石油中提取的;另一方面告知了促销活动的主要信息,如时间(周日上午 10:00—12:00),地点(到指定售点),活动方式(让消费者凭合成维生素 E 的空盒,免费换兑养生堂的天然维生素 E 15 天体验装一份)。活动收到了很好的效果,每一个活动现场一般都有 200 多人换兑,这一促销活动迅速将合成维生素 E 的使用者转换成天然维生素 E 的第一批顾客。

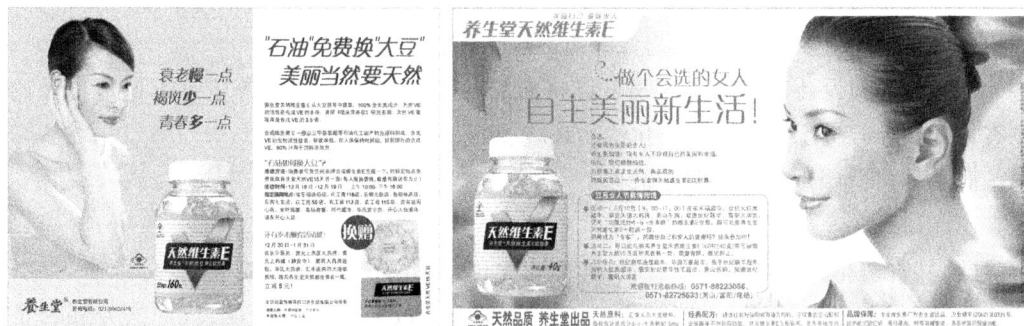

图 9-20　养生堂的平面广告

在产品销售起量,成为市场上的第一品牌之后,有很多仿冒者跟进,但其产品品质大多不高,有效成分的含量比较低,这时候又需要做一个新主题的促销活动,教消费者如何选择,即认清瓶签上标准的功效成分的含量。

9.5.5 销售促进的决策过程

1. 确定推广目标

企业在进行销售促进活动之前,必须确定明确的推广目标。

推广目标因推广的对象不同而不同:

(1)对消费者来说,推广目标主要是:促使他们更多地购买和消费产品;吸引消费者试用产品;吸引竞争品牌的消费者等。

(2)对中间商而言,推广目标主要是:吸引中间商经销本企业的产品;进一步调动中间商经销产品的积极性,如维持或提高存货,鼓励购买过季商品等;抵消竞争性促销的影响,巩固中间商对本企业的忠诚度等。

(3)对销售队伍而言,推广目标主要是:激发推销员的推销热情,以支持一种新产品或型号;寻找更多的潜在顾客;加快过季产品的消化等。

2. 选择恰当的销售促进工具

做促销计划时,应当把市场的类型、促销目标、竞争情况以及每一种销售促进工具的成本与效益考虑进去。

(1)塑造适宜的商业氛围

商业氛围对于激发消费者的购买欲望具有极其重要的作用。因此,商店必须精心构思布局,使其具有一种适合目标消费者的氛围,从而使消费者乐于购买。

①营业场所设计。在当代,消费者购物的过程越来越成为一种休闲的过程。人们在忙碌之余逛逛商场,享受五光十色的商品所形成的色彩斑斓的世界,可以使疲惫的身心得到松弛和愉悦。因此,购物环境的好坏已经成为消费者是否光顾的重要条件。

优美的购物环境体现在视觉、听觉、嗅觉等多方面。当我们走进一家大型购物中心,富有特色的店堂布置,宽广宜人的购物空间,井井有条的商品陈列,轻松悦耳的音乐,总使我们流连忘返。一位女士这样描绘她心中理想的购物环境:空气像大自然一样清新,环境像五星级酒店一样优雅,购物像海边散步一样轻松。

②商品陈列设计。商品陈列既可以将商品的外观、性能、特征等信息迅速地传递给顾客,又能起到改善店容店貌、美化购物环境、刺激购买欲望的作用。

商品陈列设计要达到以下要求:

(a)引起顾客的注意和兴趣。

(b)具有亲和力。一般来说,所有商品应允许顾客自由接触、选择和观看。

(c)具有美感。独特的造型和色彩搭配容易给人以赏心悦目之感,从而激发顾客的购买欲望。

(d)传达的信息简单、明确,使顾客容易理解。

(e)丰富。丰富的陈列可以制造气势,也可以增加顾客的挑选余地。

商品陈列可以采用以下一些方法:

(a)便利型的陈列。例如,儿童用品的陈列高度要控制在 1.4 米之内,以便儿童发现和拿取;而老人用品则不能放得太低,因为老人下蹲比较困难。

(b)集客型的陈列。如大型的产品堆头(见图 9-21),各种各样的 POP(卖点广告),还摆放譬如百事流行鞋、陆地滑板、个性腕表、背包等时尚用品,整个售点显得时尚、个性,吸引少男少女们流连忘返。

图 9-21 产品堆头式陈列

(c)档次提升型陈列。如服装厂商们巧妙地运用陈列背景、装修氛围、灯光的颜色与照射方向等展示手段,衬托出服装的档次,使得顾客一见就心生喜爱。

(d)凸显卖点的陈列。这是一种为了强调产品独特卖点的售点展示方法,如宝洁公司的海飞丝洗发水在夏季促销中,为了在其原有的"去屑"的卖点上加以"清凉"的概念,在终端展示的方法上采用冰桶盛放海飞丝的方式,非常直观地给消费者该款产品"去屑又清凉"的感觉。

(e)热点比附型陈列。运用这种策略可以拉近品牌与热点事件的关系。如"非典"流行时期,许多书店将与防治"非典"有关的书籍进行集中陈列,并将其放在比较显眼的位置。

(2)选择恰当的消费者销售促进工具

企业可以根据市场类型、销售促进目标、竞争情况、国家政策以及各种推广工具的特点灵活选择推广工具。

如果企业以抵制竞争者的促销为推广目的,企业可设计一组降价的产品组合,或提供优惠券,或赠送赠品、有奖销售等,以取得快速的防御性反应;如果企业的产品具有较强的竞争优势,企业促销的目的在于吸引消费者率先采用,则可以向消费者赠送样品或给予消费者免费试用的机会。

零售商促销的目的是吸引更多的顾客光临和购买。因此,促销工具的选择必须能够给顾客带来实惠。实惠就是吸引力。在推广中,零售商经常采用商品陈列和现场表演、优惠券、特价包装、交易印花、抽奖、游戏等推广形式。

主要的消费者销售促进工具如表 9-2 所示。

表 9-2 主要的消费者销售促进工具

方　式	特　点
样品	提供一定数量的免费产品或上门服务,也可以通过邮寄、商店打包和其他商品附带或通过广告专门提供的方式进行
优惠券	允许持券人在购买特定物品时能够得到一部分优惠的证明书;可以通过邮寄和其他商品附赠或在报纸杂志的广告上赠送出去
现金返还(部分退款)	在购买后提供一个价格减价,而不能从零售商店获得;消费者给生产厂商邮寄一个"购买证明",生产厂商会寄回一部分"退款"
降价(象征性促销交易)	能够让消费者在商品标签或商品包装的标价上以一定的折扣购买商品。降价的方式包括:以较低的价格出售(如三箱送一箱),或者捆绑式销售(如买牙膏送牙刷)
赠品(礼物)	商家可以成本相对低廉或免费的物品作为购买某一特定物品的激励。包内赠品指的是在产品包装内的赠品。免费邮寄赠品指的是邮寄给那些提供购买证明的顾客礼物,如提供包装盒顶部或者 UPC 编码。自清算赠品指的是在销售时给消费者一定的优惠(见图 9-22)
频率活动	依据顾客光顾频率和购买公司产品或服务的密集度提供相应的奖励
奖品(比赛、抽奖、游戏)	奖品通常是购买某种商品后提供给一些能够赢得现金、旅程或者商品的机会。比赛指的是消费者要提交一个答案,然后由一些裁判根据答案的数值来挑出胜出人。抽奖指的是让消费者将他们的名字提交到某个抽奖箱中。游戏表示消费者在任何时候购买商品得到的——宾格数字(随机产生的数字)或者丢失的字母——帮助他们赢得奖品
光顾奖励	给予某些特定团购人员一定比例的现金或其他形式的奖励
免费试用	邀请一些购买者免费使用一些新产品以希望他们购买
产品保证	卖家详细或隐含地告诉消费者产品将有怎样的性能,或者卖家会在一段特别的时间内修复破损的产品或返还买家购买商品所用的钱
一体化销售促进	两个或多个公司或品牌的团队联合起来,进行减价、优惠和其他的活动以促进销售
交叉销售促进	使用某一品牌为另一个非竞争品牌做广告(见图 9-23)
产品陈列和示范	在销售店进行产品集中陈列和示范

(3)选择恰当的贸易促销工具

生产商为了得到批发商和零售商的合作与支持,主要运用购买折扣、广告折让、商品陈列折让和经销奖励等方式进行推广。

主要的贸易促销工具如表 9-3 所示。

丰富赠品，妆点生活！

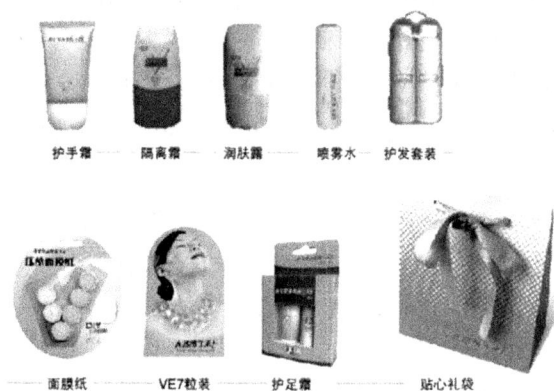

护手霜 — 隔离霜 — 润肤露 — 喷雾水 — 护发套装

面膜纸 — VE7粒装 — 护足霜 — 贴心礼袋

图 9-22　养生堂天然维生素 E 系列外用赠品

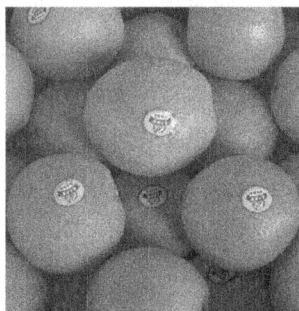

图 9-23　买农夫果园送赣州脐橙

表 9-3　主要的贸易促销工具

方　式	特　点
价格折扣（发票折扣或价目标折扣）	在某段时期内，每次购货都给予价格低于价目表的直接折扣
折让	制造商提供折让，以此对零售商同意以某种方式突出宣传制造商产品进行补偿。广告折让用以补偿为制造商的产品做广告宣传的零售商。陈列折让则用以补偿对产品进行特别陈列的零售商
免费商品	制造商额外赠送产品给购买达到一定数量，或具有某种特色，或有规模的中间商

（4）选择恰当的销售队伍促销的工具

生产商为了调动推销员的积极性，经常运用销售竞赛、销售红利、奖品等工具对推销员进行直接刺激。

主要的销售队伍促销工具如表 9-4 所示。

表 9-4　主要的销售队伍促销工具

方　式	特　点
贸易展览会	行业协会一般都组织年度商品展览会和集会。参加的企业能得到如下的一些好处：找到新的推销线索，维持与老顾客的接触，介绍新产品，结识新顾客，向现有顾客推销更多的产品，用印刷品、录像和视听资料说服与教育顾客
销售竞赛	销售竞赛是一种包括推销员和经销商在内的人员参加的竞赛，目的在于刺激他们短时期内增加销量，方法是谁成功谁就可以获得奖品（免费旅游、现金、礼品或优惠积点等）
纪念品广告	由销售员向潜在的消费者赠送一些有用但价格不贵的和印有公司名称及地址的物品，同时还要给顾客一条广告信息。常用的物品有笔、本子、日历、名片夹等

3. 制定合理的销售促进方案

一个完整的销售促进方案必须包括以下内容：

(1)诱因的大小。即确定使企业成本/效益最佳的诱因规模。诱因规模太大,企业的促销成本就高;诱因规模太小,对消费者又缺少足够的吸引力。因此,营销人员必须认真考察销售和成本增加的相对比率,确定最合理的诱因规模。

(2)刺激对象的范围。企业需要对促销对象的条件做出明确规定,比如赠送礼品,是赠送给每一个购买者(即凡购买即可获赠),还是只赠送给购买量达到一定要求的顾客(即买满多少即可获赠)等。

(3)促销媒体选择。即决定如何将促销方案告知促销对象。如果企业将要举行一次赠送礼品的推广活动的话,可以采用以下方式进行宣传:一是印制宣传单在街上派送;二是将宣传单放置销售终端供顾客取阅;三是在报纸等大众媒体上做广告;四是邮寄给目标顾客等。

(4)促销时机的选择。企业可以灵活地选择节假日、重大活动和事件等时机进行促销活动。

(5)确定推广期限。推广期限要恰当,不可太短或太长。根据西方营销专家的研究,比较理想的推广期限是三个星期左右。

(6)确定促销预算。一般有两种方式确定预算:一种是全面分析法,即营销者对各个推广方式进行选择,然后估算它们的总费用;另一种是总促销预算百分比法。这种比例经常按经验确定,如奶粉的推广预算占总预算的30%左右,咖啡的推广预算占总预算的40%左右等。

4.测试销售促进方案

为了保证营业推广的效果,企业在正式实施推广方案之前,必须对推广方案进行测试。测试的内容主要是推广诱因对消费者的效力、所选用的工具是否恰当、媒体选择是否恰当、顾客反应是否足够等。发现不恰当的部分,要及时进行调整。

企业可以邀请消费者对几种可能的不同优惠办法进行评估和分析,可以在有限的地区范围内进行试用测试。

5.执行和控制销售促进方案

企业必须制定具体的实施方案。实施方案中应明确规定准备时间和实施时间。准备时间是指推出方案之前所需的时间;实施时间是从推广活动开始到95%的推广商品已到达消费者手中这一段时间。

6.评估销售促进的效果

营业推广的效果体现了营业推广的目的。企业必须高度重视对推广效果的评价。评价推广效果,一般可以采用销量比较法(比较推广前后销售额的变动情况)、顾客调查法和实验法等。

营销案例 9-4

21 金维他中秋促销方案

促销目的:抢夺中秋礼品市场;同时通过与中秋促销相配合的强势终端氛围,巩固消费者对品牌的认知,巩固自服市场。

促销主题:浓浓孝意满中秋,21金维他贴心送关怀

促销产品:21金维他60粒/4盒装礼盒

促销对象:主要针对有送礼需求的顾客(买来送礼的顾客)、21金维他老消费者。

促销时间:共40天,2010年9月1日至10月10日。

促销范围:浙江全省约480家门店(其中超市120家,OTC药店360家。8月25日前进行所有门店备档)。

目标销量:纯销××万瓶。

促销形式:买赠(见图9-24)。

买3瓶送妙洁手套。

以买5瓶赠为主(占总销量的70%):送900mL调和油或带放大镜的指甲钳。

买10瓶送妙洁洗衣粉或折叠凳。

买30瓶送保温桶。

买50瓶送小鸭脱水机。

另外,凡每购买2条/1礼盒JVT产品,均可送环保袋1只。

主要POP应用为:4K海报(两张不同版式拼接成2K横版)、货架插卡(见图9-25)、赠品贴、台卡、条装封套(见图9-26)。

图9-24 中秋广告

图9-25 货架插卡

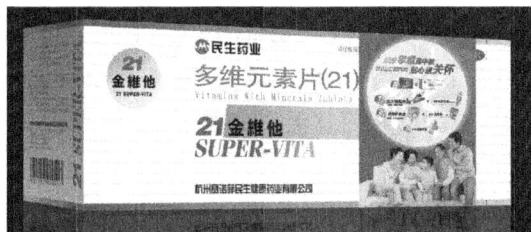

图9-26 条装封套

终端特殊陈列及异装：

170家核心药店继续样板店建设，延续"一把手"主题陈列，突出品牌形象。预计用1万元进行重点门店买赠元素异装投放；

在全浙江省40家商超门店投入特殊陈列，营造买赠氛围，并增加消费者购买产品的机会。

商超特殊陈列投放标准：

主通道异形地堆，或产品拼堆（见图9-27）；

元素异形包装端架；

第一位置整体主货架买位，货架间拱门制作；

全省预计陈列位购买费××万元；

20家门店执行特装预计×万元。

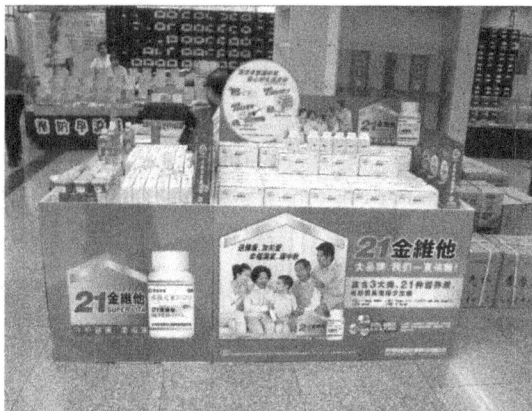

图9-27　商超特殊陈列

9.6　公共关系

公共关系是促销组合中的一个重要组成部分。企业公共关系的好坏直接影响着企业在公众心目中的形象，影响着企业营销目标的实现。如何利用公共关系促进产品的销售，是现代企业必须重视的问题。

9.6.1　公共关系的定义

公众是指对公司实现目标的能力具有实际的或者潜在利益的或有影响力的任何一组群体。公共关系是指企业通过信息沟通，树立企业良好的形象，以促进产品销售的一种市场营销活动，包括被设计用来推广或保护公司形象或其个别产品的各种计划。

一个聪明的公司采用具体的步骤来管理与它有关的关键公共关系。大多数公司有一个公共关系部门，用于监视公众的态度，发布和传播信息，以建立良好的信誉。工作出色的公关部应该花费时间向管理层提出咨询意见，建议采用积极的方案并消除有问题的提议，从而在第一时间和地点抑制负面宣传的出现。

营销案例 9-5

农夫山泉"砒霜门"事件

2009年11月24日，部分媒体发布了一则消息：海口市工商局制发的《海南省海口市工商局第八号商品质量监督消费警示》中标明，农夫山泉的两款产品以及统一蜜桃多饮料含砷超标,并通知经销商对涉嫌超标产品做下架、召回并退货处理。

农夫山泉和统一企业对海口市工商局的抽检过程和结果的合法性与真实性提出了强烈质疑,此事件引发了社会各界的关注和媒体的热议,"砒霜门"事件随后爆发。

但与常规危机公关处理不同,农夫山泉对"砒霜门"采取了非常强硬的处理态度。首先是向社会发布产品的总砷含量合格的检测结果以证明公司产品没有问题,而后高调质疑工商部门程序和结果不当,并表示将提出巨额索赔。农夫山泉始终以强硬手段展开危机公关,丝毫没有低头妥协的举动。

事件之初,不少专家认为农夫山泉强硬不当,不过随着事件的发展,人们逐渐发现农夫山泉对检验结果和程序的质疑与反击打出了一副好牌。虽然反击便要承受挑战政府和舆论的巨大压力,但其毫不妥协的高姿态吸引了更多媒体与消费者的注意,同时也促使政府更高层的介入,而某些尚未被证实的"黑幕"揭发,与从年初以来一系列"门事件"相联系,使农夫山泉进一步突出了自己被有预谋攻击的受害者形象。

再者,农夫山泉高调的反击并非生硬反驳或是百般推卸责任,而是具有充分的事实依据和法理支持的回应,并且其逐步通过事件的发展和新闻信息的传播不断演绎和强化自己在整个事件中的受害者形象。

时隔一周,11 月 30 日,农夫山泉股份有限公司董事长钟睒睒召开了新闻发布会,展示有关部门出具的同批次产品的检验合格报告:称农夫山泉、统一三种饮料的复查结果全部合格。12 月 1 日,海口市工商局也向媒体发布复检结果,并表态消费者可放心饮用农夫山泉产品。

但农夫山泉公司并不接受这一结果,其于 12 月 2 日发表了一份声明,对海口市工商局复检过程不予认同,并直指幕后有黑手。声明具体内容如下:

农夫山泉股份有限公司声明

首先对关心和支持农夫山泉的广大消费者表示感谢! 农夫山泉正式声明如下:

第一,我们不认同海口市工商局于 12 月 1 日晚在南海网上发布的由中国检验检疫科学研究院综合检测中心对农夫山泉广东万绿湖有限公司生产的 30% 混合果蔬(生产日期为 2009 年 6 月 27 日,规格为 500 毫升/瓶)及水溶 C100 西柚汁饮料(生产日期为 2009 年 8 月 16 日,规格为 445 毫升/瓶)砷含量复检合格的结果。

第二,海口市工商局的复检程序不符合法律规范。虽然今天农夫山泉等到的是一个正确的结果,但不是一个合法的结果。法律程序公正是法律实体公正的前提和保障。

第三,海口市工商局在 2009 年 12 月 1 日公开复检结果的同时没有向公众和企业道歉并做出解释是极端不负责任的。

若农夫山泉在此次"砒霜门"事件中所受的巨大伤害仍不能推进海口市工商局执法水平提高的话,那么"砒霜门"事件将不会是一个结束,而只是开始,会有更多的企业遭受和农夫山泉同样的命运。

农夫山泉股份有限公司

2009 年 12 月 2 日

迫于公众、媒体的压力,2010年1月5日,海南省工商行政管理局又公布了导致"砒霜门"事件初检结果错误的原因:一是"检测仪器使用年限已近9年,仪器状态不稳定";二是"检测人员为了缩短检测时间,减少了样品称样量,加大了试样稀释倍数,更加大了偏差概率"。随后,海口市工商局向企业公开赔礼道歉,并称错误系有关人员工作责任心不强,工作决策简单、草率、欠慎导致,绝无幕后黑手。

至此,农夫山泉在"砒霜门"斗争中赢得了全胜,媒体报道与公众舆论也由最初一面倒的抨击厂商,逐渐分化成质疑工商部门、厂商双方再发展到质疑政府,转而同情厂商的局面。

在整个"砒霜门"事件中,农夫山泉的强硬公关处理手段,绝非"惯性风格"或者"感情用事",而是权衡利弊后的理性选择。在经历一系列负面新闻的冲击后,无论是勇于承担认错或是四两拨千斤斡旋,柔性姿态都已经难以赢得舆论和市场理解,反而可能让自己在公众心目中留下惺惺作态、假意讨好的骂名与不良印象。如果问心无愧,坚信自己坚守了法律规范和企业原则,则完全可以面对自己所无法认同的指证以有力、有礼、有节的方式为自己高调发声,充分辩护,告知公众自己并无过错。

9.6.2 公共关系的本质特征

1.公共关系的含义

企业的公共关系是指企业与其相关的社会公众的相互关系。这些社会公众主要包括:供应商、中间商、消费者、竞争者、金融保险机构、政府部门、科技界、新闻界等。可见,企业营销活动中存在着广泛的社会关系,不仅限于与顾客的关系,更不能局限于只有买卖关系。良好的社会关系是企业成功的保证之一,因此建立和保持企业与社会公众的关系在企业营销活动中具有重要的作用。

2.企业形象是公共关系的核心

公共关系首要的任务是树立和保持企业的良好形象,争取广大消费者和社会公众的信任与支持。一个企业除了生产优质产品和搞好经营管理之外,还必须重视创建良好的形象和声誉。在现代社会经济生活中一旦企业拥有良好的形象和声誉,就等于拥有了可贵的资源,就能获得社会广泛的支持和合作。否则,就会产生相反的不良后果,使企业面临困境。可见,以创建良好企业形象为核心的公共关系的这项管理职能,涉及企业活动的各个方面,而且是长期地、不断地积累、努力的结果。

3.企业公共关系的最终目的是促进产品销售

广告等其他活动的目的在于直接促进产品销售,而公共关系的目的在于互相沟通、互相理解,在企业行为与公众利益一致的基础上争取消费者对企业的信任和好感,使广告等促销活动产生更大的效果,最终扩大产品的销路。正因为如此,公共关系也属于一种促销方式。不过,它是通过推销企业本身,从而促进产品销售的。

4.公共关系属于一种长效促销方式

公共关系比广告等活动成本少得多,有时甚至不需支付费用,而其效果却大得多,尤其是需要使消费者建立信任感的商品。因为消费者对广告存有戒心,使广告显得无能为力,而通过公共关系的活动却能消除疑义,获取信赖。

总之,公共关系着眼于企业长期效益,而广告则倾向于产品销售。

营销案例 9-6

旁氏:神秘产品美容博主试用活动

2009 年 11 月,奥美公关(中国)在 2009 年亚太公共关系大奖中,凭借为旁氏的岁月奇迹系列发起的神秘产品试用活动,赢得了"最佳数字应用"的奖项。这个策略吸引了中国最具影响力的美容博主们参与其中,他们当中的许多人具有比传统美容媒体更大的影响力,为旁氏的岁月奇迹系列创造了出色的产品反馈和相当高的可信度。在 7 天试用过程中,这些专业的博主们将神秘面霜与他们常用的著名防皱面霜进行比较,其中 90% 的人更推荐这款神秘面霜,对其赞不绝口。7 天试用结束的时候,神秘面霜的品牌——"旁氏"终于揭晓,在网络上引起了极大轰动。

9.6.3 公共关系的对象

公共关系的对象包括消费者、中间商、企业外部的其他公众、企业内部的公众。

9.6.4 公共关系的主要手段

1. 进行新闻宣传

对于企业来说,由新闻媒介提供的宣传报道是一种免费广告,它能给企业带来许多好处。首先,它比广告创造更大的新闻价值,有时甚至是一种轰动效应,而且能鼓舞企业内部的士气和信心。一个企业或者产品能通过新闻报道而受到赞扬,对于自身无疑是一种有力的激励。其次,宣传报道比广告更具有可信性,使消费者在心理上感到客观和真实。

2. 参与社会活动

企业在从事生产经营活动的同时,还应积极参与社会活动。在社会活动中,企业能体现自己的社会责任,赢得社会公众的理解和信任,充分表现企业作为社会的一个成员应尽的责任和义务。另外,还能结交社会各界朋友,建立起广泛和良好的人际关系。

3. 组织宣传展览

在公共关系活动中,企业可以印发各种宣传材料,如介绍企业的小册子、业务资讯、图片画册、音像资料等,还可以举办形式多样的展览会、报告会、纪念会及有奖竞赛等。通过这些活动能使社会公众了解企业的历史、业绩、名优产品、优秀人物、发展前景,从而使企业达到树立企业形象的目的。

4. 进行咨询和游说

咨询主要是以向管理人员提供有关公众意见,主要是企业定位与形象等方面的劝告和建议,也包括回答和处理顾客的问题、抱怨和投诉。游说的对象主要是立法机构和政府官员。与他们打交道的目的是为了在一定范围内防止不利于本企业的法令、规定的颁布实施,或为了促使有利于本企业的法令、规定的颁布实施。

5. 导入 CIS 战略

CIS 即企业形象识别,是指企业通过改变企业形象,吸引外界的注意,从而提高业绩,达到顶期目标的一种经营战略。

营销案例 9-7

李宁换标的品牌重塑计划

2010 年 8 月,沿用了多年的李宁经典旧标告别它主导的时代,名为"李宁交叉动作"的新 LOGO 将成为李宁品牌的新标志,而李宁的原有口号"一切皆有可能"也被更为国际化的"Make The Change"取代。

一切皆有可能

9.6.5 公共关系的实施步骤

1. 确定公关目标

在调查研究的基础上,根据社会公众对企业的了解和意见来具体确定公共关系目标。公共关系主要是利用信息沟通的原理和方法来进行活动的,因此,不同时期公共关系的具体目标是不相同的。

2. 选择公关信息和载体

正确的方法是实现目标的保证,上面所介绍的各种方法都具有一定的针对性,有不同的适用范围,有的主要是增进公众对企业目标的支持与理解,有的主要是提高企业知名度,有的主要是促进产品销售。企业应根据总目标的要求和具体情况选择公共关系的方法。

3. 实施公关计划

对企业来说,开展公共关系活动存在着许多不确定因素,较难控制,困难也较大。为了保证公共关系计划的实现,首先要有组织的保证,明确公共关系部门职责;其次要提高公共关系人员的素质;再次要坚持以诚取信的原则;最后要善于抓住机遇。

4.评估公关效果

对公共关系活动效果进行评价往往是比较困难的,原因:其一,传播信息的成效是一个潜移默化的过程,很难以具体的数据反映出来;其二,公共关系往往是配合着其他营销活动一道进行的,其收效也难单独列出。但人们在观念和态度上的转变总会在行为中逐渐体现出来。

知识链接 9-4

中国公关第一股

1996 年 9 月,蓝色光标成立,赵文权担任第 1 任总经理;第一批客户实达、APC 开始合作。

1998 年 3 月,联想、AMD、Cisco 开始合作;蓝色光标广州、成都办事处成立。

1999 年 7 月,蓝色光标换将,高鹏任第 2 任总经理。

2001 年 1 月,中国国际公关协会最佳案例奖评选中,蓝色光标因客户用友、Cisco、联想案例获得三个金奖;2 月,蓝色光标第一次进入中国国际公关协会的 TOP 10 公司,之后每年均居 TOP 榜前列。

2003 年 1 月,赵文权任第 3 任总经理;7 月,中国国际公关协会最佳案例奖评选中,蓝色光标因联想国际化案例获得金奖;因客户 eBay、招商银行、箭牌、中信华平注资哈药案例获得四个银奖。

2004 年 7 月,中国国际公关协会最佳案例奖评选中,蓝色光标因联想换标案例获得金奖;因客户 263、联想万亿次电脑、思科、联想 Legend World 相关案例获得四个银奖。

2005 年 5 月,高鹏任中国国际公共关系协会公关公司委员会主任;蓝色光标完成了全国 19 个机构的服务网络建设,成为同行业中唯一一家完成全国布局的公关公司。

2006 年 7 月,蓝色光标合并致蓝经纬;11 月,在香港 MEDIA 杂志举办的 2006 亚太公关大奖评选中,蓝色光标赢得"年度公关公司"第二名,这是本土公关公司第一次在亚太最权威的评奖中获此殊荣。

2007 年 8 月,美国权威的公关咨询机构 HOLMES 发布全球主导企业报告,根据经营业绩对 250 家全球专业公关公司进行排名,蓝色光标位居第 75 位,同时成为中国本土公关公司中唯一入选的企业。2007—2008 年,赵文权连续两届担任中国国际公共关系协会公关公司委员会主任。

2008 年 1 月,赵文权任蓝色光标公共关系机构 CEO;毛宇辉担任蓝色光标执行总裁;蓝色光标改制成立北京蓝色光标品牌管理顾问股份有限公司;5 月,收购欣风翼;10 月,毛宇辉担任蓝色光标总裁。

2008 年 7 月,蓝色光标与联想、Cisco 等客户合作 10 年。12 月,据中国国际公关协会 2007 年行业报告,蓝色光标是大陆地区唯一一家年营业收入超过 1 亿人民币的公关公司,世界 500 强客户超过 15 个,行业覆盖高科技、消费品、金融、工业、房地产、医疗等。

2010 年 2 月 26 日,蓝色光标正式登陆创业板,成为中国国内首家上市的公共关系企业,股票代码为 300058。现其总部位于北京,全国设有 23 个分区办事处,有员工近500 人。

9.6.6　营销公关

公司里营销经理与公关专业人员各有侧重,前者更看重第一线的工作,而后者则将前者的工作内容视为准备和传播信息,但这种情况正在转变。很多公司正在要求设立一个营销公关的专门机构,直接支持公司或产品推广以及形象塑造。

营销公关(Marketing Public Relations,MPR)有助于完成以下任务:

(1)协助新产品上市。麦当劳的新产品"Mclean Delme Sandwich"上市时,利用媒体开展了两周的营销公共关系活动,其销售量就达到了正常广告 4 周才能达到的销售目标。

(2)协助成熟期产品再定位。美国的葡萄酒协会在"60 分钟"(sixty minutes)电视节目的协助下,宣传"喝 2 盅红葡萄酒可以减少心脏病 50% 的发病率",使红葡萄酒在几天之内销量增长 44%。

(3)建立对某一种产品的兴趣。20 世纪 90 年代初,在美国盛行的洋白菜头娃娃(cabbage patch kids)不是通过广告来促销产品,而是完全借助媒体新闻和全国性杂志开展营销公共关系活动,使其畅销全国。

(4)影响特定的目标群体。海德大西洋公司通过《消费者报告》杂志(Consumer Report)倡导"物以稀为贵"的消费观念,使其旅游鞋的销售额在短期内提高了两倍。

(5)保护已出现公众问题的产品。1988 年,美国某航空公司的一架飞机发生事故,除一位空姐遇难外,其余人都平安无事。为此,波音公司借机大肆宣传,事故是由于飞机超龄飞行,大大超过安全系数所致,如此残旧的飞机都能使乘客无一伤亡,正好证明了波音飞机的质量是非常可靠的。结果,公司的形象非但没有受到丝毫损害,反而订单猛增。

(6)建立有利于表现产品特点的公司形象。当麦当劳把其食品的塑料包装改换成一次性的环保纸包装时,与研究固体垃圾问题的公益团体——自然保护基金组织的代表们一起发表了一个声明:表明麦当劳产品得到了环保组织的广泛支持,而且还在消费者心里树立起了"环境保护产业先导者"的社会形象。

由于大众广告的作用力在日益减弱,所以营销经理们正在更多地求助于营销公关。营销公关无论对新产品还是老产品,在建立知名度和品牌知识方面均有着特殊的效果。

营销公关的主要工具有七个,菲力普·科特勒教授以"PENCILS"(铅笔)对其做了形象概括:

* P(Publication)——出版物:包括年度报告、小册子、文章、视听资料、商业信件和杂志等。

＊E(Event)——事件:安排一些特殊的节事来吸引某些人对其的注意,如记者招待会、研讨会、展览会、竞赛、周年庆等。

＊N(News)——新闻:发展或创造对公司和其产品或人员有利的新闻,争取主流媒体的正面报道。

＊C(Community Relation)——社区关系:赞助社区的体育、文化活动,借以推广品牌和公司名字。

＊I(Identify Media)——形象识别媒体:利用出版物创造出一个能被公众迅速辨认出的视觉形象。

＊L(Lobby)——演讲:公司负责人经常通过宣传工具回答各种问题,并在会议上进行演说,以此树立公司形象。

＊S(Social Cause Marketing)——公益服务活动:向某些公益组织提供一定的资金和免费服务,以提高公众信誉。

附件 网上促销

在进行网络营销时,网上促销是其中极为重要的一项内容。

1.网上促销的定义

网上促销是指利用 Internet 等电子手段来组织促销活动,以辅助和促进消费者对商品或服务的购买与使用。

2.网上促销的分类

根据促销对象的不同,网上促销策略可分为:消费者促销、中间商促销、零售商促销。

3.网上促销的策略

(1)网上折价促销

折价亦称打折、折扣,是目前网上最常用的一种促销方式。

由于网上销售商品不直观,也不可触摸、试用,再加上配送成本和付款方式的复杂性,会影响网上购物和订货的积极性。而幅度比较大的折扣可以促使消费者进行网上购物的尝试并做出购买决定。

折价券,是直接价格打折的一种变化形式,有些商品因在网上直接销售有一定的困难,便结合传统营销方式,使消费者可从网上下载、打印折价券或直接填写优惠表单,到指定地点购买商品时可享受一定优惠。

(2)网上变相折价促销

变相折价促销,是指在不提高或稍微增加价格的前提下,提高产品或服务的品质数量,较大幅度地增加产品或服务的附加值,让消费者感到物有所值。

由于网上直接价格折扣容易造成消费者对产品品质降低了的怀疑,所以利用增加商品附加值的促销方法会更容易获得消费者的信任。

(3)网上赠品促销

赠品促销目前在网上的应用不算太多,一般情况下,在新产品推出试用、产品更新、对抗竞争品牌、开辟新市场情况下利用赠品促销可以达到比较好的促销效果。

赠品促销的优点:①可以提升品牌和网站的知名度;②鼓励人们经常访问网站以获得更多的优惠信息;③能根据消费者索取赠品的热情程度来分析营销效果和产品本身的反响等。

赠品促销应注意对赠品的选择:①不要选择次品、劣质品作为赠品,这样做只会起到适得其反的作用;②明确促销目的,即选择适当的能够吸引消费者的产品或服务;③注意时间和时机,注意赠品的时间性,如冬季不能赠送只在夏季才能用的物品。赠品要在能接受的预算内,不可过度赠送赠品而造成营销困境。

(4)网上抽奖促销

抽奖促销是网上应用较广泛的促销形式之一,是大部分网站乐意采用的促销方式。抽奖促销是以一个人或数人获得超出参加活动成本的奖品为手段进行商品或服务的促销,网上抽奖促销活动主要附加于调查、产品销售、扩大用户群、庆典、推广某项活动等中。消费者或访问者通过填写问卷,注册、购买产品或参加网上活动等方式获得抽奖机会。

网上抽奖促销活动应注意的几点:①奖品要有诱惑力,可考虑大额超值的产品吸引人们参加。②活动参加方式要简单化,网上抽奖活动要策划的有趣味性和容易参加。太过复杂和难度太大的活动较难吸引匆匆的访客。③抽奖结果的公正公平性,由于网络的虚拟性和参加者的广泛地域性,对抽奖结果的真实性要有一定的保证,应该及时请公证人员进行全程公证,并及时通过 E-mail、公告等形式向参加者通告活动进度和结果。

(5)积分促销

积分促销在网络上的应用比起传统营销方式要简单和易操作。网上积分活动很容易通过编程和数据库等来实现,并且结果可信度很高,操作起来相对较为简便。积分促销一般设置价值较高的奖品,消费者通过多次购买或多次参加某项活动来增加积分以获得奖品。

积分促销可以增加上网者访问网站和参加某项活动的次数;可以提高上网者对网站的忠诚度;可以提高活动的知名度等。

现在不少电子商务网站"发行"的"虚拟货币"就是积分促销的另一种体现,如 8848 的"e 元"、酷必得的"酷币"等。网站通过举办活动来使会员"挣钱",同时允许会员可以用仅能在网站使用的"虚拟货币"来购买本站的商品,实际上是给会员购买者相应的优惠。

(6)网上联合促销

由不同商家联合进行的促销活动称为联合促销。联合促销的产品或服务可以起到一定的优势互补、互相提升自身价值等效应。如果应用得当,联合促销可起到相当好的促销效果,如网络公司可以和传统商家联合,以提供在网络上无法实现的服务;又如网上在线售车公司和润滑油公司联合等。

以上六种是网上促销活动中比较常见又较重要的方式,其他如节假日的促销、事件促销等都是对以上几种促销方式进行综合应用。但要想使促销活动达到良好的效果,必须事先进行市场分析、竞争对手分析以及网上活动实施的可行性分析,并与整体营销计划结合,创意地组织与实施促销活动,使促销活动新奇、富有销售力和影响力。

本章小结

　　本章主要阐述企业促销策略,它是企业在实际工作中应用得最多的一种市场推广手段。促销有广义和狭义之分,广义的促销是一种营销组合策略,包括人员推销、广告、公关宣传、消费者活动等各种能促进销售的手段。狭义的促销,则仅指销售促进,即指除人员推销、广告、公关宣传之外,一切能刺激顾客购买或经销商交易的行销活动。本章讲的更多的是广义促销。

　　通过对本章的学习,读者不仅掌握了几种主要的销售促进工具,还懂得了如何根据企业的总体市场策略来选择具体的促销手段,制定含人员推销、广告、公关宣传、消费者活动等所有内容的营销组合策略等。

复习思考题

一、名词解释

促销　促销组合　广告　销售促进　公共关系

二、单项选择题

1. 公共关系的核心是(　　　)。

　　A. 企业形象　　　　　　B. 人口状况　　　　C. 消费者心理　　　　D. 地理环境

2. 运用促销策略时促销对象是(　　　)。

　　A. 消费者　　　　　　　B. 批发商　　　　　C. 零售商　　　　　　D. 终端消费者

3. 大多数公司有一个(　　　)部门,用于监视公众的态度,发布和传播信息,以建立良好的信誉。

　　A. 公共关系　　　　　　B. 广告　　　　　　C. 销售部　　　　　　D. 人事部

三、多项选择题

1. 根据促销手段的出发点与作用的不同,促销可分为(　　　)。

　　A. 推式　　　　　　　　B. 人员推销　　　　C. 拉式　　　　　　　D. 广告

2. 促销组合的主要构成要素有(　　　)。

　　A. 人员推销　　　　　　B. 广告　　　　　　C. 营业推广　　　　　D. 公共关系

3. 推式策略的对象一般是(　　　)。

    A.消费者　　　　　　B.零售商　　　　C.制造商　　　　　　D.批发商

4.广告大致可分为(　　)类。

    A.告知性广告　　　　　B.提醒性广告　　C.说服性广告　　　　D.强化性广告

5.以下(　　)是消费者促销形式。

    A.样品　　　　　　　　B.免费试用优惠券　C.减价　　　　　　　D.销售竞赛

四、判断题

1.促销就是降价。　　　　　　　　　　　　　　　　　　　　　　　　　　(　　)

2.人员推销是最有效的推销方式。　　　　　　　　　　　　　　　　　　(　　)

3.销售促进是一项最主要的促销方式。　　　　　　　　　　　　　　　　(　　)

4.促销很有效,可以长期使用。　　　　　　　　　　　　　　　　　　　(　　)

5.人员推销不能直接说服消费者达成购买。　　　　　　　　　　　　　　(　　)

五、简答题

1.列举销售促进的几项主要工具。

2.什么是推式促销策略？什么是拉式促销策略？

3.影响促销组合的因素有哪些？

4.请简述制定广告方案的五项主要决策。

5.请简述如何制定销售促进决策。

第 10 章　市场调研

学习目标

知识目标	技能目标
1.了解市场调研的概念和分类 2.了解市场调研的主要方法 3.了解问卷设计的原则和要求 4.了解实地调查的主要方法 5.了解市场调研数据统计的主要方法 6.了解市场调研设计和调研报告的基本格式	1.能够了解市场调研的基本内容和基本方法 2.学会问卷调查的基本方法和拟订问卷技巧 3.了解各种实地调查的特点和基本内容 4.学会基本数据的处理,并能撰写简单的调研报告 5.掌握常用的市场调研方法

知识结构

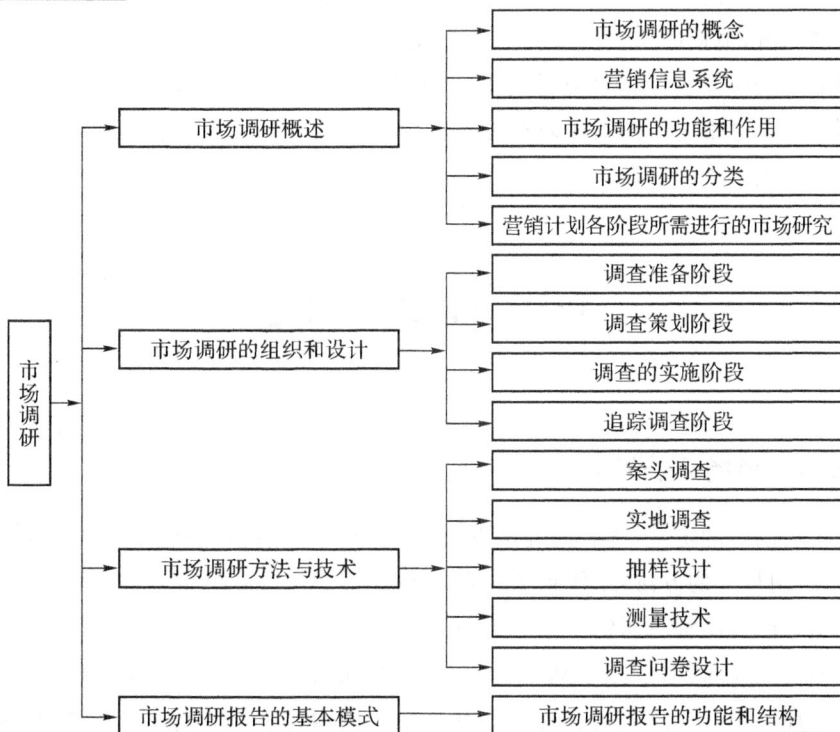

完美的厕所

有一户人家,住在市镇与市镇之间的路上,以种菜为主,颇为肥料不足所苦。

有一天,主人灵机一动:"在这条路上,往来贸易的人很多。如果能在路边盖一个厕所,一方面给过路的人方便,另一方面也解决了肥料的问题。"

于是,他用竹子与茅草盖了一间厕所。果然来往的人无不称好。种菜的肥料从此不缺,青菜萝卜都长得极为肥美。

路对面有一户人家也以种菜为生。他看到了邻里的收获,非常美慕,心想:"我也就该在路边盖个厕所。而且,为了吸引更多人来,我要把厕所盖得清洁、美观、大方、豪华。"

于是,他用上好的砖瓦搭盖了一间厕所,内外都漆上石灰,比对面的厕所大了一倍。

完工之后,他觉得非常满意。

然而,对面的厕所人来人往,而自己盖的厕所却无人光顾。这户人家感到非常奇怪,就问路过的人是怎么回事。原来,他盖的厕所太美、太干净,一般人以为是神庙,内急的人当然是跑厕所,不会跑神庙了。

营销是有针对性地对顾客进行的工作。如果看到竞争对手采取了行动,而自己缺乏周密的计划,就仓促上马,很容易失败。凡事预则立不预则废,前期的市场调研是十分重要的。

没有调查研究就没有发言权,市场营销调研在整个市场营销活动中占有重要地位。一个企业在其自身的营销活动中,需要做出各种不同的决策,如生产什么产品?顾客在购买一种产品时,他们的实际需要是什么?希望得到什么利益?如何满足顾客的需求?某种新产品是否应开发?竞争对手是谁?如何在激烈的市场竞争中立于不败之地?这些问题都需要通过市场营销调研来解决。这是一项十分细致而复杂的工作,它为企业进行市场营销提供有力的依据。

10.1　市场调研概述

10.1.1　市场调研的概念

关于市场调研的定义,学者的说法不一,本书从实用角度出发将市场调研界定为:运用科学的方法,系统地收集和分析有关营销问题的信息,以帮助企业营销管理人员解决营销管理决策中的问题。

由上面的定义可知,市场调研本身不是目的,而是一种管理工具,其任务就是为管理层提供解决营销管理问题的信息。国内许多企业界人士常将市场调研和

▶市场调研
的概念

市场调查混为一谈,其实两者并不相同。市场调查是指以科学的方法,收集和分析消费者购买和使用产品的事实、意见、动机等信息;而市场调研不仅是研究消费者的购买和使用行为,而且还对产品或劳务从生产者到达消费者这一市场营销活动过程的所有阶段加以研究,因此从严格意义上讲,其范围比市场调查广泛得多。

10.1.2 营销信息系统

市场调研工作本质上是收集和分析营销信息,因而该工作的有效性依赖于一个完整的营销信息系统。

市场营销信息系统是指有计划有规则地收集、分类、分析、评价与处理信息的程序和方法,高效地提供有用信息,供企业营销决策者制定规划和策略,是由人员、机器和计算机程序所构成的一种相互作用的有组织的系统,如图 10-1 所示。

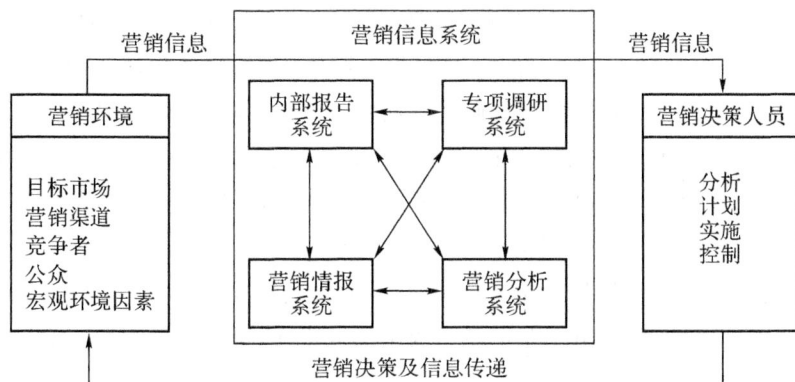

图 10-1　营销信息系统

根据对市场信息系统的要求和市场信息系统收集、处理及利用各种资料的范围,其基本框架一般由四个子系统构成。

1. 内部报告系统

内部报告系统的主要任务是由企业内部的财务、生产、销售等部门定期提供控制企业全部营销活动所需的信息,包括订货、销售、库存、生产进度、成本、现金流量、应收应付账款及盈亏等方面的信息。企业营销管理人员通过分析这些信息,比较各种指标的计划和实际执行情况,可以及时发现企业的市场机会和存在的问题。企业的内部报告系统的关键是如何提高这一循环系统的运行效率,并使整个内部报告系统能够迅速、准确、可靠地向企业的营销决策者提供各种有用的信息。

2. 营销情报系统

企业的营销情报系统是指企业营销人员取得外部市场营销环境中的有关资料的程序或来源。该系统的任务是提供外界市场环境所发生的有关动态的信息。企业通过市场营销情报系统,可能从各种途径取得市场情报信息,如通过查阅各种商业报刊、文件、网上信息,直接与顾客、供应者、经销商交谈,与企业内部有关人员交换信息等方式。也可通过雇用专家收集有关的市场信息;通过向情报商购买市场信息等。为了提高情报的质量和数量,必须训练和鼓励营销人员收集情报;鼓励中间商及合作者向企业通报情报;购买信息机构的情报;参加各种贸易展览会等。

营销情报也经常通过向第三方专业市场研究公司购买而获得,如电视收视率调查、媒体监视研究、零售普查和零售稽核等。这些调查需要很高的花费,通常一个企业很难负担得起,一般由专业的市场研究公司自行投资,将所收集的信息制成定期出版的报告,然后向不同企业销售,国外的市场研究公司把它称作为 Syndicated(辛迪加)服务。

3. 专项调研系统

营销专项调研系统是完成企业所面临的明确具体的市场营销情况的研究工作程序或方法的总体。其任务是:针对确定的市场营销问题收集、分析和评价有关的信息资料,并对研究结果提出正式报告,供决策者有针对性地用于解决特定问题,以减少由主观判断可能造成的决策失误。因各企业所面临的问题不同,所以其需要进行市场研究的内容也不同。根据国外对企业市场营销研究的调查,发现主要有市场特性的确定、市场需求潜量的测量、市场占有率分析、销售分析、企业趋势研究、竞争产品研究、短期预测、新产品接受性和潜力研究、长期预测、定价研究等内容,企业研究得比较普遍。

狭义上的营销调研,即本章所说的营销调研,内容大多限于该系统,即对企业为解决某一具体的营销管理问题而自行或委托专业市场研究公司进行的研究项目。

4. 营销分析系统

营销分析系统是指一组用来分析市场资料和解决复杂的市场问题的技术和技巧。这个系统由统计分析模型和市场营销模型两个部分组成,第一部分是借助各种统计方法对所输入的市场信息进行分析的统计库;第二部分是专门用于协助企业决策者选择最佳的市场营销策略的模型库。

通过对以上市场营销信息系统的四个子系统所研究的内容及这些子系统之间的关系的分析,可以看出企业的市场营销信息系统具有以下重要职能:

集中——搜寻与汇集各种市场信息资料;处理——对所汇集的资料进行整理、分类、编辑与总结;分析——对各种指标进行计算、比较、综合;储存与检索——编制资料索引并加以储存,以便需要时查找;评价——鉴明输入的各种信息的准确性;传递——将各种经过处理的信息迅速准确地传递给有关人员,以便及时调整企业的经营决策。

由上可见,一个企业的营销系统是由地域分散的销售部门、市场研究部门和决策机构组成的,并且由于竞争的加剧,企业必须能够及时地分辨市场环境和机遇,对客户的产品和服务需求能够及时满足,因而企业的营销信息系统是一个分布式的实时系统。

同时,市场营销活动是建立在对市场的了解和分析基础上的,对市场的了解需要收集、整理大量的营销信息。市场营销信息具有很强的时效性,处于不断的更新变化之中,这就要求企业营销部门必须不断地、及时地收集各种信息,以便不断掌握新情况,研究新问题,取得市场营销主动权。通过企业营销信息系统,管理者建立与企业内外部的信息连接。

特别提示 10-1

企业在掌握营销信息和建立营销信息系统过程中应注意哪些问题?

其一,营销信息的获得是需要成本的,而营销信息系统的建立更非一朝一夕所能完成。为此,企业的领导人员必须具有高瞻远瞩的远见和智慧,树立"信息就是企业的生命"的思想,广泛地搜集完整有效的信息,并通过营销信息系统的处理,使之成为准确可靠的信息。在这里,搜集和掌握营销信息只是企业信息化的初步阶段,最重要的是建立快速反应的营销信息系统。

其二,企业的销售人员无疑是企业与外部联系的纽带和桥梁,他们担当着为企业销售产品,与代理商建立长期稳定的合作关系,争取为企业带来长期的利益和获得外部信息的重任。实际上获得信息并初步地处理信息是销售人员的重要工作内容之一。这就要求销售人员具有良好的个人素质和工作能力,具有整体观念、全局观念。为此,必须充分重视对销售人员业务能力的培养和提高,经常开展业务培训活动,使销售人员不断增长工作能力,成为销售产品、收集信息和初步处理信息的行家里手。

其三,企业营销信息系统可靠性差并缺乏决策支持功能。目前一些企业虽然也建立了诸如 MIS、CRM、ERP 等系统,但总体说来这些系统的可靠性差,缺乏可操作性。电脑、数据库、网络等相关技术系统都只是我们的工具,一个企业能否应用信息技术提高自身的竞争力,在很大程度上取决于如何应用这些技术。在已经建立了比较完备的公司网站、网上报销系统、工作计划与报告管理系统、网上订货系统、网上(OA)办公系统的基础上,还需要打破职能部门之间的界限,使信息趋向"一体化"。

营销案例 10-1

九芝堂股份有限公司

湖南九芝堂股份有限公司是国家重点中药企业,深圳交易所上市公司。其主发起人长沙九芝堂集团有限公司的前身"劳九芝堂药铺"创建于 1650 年,是中国著名老字号,被国家药品食品监督管理总局批准为具有全国药品跨省连锁经营资格的试点企业之一。

一、系统情况

九芝堂营销管理信息系统囊括了业务管理、仓库管理、账务管理、客户管理、领导查询、费用管理、计划管理、系统管理八大子系统,基本涵盖了营销业务领域的方方面面,实现了以事务为基础,以客户为中心,确保账账相符,账实一致的营销管理指导思想。

业务管理:以对发货单、发票、结算单、往来凭证的流水线式管理为基础,以客户、产品、仓库、业务员、销售机构、销售区域六大要素的组合报表为延伸,以应收账款管理为核心,三者有机构成。

仓库管理:基本事务是各仓库的单据管理,同时通过发货、收料与业务方面紧密相连,通过入库、领料、残损与账务联成一体。

账务管理：是业务和仓库管理流程的审结者，它调入业务和仓库基本数据来生成产成品账、销售账和销售利润账，还要通过与业务方面的对账来发现和规范业务管理。

客户管理：在建立全面标准化的客户档案的基础上，保证了客户作为最重要业务资源的有效性、可管理性，对公司制订下一步工作计划或调整计划可发挥重要作用。

领导查询：可以调取领导最为关心的营销信息对比和排比表，实时清晰地了解业务进展情况。

费用管理：按照品牌、业务员和科目将各项费用细分，同时也与业务的实际发生情况进行了挂钩。

计划管理：则从计划和综合报表（台账等）两个角度，在综合采集业务数据的基础上自动生成。

系统管理：有两大特色，一在于按岗定职责；二在于可以从数据安全的角度将整套营销系统透明一致地开放给业务员、分（子）公司经理等具有不同数据访问权限的人员使用。

二、系统业务、技术特色

营销管理信息系统的特点之一在于它充分体现了 8/2 定律，通过周密细致的客户分析可以使业务会计将注意力集中在能带来 80% 效益的 20% 客户上，从而对业务进行指导、监督和审核。

特点之二在于通过实时的库存管理，可以有效地对库存进行控制，从而减少库存损失，减少不合理的库存占用资金，盘活和提高资金的周转率。

特点之三在于进销存财的一体化，数据的透明性和一致性将确保各部门对账的顺畅，减少错误和摩擦，提高工作效率。

特点之四在于通过数据的安全性控制可以将过于集中的营销管理职能适当地分离出去，从而减少内勤部工作压力，提高内勤部的综合战斗力。

特点之五在于通过各类报表（尤其是综合报表和当天的账龄分析表），可以有效地发挥营销中心的指导、监督和审核职能，将一些更严格的管理规则应用到业务实践中去，通过管理产生效益。例如，通过对应收账龄和结算账龄进行分析来控制对客户发货和开票工作等。

纵观国内医药行业，公司的营销模式是先进而成功的，所以基于这套营销模式的营销管理系统也承继了此特性：严格的客户管理机制，严密的安全体系结构，方便快捷的操作方式，丰富实用的统计报表，进、销、存、财一体化的流程控制。

三、应用情况实例

（1）工作效率对比：系统在发货单、发票、结算单等单据登账时速度比原系统提高 30 多倍（原系统单据登账时，每笔单据登账时间是 1 分钟，而新系统是 1 秒多钟），系统在查询、数据分析时的速度远比原系统高，并配合多达 400 多个实用报表一起使用，因此营销中心在每月结算时所用的时间比原来减少了超过一半（数据量比原先多 1/3 情况下）。

（2）安全、稳定对比分析：系统由于在设计、数据库方面的先天优势，绝对不会在进行单据处理、登账时丢失数据，而原系统则不能保证数据的稳定性，经常发生莫名其妙丢失数据的情况。从一年多的应用情况来看，新系统没有发生一例此情况（从理论上来说也不可能）。同时，系统安全的特性使整个系统在安全方面有了很大的提高。

（3）数据对账分析：业务系统中增加了关账功能，账务系统中增加了客户对账、产品对账功能，它能使业务、财务、仓库迅速准确对账，财务部对账的时间减少了一半。

（4）业务监督、审核对比分析：系统中有客户管理和对客户的应收账款、结算的分析处理功能，在系统中能通过对客户、业务员应收账款指标的设定，使业务管理部门大大提高对业务员、客户的业务监督与审核的职能，如营销部门在使用此系统后，使原先 3671 个客户集中到 865 个客户进行管理，充分体现了经营的“8/2”原则，减少了因此方面所带来的呆账、烂账等问题。

（5）实时的仓库管理：在仓库管理中，系统采用了电话拨号的方式，当仓库每进出一批货物时，都及时通过电话拨号与总部进行通信，进行数据交流、处理业务，使仓库库存能及时、真实地反映，使营销管理人员能有效地对库存进行控制。

10.1.3　市场调研的功能和作用

市场营销的重点在于识别和满足顾客的需求。营销经理为了确定顾客需求，实施以满足顾客需求为目的的营销策略与计划，需要获得有关顾客、竞争对手以及市场上其他相关方面的信息。

市场调研的任务是判断信息需求，并向管理层提供相关、准确、可靠、有效和及时的信息。

营销经理要对许多最终营销成功的因素进行控制，因此为了做出恰当的决策，管理者应当及时获取制定决策所需的信息。市场调研就是提供这种信息的一个主要渠道。

随着时间的推移以及消费者和企业所处的生存、工作、竞争和制定购买决策的环境的变化，企业必须对营销组合进行调整。市场调研是了解外部环境的一种关键手段。了解外部环境不仅有助于企业改变目前的营销组合，而且有助于识别新的市场机会。

市场调研在营销系统中扮演着两种重要角色。首先，它是市场情报反馈过程的一部分，向决策者提供关于当前营销组合有效性的信息和进行必要变革的线索；其次，它是探索新的市场机会的基本工具。

市场调研有三种功能：描述、诊断和预测。描述功能是指收集并陈述事实。例如，某个行业的历史销售趋势是什么样的？消费者对某产品及其广告的态度如何？调查的第二种功能是诊断功能，指解释信息或活动。例如，改变包装户对消费者产生什么影响？最后一种功能是预测功能。例如，企业如何更好地利用持续变化的市场中出现的机会？

有效的营销调研会使企业获益匪浅，其作用可综述为：市场营销调研是为企业营销决策提供依据，即市场营销调研在企业制订营销计划、确定企业发展方向、制定企业的市场营销组合策略等方面有着极其重要的作用。在营销决策执行过程中，市场调研为调整营销计划、改进和评估各种营销策略提供依据,有着检验与矫正的作用。具体有以下内容。

1. 有利于企业发现市场机会,开拓新市场

激烈的市场竞争给企业进入市场带来困难,同时也为企业创造出许多的机遇。通过市场调研,可以确定产品的潜在市场需求和销售量大小,了解顾客的意见、态度、消费倾向、购买行为等。据此进行市场细分,进而确定其目标市场,分析市场的销售形势和竞争态势,作为发现市场机会、确定企业发展方向的依据。瑞士雀巢公司为了把产品打入中国市场,进行了大量的市场调查,经过全面仔细的调查,雀巢公司认识到中国是一个重感情的礼仪之邦,于是广告宣传重在表达家庭的温馨、朋友的情谊,因此采用了"滴滴香浓,意犹未尽,味道好极了"的广告词,如今,雀巢产品已为人们所熟悉。

2. 有利于企业开发新产品

科学技术的日新月异,顾客需求的千变万化,致使市场竞争日趋激烈,新产品层出不穷,产品更新换代的速度越来越快。日本汽车成功打入美国市场,美国宝洁公司成功占领中国洗发护发市场,都与市场营销调研的成功进行密不可分。宝洁公司不断地推出适合中国各类消费群体的洗发水,突出产品特色。海飞丝侧重于去头屑,潘婷用于修护头发,沙宣则着眼于高收入的白领阶层。通过市场调研,进行市场细分,根据掌握的信息,有针对性开发新产品或进行产品的更新换代,宝洁公司做得非常成功。可见,通过市场营销调研,可以发现市场新的需求,以及产品目前所处于产品生命周期的哪个阶段,以便适时调整,对是否进行新产品的开发研制和产品的更新换代做出决策。

例如,福特汽车公司开办了一个市场调查诊所,对自己的新车型设计进行检验。该所邀请客户在预定的路线上驾驶新汽车,同时,派一位受过训练的调查人员坐在驾驶人员的旁边,记录驾驶员对汽车的全部反应。驾驶结束后,给每一位参与者一份长达6页的调查问卷,询问参与者对汽车每一部分优缺点的评价。通过参与者提供的信息,福特汽车公司就可以了解到消费者对其新车型的反应和评价,然后进行适当的改进,使之更受目标消费者的欢迎。

3. 为制定市场营销组合策略提供依据

市场的情况错综复杂,瞬息万变,一个企业要想长久地立足于市场,在激烈的竞争中顺利发展,需要随时了解并掌握市场需求、企业所面临的市场状况及竞争对手的情况。因此,只有通过大量、系统、准确的调研活动,取得相关的资料,才能及时知晓企业所处的市场状况、产品的市场占有率、产品的供求状况等非常重要的信息。某市一家饮料厂,1990年的销售额比上年增长10%,1991年又增长15%,原以为成绩喜人,但营销调研的资料却使他们大吃一惊。1990年该厂的市场占有率为25%,而1991年却降为18%,即该厂的市场规模增长率低于销售增长率,该厂就是从营销调研中得到自身的市场地位已经被削弱的危险信号,因此调整策略重新夺回市场。根据产品的特点,通过市场调研了解市场需求,可以制定适当的产品策略与产品的价格。企业通过市场调研,可以及时掌握市场上产品的价格态势,灵活调整价格策略。又如产品能否打入市场,能否制定出切

实有效的促销策略至关重要,销售渠道是否畅通无阻亦重要。这一切都需要通过市场营销调研来提供市场信息,作为企业制定营销调研组织策略的依据。

市场调研作为营销手段,对于西方市场经济国家的企业来说已成为一种武器,在他们看来,企业不搞市场调研就进行市场营销决策是不可思议的。知己知彼,百战不殆。企业对国内外市场的行情及其走势、对顾客的消费需求及消费心理、对竞争对手的种种情况都应了如指掌,有比较准确的判断,自然胜券在握。相反,企业不重视市场调研,盲目生产,受到市场规律无情惩罚的也不乏其例。令人遗憾的是,我们许多企业管理者关于市场调研的意识淡薄,认为市场调研的费用是一项支出,而不是一项必要的投入。不少企业重视搞新产品开发,但对市场调研却不重视,或调查不够细致,仅凭个人经验,对市场做直观、感性的判断,结果上马的项目成功率较低。

10.1.4 市场调研的分类

按照市场调研过程中数据收集的方式和数据类型,可将市场研究分为定量研究和定性研究两种。

▶市场调研的类型

定量研究是指可以提供数量性信息的研究,例如有多少消费者使用甲产品,有多少消费者使用乙产品;A 品牌的市场占有率有多大,B 品牌的市场占有率有多大,它的主要功能是在于解答"有多少""是什么""发生了什么"的问题。而定性研究是指发掘消费者动机、态度和决策过程的研究,它的功能不是提供有关消费者的客观数字,而是解答"为什么"的问题。例如,为什么某些消费者购买甲产品而不购买乙产品?为什么某些消费者喜欢 A 品牌而不喜欢 B 品牌等。

表 10-1 和表 10-2 分别列出了定量研究和定性研究的差异以及其优缺点比较。

表 10-1　定量与定性研究的差异

区别点	定量研究	定性研究
研究内容	事实、意见、行为	动态、态度、决策过程
支持体	数字、尺度	口头表达的信息
调查方式	问卷调查:入户、街访、电话、留置	探访、座谈会、投射技术
抽样方式	随机抽样、配额抽样	判断抽样
样本容量	大样本	小样本
分析方式	统计分析	心理分析、凭经验/灵感
深广度	广度探测	深度探测

表 10-2　定量与定性研究的优缺点

区别点	定量研究	定性研究
优点	·研究结果可以作为决策依据 ·可以推断整个市场的趋势 ·提供有意义的跟踪比较 ·通过统计分析可以找出影响态度的主要因素	·能够发掘消费者购买决策的真正动机 ·客户可以根据研究的进展适时调整研究重点 ·项目所需的时间短 ·最适合做探测性研究
缺点	·耗时长,不能快速得到最终结果 ·研究过程中内容不可更换 ·费用相对较高 ·可控性相对较差 ·无法发掘深层的原因	·不能推断总体 ·研究结果受研究人员的经验、能力影响较大

市场调研按研究的问题、目的、性质和形式的不同,一般分为以下四种类型。

1. 探测性调研

探测性调研用于探询企业所要研究的问题的一般性质。如果研究者对所需要研究的问题或范围不甚明确时,可采用探测性调研,以便发现问题,确定研究的重点。例如,某公司近几个月来产品销售量一直在大幅度下降,是什么原因造成的? 是竞争者抢走了自己的生意,还是经济衰退的影响,还是顾客的爱好发生了变化,还是广告支出的减少? 显然,影响的因素很多,公司无法一一查知。企业只好先用探测性研究法来寻求一些最可能的原因。企业可以先从一些用户或中间商那里去搜集多方面的信息资料,从分析中发现问题,以便进一步调查。

探测性调研的目的是明确的,但研究的问题和范围较大。在方法上比较灵活,事先不需要进行周密的策划,在研究过程中可根据情况随时进行调整。探测性调研的资料主要来源于二手资料或一些内行、专家的意见与想法,或参照过去类似的实例来进行分析,多以定性研究为主。

2. 描述性调研

描述性调研主要进行事实资料的收集、整理,着重回答消费者买什么、何时买、如何买等问题,是通过详细的调查和分析,对市场营销活动的某一方面进行客观的描述,是对已经找出的问题做如实的反映和具体回答。多数的市场营销调研都为描述性调研。例如,对市场潜力和市场占有率、竞争对手的状况描述等;在调查中,搜集与市场有关的各种资料,并对这些资料进行分析研究,揭示市场发展变化的趋势,为企业的市场营销决策提供科学的依据。这类调研的目的在于对某一专门问题提出答案,所以比探测性调研更为深入细致,研究的问题更加具体。在研究之初,通常根据决策的内容,把研究的问题进一步分解。描述性调研需要事先拟订周密的调研方案,并做详细的调研计划和提纲,包括各项准备工作,以确保调研工作的顺利进行。

描述性调查设计的主要内容如下:

(1)描述有关群体的特征。例如,给出某些名牌商店的"重型使用者"(经常购物者)

的轮廓。

(2)估算同时具有多种行为的顾客在顾客总量中所占的比例。例如,估算既是某些名牌商店的"重型使用者",又光顾减价商店的顾客比例。

(3)确定产品特征的概念。例如,不同家庭是按照什么准则来选择各百货商店的。

(4)确定变量间的联系程度。例如,在百货商店购物与外出就餐之间有什么程度的关联?

(5)进行具体的预测。例如,某地区的时装(某特定类别的产品)的零售销量会是多少?

描述性调研的设计要求清楚地规定调查的六个要素(也叫六个 W):谁(who)、什么(what)、何时(when)、何地(where)、为什么(why)、什么方式(how)。

描述性研究的主要应用领域:①市场研究:用于描述市场的规模大小、消费者的购买力、销售渠道的可行性以及消费者的基本情况(轮廓);②市场占有率研究:明确某公司及其竞争对手的总销售量所占比例;③销售分析研究:用地理区域、商品流通线、利润的种类及数量等描述销售的情况;④形象研究:明确消费者对公司及其产品的看法和认识;⑤产品使用研究:描述消费模式;⑥销售渠道研究:明确销售渠道类型、分销商的数量和位置;⑦价格研究:描述价格变动的范围和频度,以及消费者对所提出的价格变动的可能反应;⑧广告研究:描述媒介接触行为以及接触效果。

3. 因果性调研

描述性调研可以说明某些现象或变量之间的相互关系,但要说明某个变量是否影响或决定着其他变量的变化,就要用到因果性调研。

因果性调研的目的就是要找出关联现象或变量之间的因果关系,一般是为回答调研中"为什么"的问题提供资料。如要了解企业可控制的变量(产品产量、产品价格、各项销售促进费用等)与企业无法控制的变量(产品销售量、市场的供求关系等)之间的变化关系和影响程度,需通过因果性调研得知。因果性调研是在描述性调研的基础上进一步分析问题发生的因果关系,弄清原因和结果之间的数量关系,揭示和鉴别某种变量的变化究竟受哪些因素的影响及影响程度如何。

因果关系研究的目的包括下述内容:

(1)了解哪些变量是起因(独立变量或自变量),哪些变量是结果(因变量或响应)。

(2)确定起因变量与要预测的结果变量间的相互关系的性质。

和描述性研究一样,因果关系研究也需要有方案和结构的设计。描述性研究虽然也可以确定变量间联系的紧密程度,但是并不能确定因果关系。要考察因果关系必须将有些可能影响结果的变量控制起来,这样,自变量对因变量的影响才能测量出来。

因果性调研,同样要有详细的计划和要做好各项准备工作。实验法是调研中一种主要的研究方法。

4. 预测性调研

对未来市场的需求进行估计,即预测性调研,是企业制订有效的营销计划和进行市场营销决策的前提。它在前述调研的基础上进行组织处理信息,估计市场未来需求,对于企业今后发展有着一定的意义。预测性调研涉及的范围比较大,可采用的研究方法比较多,研究方式较为灵活。

10.1.5　营销计划各阶段所需进行的市场研究

图 10-2 为在企业营销计划各阶段中所需进行的市场研究项目。

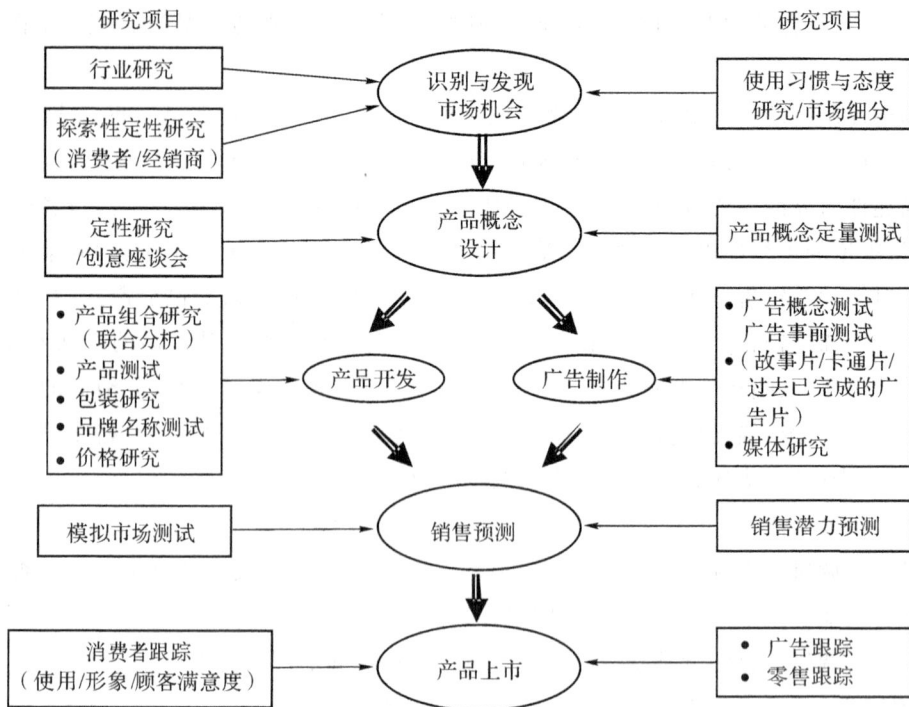

图 10-2　营销计划各阶段所需进行的市场研究项目

在识别和发现市场机会阶段,企业需要运用第二手资料对行业进行研究,并对消费者和经销商进行探索性的定性研究以及对消费者进行使用习惯和态度研究来发现消费者尚未被满足的需要。

在产品概念设计阶段,企业应运用创意座谈会去设定产品概念,并对所设定好的概念进行定量、定性的概念测试,以帮助企业修改和充实产品概念。

在产品开发阶段,企业应运用联合分析来确定最优的产品特性组合,并运用产品测试去衡量新产品被接受程度以及必须改良之处。此外,还需运用包装研究、品牌名称测试、价格研究去确定产品的包装、名称和价格。

在广告制作阶段,企业应运用广告概念测试、广告事前测试去了解目标消费者对广告诉求的理解以及广告片在创造广告品牌有利形象方面的能力。此外,还应运用媒体研究去确定广告的投放计划。

在产品上市之前,企业应采用模拟市场测试对新产品的销售量进行预测。

产品上市后企业要运用广告跟踪去测试广告是否达到了预期的目标,并运用零售跟踪、消费者跟踪去评价营销计划的执行情况并判断所制订的营销计划是否需要调整。

知识链接 10-1

2009 年排名前 25 位的市场研究公司

专业从事市场研究、市场调查、营销研究、满意度调查的市场研究公司,在中国的发展已经逐渐步入国际化的发展步伐,综合各方面的竞争实力,对比排出下面前 25 位的市场研究公司:

1.益普索(中国)市场研究咨询有限公司

专长领域:在中国,益普索专注于营销研究、广告研究、满意度和忠诚度研究、媒介研究和公众事务研究五大领域的市场研究服务。

网址:http://www.ipsos.com.cn

2.华南国际市场研究公司

专长领域:提供全方位服务,包括行业研究;探索性的定性研究或定量的使用习惯与态度研究以进行市场细分;创意座谈会形式的定性研究或定量的新产品概念测试调查;单一性或对比性的产品测试、借助联合分析进行产品组合、品牌名称研究、包装研究和价格研究;广告概念测试、广告投放前测试和媒介研究;RI 专利品牌技术——MicroTestsm研究,在产品投放前进行销售预测及评估;消费者跟踪或零售跟踪研究。

3.央视市场研究股份有限公司

专长领域:消费者固定样组调查、广告监测、媒体与产品研究、电视传播研究及个案调查。

4.上海 AC 尼尔森市场研究公司

专长领域:AC 尼尔森公司于 1984 年开始在中国开展零售研究。目前,其零售研究覆盖全国主要城市和城镇的 70 多类非耐用消费品,定期为客户提供有关产品在各地的零售情况报告。AC 尼尔森另外一个著名的产品是调查电视、广播和报纸等媒体的尼尔森收视率。

网址:http://www.cn.nielsen.com

5.新华信国际信息咨询(北京)有限公司

专长领域:"市场研究咨询服务""商业信息咨询服务""数据库营销服务"为公司三大核心业务。在市场研究咨询服务方面关注和探究中国最具发展活力的行业的发展和未来,在汽车、金融、电信、消费品、零售、IT 和办公设备、工业品、医药等多领域提供有关市场、消费者、品牌、营销推广、渠道组织和管理等的信息、研究和咨询服务。

6.零点研究咨询集团

专长领域:市场调查、民意测验、政策性调查和内部管理调查;主要定位在消费者研究、品牌研究、评估性研究、产品与营销研究四大研究方向。房地产、汽车、金融保险、公共事务、烟草是其目前重点的研究领域。

网址：http://www.horizon-china.com

7.捷孚凯市场咨询（中国）有限公司

专长领域：耐用消费品零售调查、消费者调查、媒体调查、医疗市场调查和专项研究。其中在耐用消费品零售调查方面，公司率先做到并且成为唯一的在全球范围，用统一的标准和方法进行耐用消费品零售调查和研究的企业。

网址：http://www.gfk.com.cn

8.新生代市场监测机构有限公司

专长领域：致力于为客户提供专业的市场调查和基于数据的研究与咨询服务，包括市场研究、媒介研究、消费与社会研究以及营销咨询。重点推广产品为年度连续调查项目"中国市场与媒体研究"（CMMS）。

网址：http://www.sinomonitor.com

9.慧聪邓白氏研究有限公司

专长领域：慧聪邓白氏研究是一家在长期深度追踪行业发展基础之上，提供一站式的市场研究与媒介监测解决方案的信息集团。在IT、通信、汽车、家电、医药、媒体、化工、工业品等多个行业，拥有多角度的行业数据库与丰富的项目运作经验。主要由两大业务体系：一是根植于IT、通信、汽车、家电、医药、媒体、化工、工业品等行业的市场研究解决方案；二是基于1400多家平面媒体监测与5000多个网址源监测的媒体监测解决方案。

网址：http://www.huicong.com

10.思纬市场资讯有限公司总部

专长领域：通过对消费者的深入分析，开发出具有竞争力的市场方案，不断创造新方法，用以收集数据，把数据变成战略性商业洞见，以此帮助客户应对信息时代的商业挑战。

11.广东现代国际市场研究有限公司

专长领域：汽车、移动通信、快速消费、耐用消费等；研究产品包括客户满意度研究CSMI、派样监测技术SEE、农村研究技术CRS等。在医药保健品、家电耐用品和快速消费品（FMCG）等几大领域均积累了丰富的经验。

网址：http://www.mimr.com.cn/

12.英德知市场咨询（上海）有限公司

专长领域：以对市场的了解能力为背景，把市场调查技术、系统化技术、行业信息与专业知识以及顾问咨询等专业性手段有机地融为一体，为广大专业客户提供智能性产品，从而成为用户的全方位的商业伙伴。主要业务范围包括个案调查、网络调查、售固定样本调查。

13.北京环亚市场研究社

专长领域：专注于汽车领域、消费品行业研究。

网址：http://www.pamri.com

14. 艾瑞咨询集团

专长领域：专注于网络媒体、电子商务、网络游戏、无线增值等新经济领域，深入研究和了解消费者行为，并为网络行业及传统行业客户提供市场调查研究和战略咨询服务。目前的主要服务产品有 iUserTracker（网民行为连续研究系统）、iAdTracker（网络广告监测分析系统）、iUserSurvey（网络用户调研分析服务）、iDataCenter（网络行业研究数据中心）等。

网址：http://www.iresearch.com.cn

15. 赛诺市场研究公司

专长领域：一直专注家电和通信两个行业的研究，已是中国移动通信行业最大的市场研究机构。监测网络覆盖全国 190 个地市和 526 个县的零售监测网络，每地市拥有固定样本组 Panel，并配有长期驻地督导，周期性地为总部采集当地零售市场的监测数据。目前赛诺的零售监测网络是中国市场调研行业最大的零售监测网络之一。

16. 致联市场研究有限公司

专长领域：专注于消费者品牌体验增值研究、渠道表现研究和个案专项研究，是国内唯一一家为医药企业提供国际标准的 OTC 产品及保健品零售网点研究服务的市场研究专业机构。

网址：http://www.china-urc.com

17. 达闻通用（DM）市场研究有限公司

专长领域：以品牌销售最大化研究理论为核心的新产品研究、品牌及传播研究、满意度研究、零售及购买者研究，是中国国内最先进入零售及购买者研究领域的专业研究公司。

18. 赛立信研究集团

专长领域：商业征信、广播监测、个案研究。

网址：http://www.smr.com.cn/

19. 上海大正市场研究有限公司

专长领域：消费者生活形态研究；市场或产品机会评估；概念与产品测试；产品定位策略；品牌资产管理；广告传播效果追踪与评估；营销绩效评价，诊断与改进；定价研究；消费者/客户满意度测量等。

网址：http://www.diagaid.com/

20. 北京数字 100 市场咨询有限公司

专长领域：互联网数据采集系统、在线精准样本库、在线品牌粉丝社区及场景服务研究完善融合，是一家为企业用户提供市场咨询事例数据研究服务的专业机构。

网址：http://www.data100.com.cn/

21. 广州明镜市场研究咨询有限公司

专长领域：移动信息、金融服务、医药行业、家用电器及快速消费品等行业。

网址：http://www.cmmrchina.com/

22.北京开卷信息技术有限公司

专长领域：专注于中文图书市场零售数据连续跟踪服务。截至 2016 年 12 月底，"开卷全国图书零售市场观测系统"已覆盖了全国 3000 多家图书销售单位。

网址：http://www.openbook.com.cn

23.北京华通人商用信息有限公司

专长领域：专注于宏观经济、行业、企业及商用市场数据的采集、研究与分析，提供商用信息和市场调查全方位信息服务，业务范围包括：统计数据咨询服务、行业研究分析、企业研究与营销数据库、市场研究与咨询服务、商业智能与数据挖掘服务

网址：http://www.acmr.com.cn

24.简博市场研究有限公司

专长领域：耐用消费品，其中汽车行业是 CBR 专项研究中的一大特色。

25.诚予国际市场研究有限公司

专长领域：移动通信、金融、机场等服务行业。

10.2 市场调研的组织和设计

市场营销调查的全过程可以划分为四个阶段：调查准备阶段、调查策划阶段、调查实施阶段、追踪调查阶段。每个阶段又可以分为若干基本步骤。

10.2.1 调查准备阶段

市场营销调查的准备阶段是市场营销调查的开始。这个阶段的主要工作职能是对所要进行的市场营销调查课题进行非正式的摸底。一般包括以下三个步骤。

1.确定市场营销调查目的

确定市场营销调查目的也就是确定为什么进行市场调查，即确定调查目标、调查问题及调查主题。

2.情况分析

情况分析是在明确调查目的的基础上，由市场调研人员利用自己的知识和经验，根据已经掌握的资料，进行初步分析。通过情况分析，调研人员应对课题的基本框架有大致的了解。

3.非正式调查

非正式调查是由市场调研人员找一些与调查问题相关或熟悉这方面情况的以及消息灵通的人士交谈，进一步了解有关情况，积累资料。它可以弥补调研人员自身经验和掌握资料的不足，为判断是否需进一步调查提供更充分的条件。

10.2.2 调查策划阶段

市场营销调查的第二个阶段是调查策划阶段。该阶段包含一个步骤,即设计调查方案。市场调查方案是市场营销调查的基本框架,在实际操作中一般以调查计划书的形式出现,是市场营销调查实施的指导指南。调查计划书应包括以下几个方面内容:

1. 摘要

摘要是整个计划书的一个简短说明。由于有关重要人物可能只读这部分,因此这部分内容既要简明清晰,又要提供帮助理解调查计划书基本内容的充分信息。

2. 调查目的

说明提出本次调查项目的背景,要研究的问题和备选的各种可能决策,该调研结果可能带来的社会效益或经济效益,或是在理论研究方面的重大意义。

3. 调查内容和范围

说明调研的主要内容,规定所需获取的信息,列出主要的调查问题和有关的理论假设,明确调查的范围和对象。

4. 调研方针与方法

用简洁的文字表达调研方针,说明所采用的研究方法的重要特征,与其他方法相比较的长处和局限性;将要采取的抽样方案的主要内容和步骤;样本量的大小和可能达到的精度;采取哪种质量控制方法;数据收集的方法和调查的方式;问卷的形式及设计方面的有关考虑;数据处理和分析的方法;等等。

5. 调研进度和经费预算

详细地列出完成每一步骤所需的天数以及起讫时间。

在进行预算时,要将可能需要的费用尽可能考虑全面,以免将来出现一些不必要的麻烦而影响调查的进度。

6. 附录

附录包括人员调度,抽样方案的技术说明及细节说明,问卷设计中的有关技术说明,数据处理方法、所用软件方面的说明等几方面的内容。

10.2.3 调查的实施阶段

调查实施阶段的主要任务是组织调查人员,按照调查计划书的要求,系统地搜集资料,听取被调查者的意见,对调查结果进行处理,并编写调查报告。这个阶段大体可以分为以下几个步骤。

1. 人员培训

人员培训包括项目执行人培训、督导培训、访问员培训。访问员培训又分为两种:一种是访问员的培训;另一种是有针对性的问卷培训。

2. 调查实施

调查实施过程首先是调查对象的甄选,调查对象的甄选是按照问卷的要求选择调查对象。然后是访问的实施,访问的实施是指访问必须严格按照问卷的要求与顺序进行。访问结束以后还要对调查问卷进行一定比例的复核工作,目的:一是对访问的工作进行检查;二是对问卷中不清楚或者不明确的地方进行再确认。

3. 数据处理

数据处理的工作首先是编码,即将问卷中的所有项目的回答赋予一定的数字,以便于使用计算机进行分析。其次是录入,按照编写好的录入程序进行数据录入工作。通常采用双录入系统,即数据录入两遍,以保证数据录入的质量。最后是甄错,对问卷中存在的一些不符合逻辑或者错误的数据进行修整,以保证数据资料的完整性和一致性。

4. 数据资料分析整理

数据资料分析整理一般采用软件 SPSS 进行,通常首先是进行频数统计,频数统计不仅是一种初步分析方法,还可以起到数据清理的作用。其次是进行交叉统计,是将某一个变量与其他变量交叉分组,如消费者对某种商品的评价按性别、年龄、职业、收入等特性分组列表,以观察所要调查的变量与其他变量之间的关系。最后可以进行一些较复杂的统计分析,如方差分析、因子与聚类分析等。

5. 撰写调查报告

市场调查得到的结论要以调查报告的形式加以总结,并提供给企业,供其决策参考。调查报告是整个调查过程的最终结果,是调查者与企业沟通的重要渠道,也是进行决策和评价调查工作的主要依据。

10.2.4 追踪调查阶段

市场调查的最后一个阶段是追踪调查阶段。提出市场调查报告并不意味着市场调查的终结,一般还需要做进一步的追踪调查。其内容一般有以下三个方面:

(1)对调查报告中所提出的关键问题组织进一步深入连续的调查。

(2)对调查报告中所提出的调查结论和建议的采用率、转引率和对实际工作的使用价值进行调查,同时检验调查结论和建议的正确程度与可行情况。

(3)了解调查报告中所提出的调查结论在实际执行中是否被曲解。

总之,追踪调查对评估该项市场调查的成果具有重要意义。

营销案例 10-2

2010 年 AC 尼尔森公司为杭州久加久酒博汇做的消费者调研计划书

1. 研究背景

久加久酒博汇连锁于 2006 年 1 月成立,主要经营中高档酒类,涉及白酒、葡萄酒、黄酒等各品类。几年来,久加久依托丰富的酒业营销经验以及与国内外知名酒类品牌、酒类供应商之间长期友好关系,采用现代连锁经营理念和管理模式,逐步发展壮大。2011年,久加久已在杭州成功开出 40 多家直营连锁店,并筹划在苏州建立新店,以此作为开拓华东市场的前奏。

面对经营成本加大和竞争愈加激烈的市场环境,应以何种姿态和定位呈现给消费者、应重点关注哪些细分市场、如何牢牢抓住现有的消费者、如何让更多的消费者接受这种酒类连锁业态、如何吸引更多的习惯从超市、酒行、便利店买酒的消费者改变习惯、如何进入新市场,是久加久酒博汇进一步发展中亟须解决的问题。为此,有必要进一步明确久加久的目标消费者,并进行清晰的市场定位和产品定位,以便为久加久酒博汇调整营销策略提供决策参考。

2.研究目标

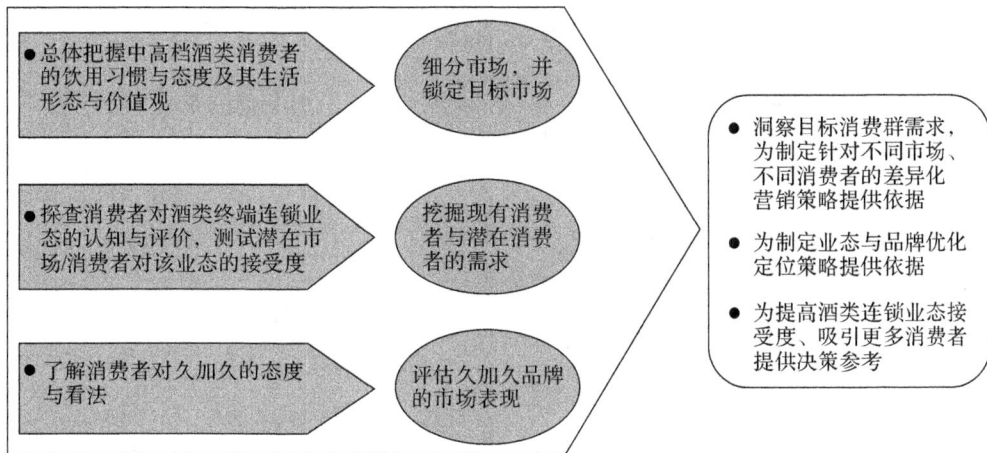

3.研究内容

(1)个人消费者的习惯和态度(连锁主要针对中高档酒类消费者,日常购买金额在50元以上)。

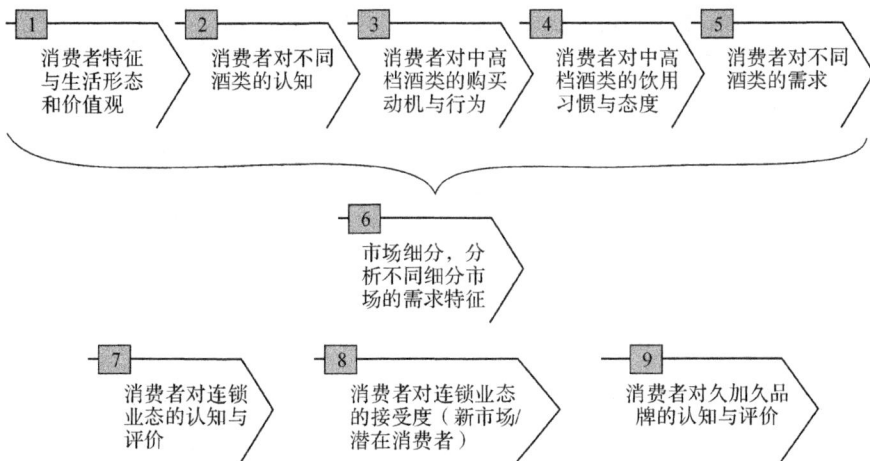

（2）团体消费者的习惯和态度。

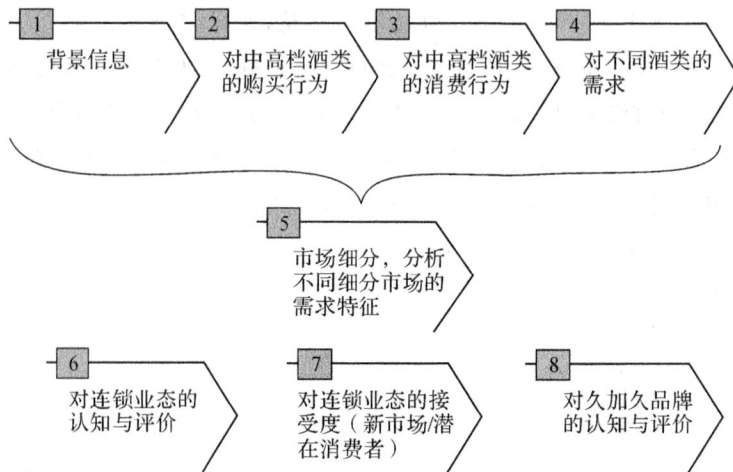

| 1 背景信息 | 2 对中高档酒类的购买行为 | 3 对中高档酒类的消费行为 | 4 对不同酒类的需求 |

5 市场细分，分析不同细分市场的需求特征

| 6 对连锁业态的认知与评价 | 7 对连锁业态的接受度（新市场/潜在消费者） | 8 对久加久品牌的认知与评价 |

4. 研究方法

- 个人消费者研究拟从2方面展开：第一阶段通过定性研究深入挖掘，第二阶段通过定量研究量化评估

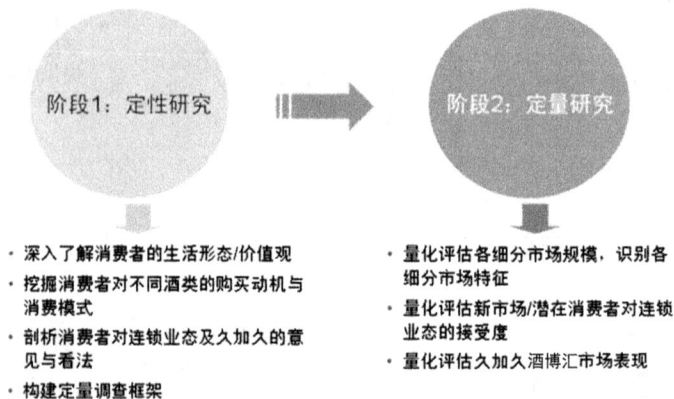

阶段1：定性研究 ➡ 阶段2：定量研究

- 深入了解消费者的生活形态/价值观
- 挖掘消费者对不同酒类的购买动机与消费模式
- 剖析消费者对连锁业态及久加久的意见与看法
- 构建定量调查框架

- 量化评估各细分市场规模，识别各细分市场特征
- 量化评估新市场/潜在消费者对连锁业态的接受度
- 量化评估久加久酒博汇市场表现

团体消费者以深度访谈、定性研究为主。

数据收集方法	· 深度访谈
	— 首先，团体消费者不适宜大样本调查，因此仅建议定性研究方法
	— 鉴于团体消费者所处行业不同、消费特点相对个体消费者差异较大，不适宜采用座谈会形式，因此采取一对一的深度访谈方式
访谈城市	· 杭州、宁波、苏州
访问时间	· 60分钟/访谈
合格被访者条件	· 1年以上团购经验
	· 企业团购酒类产品的影响者或决策者
	· 最近12个月为企业团购过中高端酒类产品，且该酒类产品单价不低于一定金额（具体金额待与久加久讨论确定）
	· 当地政府机关/企事业
	· 非敏感行业从业者
	· 除须满足上述条件外，还须满足
	— 久加久消费者：过去1年内曾从久加久进行过团购业务
	— 或竞争门店消费者：过去1年内曾从竞争门店（杭州：其它酒业专卖店；宁波：新雨南酒业、高塘烟酒）进行过团购业务

注：需要客户提供从久加久进行团购的负责人名单，以加速项目的进程

5.抽样设计

城市抽样:杭州、苏州和宁波。

零售终端抽样:酒类连锁抽样店为久加久和富隆,综合商超为欧尚、沃尔玛、家乐福和联华。

抽样数量:根据置信区间法,在 0.069 的误差范围,95％的置信区间下,按计算公式:

$$n = \frac{Z^2[P(1-P)]}{E^2}$$

各城市样本量取 200,总计 600 样本量。

6.研究进度

研究进度见下表。

内　容	日　期
第 1 步:定性研究(小组座谈)	
大纲设计和邀约	2011 年 7 月
座谈会执行——杭州、苏州、宁波	2011 年 7 月
笔录整理	2011 年 7—8 月
第 2 步:定量研究(问卷)	
设计问卷	2011 年 8 月
确认抽样方式	2011 年 8 月
确认问卷	2011 年 8 月
试访	2011 年 8 月
内部访问员培训	2011 年 8 月
执行——电访和 CLT	2011 年 9 月
数据处理	2012 年 9 月
数据分析及报告制作	2012 年 9 月
最终报告	2012 年 9 月

7.项目费用

项目费用见下表。

	数量/样本量	单价/元	总价/元
项目设计管理			9000
项目管理	1	5000	免费
座谈会大纲/深访大纲/定量问卷设计	3	3000	9000
项目执行			149600
**　定性研究**			68000
座谈会执行	6	7000	42000

续表

	数量/样本量	单价/元	总价/元
深访执行	15	800	12000
定性研究差旅费用	4	3500	14000
定量研究			81600
潜在用户定点拦截	600	80	48000
现有用户预约面访	200	130	26000
数据处理(录入/编码等)	800	2	1600
数据分析	1	3000	免费
定量研究差旅费用	3	2000	6000
报告撰写			20000
报告撰写	1	20000	20000
现场演示并答疑			免费
小计			178600
营业税(5%)			8930
总计			187530
最终费用			185000

10.3　市场调研方法与技术

市场调研方法分为案头调查和实地调查两大类,分别是对二手资料和一手资料的搜集。在调研中,除了确定资料和数据搜集的方法之外,还需要考虑样本量的多少和抽取方式,即抽样设计,这个直接关系到调研在统计意义上的科学性以及费用多少。此外,问卷如何设计,在涉及态度测量时如何应用相应量表设问,都是影响调研质量的重要方面。

10.3.1　案头调查

案头调查是一种间接调查方法,主要用来搜集企业内部和外部经他人搜集、记录和整理所积累起来的现成的二手信息。这些信息以文献性信息为主,具体形式有印刷型信息、视听型信息、计算机信息库和计算机网络信息等。

案头调查有许多好处,既能节省时间,又能节省费用,而且调查的保密性强,实施起来也比较容易。

1.案头资料来源

案头资料包括企业内部的资料和企业外部的资料。企业内部的资料是指由企业内部的市场营销信息系统收集的各种资料;企业外部的资料是指企业外部的单位所持有的资料。

(1)企业内部资料的来源

①企业各信息系统提供的统计资料。如客户订货单、销售分布、销售损益表、库存、资产负债表等。由此可以了解到企业的基本情况,有针对性地进行测试。

②营销部门汇编的资料。营销部门如能做好每个调研课题全部资料的汇总编辑归档工作,及时将其进行分类整理,那在遇到同样问题时则无需从头调查,既节省物力、人力,又节约时间,提高效率。这些资料包括在具体调研中所获得的资料和从组织机构中收到的报纸杂志和简报。

(2)外部资料的来源

企业外部的单位所持有的资料主要来自:

①国家统计机关公布的统计资料,如年度统计、商业、企业普查资料等。

②行业协会发布的行业资料。

③图书馆中保存的大量资料。

④各种相关的书籍、文献、报纸杂志。

⑤银行的咨询报告、商业评论期刊,这些往往有最完善的报道和记录。

⑥专业组织的调查报告,如消费者组织、质量监督机构、证券交易所等专业组织发表的统计资料和分析报告。

⑦研究机构、调查公司的商业资料。许多大的调查咨询公司和研究机构提供市场各方面的咨询材料。

2.案头调研的步骤

实施一项调研活动,面对如此多的材料,如何将其充分利用以达到解决问题和调查的目的是成功开展调研的重要标志,这就涉及进行案头调研的程序与步骤。

(1)评价现成资料

现成资料是指从其他人或其他单位所取得的已经积累起来的第二手资料。在信息爆炸的时代,案头的资料越来越多,但不一定都与调研有关,关键是调研人员应根据特定的需要来对眼前的资料进行评价,选择与主旨相关的部分。具体的评价可从以下几个方面进行考虑:

内容:现有的资料是否全面、精确地满足调研课题的要求。

水平:资料的专业程度和水平如何。

时间:资料所涉及的时期是否适当、时效性如何。

准确:资料的精确性如何,是否可信。

便捷:资料获得的成本大小和迅速程度如何。

从以上这些方面进行综合评价是这一阶段的评价标准,当然实际情况千变万化,可灵活应用。

（2）搜集情报的途径

具体调查项目确定后，经过前一阶段对现成资料的评价，再随着调查的深入，仍需要从相关处收集更加详细的资料。从一般线索到特殊线索搜集情报，这是每个调研人员搜集情报的必由之路。调研人员从寻找提供市场总体概况的第一类资料到搜集提供相关信息，详细精确程度较高的第二类资料和情报，这是调研过程中的必经之路。例如，调研人员需要分析某公司电视广告播出的反应情况，他从一般资料来源开始，调查该地区电视拥有率、收视状况，再从中随机抽取消费者，写信向他们询问广告的播出效果。

（3）资料筛选

资料收集后，调研人员应根据调研课题的需要和要求，剔除与课题无关的资料和不完整的情报。这就要求调研人员有一定的技术水平，才能对资料进行恰当的取舍。例如，调研人员在分析进入哪些市场的报告中，他就可以从分析以下因素着手：产品的可接受性、分销渠道、价格、竞争情况、市场消费能力和潜力等。

（4）撰写案头报告

报告是所有调查工作过程和调查成果赖以表达的工具，是对此次调研工作的总结。撰写报告时应注意：

①针对性强，简单明了：抓住课题特点，用统计图表来反映问题，方便读者了解分析。

②有说服力：报告的分析要有理有据，数据确凿，图表精确。

③结论明确：结论是调研报告意义和价值的体现，非常重要。

④时效性强：报告应及时，起到调研工作的画龙点睛作用，是进行决策的重要依据。

通过这些步骤，案头调研过程基本结束，但实际工作中经常需要进行调查活动，是提高管理水平的一个有效工具，但在某些情况下，调研人员发现不离开办公桌，只能收集到一些模糊的资料，其他详细资料无从知晓，这时案头调研就不能完成任务，则有必要进行实地调研。

10.3.2　实地调查

实地调查法是一种直接调查方法，由调查人员直接同受访者接触去搜集未被加工的来自调查对象的原始信息。具体又分为询问法、观察法和实验法。

1. 询问法

询问法是实地调查运用最为普遍的方法，它是由调查员直接同受访者接触，通过提问和回答实现信息沟通，以掌握第一手市场信息。

（1）入户访问

入户访问是由访问员进入经抽样选定的消费者家庭中，与受访者直接面谈，收集有关信息的一种调查方法。

（2）街头拦截访问

街头拦截访问是由访问员在街头某个计划好的地点临时拦住街上行人展开调查。这种调查通常也将事先精心设计好的问卷作为访问工具，当场询问，当场记录。

（3）定点访问

定点访问是在受访者接受访问比较方便的地方拦截访问符合调查项目要求的受访者，经过筛选，请他们进入调查地点进行调查访问。调查大多将问卷作为主要工具，在产品实体测试、品牌包装、价格等测试中则需要增加一些辅助工具和设施。

（4）电话访问

电话访问需采用精心设计的问卷，提问要简单明了，便于受访者回答，不能引起读音上的歧义，内容也不可太多。访问的时机要从受访者的特点出发，选择受访者认为合适的时机，以提高调查效率。

电话访问可以迅速而方便地收集信息，不需要进行任何现场组织工作，成本较低。但是，受访者回答问题时容易受到干扰，甚至有时会突然中断或挂断电话，甚至干脆拒绝接受访问。访问的过程中，访问员无法观察受访者的动作、表情等非语音信息，无法使用任何辅助工具。这种方法对访问员的语言表达技巧和记录能力要求也比较高。

（5）邮寄调查

邮寄调查是指将调查问卷寄给受访者，请受访者按问卷说明信上的要求逐项填写后再寄回调查部门或专业调查公司的一种调查方法。

（6）固定样本持续调查

固定样本持续调查就是对同一群固定的调查对象每隔一段时间进行相同项目的长时间的持续不断的调查，常被用在消费者生活调查、零售店销售调查或阅读率调查等项目中。这种调查要求受访者长期坚持不懈地对发生的事实做事后的客观记录。

（7）深度访谈

深度访谈是指调查者同受访者进行一对一地深入交谈，用以收集受访者对某一问题的动机、信念、感受或态度等深层次信息的一种调查方法。在访问过程中，由掌握高级访谈技巧的调查员对调查对象进行深入的访谈，用以揭示受访者对某一问题的潜在动机、态度和情感。这种方法常在以下情形中得到应用：试图详细地探究被访者的想法，比如消费者对于购买私家车问题的看法；详细地了解一些复杂行为，比如对员工跳槽行为及其原因的调查；讨论一些保密的、敏感的产品话题，比如涉及个人隐私的商品等；调查的对象比较特殊，如团体客户等。

（8）焦点座谈会

小组座谈是邀请一些消费者以小组的形式在主持人的主持下讨论他们对有关产品、概念、思想、组织等的感觉和态度，生活中是如何使用产品的以及对产品有怎样的情感投入，从而了解消费者的动机与行为的一种调研技术。小组座谈是目前最为流行的一种定性调研技术，它经常被市场调研人员用来作为大规模调研的事先调查，帮助确定调研范围，产生调研假设，为结构式访问发现诸如与特定产品或品牌有关的消费者使用的术语、词汇之类有用的信息。

焦点座谈会需要配有专门设施的座谈室，如单面镜、摄像头等，调查者作为主持人同时与一群受访者在 2 小时左右的时间内围绕某一个中心问题进行交谈和讨论，以获得受访者对该问题的意见和态度等定性信息。目前,座谈会这种定性研究方法是主流的消费者调研方法,以至于人们将其他的定性研究方法忽视了,而在谈到定性研究时,常将座谈会与定性研究等同起来。

(9)专家调查

专家调查是以在某个研究领域或某个问题上有较高的理论造诣、有专门知识或特长、有丰富实践经验的学者、管理者或经营者作为调查对象,收集所需信息的调查方法。

专家调查按照不同的具体形式,有以下三种方式:

①头脑风暴法。这种专家调查采用小组座谈会的形式,邀请6~12名专家参加。参加头脑风暴法座谈会的专家只能公开发表各自的意见或设想,不对其他专家主张进行讨论,也不能进行私下的交谈,不提出任何集体或权威的意见,以免阻碍个人的思考。

②专家会议法。与头脑风暴法一样,这种调查方法也是以小组座谈会的形式进行的,利用专家群体的专业特长和经验收集具有创造性的信息。

③德尔菲法。德尔菲法是头脑风暴法和专家会议法的发展。这种方法由请专家坐在一起面对面地交谈讨论改为背对背地征询意见。

2.观察调查法

观察调查法就是调查者亲临调查现场或利用观察器材,客观地观察调查对象并忠实地记录其人、其事或其物的状态、过程或结果,收集第一手市场信息的一种实地调查方法。

观察调查通常是观察处于自然状态下的被调查对象,而且调查过程是在调查对象不知不觉的情况下进行的,因此所获得的第一手资料是最接近平时状态的,真实性、准确性都很高。

3.实验法

实验法是指调查人员根据调查目的,事先选定某一个或几个销售因素,人为地改变或控制这些因素,来观察它们对营销活动中其他因素的影响过程和影响效果,搜集第一手信息的方法。实验法的优点是比较科学,所得到的信息能比较客观地反映实际情况。实验法调查可以在实验室进行,也可以在销售现场进行。

知识链接 10-2

电子商务环境下的市场调研技术

传统的市场调研方式是借助于一支笔和一张纸(调研问卷),由访问员按照事先设计的调研程序收集信息。而电子商务环境下,营销工作者借助于电话机、传真机、互联网等现代沟通工具并通过相应的软件科学系统地收集、整理和分析与企业营销活动有关的信息,以帮助企业更加有效地制定营销决策。

电子商务环境下新的市场调研技术主要包括以下几种。

1. 计算机辅助电话调研

计算机辅助电话调研是访问员坐在计算机或个人电脑前,采用计算机自动拨号系统随机拨号,访问员通过键盘或被访者通过电话按键将数据即时录入计算机的一种调研方式。其又可以分为辅助人工调研、人工与自动切换调研、全自动电话语音调研。

①辅助人工调研是访问员直接读出屏幕上显示的问题,被访者将他对封闭问题的选择或对开放问题的回答直接告诉访问员,由访问员来完成选择、录入文字或录音的工作;访问员也可以选择电脑播题来代替人工读题。

②人工与自动切换调研是在用上面的方式调研时,访问员可以在一份问卷的调研过程中,让被访者直接按电话键来回答部分题目,在此过程中,电脑播放题目语音,访问员可听到题目语音和被访者答题的声音,在一份问卷的调研过程中可以灵活地来回切换。

③全自动电话语音调研(CATS)是只要将相关调研项目的样本框设计好,系统在指定时间内自动选号、拨号,循环播放题目语音,自动接收被访者的按键回答,整个过程完全由电脑来控制。

计算机辅助电话调研方式最早产生于美国,经过几十年的发展,已经形成了完整的理论体系和成熟的技术规范。随着我国电话的日益普及,该技术开始得到广泛的应用,并且随着研究的深入,中国本土化的 CATI 系统也应运而生。该方法的特点在于访问过程中计算机屏幕上每次只出现一个问题,可以避免其他问题的干扰;计算机会根据答案自动跳到下一个相关问题上去,减少了访问员的误差;在数据录入的同时完成数据自动清理,具有超强的访问过程质量控制能力;同时还具有电脑播题、自动录音的功能,便于对开放性问题进行处理。

2. 计算机辅助个人面访调研

计算机辅助个人面访调研是访问员手持普通的笔记本电脑或调研专用的无键盘轻型电脑,向被访者进行面访调研。由于调研问卷已经被事先存放在电脑里面,访问员只需按照屏幕上所显示的问题顺序和指导语逐题提问,并把答案及时通过键盘、鼠标或专用电脑笔输入计算机中。这实际上是对传统的面访调研的一种改进,具有互联网调研的部分优点。

3. 网上问卷调研法

网上问卷调研法是通过互联网发布问卷,由被访者填写并提交后对有关信息进行加工处理的一种市场研究方法。根据调研问卷的位置,问卷调研法又可以分为网上直接填答法、问卷下载法和 E-mail 调研法。

①网上直接填答法是在网站上设置调研问卷,被访者在线填写并提交问卷,这是互联网调研最基本的形式,广泛地应用于各种调研活动,这实际上也就是传统问卷调研法在互联网上的延伸。

②问卷下载法是让被访者通过互联网将调研问卷下载下来,回答完毕后再将问卷通过电子邮件发到指定地址。

③E-mail 问卷调研法同传统调研中的邮寄调研法的道理一样,是将设计好的调研问卷直接发送到被抽中的被访者的电子信箱中,或者在电子邮件正文中给出一个网址链接到在线调研问卷页面。这种方法在一定程度上可以对被访者加以选择,并节约被访问者的上网时间,如果调研对象选择适当且调研问卷设计合理,往往可以获得比较高的问卷回收率。

在问卷调研过程中,被访者经常会有意无意地漏掉一些信息,这可以通过在页面中嵌入脚本或 CGI 程序进行实时监控。如果被访者遗漏了问卷上的一些内容,其程序会拒绝递交调研结果或者验证后重发给被访者要求补填。最终,被访者会收到证实问卷已完成的公告。问卷调研法的缺点是无法保证收集到的信息的真实性。为了激励被访者完成问卷并提供真实信息,通常要向他们提供一些小礼品或采取其他一些激励措施。

4.专题讨论法

专题讨论法主要是通过 Usenet 新闻组(又称新闻服务器)、电子公告牌(BBS)或邮件列表讨论组来进行的。它在相应的讨论组中发布调研主题,邀请访问者参与讨论;或是将分散在不同地域的被访者通过互联网视讯会议功能虚拟地组织起来,在主持人的引导下进行讨论。专题讨论法是一种定性调研,实际上是传统调研中小组座谈法在电子商务环境下的应用。

采用专题讨论法时,首先要确定调研的目标市场;其次要识别目标市场中加以调研的讨论组;然后确定可以讨论或准备讨论的具体话题;最后登录相应的讨论组,通过过滤系统发现有用的信息,或创建新的话题,让大家讨论,从而获得有用的信息。

专题讨论法中目标市场的确定可根据 Usenet 新闻组、BBS 讨论组或邮件列表讨论组的分层话题选择,也可向讨论组的参与者查询其他相关名录。还应注意查阅讨论组上的 FAQs(常见问题),以便确定能否根据名录来进行市场调研。

除此之外,还有传真机调研、扫描仪调研等方式。传真机调研是通过传真机向被访者发送调研问卷并得到反馈问卷,扫描仪调研则是通过光学扫描仪将填涂在问卷答题卡上的被访者信息扫描存入数据库。

营销案例 10-3

养生堂天然维生素 E 的焦点小组座谈项目

一、项目背景

养生堂有限公司是我国保健品行业的知名企业,在市场上不断推出各种类型的保健产品,深受广大消费者青睐。其生产的天然维生素 E 已成为本土第一品牌。

2005 年,继成功上市成人维生素系列产品后,养生堂计划上市其开发的维生素 E(VE)产品。在新产品即将上市之际,养生堂希望了解目前广大消费者的 VE 消费行为和态度及对养生堂产品的接受情况。

二、研究目的

了解目前市场上 VE 消费者的消费行为和态度。

了解潜在消费者对 VE 的了解及接受情况。

了解消费者对养生堂 VE 产品的接受情况,寻找养生堂 VE 产品的目标消费人群。

了解消费者最能接受的养生堂 VE 产品的概念、包装和价格。

三、研究方法

❊ 城市选择

▯ 上海

▯ 沈阳(作为与上海对应的北方市场的一个点)

▯ 访问方式:小组座谈会

❊ 座谈会分组

分组	上海	沈阳	合计
现有消费者(4人) 潜在消费者(4人)	1	1	2
现有消费者(4人) 潜在消费者(4人)	1	1	2
合计	2	2	4

❊ 消费者基本条件

▯ 26—45 岁当地长期居住女性

▯ 过去半年内经常服用 VE(每周至少服用过 1 次)

▯ 每月花费在个人美容和保健品服用方面的花费为 150 元及以上(上海 300 元及以上)

❊ 潜在消费者基本条件

▯ 26—45 岁当地长期居住女性

▯ 对维生素保健品、VE 有一定的了解

▯ 不排斥 VE 的食用

▯ 每月花费在个人美容和保健品服用方面的花费为 150 元及以上(上海 300 元及以上)

四、调研流程

准备阶段	实施阶段	报告阶段
确定场所和时间	营造气氛	整理记录
招募受访者	热烈讨论	分析记录
选择主持人	座谈记录	补充调查
编写访谈大纲	座谈小结	撰写报告

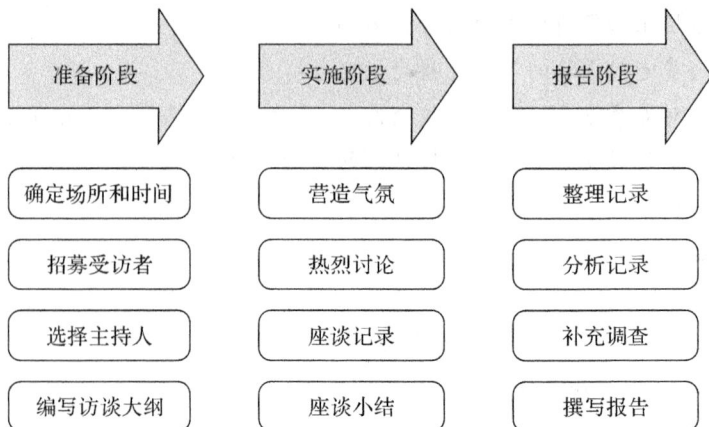

1.确定座谈场所和时间

• 小组座谈安排在专用讨论室:大圆桌、舒适椅、单面镜(见图 10-3)、录音录像设备、观察室。

• 日期定在周末,座谈用时为 1.5～2 小时。

图 10-3 从单面镜后的观察室所看到的小组座谈现场

2.招募受访者

通过过滤性访问或甄别问卷来决定谁将参加某一小组。一般可采用两种方法:街上拦截访问和随机电话访问。

3.选择主持人

• 主持人在刺激小组成员讨论与课题有关的情感、态度、感觉以及把话题集中于相关课题上起着关键作用。

• 主持人要善于引导讨论,调动小组成员的热情,以使所有调研目标都能达成。但不能诱导受访者做出自己想要的结论。

4.编写座谈大纲

座谈大纲可以被视为主持人在座谈过程中的操作指引,包括以下内容:

- 所要调研的问题及其提出过程。

- 调研所要讨论的问题应让调研主任和客户(如品牌经理)达成一致,有时采用协作的方式共同决定要点。这一点很重要,要保证所有主要的问题都能讨论到,并且按照适当的次序进行。

- 出示图片、样品的时间顺序。

- 必须进行解释的地方。

5.小组座谈的实施

- 建立融洽的气氛。在座谈会开始之前,应准备糖果、茶点。座谈会一开始,主持人入座进行自我介绍并把调研目标清楚地传达给座谈成员,把活动规则解释清楚,然后请座谈成员一一自我介绍。

- 促使小组成员一起开始热烈讨论。主持人要善于掌握讨论,要保证讨论的话题与调研课题有关,至少不应离课题太远。当出现走题时,要不露声色地重新提起主题,使讨论回到主题上来;当出现冷场时,要鼓励小组成员畅所欲言,这要求主持人抛出适当的话题,形成团体意识,并促使感情交流。主持人要不断调整小组成员发言者的次数,力求每人发言次数平均,不鼓励喋喋不休的发言。防止出现领导力量,要有效掌握讨论的控制权。

- 小结。当有关问题都讨论过后,简要地概括一下讨论的内容,并表示谢意,发放礼金或礼品。

6.总结报告

正式的报告要根据客户的需要、调研人员的风格、在调研建议书上所达成的协议来决定。包括:调研目标、主要问题、小组成员的性质和特点及其招募过程、发现和建议、结论、附件(如摄像光盘)。

10.3.3 抽样设计

1.抽样调查的含义

抽样调查是指调查者采用从调查总体中抽选出一部分单位作为样本,对样本进行调查,并用样本所得的结果来推断总体(母群体)的一种专业方法。

抽样调查法的主要优点:一是时间短、收效快;二是费用少;三是质量高,资料可信程度高,特别适用于不可能或没必要组织全面调查的情形。但它也有缺点,即存在抽样误差。

2.抽样技术的分类

(1)随机抽样技术及其应用

随机抽样技术又可划分为简单随机抽样、分层随机抽样、等距离抽样、分群抽样等四种。

①简单随机抽样技术及其应用。简单随机抽样技术又称单纯随机抽样技术,是在总体单位中不进行任何有目的的选择,而是按随机原则、纯粹偶然的方法抽取样本。市场调研中通常采用抽签法和乱数表法。

②分层随机抽样技术及其应用。分层随机抽样技术又叫分类随机抽样技术,是把调查总体按其属性不同分为若干层次(或类型),然后在各层(或类型)中随机抽取样本。分层抽样的具体形式有以下两种。

第一种是等比例分层抽样,即按各个层(各类型)中的单位数量占总体单位数量的比例分配各层的样本数量。

第二种是分层最佳抽样法,又称非比例抽样法,它不是按各层中单位数占总体单位数的比例分配样本单位,而是根据其他因素(如各层平均数或成数标准差的大小,抽取样本工作量和费用大小等)调整各层的样本单位数。

③等距离抽样技术及其应用。等距离抽样技术又称系统抽样技术或机械抽样技术。它是在总体中先按一定标志顺序排列,并根据总体单位数和样本单位数计算出抽样距离(即相同的间隔),然后按相同的距离或间隔抽选样本单位。如对客户进行等距抽样,可以按照其会员卡编号排序,然后每隔3或5个进行抽样。抽样间隔计算公式为:

抽样间隔=总体数/样本数

等距离抽样方便简单,省却了一个个抽样的麻烦,适用于大规模调查,还能使样本均匀地分散在调查的总体中,不会集中于某些层次,增加了样本的代表性。

④分群抽样技术及其应用。分群抽样技术又称整群抽样技术,是把调查总体区分为若干个群体,然后用单纯的随机抽样法,从中抽取某些群体进行全面调查。分群抽样抽选工作比较简易方便,抽中的单位比较集中。但是,由于样本单位集中在某些群体,而不能均匀分布在总体中,如果群与群之间差异较大,则抽样误差就会增大。

(2)非随机抽样技术及其应用

非随机抽样技术可划分为任意抽样技术、判断抽样技术、配额抽样技术三种。

①任意抽样技术及其应用。任意抽样技术又称便利抽样技术,是随意抽选样本的一种方法。这种方法简便易行,可以及时取得所需的资料,节约时间和费用,适用于非正式的探测性调查,或调查前的准备工作。任意抽样法由于抽样结果偏差较大,可信程度低,样本没有足够的代表性,故在正式市场调查时,很少采用。

②判断抽样技术及其应用。判断抽样技术又称目的抽样技术,是一种根据调查人员的经验或某些有见解的专家选定样本的抽样方法。判断抽样法适合在调查总体中各调查单位差异较小,调查单位比较少,选取的样本有较大的代表性时采用。

③配额抽样技术及其应用。配额抽样技术是按照一定标准分配样本数额,然后在规定数额内由调查人员任意抽选样本的一种抽样方法。配额抽样分为独立控制配额抽样和非独立控制配额抽样两大类。

10.3.4 测量技术

1.态度测量表(以下简称量表)的含义与类别

测量表简称量表,就是在调查(主要是问卷)中,通过某一事先拟定的用语、记号和数目,来测定人们心理活动的度量工具。在营销调研中,消费者洞察和消费心理分析是重要内容,而消费心理往往难以像市场份额、销量等那样用客观数据度量,测量表则可将所要调查的主观的心理评价和态度等定性资料进行量化。本质上,测量表是一种测量工具,也是计量水准的具体应用。计量水准与量表的关系如同"温度"与"温度计"一样,"温度"是计量水准,"温度计"是测量温度的工具。

量表通常是指测量调查单位某一特征的各种具体表现的一种测量表(工具)。亦即在计量水准既定的条件下,进一步规定询问的语句形式、列出所有的分类项目,并用数字或其他符号来表示这些分类项目,就是测量表。量表一般具有计量水准、询问语句、备选答案、项目编号等基本要素。一般来说,同一计量水准往往可以设计出不同的量表。例如,计量水准为酒店的"服务态度",而量表则有下列几种形式可供选择。

A.您认为本酒店的服务态度属与下列哪种状态

①非常好□ ②好□ ③一般□ ④较差□ ⑤很差□

B.您对本酒店的服务态度的满意程度是

①非常满意□ ②满意□ ③一般满意□ ④不太满意□ ⑤很不满意□

C.您认为本酒店的服务态度可评为下列哪种分值

①60 分以下□ ②60—70□ ③70—80□ ④80—90□ ⑤90—100□

D. 您认为本酒店的服务态度如何 _____。

测量表按照计量水准不同可分为类别量表、顺序量表、差距量表和等比量表四种。①类别量表:是根据被调查者的性质分类的。一般而言,该量表中所列的答案都是不同性质的,每一类答案只表示分类,不存在比较关系,被调查者只能从中选择一个答案,而不必对每个答案加以比较。②顺序量表:指量表中所列答案之间要具有顺序关系,且其顺序关系是由每个被调查者根据自己的态度来确定的。顺序量表比类别量表要多一个特性,即顺序量表必须对各个备选答案充分考虑,逐一比较,然后确定每个答案之间的顺序关系。不过,顺序量表仅能对各答案按高低顺序做一排列。③差距量表:不仅能表示各备选答案之间的顺序关系,还可以测量各顺序位置之间的距离。因差距量表不具备真正的零点,因此量表中所表示的只能是差距关系和顺序关系。在差距量表中计算平均值可采用算术平均数,也就是将所有被调查者某一答案的分数汇总后除以人数。根据不同答案之间的平均态度值用来确定顺序和差距关系。④等比量表:其除了具备差距量表的所有特征外,还具有真正零点这一特征。也就是说,等比量表中各答案之间具有类别关系、顺序关系、等比关系和比率关系。

在此基础上,再按照量表使用的计量水准和设计形式不同可做多种分类。

（1）一维量表和多维量表

量表按照使用的计量水准的多少可分为一维量表和多维量表。一维量表又称单变量量表，是指使用一种计量水准以测量受访者或调查单位的单一特性的量表，例如，上例测量酒店"服务态度"的测量表就是一维量表。

多维量表又称多变量量表，是指使用多种计量水准以测量受访者或调查单位的多方面特性的量表，例如，若测量入住者对酒店服务态度、环境卫生、设备设施、饭菜口味、饭菜分量、饭菜价格等多种要素的满意程度的测量表就是多维量表。

（2）直接量表和间接量表

量表按照语句及答案设计形式不同可分为直接量表和间接量表。直接量表是调研者事先设计好与计量水准有关的各种语句及答案，可用于直接询问受访者的量表。受访者可直接选择量表中的答案。直接量表主要有评比量表、等级顺序量表、Q分类量表、配对比较量表、固定总数量表、语意差别量表、中心量表等。

间接量表是调研者事先只拟定与态度测量有关的若干语句，而不给定答案，由选定的一批受访者对提供的若干语句做出自己的判断和选择，调研者进行事后分组处理，以得出调研结论。直接量表是语句答案的事前分组，间接量表是语句答案的事后分组。间接量表主要有瑟斯顿量表和利克特量表。

（3）强迫性量表和非强迫性量表

量表按照语句答案设计是否具有强迫性可分为强迫性量表和非强迫性量表。强迫性量表的语句答案具有强迫性，受访者只能在给定的答案中做出选择，而不能选择题外的判断作答。在调查中，有时受访者不一定理解所调查的问题，或者并不能做出语句答案选项内的选择，此时强迫性量表则会影响调查结果的准确性。

非强迫性量表的语句答案不具有强迫性，即语句答案除了包括必要的答案选项外，还加上"其他""无答案""难以回答"等备用选项，从而使无法做出正确选择的某些受访者也能有所选择。非强迫性量表对提高受访者答案的准确性具有一定的优势。

（4）平衡量表和非平衡量表

量表按照语句答案相反的数量是否相等可分为平衡量表和非平衡量表。平衡量表是指语句答案相反的数量相等的量表。例如，若用很好（2）、好（1）、一般（0）、不好（-1）、很差（-2）作为评价某洗发液的去头皮屑效果的备选答案，就是平衡量表。平衡量表的备选答案是对称的，中间点（0）左右两侧的数量正好均衡。采用平衡量表时，受访者回答的选项分布往往具有客观性。

非平衡量表是指语句答案相反的数量不相等的量表。例如，若用很好（2）、好（1）、一般（0）、不好（-1）作为评价某洗发液的去头皮屑效果的备选答案，就是非平衡量表（非对称量表）。非平衡量表的备选答案是不对称的，中间点（0）左右两侧的数量不均衡。采用非平衡量表时，受访者回答的选项分布往往偏向有利答案或不利答案。因此。量表设计应尽可能采用平衡量表（对称量表）。

（5）接近量表和遥远量表

量表按照量表尺度与语句设置的距离的远近可分为接近量表和遥远量表。接近量表是指量表尺度设置在同一语句下，若有 n 条语句就有对应的 n 个量表尺度，并且各语句量表尺度的性质设计是相同的。遥远量表是指 n 条语句只共用同一个量表尺度，量表尺度设置在各语句的最前面。例如，请指出对 A 品牌下列售后服务方面的满意度（圈出答案，1＝完全不满意、10＝完全满意）：

员工态度　　　1　3　4　5　6　7　8　9　10

处理询问　　　1　3　4　5　6　7　8　9　10

送货及时性　　1　3　4　5　6　7　8　9　10

安装满意度　　1　3　4　5　6　7　8　9　10

以上是接近量表的形式，若采用遥远量表，则为下列形式的量表。

请指出对 A 品牌下列售后服务方面的满意度（答案请写在语句的后面）：

完全不满意　　　1　3　4　5　6　7　8　9　10　　　完全满意

①员工态度　　　□

②处理询问　　　□

③送货及时性　　□

④安装满意度　　□

一般地说，接近量表和遥远量表并无显著的差别，但遥远量表可节省问卷篇幅。

2.量表的具体形式

量表按照使用的计量水准和设计形式不同可分为二项选择量表、多项选择量表、列举评比量表、图示评比量表、语义差距量表、配对比较量表、固定总数量表、瑟斯顿量表、利克特量表、购买意向量表等。

（1）二项选择量表

二项选择量表又称是否量表或真伪量表，是列名水准的简单应用。在询问语句下只提出两个答案，受访者必须二者择一，因而是一种强迫性量表。备选答案常用是或否、对或错、有或没有、喜欢或不喜欢、需要或不需要表示。这种量表的优点是可求得明确的判断，并在短暂的时间内求得受访者的回答，并使持中立意见者偏向一方；条目简单，易于统计。缺点是不能表示意见程度的差别，结果也不很精确。例如：

您家有彩色电视机吗？　　　　　①有　　　　②没有

您家的彩色电视机是康佳牌吗？　①是　　　　②不是

你是否喜欢康佳牌彩色电视机？　①喜欢　　　②不喜欢

（2）多项选择量表

多项选择量表是在询问语句下，事先列出多个答案，受访者可任选其中一项或几项。这种量表的优点是可以避免二项选择量表必须二者择一的缺点。其缺点是答案较多，归类工作量较大。多项选择量表的语句答案的设计可以是强迫性的，也可以是非强迫性，但大多数情况下采用非强迫性设计。例如

现有下列几种品牌的彩色电视机,您准备买哪种品牌彩电?(可多选)

①TCL　　②熊猫　　③海信　　④厦华　　⑤海尔　　⑥康佳　　⑦其他品牌

您准备购买彩色电视机的原因是(可多选)

①更新需要　　②增置需要　　③结婚需要　　④代亲友买　　⑤送礼需要　　⑥其他

（3）列举评比量表

列举评比量表是指以计量水准为依据,列出评价性的询问语句和备选答案的量表。计量水准一般为属性水准,询问语句一般采用程度评价题或单项选择题;即提出的问题的答案按不同程度给出,请被调查者自己选择一种作答,其答案没有对或错的选择,只有不同程度的选择。量表尺度的两端是极端答案,备选答案相反的数量一般采用相等设计(对称量表)。例如,常见的产品测试量表尺度的形式主要有:

质量:非常好　　比较好　　一般　　比较差　　非常差

式样:非常时尚　　比较时尚　　一般　　不时尚　　很不时尚

价格:非常贵　　比较贵　　一般　　不太贵　　很便宜

满意度:非常满意　　比较满意　　一般满意　　不太满意　　很不满意

耐用性:非常好　　比较好　　一般　　比较差　　非常差

可靠性:完全可靠　　比较可靠　　一般　　不太可靠　　非常不可靠

（4）图示评比量表

图示评比量表是以计量水准为依据,在评价性的询问语句下,用一个有两个固定端点的图示连续谱来刻画备选答案或差距的量表。这种量表可分辨出受访者微小的差别。属性水准和数量水准都可采用这种量表的设计形式。例如:

您认为 B 品牌沙发的舒服度怎样? 请在下列尺度中标出您的评价结果。

```
        |                              |    |      |
   0 10 20 30 40 50 60 70 80 90 100
   不舒服              中性           舒服
```

（5）语义差距量表

语义差距量表是以计量水准为依据,运用若干语义相反的极端形容词或短语作为计量尺度的两个固定端点,中间标出等距的位置刻度,并设定最不好的位置记 1 分,其次不好的位置记 2 分,依此类推,直到标出最好位置的记分值。这种量表可使受访者在计量尺度中标出位置来反映对每个测量项目的评价定位,也有利于调研者事后统计出全部受访者的平均值,以便对测量项目进行定位和排序。从某种意义上说,它又是评比量表的集合使用,主要用于市场比较、个人及群体之间差异的比较以及人们对事物或周围环境的态度研究等。例如:

请您对 A、B、C 三种品牌的汽车的不同项目的特性做出评价定位。(A 品牌用实线"—"连接您的定位,B 品牌用虚线"…"连接您的定位,C 品牌用间断线"——"连接您的定位)

式样新颖	┼─┼─┼─┼─┼─┼─┼─┼─┼─┼	式样落后
马力强劲	┼─┼─┼─┼─┼─┼─┼─┼─┼─┼	马力太小
车身耐磨	┼─┼─┼─┼─┼─┼─┼─┼─┼─┼	车身不耐磨
配置齐备	┼─┼─┼─┼─┼─┼─┼─┼─┼─┼	配置不齐
舒适度好	┼─┼─┼─┼─┼─┼─┼─┼─┼─┼	舒适度差
色彩度好	┼─┼─┼─┼─┼─┼─┼─┼─┼─┼	色彩度差
平稳性强	┼─┼─┼─┼─┼─┼─┼─┼─┼─┼	平稳性差
	10 9 8 7 6 5 4 3 2 1	

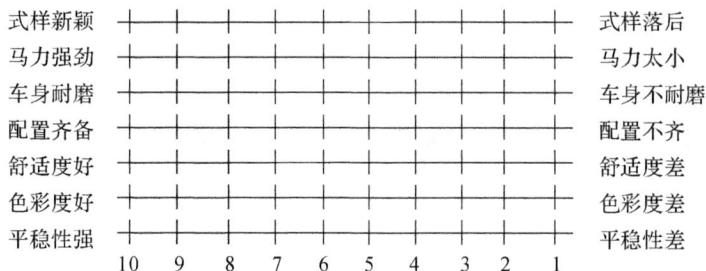

（6）配对比较量表

配对比较量表是以运用配对比较法依次列出两个对比项目,由受访者根据自己的看法做出对比结果的一种量表,一般用于了解受访者对不同产品质量、使用功能等方面的评价意见。配对比较量表事后可统计出全部受访者对比结果的频数或频率,从而可对不同产品的质量或不同评价项目做出定位和排序。例如:

请您逐一比较下列各组不同牌号的洗衣机质量,在您认为质量好的品牌后面打"√":

①三星牌□　三洋牌□　②三星牌□　美菱牌□　③三星牌□　小天鹅牌□
④三洋牌□　美菱牌□　⑤三洋牌□　小天鹅牌□　⑥美菱牌□　小天鹅牌□

请您逐一比较下列洗衣粉的特性,您认为每一组中哪一个特性更重要(在后面打"√")

①去污性好□　不伤衣物□　②去污性好□　使用量少□
③去污性好□　环保性好□　④不伤衣物□　使用量少□
⑤不伤衣物□　环保性好□　⑥环保性好□　使用量少□

（7）固定总数量表

固定总数量表是根据各个特性的重要程度将一个给定的分数(通常为 100 分),由受访者根据自己的看法在两个或多个特性间进行分数分配。受访者分给每个选项的分数能表明受访者认可的相对等级,也有利于调研者事后统计出全部受访者对每个选项的平均分值,以便对测量项目进行定位和排序。例如:

请您对男性运动鞋的七个特性的相对重要程度进行分数分配,最重要的特性项目的分数应高一些,不太重要的特性项目的分数应低一些,全部特性项目的分数加总起来应为 100 分。

运动鞋的七个特性　　　　　　　　　分数

穿着舒适　　　　　____

耐用　　　　　____

知名品牌　　　　　____

透气性好　　　　　____

款式新颖　　　　　____

适于运动　　　　　____

产品价格 ____

分数合计 100

(8)瑟斯顿量表

瑟斯顿量表是一种间接量表,调研者事先只拟定与态度测量有关的若干语句,而不给定答案,由选定的一批受访者对提供的若干语句做出自己的判断和选择,调研者进行事后分组处理,以得出调研结论。这种量表也可用于探测性市场调研,可为正式调研提供依据。瑟斯顿量表的实施步骤如下。

首先,调研者根据态度测量的主题拟定若干条语句,有的语句是正面的或完全肯定的,有的语句是反面的或完全否定的,有的语句则是中立的观点。例如:

请您对下列电视广告的提法做出自己的判断和选择,在您认可的语句后面打"√":

①多数电视广告都有趣味性。　②多数电视广告枯燥乏味。
③多数电视广告具有真实性。　④多数电视广告具有欺骗性。
⑤电视广告能帮助厂商促销。　⑥电视广告有助消费者选择产品。
⑦电视广告可有可无。　⑧我对电视广告没有特别的看法
⑨看电视广告是一种享受。　⑩看电视广告完全是浪费时间。

其次,将以上量表提供给一组受访者或评判人员,请他们阅览全部语句,并对自己认可的语句做出判断和选择。

最后,调研者可对全部受访者或评判人员的选择进行语句频数和频率统计,并可用众数语句来反映受访者或评判人员态度的集中程度,亦可将全部评判结果区分为正面态度组、中立态度组和负面态度组。借此可以识别哪种态度组居主导地位,从而可为进一步的调研提供依据或指明方向。

(9)利克特量表

利克特量表是一种间接量表,也称为总加量表,调研者事先可拟定与态度测量有关的若干表示正负态度的语句,正负态度语句的数目不一定相等,并对每条语句规定用"同意"或"不同意"作为回答的选项,或规定用"非常同意""同意""不一定""不同意""非常不同意"五种状态作为回答的选项,各种回答分别记为 1~5 分。这样根据每个受访者对各道题的回答分数的总加就得出一个总分,这个总分就说明他的态度强弱或他在这一量表上的不同状态。通过对全部受访者回答的分类汇总就可以描述样本总体或子总体的态度测量的分布状态,从而得出调研结论。这种量表也可用于探测性市场调研,可为正式调研提供依据或指明方向。利克特量表与瑟斯顿量表的区别在于前者的每条语句要规定回答选项和记分,故利克特量表优于瑟斯顿量表。

利克特量表实施步骤如下:根据态度测量的内容或变量,拟定与态度测量内容有关的一组正负态度语句(在市场调查研究中一般为 10~30 个语句)作为初步量表的语句,并规定每条语句回答的选项和计分标准,每条语句回答的选项可分为五个等级,也可分为七个等级、三个等级或两个等级(同意与不同意);计分标准是按测量维度规定的方向和回答选项来制定的,应注意正负方向的区分,即正向提问和负向提问应各占一半,以便

使受访者能根据规定的回答选项做出判断和选择,防止误答或敷衍。两极回答可用 0 和 1 或 1 和 2 计分,五级回答可用 0~4 或 1~5 计分。计分顺序视规定的方向而定。如表 10-3 所示是关于电视广告态度测量利克特量表。

表 10-3 电视广告态度测量

请您对下列电视广告的提法的等级做出自己的判断和选择,用"√"表示您认可的语句等级

项 目	非常同意	同意	不一定	不同意	非常不同意
①多数电视广告都有趣味性	1	2	3	4	5
②多数电视广告枯燥乏味	1	2	3	4	5
③多数电视广告具有真实性	1	2	3	4	5
④多数电视广告具有欺骗性	1	2	3	4	5
⑤电视广告能帮助厂商促销	1	2	3	4	5
⑥电视广告有助消费者选择产品	1	2	3	4	5
⑦ 电视广告可有可无	1	2	3	4	5
⑧我对电视广告没有特别的看法	1	2	3	4	5
⑨看电视广告是一种享受	1	2	3	4	5
⑩看电视广告完全是浪费时间	1	2	3	4	5

10.3.5 调查问卷设计

▶调查问卷
的设计

1. 问卷设计的含义与条件

在市场调查中,应有事先准备好的询问提纲或调查表作为调查的依据,这些文件统称为问卷。它系统地记载了所需调查的具体内容。作为调查者与被调查者之间中介物的调查问卷,其设计是否科学合理,将直接影响问卷的回收率,影响资料的真实性、实用性。因此,在市场调查中,应对问卷设计给予足够的重视。

2. 问卷的格式

一份完整的调查问卷通常包括标题、问卷说明、被调查者基本情况、调查内容、编码、调查者情况等内容。

(1)问卷的标题

问卷的标题是概括说明调查的研究主题,使被调查者对所要回答什么方面的问题有一个大致的了解。标题应简明扼要,易于引起回答者的兴趣。

(2)问卷说明

问卷说明旨在向被调查者说明调查的目的、意义。有些问卷还有填表须知、交表时间、地点及其他事项说明等。问卷说明一般放在问卷开头,通过它可以使被调查者了解调查目的,消除顾虑,并按一定的要求填写问卷。

(3)被调查者基本情况

这是指被调查者的一些主要特征,如在消费者调查中,消费者的性别、年龄、民族、家庭人口、婚姻状况、文化程度、职业、单位、收入、所在地区等。又如,对企业调查中的企业

名称、地址、所有制性质、主管部门、职工人数、商品销售额(或产品销售量)等情况。通过这些项目,便于对调查资料进行统计分组、分析。在实际调查中,列入哪些项目,列入多少项目,应根据调查目的、调查要求而定,并非多多益善。

(4)调查的主题内容

调查的主题内容是调查者所要了解的基本内容,也是调查问卷中最重要的部分。它主要是以提问的形式提供给被调查者,这部分内容设计的好坏直接影响整个调查的价值。主题内容主要包括:①对人们的行为进行调查;②对人们的行为后果进行调查;③对人们的态度、意见、感觉、偏好等进行调查。

(5)编码

编码是将问卷中的调查项目变成数字的工作过程。大多数市场调查问卷均需加以编码,以便分类整理,易于进行计算机处理和统计分析。

(6)作业证明的记载

在调查表的最后,附上调查员的姓名、访问日期、时间等,以明确调查人员完成任务的性质。如有必要,还可写上被调查者的姓名、单位或家庭住址、电话等,以便于审核和进一步追踪调查。但对于一些涉及被调查者隐私的问卷,上述内容则不宜列入。

3.问卷设计步骤

(1)确定所要搜集的信息

根据调查问卷需要确定调查主题的范围和调查项目,将所需要问卷资料一一列出,分析哪些是主要资料,哪些是次要资料,哪些是调查的必备资料,哪些是可要可不要的资料,并分析哪些资料需要通过问卷来取得,需要向谁调查等。同时,要分析调查对象的各种特征。在此阶段,应充分征求有关各类人员的意见,以了解问卷中可能出现的问题,力求使问卷切合实际,能够充分满足各方面分析研究的需要。

(2)决定问卷调查方式

因问卷调查方式不同,问卷内容的繁杂及问卷设计方式必有不同。应在问卷方式上做适当的问卷内容安排。

(3)决定问题内容

在决定问题内容时,应考虑以下几项原则:目的性原则、可接受性原则、顺序性原则、简明性原则、匹配性原则。

(4)决定问题形式

问卷的语句由若干个问题所构成,问题是问卷的核心。在进行问卷设计时,必须对问题的类别和提问方法仔细考虑,否则会使整个问卷产生很大的偏差,导致市场调查的失败。因此,在设计问卷时,应对问题有较清楚的了解,并善于根据调查目的和具体情况选择适当的询问方式。

①问题的主要类型及询问方式

• 直接性问题、间接性问题和假设性问题。直接性问题是指在问卷中能够通过直接提问的方式得到答案的问题。直接性问题通常给回答者一个明确的范围,所问的是个人基本情况或意见,这种提问对统计分析比较方便。但遇到一些窘迫性问题时,采用这种提问方式可能无法得到所需要的答案。

间接性问题是指那些不宜直接回答,而采用间接提问的方式得到所需答案的问题。通常是用于那些被调查者因对所需回答的问题产生顾虑,不敢或不愿真实地表达意见的问卷中。

假设性问题是通过假设某一情景或现象存在而向被调查者提出的问题。

·开放性问题和封闭性问题。开放性问题是指所提出的问题并不列出所有可能的答案,而是由被调查者自由作答的问题。开放性问题一般提问比较简单,回答比较真实,但结果难以做定量分析。在对其做定量分析时,通常是将回答进行分类。

封闭性问题是指已事先设计了各种可能的答案的问题,被调查者只要或只能从中选定一个或几个现成答案的提问方式。其缺点是回答者只能在规定的范围内被迫回答,无法反映其他各种有目的的、真实的想法,优点是回答方便,易于进行各种统计处理和分析。

·事实性问题、行为性问题、动机性问题、态度性问题。

事实性问题是要求被调查者回答一些有关事实性的问题。

行为性问题是对回答者的行为特征进行调查。

动机性问题是为了解被调查者行为的原因或动机问题。在提动机性问题时,应注意人们的行为是有意识动机,还是半意识动机或无意识动机。对于前者,有时会因种种原因不愿真实回答;对于后者,因回答者对自己的动机不十分清楚,也会造成回答困难。

态度性问题是有关回答者的态度、评价、意见等的问题。例如,"您是否喜欢某某品牌的自行车?"

②问题的答案设计

在市场调查中,无论是哪种类型的问题,都需要事先对问题答案进行设计。

·二项选择法。二项选择法也称真伪法,是指提出的问题仅有两种答案可以选择。在设计答案时可以根据具体情况采用不同设计形式。

这种方法适用于互相排斥的两者择一式问题,以及询问较为简单的事实性问题。

·多项选择法。多项选择法是指为所提出的问题事先预备好两个以上的答案,回答者可任选其中一项或几项。

由于所设答案不一定能表达出填表人所有的看法,所以在问题的最后通常可设"其他"项目,以便被调查者表达自己的看法。

·顺位法。顺位法是列出若干项目,由回答者按重要性决定先后顺序。顺位法主要有两种:一种是对全部答案排序;另一种是只对其中的某些答案排序。顺位法便于被调查者对其意见、动机、感觉等做衡量和比较性表达,也便于对调查结果进行统计。但调查项目不宜过多,同时所询问的排列顺序也可能对被调查者产生某种暗示影响。这种方法适用于对要求答案有先后顺序的问题。

·回忆法。回忆法是指通过回忆了解被调查者对不同商品质量、品牌等方面印象的强弱。例如,"请您举出最近在电视广告中出现的电冰箱有哪些牌子",调查时可根据被调查者所回忆牌号的先后和快慢以及各种牌号被回忆的频率进行分析研究。

·比较法。比较法是通过对比提问方式,要求被调查者做出肯定回答的方法。比较法适用于需对质量和效用等方面做出评价的问题。应用比较法要考虑被调查者对所要回答问题中的商品品牌等项目是否相当熟悉,否则将会导致空项发生。

·自由回答法。自由回答法是指提问时可自由提出问题,回答者可以自由发表意见,并无已经拟订好的答案。此种问题不宜过多。这种方法适用于那些不能预想答案或不能限定范围的问题。

·过滤法。过滤法又称"漏斗法",是指最初提出的是离调查主题较远的广泛性问题,再根据被调查者回答的情况,逐渐缩小提问范围,最后再有目的地引向要调查的某主题性问题。这种方法在被调查者在回答问题时有所顾虑,或者一时不便于直接表达对某个问题的具体意见时被采用。

这种方法询问及回答比较自然、灵活,使被调查者能够在活跃的气氛中回答问题,从而增强双方的合作,获得回答者较为真实的想法。但要求调查人员善于把握对方心理,善于引导并有较高的询问技巧。

(5)询问措辞

询问措辞在问卷调查中对调查结果有绝对的影响。应注意以下几点:

①避免提一般性的问题。一般性问题对实际调查工作并无指导意义。

②避免用不确切的词。如"普通""经常""一些"以及如"美丽"等。这些词语,各人理解往往不同,在问卷设计中应避免或减少使用。

③避免使用含糊不清的句子。

④避免引导性提问。如果提出的问题不是"中性"的,而是暗示出调查者的观点和见解,力求使回答者跟着这种倾向回答,这种提问就是"引导性提问"。

⑤避免提断定性的问题。例如,"你一天抽多少支烟?"这类问题即为断定性问题,被调查者如果根本不抽烟,就会造成无法回答。正确的处理办法是在此问题中加一条"过滤"性问题,即"你抽烟吗?"如果回答者回答"是",可继续提问,否则就可终止提问。

⑥避免提令被调查者难堪的问题。如果有些问题非问不可,也不能只顾自己的需要,穷追不舍,应考虑回答者的自尊心。

⑦问句要考虑时间性。时间过久的问题易使人遗忘。

⑧拟定问句要有明确的界限。如果调查者对此没有明确的界定,调查结果也很难达到预期要求。

⑨问句要具体。一个问句最好只问一个要点,一个问句中如果包含过多的询问内容会使回答者无从答起,给统计汇总也带来困难。

⑩要避免问题与答案不一致。所提问题与所设答案应做到一致。

(6)决定问题先后顺序

①第一个问题必须有趣且容易答复。

②重要问题放在重要地方。

③容易的问题在前,慢慢引入比较难答的问题。

④问题要一气呵成,且应注意问题前后连贯性。

⑤私人问题和易引起对方困难的问题应最后提出。

(7)决定检验可靠性问题

为加强被访问者答题的可靠性,在访问结束时不妨将问题中的重要者再重新提问。

(8)决定问卷版面布局

问卷形式及体裁的设计,对搜集资料成效关系很大,故应力求:

①纸质及印刷精美,留出填充空白。

②日后处理作业方便。

(9)试查

一般来说,所有初步设计出来的问卷都存在一些问题,因此需要将初步设计出来的问卷在小范围内进行试验性调查。

(10)修订及定稿

将要调查的问卷付之于印刷,将必要的调查手册编辑成册,以供相关人员参考。

特别提示 10-2

问卷设计易犯的错误

某航空公司设计了一份调查问卷,请乘客回答以下问题:

1.如以百元为单位,您的收入是多少?

人们一般不愿意透露自己的收入,何况未必知道以百元为单位的收入。

2.您是偶然地还是经常性地乘坐飞机?

判断偶然与经常的标准是什么呢?

3.您喜欢本航空公司吗?

这个问题的目的何在,从答案中是或否中能了解什么呢?初次坐飞机的人又该如何回答呢?

4.今年 4 月份您在电视上看到几次航空公司的广告?

谁会记得呢?

5.您认为在评价航空公司时,最显著的、决定性的属性是什么?

什么是最显著的、决定性的属性,太笼统,使得应答人无从回答。

6.您认为政府对飞机票加税从而剥夺了许多人乘坐飞机的机会是对的吗?

这个问题另有用意,有误导被调查人的嫌疑,使人不知如何回答。

营销案例 10-4

2009 年养生堂维生素 C 关于对健康态度的调查问卷

问卷封面:

一审:＿＿＿＿＿＿＿＿＿

二审:＿＿＿＿＿＿＿＿＿

复核:＿＿＿＿＿＿＿＿＿

问卷编号:

城市:

广州	1
北京	2
上海	3
成都	4

配额:

年龄	16—24 岁	1
	25—45 岁	2
	46—60 岁	3

服用 VC 类型	单一 VC	1
	非单一 VC	2

访问记录	被访者情况	被访者姓名	
		联系电话	
		家庭详细地址	区
	访问情况	访问员姓名	
		访问开始时间	年　　月　　日　　时　　分
		访问结束时间	年　　月　　日　　时　　分

访问员誓言:本人保证,问卷内的所有内容都是本人按照访问操作规程所做,全部内容真实,如有一份虚假,则所有问卷作废。

尊敬的先生/小姐:

您好! 我是　　　　　　　　公司的访问员。现在我们正在进行一项关于维生素产品方面的市场调查,很想听听您的意见。耽误您一点时间,问您一些问题,谢谢您的合作!

对保持健康的态度与行为

Q1. 请问您认为一个健康的人的标准是怎么样的？请选出最主要的三个标准[复选]

身体没有病痛（疾病）	01	思维敏捷	08
脸色红润有光泽	02	记忆力好	09
双目有神	03	充沛的精力和体力	10
头发有光泽	04	有乐观精神和自信心	11
声音洪亮	05	健谈	12
皮肤光滑有光泽	06	心情畅快	13
动作敏捷	07	其他（请注明）	

Q2. 总的来说，您对您目前健康状态打多少分？请用 1—5 分进行评价，1 分表示很不健康，5 分表示很健康，请在 1—5 分选择一个最能体现您自己情况的分数。[单选]

很健康				不健康
5	4	3	2	1

Q3. 下面是人们用于保持健康、预防疾病的一些方式，您认为这些方式对于您保持健康、预防疾病的重要程度如何？请用 1—5 分进行评价，1 分表示非常不重要，5 分表示非常重要，请在 1—5 分选择一个。[横向单选]

项 目	非常重要			非常不重要		评分
坚持适当的运动锻炼	5	4	3	2	1	（ ）
注意日常的饮食营养搭配	5	4	3	2	1	（ ）
服用保健品	5	4	3	2	1	（ ）
定期咨询医生检查，看病吃药	5	4	3	2	1	（ ）
经常听音乐	5	4	3	2	1	（ ）
常与朋友聊天	5	4	3	2	1	（ ）
有时外出郊游或旅游	5	4	3	2	1	（ ）
增加睡眠	5	4	3	2	1	（ ）
做按摩/美容	5	4	3	2	1	（ ）

Q4. 请问您平时习惯上有多大程度符合以下的方式？请用1—5分进行评价,1分表示很不符合,5分表示很符合,请在1—5分选择一个最能体现您自己情况的分数。[横向单选]

项 目	很符合				很不符合	评分
坚持适当的运动锻炼	5	4	3	2	1	（ ）
注意日常的饮食营养搭配	5	4	3	2	1	（ ）
服用保健品	5	4	3	2	1	（ ）
定期咨询医生检查,看病吃药	5	4	3	2	1	（ ）
经常听音乐	5	4	3	2	1	（ ）
常与朋友聊天	5	4	3	2	1	（ ）
外出郊游或旅游	5	4	3	2	1	（ ）
增加睡眠	5	4	3	2	1	（ ）
做按摩/美容	5	4	3	2	1	（ ）

Q5. 现在有一种产品,根据您目前的需求,您最期望这个产品具备以下哪一个功效?

提高免疫力　　　　　　　01

预防感冒　　　　　　　　02

消除疲劳,增强体力　　　03

能使皮肤美白　　　　　　04

有去斑作用　　　　　　　05

其他(请注明)　　　　　06

Q6. 如果这种产品可以具备您最期望的功效,那么以下面的哪种形式出现,您才可能会长期坚持服用呢?[单选]

药品　　　　　　　　　　1

食品(糖果、饮料等)　　　2

保健品　　　　　　　　　3→跳问 Q8 题

Q7. 您为什么不会长期坚持服用保健品呢?

_____（ ）

_____（ ）

_____（ ）

……

背 景 资 料

B1. 被访者性别【访问员记录】:　　1. 男　　　　2. 女

B2. 请问您的婚姻状况?

　　1.已婚　　　2.未婚

B3. 和您一起居住的家人组成的家庭结构符合卡片上的哪种情况?

01. 单身一人
02. 夫妇二人或准夫妇二人
03. 夫妇二人加 6 岁及以下的孩子
04. 夫妇二人加 7—18 岁的孩子
05. 夫妇二人加 18 岁以上已成年且单身的孩子
06. 单亲加 6 岁及以下的孩子
07. 单亲加 7—18 岁的孩子

08. 单亲加 18 岁以上已成年且单身的孩子
09. 夫妇二人加老人
10. 爷孙两代
11. 夫妇二人加老人加孩子
12. 单亲加老人加孩子
13. 其他【请注明】_____

B4. 请问您的受教育程度是_____【单选】

未受过正式教育	01
小学	02
初中	03
高中/技校/职高/中专	04
大专	05
大学本科	06
研究生或以上	07
拒绝回答	08

B5. 请问您的职业属于卡片上哪一种?

01. 党政机关/事业单位的干部/职员
02. 专业人员/技术人员/教师
03. 经理/企业经营管理干部
04. 商业/服务性企业职工
05. 工业/生产性企业职工
06. 私营业主/个体户/自由职业者

07. 下岗/退休人员
08. 在校学生
09. 军人
10. 无工作
11. 其他【请注明】_____

B6. 请问最近 6 个月,您平均每月花费在保健品上的费用是多少?_____元

B7. 请问卡片上哪一类最能代表您的家庭月平均收入呢?(这里的收入包括全部收入)

01. 500 元及以下
02. 500—999 元
03. 1000—1999 元
04. 2000—2999 元
05. 3000—3999 元
06. 4000—4999 元
07. 5000—5999 元

08. 6000—6999 元
09. 7000—7999 元
10. 8000—8999 元
11. 9000—9999 元
12. 10000—19999 元
13. 20000—29999 元
14. 30000 元及以上

10.4　市场调研报告的基本模式

10.4.1　市场调研报告的功能和结构

1.市场调研报告的功能

市场调研报告有三个最基本的功能:传播调查结果、作为参考文件和增加工作的可信度。

(1)市场调研报告必须能传播研究的内容。市场调研报告最重要的功能就是全面而精确地描述调研项目的有关结果。这就是说,它必须向读者详细地沟通如下内容:调研内容,主要背景信息,调研方法概述,用图表展示调研结果,调研结果的概括、结论、建议。

(2)调研报告必须充当参考文件的角色。当调研报告被分发给有关决策者时,它作为重要的决策参考文件就被赋予了"生命"。大部分的调研报告包含了若干项内容和大量的信息,对决策者而言,要全部记住这些信息几乎是不可能的。因此,调研者会发现决策者和其他进行第二手数据研究者,会时时翻阅调研报告,寻找有关资料。报告中的有关结论也可能作为随后进行的调研工作的基础。

(3)调研报告必须建立和加强调研工作的可信度。调研报告的这项角色是至关重要的。市场调研报告必须向读者沟通研究工作进行的精度和控制程度。注意的限度和选择性认知会阻碍这项工作的进行。通常,决策者和管理人员跳过研究方法不读,而直接进入结果、结论和建议部分。管理者对调研报告质量的评价,是决定是否采用调研结果的最基础的因素。

2.调研报告的组成

有些时候,各企业的政策或其他因素形成了调研报告格式的各自惯例,即使如此,调研报告不论其格式或外观有何规则,其基本内容几乎是不变的。调研报告必须具备良好的结构,以及能及时、相关、简明地向管理决策层提供信息。撰写调研报告的一个要点是牢牢记住中、高层管理者们的时间是有限的,要避免过长的内容和不准确的数据。通常包括以下几个基本点:①目录,②调研背景和目的,③执行摘要(调研方法的简明阐述和扼要的结论),④详细的方法和过程,⑤详细的数据信息分析和结果,⑥详细的结论,⑦局限性(如有必要),⑧附录。

因为大量对调研本身不甚了解的经理人员会阅读表格,所以执行摘要是很有必要的。执行摘要需要解释为什么调研和怎样进行、调研发现了什么又意味着什么、管理部门需要采取何种措施。执行摘要首先要说明调研的目的,从而解释公司为何要花费时间和金钱来进行调研,调研工作的目标何在。这个部分对调研报告的其余部分十分重要,同时对管理人员而言,则为他们提供了简明扼要的调研结果和建议。

对调研目的的阐述要尽可能地简短、精确,一般最多只有1~2页;结果的摘要也只是1~2页。结论和建议部分可以适当加长,但是研究者如果希望管理者阅读这份报告的话,执行摘要必须简短。

很显然,产品经理和市场研究人员会深入阅读报告主体。他们希望得到更多的信息,了解具体的方法,包括数据采集的方法、抽样方式的选择和样本量的确定等,并通过详细的数据和信息分析结果,检查结论的逻辑性,更好地理解主要结果,找到调研报告撰写的疏漏点,接受或拒绝结论。

报告的正文需具备可读性,不要枯燥无味,调研者可以借助一些图表,如圆饼图、柱形图等来描绘关键内容。计算机软件和绘图软件的发展,使得这些过去费时、费力的工作变得十分简单,并日趋完美。

如有必要,还需说明该调研的局限性。如样本数量的局限、样本抽取的局限和其他局限(结构性误差等)。

附录中包括抽样问卷、抽样地图和其他专业性强、复杂的材料,如果是定性调研,如焦点小组座谈和深层访谈,还应有相关的录音录像资料。

本章小结

本章通过介绍调研的内容和类型,分析调研的程序和步骤,讲解调研的方法和技术,从而使学生能根据项目或主题制定调研计划,设计调研问卷或访谈提纲,组织执行调研活动,并撰写调研报告,分析结果,从而为其他的市场计划提供有用的信息,并做好准备。

复习思考题

一、名词解释

市场营销信息系统　实地调查　焦点座谈会　头脑风暴法

二、单项选择题

1. 实地调查法是一种(　　)调查方法。

    A. 间接　　　　　　B. 直接　　　　　　C. 二手　　　　　　D. 科学

2. 市场调查的最后一个阶段是(　　)。

    A. 追踪调查阶段　　B. 策划阶段　　　　C. 实施阶段　　　　D. 准备阶段

3. 数据资料分析整理一般采用(　　)软件进行

    A. PPT　　　　　　B. SPSS　　　　　　C. Excel　　　　　　D. Word

三、多项选择题

1.市场信息系统的基本框架一般由（   ）子系统构成。

A.内部报告系统　　B.专项调研系统　　C.营销分析系统　　D.营销情报系统

2.市场营销调查的全过程可以划分为（   ）阶段。

A.准备阶段　　　　B.策划阶段　　　　C.追踪调查　　　　D.实施阶段

3.市场研究方法分为（   ）等两大类。

A.分析数据　　　　B.实地调查　　　　C.案头调查　　　　D.归纳总结

4.实地调查法可分为（   ）。

A.询问法　　　　　B.观察法　　　　　C.实验法　　　　　D.记录法

5.询问法主要有（   ）种。

A.街头拦截　　　　B.入户　　　　　　C.电话访问　　　　D.焦点座谈会

四、判断题

1.案头调查是一种间接调查方法。　　　　　　　　　　　　　　　　（　　）

2.询问法是实地调查运用最为普遍的方法，它是由调查员直接同受访者接触，掌握第一手市场信息。　　　　　　　　　　　　　　　　　　　　　　　　（　　）

3.在头脑风暴会上，大家可以互相批评对方的观点。　　　　　　　　（　　）

五、简答题

1.简述营销信息系统的构成。

2.市场调查有哪几种方法？各方法利弊如何？

3.市场调查问卷由哪几部分组成？问卷设计应注意哪些问题？

4.简述焦点小组座谈的主要操作程序。

5.简述问卷的类型及设问措辞的注意事项。

6.随机抽样的主要方法有哪些。

六、论述题

试论述市场调查程序的具体步骤。

七、案例分析

美国航空公司注意探索为航空旅行者提供他们需要的新服务。一位经理提出在高空为乘客提供电话通信的想法。其他的经理们认为这是激动人心的，并同意应对此做进一步的研究。于是，提出这一建议的营销经理自愿为此做初步调查。他同一个大电信公司接触，以研究波音747飞机从东海岸到西海岸的飞行途中，电话服务在技术上是否可行。据电信公司讲，这种系统每次航行成本大约是1000美元。因此，如果每次电话收费25美元，则在每航次中至少有40人通话才能保本。于是，这位经理与本公司的营销调研经理联系，请他研究旅客对这种新服务将做出何种反应。

（一）确定问题与调研目标

1.哪些类型的乘客最喜欢在航行中打电话？

2.有多少乘客可能会打电话？各种层次的价格对他们有何影响？

3.这一新服务会使美国航空公司增加多少乘客?

4.这一服务对美国航空公司的形象将会产生多少有长期意义的影响?

假定该公司预计不做任何市场调研而在飞机上提供电话服务,并获得长期利润 5 万美元,而营销经理认为调研会帮助公司改进促销计划而获得长期利润 9 万美元。在这种情况下,在市场调研上所花的费用最高为 4 万美元。

(二)收集信息

问卷调查。

(三)提出结论

1.使用飞机上电话服务的主要原因是:有紧急情况,紧迫的商业交易,飞行时间上的混乱等。用电话来消磨时间的现象是不大会发生的。绝大多数的电话是商人所打的,并且他们要报销单。

2.每 200 人中,大约有 20 位乘客愿花费 25 美元打一次电话;而约 40 人期望每次通话费为 15 美元。因此,每次收 15 美元(40×15＝600)比收 25 美元(20×25＝500)有更多的收入。然而,这些收入都大大低于飞行通话的保本点成本 1000 美元。

3.推行飞行中的电话服务使美航每次航班能增加 2 个额外的乘客,从这 2 人身上能收到 400 美元的纯收入,然而,这也不足以帮助抵付保本点。

4.提供飞行服务增强了美国航空公司作为创新和进步的航空公司的公众形象。

问题:

1.根据市场营销调查程序,分析该市场营销调查程序最大的优点是什么?

2.根据市场营销调查程序,分析该市场营销调查程序最突出的缺点是什么?

3.如果你是该航空公司的市场调研主管,你将如何改进该调研?

参考文献

[1] 郭国庆.市场营销学[M].武汉:武汉人民大学出版社,2000.

[2] 梅清豪,林新法,陈洁光.市场营销学原理[M].北京:电子工业出版社,2001.

[3] 菲利普·科特勒.营销管理[M].10版.梅汝和、梅清豪,周安柱,译.北京:中国人民大学出版社,2001.

[4] 纪宝成.市场营销学教程[M].3版.北京:中国人民大学出版社,2002.

[5] (美)Thomas·T·Nagle、Reed·K·Holdend.定价策略与技巧——赢利性决策指南[M].3版.应斌,吴英娜,译.北京:清华大学出版社,2003.

[6] 菲利普·科特勒.营销管理[M].11版.梅清豪,译.上海:上海人民出版社,2003.

[7] 张传忠.分销渠道管理[M].广州:广东高等教育出版社,2004.

[8] 郭国庆.市场营销学通论[M].3版.北京:中国人民大学出版社,2007.

[9] 王真著.高技术产品营销——理论与策略[M].北京:经济科学出版社,2009.

[10] 菲利普·科特勒,凯文·莱恩·凯勒.营销管理[M].13版.王永贵,等译.上海:格致出版社,2009.

[11] 徐亿军.市场营销学.北京:电子工业出版社,2010.

[12] [美]艾·里斯、杰克·特劳特.定位[M].王恩冕,于少蔚,译.北京:中国财政经济出版社,2010.

[13] 王学军.市场营销学[M].北京:经济科学出版社,2011.

[14] [美]瑞夫金.品牌命名——世界知名品牌背后的故事[M].2版.林海,译.北京:企业管理出版社,2011.

[15] 张红,万炜.市场营销学[M].上海:格致出版社、上海人民出版社,2011.

[16] 马进军.市场营销学[M].北京:机械工业出版社,2011.

[17] 迈克尔·D.赫特,托马斯·W.斯潘.组织间营销管理(第10版)[M].侯丽敏,等译.北京:中国人民大学出版社,2011.

[18] 影响力商学院,渠道为王[M].修订版.北京:电子工业出版社,2012年.

[19] 张蕾.市场营销——基本理论与案例分析[M].3版.北京:中国人民大学出版社,2012.

[20] [美]阿克,[美]乔基姆塞勒.品牌领导[M].欧帅译.北京:机械工业出版社,2012.

［21］陈阳.市场营销学［M］.2 版.北京:北京大学出版社,2012.

［22］［美］菲利普.科特勒(Philip Kotler),加里.阿姆斯特朗(Gary Armstrong).市场营销原理(第 14 版)［M］.郭国庆,译.清华大学出版社,2013.

［23］罗伯特·G.库珀.新产品开发流程管理［M］.北京:电子工业出版社,2013 年.

［24］夏丹.战略管理与市场营销案例研究［M］.北京:中国市场出版社,2013.

［25］孙诚著.包装结构设计［M］.北京:中国轻工业出版社,2014 年.

［26］德尔·霍金斯等.消费者行为学［M］.12 版.符国群等译.北京:机械工业出版社,2014.

［27］迈克尔·所罗门.消费者行为学［M］.10 版.卢泰宏等译.北京:中国人民大学出版社,2014.

［28］伯特·罗森布洛姆.营销渠道:管理的视野［M］.8 版.宋华,等译.北京:中国人民大学出版社,2014.

［29］朱利安·丹特.渠道分销［M］.杨博译.上海:立信会计出版社,2014.

［30］帕科·昂德希尔.顾客为什么会购买［M］.3 版.缪青青,等译.北京:中国人民大学出版社,2015.

［31］迈克尔·利维,巴顿·韦茨.零售管理［M］.6 版.俞利军,译.北京:人民邮电出版社,2016.

［32］张燚,张锐,刘进平.品牌价值来源及其理论评析［J］.预测,2010,29(5):74－80.

［33］汪涛,何昊,诸凡.新产品开发中的消费者创意——产品创新任务和消费者知识对消费者产品创意的影响［J］.管理世界,2010(2):80－92.

［34］徐贤浩,陈雯,廖丽平,等.基于需求预测的短生命周期产品订货策略研究［J］.管理科学学报,2013,16(4):22－32.